삶과 서사와 치유

삶과 서사와 치유

선 주 원 著

발행일 2022년 2월 10일
펴낸이 李 相 烈
펴낸곳 도서출판 에듀컨텐츠휴피아
출판등록 제2017-000042호 (2002년 1월 9일 신고등록)
주 소 서울 광진구 자양로 28길 98, 동양빌딩
전 화 (02) 443-6366
팩 스 (02) 443-6376
이메일 iknowledge@naver.com
Web http://cafe.naver.com/eduhuepia
만든이 기획 · 김수아 / 책임편집 · 이진훈 황혜영 박채연 정희우 박은빈
　　　　 디자인 · 유충현 / 영업 · 이순우

ISBN 978-89-6356-337-4 (13180)
정 가 16,000원
ⓒ 2022, 선주원, 도서출판 에듀컨텐츠휴피아

＊ 본 책은 저작권법에 따라 보호받는 저작물이므로 무단 전재와 복제를 금지하며, 이 책 내용의 전부 또는 일부를 이용하려면 반드시 저작권자 및 도서출판 에듀컨텐츠휴피아의 서면 동의를 받아야 합니다.

머리말

　우리는 저마다 '산다는 것의 의미'에 대한 답을 끝없이 찾으면서 인생사를 만들고 있다. 시지포스처럼, 무수히 넘어지고 상처받으면서도 걸어야만 하는 인생의 숙명을 짊어진 채, 모든 것을 포기하고 싶은 순간들마다 우리를 붙잡아준 것은 무엇이었을까? 그것은 생에 대한 애착일 것이다. 극한에서도 결코 포기할 수 없었던 생에 대한 애착. 그 애착이 이야기를 하고 듣는 존재로서 우리가 겪는 슬픔과 우울을 애도할 수 있게 했다. 그 애도를 통해 우리는 타자에 대한 혐오와 수치를 넘어서 실존적 기투라는 생산적 삶을 도모할 수 있었다.

　루카치가 말한 것처럼, 밤하늘에 떠 있는 별들을 보며 인생의 빛나는 순간들과 웃음을 천천히 생각하던 꿈같은 시간들은 끝난 지 오래다. 감정이 아닌 이성, 주관성이 아닌 객관성 등을 굴레처럼 짊어진 채, 온몸에 지져진 인생사의 상흔으로 고통 받는 시간들이 우리 앞에 놓인 지는 오래다. 그 시간들에서 우리는 고독과 회한, 환멸과 우울에 시달리면서 병적인 자아도취의 삶을 살 수밖에 없었다. 병적인 자아도취를 하지 않으면 미칠 것 같고, 터질 것 같은 가슴의 통증을 달랠 길이 없었기 때문이다. 그러나 병적인 자아도취는 결국 우리를 파멸로 이끌 것이다. 그러나 우리는 뻔히 보이는 파멸의 길에서 끝없는 자책과 자학으로 생을 끝내야 했던 오이디푸스가 될 수는 없다.

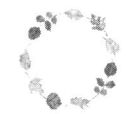

우리는 파멸의 길에서 벗어나 상생과 갱생, 죽음이 아닌 삶에 대한 애착, 병적인 자아도취가 아닌 타자에 대한 지향 등을 실천하는 실존을 만들어야 한다. 그것은 우리의 존재성을 냉정하게 인식하고 성찰하는 데서 출발한다. 아울러 2020년대라는 '지금-여기'의 상황이 안고 있는 타자에 대한 배척과 혐오, 폭력적 정동의 점증 등에 의한 감정적 격동의 폭발을 인식하면서, 우리에게 던져진 '산다는 것의 의미'에 대한 답을 찾는 데서 출발한다. 그 출발은 서사적 존재로서 우리가 타자와 '함께 함'을 지향하면서 인간다움이라는 서사 윤리를 형성하는 토대가 될 것이다.

인간다움이라는 서사 윤리 형성은 이상적 자아에 매혹되지 않고, 슬픔과 우울을 애도하면서 타자의 현존을 받아들이는 것과 관련된다. 또한 우울의 극복을 위한 삶의 서사화를 통해 실존적 기투를 실천하는 것과도 관련된다. 서사 윤리 형성을 통해 우리는 병적인 자아도취나 타자에 대한 가학, 자신에 대한 자학이 아닌, 현재와 미래를 생산적으로 설계하는 공동체적 치유로 나아갈 수 있다. 그러한 삶을 위해서는 연민의 태도로 타자를 이해하고, 혐오 사회에 대한 성찰을 통해 사회의 공공선을 추구하고, 수치의 태도로 자아를 성찰할 필요가 있다. 아울러 환상을 통해 현실을 변혁하여 존재의 심연을 확장하는 태도도 필요하다. 이러한 자아 성찰과 서사 윤리 형성은 궁극적으로 삶의 진정성과 관련된 '나는 누구인가?'에 대한 답을 찾아 '산다는 것의 의미'를 탐색하는 기반이다. 아울러 우리가 과도한 기억이 아닌, 망각의 구성 작용을 통한 새로운 기억의 생성으로 잘삶을 추구할 수 있는 기반이다.

이러한 관점을 갖고 이 책은 기획되고 저술되었다. 4차 산업혁명사회에서의 삶, 우리 시대가 안고 있는 슬픔과 우울, 트라우마와 상처, 삶의 서사화와 기억의 문제, 연민의 태도와 타자 지향, 혐오사회와 사회의 공공선 추구, 수치의 태도와 자아 성찰, 환상을 통한 현실 변혁, 서사 읽기를 통한 치료, 은유적 서사 읽기를 통한 치유 등이 이 책에서 주요하게 다루어졌다. 이것들은 이전 시대에 비해 급격한 변화를 보이는 시대적 상황에서 우리가 겪는 감정적 격동에 대한 성찰을 담고 있다. 아울러 우리가 감정적 격동을 치유하고 서사적 존재로서 정체성을 새롭게 형성할 수 있는 것들에 대한 고민을 담고 있다.

이 책에 담겨진 것들이, 낮에 물레를 돌려 베를 짰다가 밤에 다시 베를 풀었던 페넬로페의 시간처럼, 도도하고 급격한 시간의 흐름을 잠시나마 멈출 수 있기 바란다. '너무나 바쁘고, 힘들고, 우울하고, 고통스럽고, 견딜 수 없는, 우리의 시간들'을 잠시나마 세워, 우리의 시간들이 '괜찮았고, 즐거웠고, 행복했고, 잘 견뎠고, 고마웠고, 빛났던' 것이었음을 생각할 수 있게 하기를 바란다.

이 책이 출판되기까지는 많은 사람들의 도움을 받았다. 먼저 이 책의 출간을 위해 큰 도움을 준 도서출판 에듀컨텐츠휴피아의 이상열 대표를 비롯한 임직원 여러분께 감사의 말을 전한다. 그리고 지난한 삶에서 무미건조한 시간들을 보내었던 가장을 응원해준 가족에게도 감사를 보낸다. 끝으로 이 책의 구상과 집필을 위한 공간을 마련해 주시고 감정적 격동을 다스려 주셨던 '글을 낳는 집'의 김규성 촌장님과 사모님께도 감사를 드린다.

2022년 1월 저자 씀

저자소개: 선 주 원

학력: 한국교원대학교 학사, 석사, 박사
경력: 2004년부터 광주교육대학교 국어교육과에서 근무하고 있음
논문: '대화적 관점에서의 소설교육' 외 110편
저서: '청소년소설, 어떻게 읽을 것인가' 외 10권
기타: 2015년부터 문학평론(소설), 시 창작 등을 하고 있음.
관심 분야: 서사와 치유, 감정적 격동과 서사적 정체성, 청소년소설 등

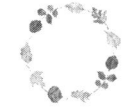

목 차

1. 후기 자본주의 사회와 4차 산업혁명 사회에서의 삶 ········· 3
    1) 후기자본주의 사회와 무한 경쟁 ························· 3
    2) 4차 산업혁명 사회의 도래와 삶의 혁신 ················· 6
    3) 인공지능의 도래와 인간다움 실천 ······················· 9

2. 서사로서의 삶과 윤리성, 정체성 ···························· 15
    1) 서사적 삶의 의미 ······································ 15
    2) 서사적 삶을 위한 타자 지향의 윤리성 ·················· 18
    3) 윤리적 존재로서의 정체성 형성 ························· 20

3. 서사적 정체성 형성과 서사 윤리 ···························· 23
    1) 공유적 자아로서의 서사적 정체성 ······················· 23
    2) 서사적 정체성 발달을 위한 서사 윤리 ·················· 26
    3) 서사 윤리 실천을 위한 서사 활동 ······················· 28

4. 실재계 욕망의 유혹과 자아 이상의 좌절 ···················· 35
    1) 나르시시즘적 삶과 이상적 자아 ························· 35
    2) 상징적 관계와 자아 이상 ······························· 38
    3) 실재계의 욕망 추구와 근원적 우울의 삶 ················ 40

5. 폭력성에 의한 자아 이상의 좌절과 우울의 삶 ··············· 49
    1) 모방 욕망의 추구를 통한 자아 이상의 추구와 폭력성 ···· 49
    2) 폭력성에 의한 자아 이상의 좌절과 우울의 삶 ··········· 55
    3) 우울의 삶과 실존적 기투 ······························· 59

6. 기억과 망각을 통한 삶의 서사화 ------- 65
   1) 삶의 원리로서의 기억과 망각 ------- 65
   2) 망각을 통한 기억의 구성과 삶의 서사 ------- 67
   3) 삶의 서사화를 통한 기억하기와 삶 ------- 77

7. 우울과 슬픔의 애도와 타자의 현존 ------- 89
   1) 회한, 슬픔과 우울 ------- 89
   2) 인정/욕망의 좌절과 분노 ------- 93
   3) 우울과 슬픔의 극복을 위한 애도 ------- 96
   4) 우울과 슬픔의 증언과 타자의 현존성 이해 ------- 105

8. 우울의 극복을 위한 삶의 서사화와 실존 ------- 109
   1) 사건 경험 기억과 트라우마의 서사화 ------- 109
   2) 사건 경험 기억의 서사화에 나타난 인물의 트라우마 ------- 113
   3) 애도와 연민에 의한 삶의 실존성 추구 ------- 118

9. 삶의 서사화를 통한 현재와 미래의 설계 ------- 123
   1) 불안한 삶의 행로에서의 소통과 가족과의 유대 ------- 123
   2) 타자 혹은 내면의 자기와의 교감을 통한 행복 찾기 ------- 131
   3) 고통과 완전한 이별, 그리고 삶의 정주(定住) ------- 137

10. 연민의 태도와 타자 이해하기 ------- 143
   1) 연민의 개념과 요소 ------- 143
   2) 연민의 태도를 통한 타자 이해 ------- 146
   3) 연민을 통한 자기 이해 ------- 152

11. 혐오의 태도와 사회의 공공선 추구하기 --- 157
   1) 혐오의 개념과 의의 --- 157
   2) 혐오와 사회의 공공선 추구의 관련성 --- 162
   3) 혐오 대상으로의 낙인찍힘과 사회의 공공선 추구 --- 166

12. 수치의 태도와 자아 성찰, 성장 --- 173
   1) 수치의 개념과 의의 --- 173
   2) 수치와 자아 성찰 --- 177
   3) 수치에 의한 위악성 해체와 성장 --- 182

13. 환상을 통한 현실 변혁과 존재의 심연 --- 191
   1) 존재의 심연에 다리 놓기로서 환상 --- 191
   2) 환상에 의한 뿌리 찾기로 외로움 견디기 --- 193
   3) 환상으로 아버지 찾기와 유대감 형성하기 --- 196
   4) 아버지와의 환상적 유대를 통해 환멸적 삶 견디기 --- 198
   5) 삶의 고독을 견디는 힘으로서의 환상 --- 201

14. 서사 읽기와 쓰기를 통한 서사 치료의 과정과 방법 --- 203
   1) 우울과 치유적 삶의 필요성 --- 203
   2) 서사 치료의 개념과 폭력 서사의 서사 치료적 의의 --- 205
   3) 모방 욕망에 의한 폭력의 서사를 활용한 서사 치료 과정 --- 207
   4) 모방 욕망에 의한 폭력의 서사를 활용한 서사 치료 과정 --- 212

15. 은유적 서사 읽기와 쓰기를 통한 치유의 방법 --- 221
   1) 우울의 삶에서 은유적 서사 읽기가 갖는 의의 --- 221
   2) 은유적 작품 서사 읽기를 통한 자기 서사의 촉진 --- 224
   3) 은유적 작품 서사 활동을 통한 자기 치유의 과정과 방법 --- 234

【 참고문헌 】 --- 243

삶과 서사와 치유

선 주 원 著

에듀컨텐츠·휴피아

1. 후기 자본주의 사회와 4차 산업혁명 사회에서의 삶

후기 자본주의와 4차 산업혁명 사회에서의 삶

1) 후기자본주의 사회와 무한 경쟁

후기자본주의(Late-stage Capitalism)는 20세기 초에 독일의 경제학자 베르너 솜바르트가 처음 사용한 이래로, 현대적 자본주의의 발달에도 불구하고 경제적인 부조리, 모순, 위기, 부당성, 불평등 등의 유발되는 상황과 그것을 해소하려는 정책과 관련되는 의미에서 사용되고 있다. 후기자본주의는 자본주의의 황금기였던 2차 세계대전 이후 경제 확장에 따른 인간의 도구화와 그로 인한 부의 편중 등을 계급주의적 관점에서 비판했던 칼 마르크스의 사회주의 체제 옹호론에 대한 대타로서, 자본주의 체제의 질적 변화를 도모하는 것과 관련된다. 마르크스가 사용했던 자본주의가 자본가와 프롤레타리아의 계급적 투쟁에 의한 사회 발전이었다면, 후기자본주의는 일련의 복지주의, 비자본주의적 정책 등에 의해 사회주의적인 정책과 자본주의적 정책의 혼합에 의한 경제 운용과 관련된다. 그 때문에 후기자본주의는 초기 자본주의 시대의 자본가 계층이 부르주아 민주주의사회의 모든 것을 소유, 점거한 체제와는 다른 양상을

보이게 되었다.
　후기자본주의 사회에서는 전통적 자본가 계급에서 전문노동자, 비자본가 엘리트라는 새로운 계급이 자본가의 역할을 대신하고 있으며, 그들은 노동을 상품화하면서 또 다른 노동을 소비하는 삶을 살고 있다. 그 과정에서 과거의 자본주의와는 다른 고도의 복지체계를 통해 절대 다수의 보편적 삶의 질을 고양하는 것이 핵심적 이슈로 부상하였다. 그리고 과학기술의 발전으로 인해 전지구적 자본주의 체제가 성립됨에 따라 특정의 사회나 국가가 경제적인 독립에 의한 경제발전을 도모할 수 없게 되었다. 전지구적 자본주의화에 의한 후기자본주의 상태는 전 세계를 하나의 경제공동체를 만들면서, 과거의 자본주의와는 다른 수많은 문화들을 양산하고 있다. 물질에 의한 인간의 소외가 아닌, 금융자본의 기계화와 유동성, 문화와 인간생활 자체의 상품화에 의해 인간 삶 자체가 금융자본과 상품에 의해 지배되는 사회로 전환되었다. 그러한 전환을 기반으로 한 후기자본주의 사회에서 인간의 삶은 시뮬라크르[1]가 되어 실재계와 가상계가 혼합되고 있으며, 인간의 몸이나 생활방식 등은 수치를 통한 상품화의 길을 걷고 있다. 후기자본주의 사회에서 인간은 더 나은 상품으로서 '인간-기계'가 되어야 하고, 인간-기계화 과정에서 세계화된 시장 및 노동, 대량 소비, 유동적인 다국적 자본의 공간이동 등이 흔한 사회적 현상으로 자리 잡았다. 몸 자체가 상품으로 소비되는 삶의 과정에서 인간은 새로운 문화생산 방식들을 스펙터클[2]로 생산하고 소비하면서, 급속한 과학기술 및 사회변화에 의한 무한 경쟁과 소외를 경험하고 있다. 그 경험 과정에서 근대성의 토대를 이루었던 합리성이나 이성의 확실성은 무너졌고, 인간이 과거에 만들었던 확실성이나 안정성 등과 같은 정초주의적 토대가 모두 불안정하게 되었다.
　인간의 몸 자체를 포함해서 모든 것이 상품으로 소비되는 일시적이며 불완전한 후기자본주의 사회에서 우리는 물질이 아닌 정신적 황폐함 속에서 인간다움을 상실하고 있다. 몸 자체가 상품으로 단가가 매겨지는 사회문화적 상황에서 우리는 노력이 아닌 타고난 부나 몸의 기능이나 외모, 인공지능과 같은 과학기술 혁신에 대한 리터러시[3] 능력 등에 따라 상품으로서 갖는 가치가 달라지는 경험을 하고 있다. 그런 경험은 우리로 하여금 얼핏 보면 합리적인 기준이라고 할 수 있는 개인의 능력에 의한 무한경쟁에서 살아남아야 한다는

---

[1] 장 보드리야르가 처음 사용한 용어로, 순간적으로 생성되었다가 사라지는 우주의 모든 사건 또는 자기 동일성이 없는 복제를 가리킴.
[2] 광경이나 풍경이라는 원래의 의미보다는 극도의 흥분이나 관심을 끌기 위한 거대한 혹은 거창한 보여주기 혹은 보여짐의 의미임.
[3] literacy. 문식성. 원래는 글자를 읽고 쓸 수 있는 능력을 의미하나 미디어나 복합매체 등을 이해하고 생산하는 의미로 그 의미의 폭이 확장되고 있음.

1. 후기 자본주의 사회와 4차 산업혁명 사회에서의 삶

극도의 강박을 느끼게 만든다. 그런 강박의 상황에서 우리는 무슨 수를 써서라도 이겨야 하고, 버텨서 살아남아야 한다는 극도의 자기 압박을 경험한다[4]. 그 경험은 우리로 하여금 타인에 대한 배려나 존중이 아닌, 자기 폐쇄적인 상태로 이기적인 욕망에 의한 이윤 추구와 성공에 대한 강박증을 갖게 만들었다. 그 상황에서 우리는 다른 사람들로부터 매개된 돈, 명예, 성공 등과 같은 것에 대한 끝없는 욕망의 사슬에 붙잡혀서 욕망의 노예가 되고 있으며, 욕망의 노예로서 오로지 해야 할 과업이나 업적의 달성 여부만을 삶의 전부인 것처럼 여기고 있다.

이러한 삶의 상황은 업적 지상주의적 태도의 만연과 그로 인한 타인과의 지나친 경쟁의식을 조장하여 우리 자신이 패배자가 될 수 있다는 극도의 두려움과 불안의식을 촉발한다. 그런 두려움이나 불안의식의 촉발은 일상에서 경험하는 사소한 스트레스나 사건에도 쉽게 분노나 공격성을 드러내게 만들며, 분노나 공격성은 삶 자체를 전쟁터로 만든다. 전쟁터와 같은 삶의 현장에서 우리는 수시로 감정적 격동을 경험하면서 극심한 불안과 우울에 시달리고 있다. 그러한 불안과 우울의 상황에서 우리는 하루하루를 살아가는 것이 아니라 견뎌가며, 그 견딤의 과정은 인두로 몸을 지지는 듯한 격렬한 고통과 상처를 안겨주고 있다. 격렬한 고통과 상처를 입은 채 우리는 피 흘리는 맹수처럼 공격의 대상을 찾아 원한의 감정을 쏟아낸다. 그러나 타인에 대한 원한의 감정이 폭발하는 순간 그 행동은 문제적 행동이 되며, 자칫하면 우리 자신을 파멸시킬 수 있다. 그것을 너무나 잘 알기 때문에 우리는 그것을 자아의 내부에 가두어 억압하면서[5], 자아에 억압된 원한의 감정이 넘쳐흐르지 않도록 애쓴다. 그러나 그러한 애씀은 쉽게 통제되지 않기 때문에 우리는 억압된 원한의 감정을 자기비하나 자기 공격성으로 전환한다. 자기비하나 자기 공격성은 결국 자해적 행동이나 심한 경우에는 자살로 우리를 이끌고, 그러한 이끌림 속에 우리의 삶은 파멸한다.

우리의 삶이 파멸되지 않고, 우울이 아닌 삶의 활력과 생의 의지를 지향하는 것이 되도록 하기 위해선 우리의 거울인 타인의 삶과 얼굴을 쳐다볼 필요가 있다. 타인의 얼굴과 삶을 쳐다봄으로써 우리 스스로는 볼 수 없는 자신의 얼굴과 삶을 볼 수 있다. 타인을 통해 자신의 얼굴과 삶을 봄으로써 우리는 현재 삶의 위치와 그것의 의미를 성찰할 수 있다. 그러한 성찰을 통해 우리는 타인이나 자신에 대한 원한의 감정이나 비하, 공격성을 거두고 '함께-함'이라는 공유(公有)적 삶으로 나아갈 수 있다. 공유적 삶에 대한 지향은 우리가 자기만을 위한 경쟁이나 전쟁의 전사가 아닌, 공존과 공동의 선을 추구하여 인

---

[4] 우리 시대의 최고의 화두가 '존버'(버티고 버틴다는 의미)가 된 것은 이를 입증한다.
[5] 이런 상태는 자학적인 양상을 보이기 쉽다.

간다움을 잃지 않는 존재로 성숙하게 만들 수 있다.

　우리가 인간다움을 잃지 않는 존재로 성숙한 삶을 살기 위해 필요한 것은 타자의 얼굴이나 삶을 풀어서 이야기하는 서사(narrative)를 이해하고 해석하는 것이다. 타자의 서사에 대한 이해를 통해 우리는 자기 삶의 서사를 이해하고, 자신의 존재성에 대한 성찰을 수행할 수 있기 때문이다. 그러한 성찰의 수행은 우리가 무한 경쟁에서 살아남아야 하는 전사(戰士)가 아닌, 윤리적 존재로서 타자와 자신에 대한 배려와 공감, 연민의 태도를 갖는 인간다움을 실천하는 존재로 성장할 수 있게 만든다. 인간다움을 실천하는 존재로의 성장은 자기 삶의 서사를 우선적으로 이해하고 만드는 것이 아니라, 타자의 서사를 우선적으로 이해하고 해석하는 데서 그 토대를 마련할 수 있다. 타자의 서사에 대한 이해와 해석을 통해 우리는 슬픔을 함께 하는 존재, 타자의 트라우마(trauma) 증언을 이해하고 해석하는 존재, 타자의 상처와 고통을 통해 자신의 상처와 고통의 강도를 가늠할 수 있는 존재가 될 수 있다. 그렇게 함으로써 우리는 존재론적으로 우리가 맞이할 수밖에 없는 무한 경쟁으로 인한 강박이나 욕망의 노예 상태에서 조금은 벗어날 수 있다. 강박이나 욕망의 노예 상태에서 벗어남으로써 우리는 목숨달린 존재로서의 기투의 과정에서 생의 본래적 의미와 가치를 성찰하면서, 서사를 만들고 이해하는 존재로서의 삶에서 슬픔이나 우울의 바다에서 빠져나올 수 있을 것이다.

2) 4차 산업혁명 사회의 도래와 삶의 혁신

　인공지능에 의해 초지능, 초연결이 가능한 사회로 설명되는 4차 산업혁명 사회에서 우리는 지식정보의 면에서 패러다임의 근본적인 전환을 맞이하고 있다. 유발 하라리에 따르면, 인공지능 시대의 가장 큰 변화는 인간의 고유 영역이었던 '인지노동'을 인공지능이 일부 대신할 수 있게 된 점이다. 이 때문에 인간의 인지노동은 근본적인 변혁을 맞이하였고, 오늘날의 인간은 그 이전의 어느 시대에도 경험하지 못한 혁신적인 변화를 삶의 곳곳에서 경험하고 있다.

　4차 산업혁명이 가져온 인간 삶의 혁신적인 변화를 촉진하고, 우리가 거기에 적응하도록 하기 위해 정부는 2019년 12월에 인공지능 국가전략을 발표한 바 있다. 정부는 "과거 산업화는 기계가 인간의 육체노동을 대체하는 수준이었다면, 이제는 인공지능(AI)이 인간의 지적 기능도 수행하는 수준까지 발전하면서 직업군의 변화까지 가져오고 있다."라는 슬로건 아래, 다양한 정책 입안

1. 후기 자본주의 사회와 4차 산업혁명 사회에서의 삶

을 통해 인공지능으로 대변되는 4차 산업혁명의 도도한 물결에 전 국민의 관심을 유도하고 있다.

인공지능(AI: Artificial Intelligence)이란 인간의 지적능력을 컴퓨터로 구현하여 ①상황을 인지하고, ②이성·논리적으로 판단·행동하며, ③감성적·창의적인 기능을 수행하는 능력까지 포함하여 발전되고 있는 과학기술 분야이다(박찬 외, 2020:12). 1956년 다트머스 컨퍼런스에서 전산학자 존 메커시(John McCarthy)가 인공지능(Artificial Intelligence)이란 용어를 창안한 이후, 1970년까지 인공지능 연구는 활발하게 이루어졌다. 그러나 컴퓨터 성능의 문제, 빅데이터 부재 및 정보처리의 한계로 인공지능에 대한 연구는 지지부진하였다. 그러나 1997년 IBM의 딥블루가 세계 체스 챔피언 카스파로프에게 승리하고, 2010년 구글이 인공지능(AI) 기반 자율주행차를 선보이고, 2012년 영상을 인식하는 기술을 선보이면서 점차 인공지능에 대한 관심이 높아졌다. 그리고 2016년에 벌어진 알파고와 이세돌 9단의 역사적인 바둑대결은 인간을 능가하는 인공지능의 위력을 전 세계에 보여주는 계기가 되었다.

컴퓨터 메모리와 무선 인터넷의 발달은 공간의 제약 없는 초연결 시대를 가능하게 했고, 생성된 빅데이터는 초지능 시대를 열었고, 그에 따라 인공지능을 활용한 문제 해결이 가능해지는 패러다임의 전환이 일어났다. 인공지능 기술이 패러다임의 전환을 가져온 것은 인공지능이 인간의 인지노동을 대신한다는 것에 이해가 필요하다. 인공지능 의사 왓슨은 하루 수만 건의 엑스레이 사진과 MRI, CT 데이터의 실제 진단 결과를 비교 학습하면서 조직검사나 혈액검사 없이 암조직의 색상, 크기, 모양을 근거로 악성 또는 양성을 정확히 판별해 내는 알고리즘을 발견했다. 그리고 매일 업데이트되는 새로운 데이터를 적용하여 알고리즘은 정교화 되며 진단의 정확도는 높아졌다(박찬 외, 2020:13). 진단의학의 경우 인공지능이 인간 의사를 넘어서기 시작했고, 인간 의사가 하지 않는 방식의 진단법도 개발되고 있다. 이제 인공지능을 도입하여 공동 진료서비스를 제공하는 병원이 늘어나고 있다. 이처럼 인공지능이 인간의 인지노동을 수월하게 하거나 일부 대신하는 시대가 되었다.

최근에는 앱(APP)을 켜면 AI라는 아이콘이 등장하는 플랫폼이 늘어나고 있다. 이러한 플랫폼들은 개인 데이터 활용에 대한 동의를 거쳐 개인 맞춤형 서비스를 제공하고 있다. 우리에게 필요한 제품을 찾아주거나, 우리가 좋아할 만한 책이나 영상, 웹툰을 찾아 추천하는 일은 일상인 것이 되었다. 이처럼 인공지능이 인간 삶의 '편리성'을 가져오고 있기 때문에, 인공지능에 대한 이해와 활용 등과 관련된 디지털 리터러시(digital literacy)는 삶의 필수적인 힘으로 여겨지고 있다.

현재 대부분의 인공지능 도구들은 빅데이터를 수집하기 위해 오픈소스6)로 제공되고 있다. 카카오페이, 구글, MS, 카카오, 네이버와 같은 글로벌 기업들의 인공지능은 우리가 사용할수록 딥러닝7)하며 똑똑해지고 있다. 이처럼 우리 삶의 일부가 된 인공지능은 의료, 금융, 서비스, 교육 등의 분야에서 필수적인 요소가 되고 있다.

1980년대 딥러닝 기술이 발전하기 전에는 인간을 대신해서 문제를 풀 수 있는 전문가 시스템(expert system)이 폭발적인 관심을 받았다. 전문가들은 어떤 것을 작동시키기 위해 명령어를 구조화하고 효율적으로 프로그래밍하는 방법을 연구했다. 그에 따라 전통적인 프로그래밍은 프로그래머들이 규칙을 만들고 규칙에 따라 처리될 데이터를 입력하면 해답이 출력되었다. 그러나 머신 러닝(machine learning)은 이미 확보된 데이터와 데이터로부터 기대되는 해답을 입력하면 규칙이 나오게 했는데, 그것은 완전한 패러다임의 전환이었다(박찬 외, 2020:16). 머신 러닝을 통해 발견한 규칙에 빅데이터를 넣으면 규칙의 타당성도 확보할 수 있고 빅데이터로 더 창의적인 규칙을 얻을 수도 있게 되었다.

컴퓨터가 여러 데이터를 이용해 마치 사람처럼 스스로 학습할 수 있게 하기 위한 인공 신경망(ANN: artificial neural network)을 기반으로 구축된 기계학습 기술을 딥러닝(deep learning)이라 한다. 딥러닝 기술을 적용하면 엔지니어가 기계의 판단기준을 정해주지 않아도 컴퓨터가 스스로 정보를 습득하고, 추론, 판단하며 성장한다. 영상, 음성 인식 등에 딥러닝 기술이 활용되고 있으며, 구글의 알파고도 딥러닝 기술을 활용하였다. 머신 러닝 기술을 더 효율적으로 활용하기 위해서는 확보한 데이터 분야에 대한 전문가의 통찰과 직관, 창의성이 중요하다. 특히 머신 러닝 기술을 활용해서 의미 있고 창의적인 규칙을 발견하기 위해서는 확보된 데이터가 속한 분야에 대한 '탐구' 경험이 많은 전문가의 직관과 디지털 리터러시가 필요하다.

인공지능 시대에 우리가 지향해야 할 것은 개인의 전문성으로서 디지털 리터러시(digital literacy)이다. 개인의 전문성으로서 디지털 리터러시는 장기적이고 체계적인 훈련과 교육을 통해 획득될 수 있다. 디지털 리터러시는 문제해결 과정에서 문제에 대한 표상 방식에서 드러난다. 디지털 리터러시를 갖춘 사람은 문제 상황을 통찰하고, 제시된 정보를 적절한 배경지식과 빠르게 통합한다. 이제 우리에게 필요한 것은 주어진 고유한 능력의 발휘보다는 인공지능 기술을 생활에, 학습에 적용하는 것이다. 인공지능 기술발전의 시대에서 개인의 소양이란 머신러닝이나 인공지능 도구의 활용패턴에 대한 이해일 수도 있

---

6) 무료로 제공되는 다양한 자료들을 의미함.
7) 수집된 자료들에 의해 인공지능이 스스로 학습하여 새로운 알고리즘을 생성하는 것을 의미함.

지만, 즉각적으로 알게 된 지식, 즉 역동적 지식(Dynamic knowledge)을 활용하는 것이다. 인공지능 시대에는 지식을 얼마나 많이 알고 있는가도 중요하지만, 어떻게 필요한 지식을 바로 찾아서 잘 활용하느냐가 더 중요하기 때문이다. 이처럼 인공지능으로 대변되는 4차 산업혁명은 인간의 인지혁명을 가져왔고, 그에 따라 인간의 삶도 획기적으로 변화하게 되었다. 일상생활의 문제를 발견하고 인공지능으로 해결하는 최적 경험을 통해 개인적 지식의 성장을 도모해야 하기 때문이다. 또한 개인적 지식의 성장은 경험적 지식을 축적하게 하고, 그 과정에서 문제해결 능력이 증진되기 때문이다.

3) 인공지능의 도래와 인간다움 실천

인공지능에 의한 4차 산업혁명 사회에서 디지털 리터러시를 길러 인공지능 기반의 플랫폼에 효율적으로 대응하는 것은 미래 사회를 대비하기 위해 필요한 역량이다. 그러나 인공지능 시대라고 해서 인간 고유의 능력이나 본성을 도외시해서는 안 된다. 인공지능 시대의 삶도 인공지능을 활용하되, 인간 고유의 능력이나 본성을 잃지 않는 것이 되어야 하기 때문이다. 인공지능 시대에도 인간이 인간다움을 잃지 않고 건전하고 바람직한 시민으로 성장하기 위해서는 인공지능의 기술을 활용하되, 인간 고유의 능력을 잃지 않아야 한다. 이를 위해서는 인공지능이 대체하기 어렵거나 대체하더라도 인간의 감성이나 지성의 도움을 필요로 하는 분야에 초점을 두어, 그런 분야에서 인간다움이 충분히 발현될 수 있도록 해야 한다.

인공지능 기술이 발전하면 발전할수록 인간은 노동이나 정보 처리에서 엄청난 진화를 이루어 잉여적인 여가 활동을 많이 하겠지만, 그런 상황에서도 인공지능과 다른 인간 고유의 개성과 강점을 살릴 수 있는 분야를 개척해야 한다. 그런 분야들에서 인간은 인간 본성을 잃지 않은 삶을 추구할 수 있을 것이다.

모라벡의 역설(Moravec's Paradox)에 따르면, 인간에게 쉬운 것은 인공지능에게는 어렵고, 인간에게 어려운 것은 인공지능에게는 쉽다(원진숙, 2020:162). 이러한 모라벡의 역설을 참조하면, 인공지능이 엄청난 빅데이터를 통해 지식 정보를 급속도로 처리하지만, 인간이 고유하게 학습하는 방식들인 체험을 통한 일상의 의미 형성이나 학습 과정에서의 감정 처리 등에는 한계를 갖는다는 점을 고려할 필요가 있다. 이는 인공지능의 학습 방법과 인간의 학습 방법에는 차이가 있음을 고려해야 한다는 의미이기도 하다.

인공지능은 사물을 인식하거나 예측 가능한 상황에서 데이터를 빠르게 분석하고 처리하는 일에는 인간보다 월등하게 우수하다. 그러나 예기치 못한 돌발 상황이나 재난 상황에 대처하는 능력은 인간에 미치지 못한다. 그런데 예기치 못한 돌발 상황이나 재난 상황에서 필요한 것은 상황 대처 능력과 밀접한 관련이 있는 창의성이나 주체적으로 대응하는 능력이다. 예기치 못한 문제 상황에서 전혀 새로운 방식으로 문제를 해결할 수 있는 문제해결능력은 새롭거나 독창적인 방식으로 문제를 해결하는 창의성과 관련된다. 창의성은 기존의 고정된 문제해결방식이 아니라 고정된 틀에서 벗어나 독창적인 사고를 통해 문제를 새롭게 해결하는 방식과 관련된다.

창의성(創意性)은 '새로운 생각이나 개념을 찾아내거나 기존에 있던 생각이나 개념들을 새롭게 조합해 내는 것과 연관된 정신적이고 사회적인 과정'(위키피디아 백과사전; 원진숙, 2020)으로, 기존의 경험들을 서로 연결하고 조합하여 새로운 것으로 만들어내는 융합적인 사고이다. 창의성이 발현되기 위해서는 교육 시스템에 의한 체계적인 노력과 훈련이 필요하다. 창의성을 발현할 수 있도록 하기 위한 체계적인 노력과 훈련을 통해 창의성은 체득되고 체계화된 경험이 되며, 그러한 경험들의 연결과 조합을 통해 전혀 새로운 사고로 대상을 창출할 수 있는 변혁적 역량을 기를 수 있다.

변혁적 역량으로서 창의성은 기존의 경험을 연결하고 조합하고 융합적으로 사고하는 것이기 때문에 시대적 상황 변화를 민감하게 이해하고 대처하는 것과도 관련된다. 창의성이 단순히 새롭고 독창적인 사고를 의미하는 것은 아니기 때문이다. 창의성은 기존의 것들을 연결하고 조합하고 융합적으로 새로운 것을 창출하는 과정을 통해 변혁적으로 세상과 삶을 바꾸는 역량이 될 수 있다.

그런데 이러한 변혁적 역량(transformative competencies)이 세상과 개인의 삶을 바꾸어 행복(wellbeing)을 추구하는 것이 되기 위해서는 '실천적 힘'(원진숙, 2020)이 되어야 한다. 실천적 힘으로서 변혁적 역량, 그리고 그러한 변혁적 역량을 가능하게 하는 창의성은 인공지능 시대에 대응할 수 있는 리터러시 교육을 통해 길러져야 한다. 리터러시 교육은 단순히 '읽고 쓸 줄 하는 힘'이나 기술을 가르치는 것이 아니라, 인공지능 기술로 대변되는 4차 산업혁명 시대의 지식정보화를 이해하고 생산할 수 있는 힘을 길러주는 것과 관련되어야 한다. 리터러시에 대한 이런 관점은 파울로 프레이리(Freire)가 강조한 문식성의 '실천적 힘'과 관련된다.

프레이리는 앎을 구축해 가는 과정으로서의 읽기와 쓰기를 인간의 사고와 언어, 그리고 그 언어가 명명하는 세계와의 관계 속에서 이루어지는 변혁적인 실천(praxis) 그 자체로 보았다(Freire & Macedo, 1987; 원진숙, 2020:163에서 재

1. 후기 자본주의 사회와 4차 산업혁명 사회에서의 삶

인용). 문식성에 대한 프레이리의 이런 관점은 리터러시가 인간의 행위 주체성과 그 주체성을 통한 사회 변혁을 가능하게 하는 힘에 연결시키는 것으로, 범주의 확장에 의한 읽기와 쓰기라는 인간 행위가 주체적으로 이루어질 때, 세계와의 교섭과 변혁이 이루어질 수 있음을 강조한 것이라 할 수 있다. 이처럼 리터러시가 주체성을 통해 구현될 때 세계와의 교섭과 변혁을 가능하게 하는 것은 문식성 행위에는 성찰이 동반되기 때문이다.

4차 산업혁명 사회의 지식정보화 과정에서 인공지능은 급속도로 발전하여 사회의 전 부문에서 우리 삶에 엄청난 영향을 미치고 있다. 그리고 인공지능의 영향은 삶의 패러다임을 근본적으로 변화시키는 추동력으로 작용하고 있다. 특히 지금의 COVID-19같은 팬데믹이 장기간 지속되어 대면 접촉보다는 비대면 접촉이 일상이 되고 있는 상황에서는 인공지능 기술에 의한 삶의 방식 및 실천과 관련된 플랫폼의 개발과 활용이 절실한 것으로 여겨지고 있다.

COVID-19와 같은 감염병의 팬데믹이 발생하기 전에 정부는 4차 산업혁명에 의한 지식정보화와 인공지능 기술을 강조한 바 있다. 이는 지난 2016년 5월에 관련 10개 부처가 합동으로 추진한 '지능정보사회 민관합동 추진협의회'에서 4차 산업혁명에 대비한 12개 추진과제를 제시한 것에서 확인할 수 있다.

4차 산업혁명의 동인은 인공지능 기술의 급속한 발전이다. 인공지능은 정보를 사회 및 경제의 추동력으로 만들면서, 빅데이터에 의해 새로운 정보의 생산과 유통을 그 이전 시대와는 비교할 수 없을 정도로 광범위하고 빠르게 전파시키고 있다. 이에 따라 인공지능은 가히 혁명적으로 사회 전 부문을 변화시키고 있다. 그에 따라 인공지능 기술을 활용할 수 있는 능력을 가진 사람과 그렇지 못한 사람 간의 격차는 갈수록 심화되고 있다. 또한 비대면 접촉이 일상이 됨에 따라, 사람 간의 소통은 점차 어려워지고 있으며, 그로 인해 소외와 우울을 경험하는 사람들도 점차 늘어나고 있다.

인공지능 기술의 발전으로 인해 사람 간의 소통이 줄어들고 있는 상황은 인간 중심의 휴머니즘(humanism) 세계관이 자리를 잃을 것이라는 우려를 자아내고 있다. 그런 우려를 불식시키기 위해서는 인공지능 기술의 발전에 따른 소통 상황에서도 휴머니즘 세계관을 견지할 수 있는 삶의 방식과 실천에 대한 모색이 필요하다. 인공지능 기술과 휴머니즘 세계관의 공존에 대한 모색을 통해 인간 본연의 가치를 추구하는 인간 삶의 본질에 대한 근본적인 성찰을 수행해야 한다. 인간 본연의 가치는 공감과 관계성, 그리고 가치판단이다(김홍겸 등, 2018). 우리는 공감을 통해 서로를 이해하고 타자와 관계를 맺을 수 있고, 복잡다단한 삶의 과정에서 감정적 격동을 치유할 수 있는 방편을 마련할 수 있다. 또한 타자와의 상호작용과 소통을 통해 옳고 그른 것에 대한 판단을 하면서 보다 잘삶을 추구할 수 있는 존재로 성장할 수 있다. 삶의 방식과 실천들이 이러한 것들을 담당하기 위해서는 인공지능 기술의 발달에 따른 삶의 혁신도 중요하지만, 보다 근본적으로는 사람 간의 소통을 강조해야 한다. 소통하지 못하면 감정적인 면에서 많은 문제가 생길 수 있다.

오늘날 우리가 겪고 있는 많은 문제 상황들, 즉 우울이나 좌절, 분노 등은 타자와 소통하지 못한 데서 연유한다. 각자의 욕망이나 욕구를 충족하기 위해서는 타자와 관계를 맺어야 하고, 타자와 원활한 관계를 맺기 위해서는 소통과 공감능력이 필요하다. 그런데 소통과 공감능력이 부족할 때, 타자를 경쟁 대상으로만 여기게 되고, 그 과정에서 감정적 상처를 받음으로써 우울과 좌절, 분노의 감정 등을 겪게 되는 것이다. 따라서 이런 문제들을 해결하기 위해서는 삶의 다양한 국면에서 타자와의 소통과 배려, 공감적 이해가 효율적으로 이루어져야 한다. 공감과 소통능력 증진이 강조되면서 사람 간의 상호 협업이 關係가 간주되어야 한다.

인류의 수많은 문명이 상상력의 산물이었듯이, 미래 사회의 수많은 문명들도 창의적 사고를 바탕으로 한 상상력의 산물일 것이다. 그런데 인공지능 기술은 이러한 창의적 사고를 바탕으로 한 상상력의 산물이다. 기계 학습과 강화 학습을 통해 인간 지성에 접근하고자 하는 인공지능은 그 이전 시대에는 존재하지 않았던 것들을 이미지로 실체화하고 있으며, 그러한 이미지화에 의해 기술이라는 이성적 도구는 인간 삶을 획기적으로 혁신하는 문명사적 전환을 가져오고 있다. 이러한 상황에서 인공지능 기술은 인간의 실생활에 가치 있는 것들로 구현되는 '가치적 표현'으로 인류사에 자리매김하고 있으며(이영의, 2016), 이에 따라 삶의 상황에서도 창의적 사고를 지닌 상상력의 증진이 강조되고 있다. 창의적 사고를 바탕으로 한 상상력의 증진을 통해 우리는 다양한 도덕적 딜레마들에 직면하는 상황에서도 창의적으로 문제를 해결할 수 있도록 해야 한다. 이를 위해서는 우리의 삶이 무한 경쟁에 놓인 '인간-기계'가 아닌 쉼과 놀이를 통해 다양한 여가 활동을 할 수 있는 기반이 마련되어야 한다. 그러한 기반의 마련을 통해 우리는 스스로를 창의적 사고를 할 수 있는 존재로 인식하면서, 삶의 현상들에 대해 스스로 질문하고 답할 수 있다. 그 과정에서 문제의 본질과 그 해결 방안을 탐색할 수 있다. 아울러 쉼과 놀이의 과정을 통해 창의적 사고로 상상력을 증진하여 미래 사회에 대비할 수 있는 역량을 길러 우울이 아닌, 활력의 삶을 기획할 수 있다.

삶의 활력을 기획함으로써 우리는 자아와 타자, 세계에 대한 확장된 이해를 도모하면서 성찰적 삶을 수행하여, 잘삶을 추구할 수 있다. 이런 삶은 자아, 타자, 세계에 대한 성찰적 삶을 수행하는 과정에서 인간다움을 추구하여 인간의 존재성을 바람직한 방향으로 추구하는 것이다. 타자와의 경쟁이나 소통의 단절이 아닌, 자아와 타자, 세계에 대한 확장된 이해의 추구는 인공지능 기술

1. 후기 자본주의 사회와 4차 산업혁명 사회에서의 삶

시대에도 인문학적 소양의 추구로 이어질 수 있다. 우리는 인문학적 소양의 증진을 통해 인공지능에 의해 소외된 삶이 아닌, 인간다움과 창의성을 발현하여 행복한 삶을 영위할 수 있는 힘을 가질 수 있을 것이다.

"

에듀컨텐츠·휴피아
Educontents·Huepia

"

2. 서사로서의 삶과 윤리성, 정체성

1) 서사적 삶의 의미

일찍이 롤랑 바르트는 '서사가 끝나는 곳에는 죽음이 있다.'라고 말하면서, 우리의 삶 자체가 서사를 만들고 듣는 것임을 강조한 바 있다. 서사를 만들고 듣는 존재로서 우리는 서사가 없는 세계에서 존재할 수 없다. 이에 대한 예로는 '아라비안나이트'를 들 수 있다. '아라바안나이트'에서 페르시아의 왕 샤리야르에게 죽을 위기에 처한 세헤라자데는 매일 밤 이야기하기를 통해 죽음을 지연시킨다. 이야기하기를 통해 죽음을 지연시키는 세헤라자데의 상황은 우리의 삶의 세계가 서사를 만들고 듣는 것에 대응된다. 우리가 매일 삶을 살아가는 것은 시간의 흐름 속에 지속되는 현실에 새로운 것을 대응시켜 그 현실을 변화시키는 것이기 때문이다. 죽을 위기의 상황에서 현실을 변화시키는 힘을 이야기하기를 통해 얻었기 때문에 세헤라자데는 죽음이 아닌 삶을 얻을 수 있었다. 그러면 세헤라자데가 어떤 이야기를 하면서 샤리야르 왕으로부터 죽음을 모면했는지를 간단히 살펴보자.

◆ 삶과 서사와 치유 ◆

'아라비안나이트'는 페르시아부터 인도까지 지배하는 대왕 샤리야르 왕과 그의 동생 이야기로 시작한다. 샤리아르 왕은 자신처럼 한 나라의 군주인 그의 동생이 수심 가득한 얼굴을 하다가 얼굴이 밝아지자 왜 그러는지 물어보았다. 알고 보니 동생의 아내가 불륜을 벌이고 있었고, 동생은 그것에 대한 배신감으로 치를 떨고 있었다. 그런데 동생이 보니 형수도 시녀들, 노예들과 난잡한 불륜잔치를 벌이고 있었다. 그 모습을 보고 위로가 되어서 얼굴이 밝아진 것이었다. 하지만 차마 말할 수 없었지만, 형의 강요로 그 사실을 말한다. 그 후 아내가 몰래 노예와 바람피우는 모습을 목격한 샤리야르 왕은 아내를 죽임으로 응징했다. 그 후부터 그는 여자에 대한 강한 불신을 보이면서, 처녀와 하룻밤을 잔 후에 다음날 처형하기 시작했다.
여자가 거리에서 사라질 정도로 샤리야르 왕의 학살이 심해지자, 대신의 딸인 세헤라자드는 일부러 왕과 결혼한다. 당연히 대신은 딸의 의견에 반대했지만 마지못해 수락했다. 세헤라자드는 동생을 불러들여 이야기를 해달라고 조르게 하고, 세헤라자드는 동생의 청에 못 이긴 척 하면서 이야기를 시작한다. 생선을 먹다가 질식하여 죽은 꼽추광대의 시체를 서로 떠넘기는 바람에 나중에 재판이 혼란스러워지자, 왕이 피의자들을 사면한 이야기(꼽추시체가 들려주는 이야기), 대신의 아들인 누드 알딘 알리와 그의 애인 아니스 알자리스가 왕과 간신의 박해를 피해 달아난 후, 교주의 도움으로 금의환향한 이야기(누드 알딘 알리와 처녀 아니스 알자리스 이야기) 등과 같은 이야기들을 재미있게 한다. 다양한 이야기들을 재미있게 하는 세헤라자데의 이야기 솜씨에 감탄한 샤리아르 왕은 낮에는 나라 일을 보고, 밤에는 세헤라자데의 이야기를 들었다. 그 후부터 1천 일하고도 하루 동안 이야기를 듣던 왕은 자기도 모르게 마음이 누그러져서 학살을 중단하였고, 자신의 아들을 3명이나 낳아준 세헤라자데와 행복하게 살다가 죽었다. 형처럼 살인 잔치를 벌이던 동생도 형수의 동생 두냐자드와 결혼했다.
'아라비안나이트'는 세헤라자데가 죽음의 위기에서 이야기하기를 통해 죽음을 지연시키면서, 샤리아르 왕을 감화시켰음을 보여준다. 또한 서사가 삶의 본질이며, 서사를 만들고 듣는 과정이 삶의 연속임을 보여준다. '아라비안나이트'에 등장하는 세헤라자데처럼, 우리도 끊임없이 서사를 만들고 서사를 들으면서 살아간다. 우리의 삶은 기쁨과 슬픔, 즐거움과 고통, 우울과 분노, 욕망과 좌절 등으로 점철되어 있으며, 그 과정에서 생기는 다양한 감정들을 서사로 풀어내는 것이기 때문이다. 또한 다른 사람들의 서사를 들으면서 그들이 경험한 사건과 그 기억을 우리 나름대로 이해하고 해석한다. 그런 이해와 해석을 통해 우리는 우리 스스로 경험한 사건뿐만 아니라 다른 사람들이 경험한 사건들과 기억이 주는 무게를 가늠하고, 그런 가늠을 통해 삶의 지혜를 얻

2. 서사로서의 삶과 윤리성, 정체성

기도 한다.

서사는 우리의 존재나 삶이 분절되거나 쪼개지지 않고, 다 함께 녹아 있는 상태의 모습을 담아낸다(박인기, 2020:14). 따라서 다양한 서사를 경험하는 것은 삶을 분절된 것이 아닌, 전체적인 것으로 사유하는 과정을 내포한다. 삶을 전체적인 것으로 사유하는 것은 삶의 과정에서 생겨났던 다양한 사건들의 의미를 총체적으로 파악하는 것과 관련된다. 특히 허구 서사인 소설은 우리의 삶에 총체적인 의미를 부여하려는 의도에서 창작되며, 그러한 소설에 대한 이해와 해석은 삶의 총체성을 인식하는 사유의 기반이 된다. 이처럼 서사는 삶을 총체적으로 형상화함으로써, 우리 삶에서 일어나는 수많은 사건들의 의미를 총체성이라는 관점에서 이해할 수 있게 한다. 그리고 그러한 이해를 기반으로 해서 우리는 자신과 타자의 관련성과 소통의 필요성 등을 인식하면서, 정체성 형성을 위한 토대를 마련할 수 있다.

이처럼 우리의 삶 자체는 의미 있는 사건들의 연쇄로 이루어지며, 그러한 사건들의 연쇄는 우리를 시련 속에 단련시킨다. 많은 경우에 우리를 시련 속에 단련시킨 사건들은 언어로 정리되지 못하는 감정의 파편들로 사라져버린다. 그렇기 때문에 우리는 우리를 단련시킨 사건들을 언어로 정리해서 의미 있는 서사로 만들고자 하는 욕망을 갖는다. 그런 욕망은 우리 안에 쌓인 감정의 찌꺼기를 걷어내어 우리를 바람직한 존재로 만들기도 하고, 우리를 자기과시의 존재로 만들기도 한다. 그러나 우리가 '나-다움'을 잃지 않기 위해서는 정직한 자기 응시에 의한 삶의 과정들을 언어로 풀어내는 과정이 필요하다. 언어를 통해 삶의 과정을 풀어내는 것은 삶의 의미를 전달하고 간직하기 위해서이다. 그런 삶의 의미 전달과 간직을 통해 우리는 복잡한 삶의 내력에 얻게 된 슬픔과 상처를 타인에게 위로받으며 존재성에 대한 성찰을 수행할 수 있다.

이런 점에서 본다면, 우리는 서사를 만들고 들으면서 살아가는 서사적 존재라고 할 수 있다. 서사적 존재로서 우리는 유한한 생명체로서 끊임없는 자아성찰에 의해 자아의 갱신을 도모한다. 자아의 갱신은 더 나은 인간다움을 실천하려는 의지에서 비롯된다. 니체가 언급했듯이, 우리는 '생에의 의지'를 갖고서 자아 갱신을 실현하기 위해 수많은 사건들에 의미를 부여하고, 그것들을 언어로 형상화하는 기억 작업을 수행한다. 그러한 기억 작업을 통해 우리는 자신과 타인의 삶을 총체적으로 이해하고 해석한다. 그러한 이해와 해석은 삶의 본질적 특성이다. 이 점에 대해 폴 리쾨르는 "자신(le soi)에 대해 해석한다는 것은 이야기 속에서, 그리고 여러 다른 기호와 상징들 속에서 특별한 매개를 발견하는 일이다. 이 매개는 삶의 이야기를 허구적 이야기로 만든다."(폴 리쾨르, 김동윤 옮김, 1997:52)라고 했다. 리쾨르의 이런 언급은 삶에 대한 이해와 해석은 언어라는 기호를 통해 서사로 풀어내는 것이며, 그러한 서사적 풀어냄을 통해 자아 성찰을 통한 자아 갱신이 가능함을 강조한 것이다.

우리의 삶은 늘 불안정하며 불안과 두려움 속에서 진행된다. 이 때문에 살아 있는 우리 삶의 결말은 어찌될 지 알 수 없는 불안정성 혹은 가능성으로 존재할 수밖에 없다. 그러한 불안정성 혹은 가능성은 끊임없는 자아 성찰 속에 구체적으로 실현되고 자아 성장의 토대가 된다. 그렇기 때문에 우리가 서사적 존재로서 서사를 만들고 듣는 행위는 하나의 사건이 되며, 그러한 사건을 통해 우리는 자신이 경험한 서사뿐만 아니라 타인이 경험한 서사의 세계와 상호연관을 맺을 수밖에 없다. 나아가 우리 자신의 생애를 해석하고 성찰하면서 그것에 의미를 부여하는 행위를 통해 더 나은 삶에 대한 지향을 할 수 있다. 그러한 지향은 궁극적으로 포기할 수 없는 삶에 대한 의지, 나아가 더 나은 삶을 설계하고 실천하고자 하는 윤리적 실천으로 이어진다.

2) 서사적 삶을 위한 타자 지향의 윤리성

우리의 삶은 수많은 사건 혹은 스트레스에 직면하면서 생기는 '고통'의 문제에서 벗어날 수 없다. 고통은 삶의 본질적인 조건처럼 작용하면서 '나'의 고통과 '우리'의 것이 쉽게 분리되지 않게 만든다. '나'와 '우리'의 고통은 가족이나 친밀한 집단이 직면한 것으로, 그것이 '타자'와 연계되기 위해서는 '타자'와의 관계맺음이 필요하다. 타자와 관계 맺음으로써 '나'와 '우리'의 고통은 타자의 고통에 주의를 기울이는 것으로 확장될 수 있다. 그러한 주의를 기울임은 고통을 통해 윤리를 발생시키는 실마리가 되며, 레비나스가 강조한 타자에 대한 '나'의 책임으로, 타자와 '나'의 관계의 비대칭성으로 나아가는 것이다(박정호, 2011:154). 타자와 '나' 사이의 관계의 비대칭성은 '나'가 타자의 고통에 주의를 기울임으로써 타자에 대한 관심과 배려를 보이는 것과 관련된다.

우리가 삶에서 만들어가는 의미 세계는 자폐적인 것이 아니라 타자와 함께 하는 것이다. 타자와의 관계를 통해 우리가 향유하는 세계는 의미를 만들 수 있으며, 그 안에서 우리는 삶의 주체가 될 수 있다. 주체로서 우리는 함께 하는 타자의 존재로 인해 삶의 의미를 얻을 수 있으며, 그러한 삶의 의미는 타자와의 윤리적 관계를 통해 구체화된다. 그러한 윤리적 관계는 고통을 호소하는 타자를 수용하고 손님으로 환대하는 데서 실천된다(강영안, 2013:32-33). 헐벗고 고통스러운 얼굴로 우리 앞에 나타나는 타자를 수용하고 받아들이는 호명의식에 의해 우리는 타자의 얼굴을 바로 마주할 수 있다. 타자의 얼굴을 마

2. 서사로서의 삶과 윤리성, 정체성

주하는 적극적인 수용을 통해 우리는 타자와 긴밀한 관계 형성을 할 수 있고, 그러한 관계 형성을 통해 타자와 함께하는 타자 지향의 윤리를 실천할 수 있다.

우리가 타자와 함께 하는 타자 지향의 윤리를 실천하기 위해서는 타자에 의해 촉발된 책임의식을 수용하면서, 타자의 부름에 응답할 필요가 있다. 타자의 부름에 응답하면서 우리는 "자신의 문을 열고 타인을 영접하는 '환대'를 실천"(강영안, 2004:78-79)할 수 있기 때문이다. 타자에 대한 환대의 실천을 통해 우리는 윤리적 의미의 악마가 아닌 고통과 책임의 윤리를 고양할 수 있다. 고통과 책임의 윤리를 고양하는 우리는 타자를 통해 자신도 고통 받는 존재가 될 수 있음을 인식할 수 있다. 또한 타자를 위해 고통 받을 수 있음을 인식할 수 있다. 이처럼 타자를 위해 고통 받을 수 있는 우리는 타자에 대해 열려 있음으로 인해 고통 받는 것을 기꺼이 감내하는 '상처받을 가능성', '트라우마에 열려 있음'(강영안, 2013:211)을 수용할 수 있다. 그런 수용은 우리가 서사적 존재로서 삶의 서사를 혼자서는 만들 수 없음과 관련된다. 혼자서는 만들 수 없는 삶의 과정과 서사를 타자와 함께 만듦으로써 우리는 원하던 원하지 않던 간에 타자의 트라우마를 껴안아야 한다. 그러한 껴안음에 의해 우리는 진정 함께 하는 존재가 될 수 있기 때문이다.

우리가 타자의 고통을 대신 짊어지고자 하는 것은 대속(代贖)과 관련된다. 대속은 우리가 서사적 존재로서 실존 속에서 타자를 대신하면서 자신의 본질을 해체하고, 자신에게 주어진 의무를 회피하지 않고 받아들이는 것이다. 이것은 삶의 본질적인 측면으로 자폐적인 동일성의 세계를 되돌릴 수 없게 만드는 것과 관련된다(임마누엘 레비나스, 김연숙 옮김, 2010:36-37). 자폐적인 동일성을 중지하는 대속은 우리가 책임 회피의 불가능성과 타자의 짐을 짊어지는 것과 관련되며, 우리가 타자를 '위해' 책임지는 존재가 되는 것을 의미한다. 따라서 대속은 단순히 타자를 위한 '자리바꿈'이 아니라 타자의 책임을 대신 짊어지면서 고통을 수용하는 '대속적 책임'(강영안, 2013:187)과 관련된다.

우리가 타자를 위한 대속적 책임을 지게 된 것은 삶의 과정에서 실체적인 존재, 즉 얼굴로 현현하는 타자와의 대면을 통해서이다. 타자는 우리와는 다른, 우리를 바라보는 얼굴로 우리 앞에 나타나며, 그런 타자의 얼굴은 절대적으로 우리와는 다른 것으로 표상된다. 절대적 다름으로 표상되는 타자의 얼굴은 '벌거벗음'(임마누엘 레비나스, 김연숙 옮김, 2001:122)의 고통과 상처를 가진 채 우리 앞에 나타나며, 우리에게 참된 인간성을 촉구하는 윤리적 호소를 한다. 타자의 얼굴에 나타난 윤리적 호소는 우리에게 가만히 있을 수 없는 윤리적 명령, 타자의 상처받은 얼굴과 고통에 반응해야 하는 힘으로 작용한다. 그 힘은 물리적인 것이 아니라 상처받을 가능성과 무저항의 것으로, 우리가 타자의 얼굴과 고통을 외면할 수 없게 만든다.

　윤리적 반응을 호소하는 타자의 얼굴은 우리에게 말을 건네고, 타자의 말은 우리가 참된 관계에 대한 성찰을 하게 만든다. 그 과정에서 우리는 타자의 얼굴을 통해 그의 말을 이해하고 고통에 책임지는 윤리성을 실천할 수밖에 없다. 그런 윤리성의 실천을 통해 우리는 타자의 내면과 소통할 수 있고, 비참한 얼굴을 한 타자, 자기 동일성의 밖에 있는 타자를 책임져야 하는 타자 의식을 고양할 수 있다. 그런 점을 고려하면, 비참한 얼굴을 한 타자를 환대의 의식으로 응답하고 소통하는 우리의 태도는 타자의 고통을 대속하는 윤리성을 실천하게 하며, 그런 실천을 통해 우리는 서사적 존재로서 타자와 윤리적 관계를 형성할 수 있다. 나아가 인간성을 실천하는 '나-다움'을 잃지 않으면서 더 나은 삶의 서사를 생성하는 존재로 성장할 수 있다.

3) 윤리적 존재로서의 정체성 형성

　우리는 시간 속에서 살아가는 존재로서, 다양한 행위를 하고, 그런 행위에 의해 사건들을 경험한다. 그리고 우리가 경험한 사건들은 서사적 방식으로 기억되고, 그러한 기억들은 서사적 형식으로 이야기된다. 그러한 이야기함 혹은 이야기됨은 삶에서의 사건 경험들을 이해하고 기억하는 과정에서 구체화되고, 그러한 서사화 과정은 서사를 만들고 이해하는 존재로서 우리를 서사적 존재로 규정하는 기반이 된다. 우리의 삶에서 서사는 무한하게 다양한 형식으로 모든 시간과 장소, 모든 사회에 존재한다. 서사는 삶의 출발과 함께 시작했으며, 삶이 종결될 때 끝난다. 그렇기 때문에 서사 없는 인간의 삶은 있을 수 없다.

　서사적 존재로서 우리는 수많은 사건 경험들에 대한 기억과 망각을 하며, 그러한 기억과 망각의 상호작용에 의해 만들어지는 삶의 서사들을 통해 '나는 누구인가?'라는 근본적인 질문에 마주선다. 그 질문에 마주서서 우리는 자기 확인을 하고, 사회적 구성원으로서 집단과의 관계에 대한 성찰을 수행하기도 한다. 그러한 성찰은 자기 존재성의 확립과 재정립이라는 정체성의 문제와 직결될 수밖에 없다. 우리는 삶의 서사를 만들거나 이해하면서 정체성을 찾아나갈 수밖에 없기 때문이다. 서사를 만들거나 이해하면서 만들어지는 정체성은 우리가 자신의 삶의 이야기를 말하고, 다시 말하는 과정에서 형성되는 삶의 정체성이다. 삶의 정체성은 소설이나 희곡, 동화와 같은 허구 서사를 이해하면서 파악하는 텍스트의 정체성과는 다소 다르다. 소설이나 희곡, 동화 등

2. 서사로서의 삶과 윤리성, 정체성

과 같은 텍스트에 표상된 정체성은 작중인물이 행위를 통해 사건을 경험하고, 그러한 사건들의 경험을 통해 자기 동일성이 아닌 타자 지향의 윤리성을 실천하는 양상을 허구적으로 보여준다.

　반면에 삶의 정체성은 허구적 세계가 아닌 실제 세계에서의 사건 경험과 기억, 망각의 과정에서 만들어지고 이해되는 것이다. 그렇기 때문에 삶의 정체성이 타자 지향적인 것이 되기 위해서는 타자의 삶에 대한 이해와 해석이 필요하며, 그러한 이해와 해석을 위한 계기 마련은 허구적 서사를 통한 타자의 정체성 표상을 파악하는 것이다. 타자의 정체성 표상을 이해하는 것은 자기로서의 정체성에서 벗어나 공유적 자아로서의 정체성으로 나아가는 기반이 되기 때문이다. 공유적 자아로서의 정체성 형성은 자기중심적 삶이 아닌, 타자의 삶에 대한 공감과 연민의 태도를 갖고서 타자를 배려하고 손님으로 환대하는 윤리성을 전제로 한다. 이러한 타자 지향의 윤리성은 서사적 존재로서의 서사적 정체성의 근간이 되며, 서사적 정체성 형성의 계기는 서사를 매개로 한 서사 활동에 의해 마련될 수 있다. 서사를 매개로 한 서사 활동은 타자의 삶에 대한 공감과 연민, 배려와 환대를 필요로 하며, 자기와 타자의 관계 속에서 새롭게 만들어지는 정체성의 문제를 환기할 수밖에 없다. 서사적 존재로서 우리의 삶은 행위의 주체, 사건 경험의 기억과 망각, 기억의 행위로서의 서사화 과정을 통한 자기 존재성 등에 대한 질문을 찾는 것과 관련되기 때문이다. 이 때문에 윤리적 존재로서 우리가 만들어가는 삶의 과정에서 정체성 형성은 사건 경험의 기억과 망각, 기억의 행위로서의 서사화 과정과 분리될 수 없다. 그러한 분리될 수 없음은 우리의 존재성 자체가 서사적 행위에 의한 사건 경험, 사건 경험에 대한 기억과 망각, 기억의 서사화 과정에 의해 지속되는 고유한 본질을 갖기 때문이다.

3. 서사적 정체성 형성과 서사 윤리

1) 공유적 자아로서의 서사적 정체성

정체성은 '나'와 다른 사람의 관계를 토대로 형성된다. 정체성은 항상 자신이 아닌 것, 즉 다른 사람과 관련되어 있다. 정체성은 '나'와 다른 사람의 차이 안에서, 차이를 통해서만 상상되고 구성될 수 있다. 우리는 다른 사람과의 관계를 통해서 '나는 누구인가?'를 끊임없이 질문하면서, 더 나은 삶에 대한 지향을 한다. 그런 지향은 다른 사람의 서사에 대한 이해와 해석에서 보다 구체적으로 실천될 수 있다. 특히 소설과 같은 허구 서사 읽기를 통해, 우리는 자신이 경험하지 못하거나 알지 못하는 새로운 삶의 경험이나 실상을 파악함으로써, 폐쇄적인 자기중심성에서 벗어날 수 있다. 허구 서사 읽기 과정에서, 자신의 존재성에 대한 질문에 대한 답을 찾는 것은 작중인물에 대한 이해, 특히 작중인물의 의식 상태에 대한 이해에서 얻어질 수 있다. 작중인물의 파편적인 의식과 사건들에 대한 이해에 의해 우리는 자신에 대한 존재론적 인식, 즉 정체성 구성을 위한 토대를 제공받을 수 있다. 특히, 서사 텍스트에 구현된 작중인물의 참 모습과 지향에 대한 인식을 통해, 우리는 자신을 성찰적으로 해석하는 과정을 경험할 수 있기 때문이다.

서사와 관련지어 정체성의 문제는 서사적 정체성의 관점에서 논의될 수 있는데, 이에 대해서는 리쾨르(P. Ricoeur)의 논의를 참고할 필요가 있다. 폴 리쾨르(Paul Ricoeur)는 시간, 이야기, 존재, 행위, 윤리가 갖는 상관관계를 정체성의 관점에서 분석하였다. 특히, 그는 정체성의 범주를 서사와 관련지어 새롭게 논의하였다(폴 리쾨르, 김동윤 옮김(1997), 서술적 정체성, 석경징 외 옮김, 현대 서술 이론의 흐름, 솔). 그의 서사 이론은 우리의 모든 행위가 시간의 성격을 띠며, 그것이 인간의 시간이 되기 위해서는 서술되어야 한다는 기본적 인식에서 출발한다. 리쾨르는 삶에서의 핵심이 시간적인 아포리아임을, 즉 우리가 체험하는 시간과 우주가 진행되는 물리적 시간이 일치하지 않는, 현상학적 시간과 우주론적 시간의 대립을 서사적으로 해결하려는 의도임을 보여준다(정진석, 2016:11). 그런 의도 속에 리쾨르는 우리의 자아가 스스로 인지될 수 없고 항상 문화적·상징적 매개를 통해 이해된다고 주장함으로써 타자성[다른 사람의 존재성]이 배제된 데카르트의 자아관을 비판한다. 그의 철학적 독창성은 '나'와 '너'와 '그'가 모두 함께 나눌 수 있는 자아, 즉 공유적(共有的) 자아 또는 '르 수아(le soi)'의 해석학을 확립시키려고 한 것이다.

리쾨르는 정체성을 두 가지로 구분한다. 하나는 동일성(sameness)으로서의 정체성[자체 정체성]이고, 다른 하나는 자기성(selfhood)으로서의 정체성[자기 정체성]이다. 정체성은 이 두 가지가 변증법적으로 연관되면서 형성된다. 먼저 동일성으로서의 정체성에 대해 살펴보자. 리쾨르의 관점에서 볼 때, 동일성은 관계, 관계들의 관계에 대한 개념이다. 리쾨르가 말한 동일성으로서의 정체성은 다수가 아니라 하나이자 유일한 것이라는 수적인 정체성, 극단적인 유사성으로 인해 서로 대체될 수 있는 질적인 정체성, 시간을 통한 변화에도 불구하고 첫째 단계와 마지막 단계가 중단되지 않는 연속성, 다양성에 반대되는 것으로서 시간 속에서의 영구성 등과 같은 네 가지로 나뉜다. 예를 들어, 동일성으로서의 정체성은 우리가 고유하게 갖는 각자의 이름과 관련된다. 우리 각자의 이름은 개명을 하지 않는 한 태어나서 죽을 때까지 변하지 않는 연속성, 항존성을 가지지만, 시간의 흐름에 따른 차이나 변화를 담보하지 못한다. 이러한 동일성으로서의 정체성은 다른 사람과의 관계를 고려하지 않으며, '나는 무엇인가'에 대한 답을 하는 것과 관련된다.

한편 자기성으로서의 정체성은 '나는 누구인가'를 묻는 문제와 관련되어 있다. '누가 이것을 하였는가?' 즉, 어떤 행위를 어떤 행위자에게 돌리는 것이며, 이러한 귀속은 윤리적인 평가가 포함된다. 따라서 자기성으로서의 정체성은 실천의 범주에 속한다. 우리 개인이나 공동체의 정체성을 묻는 것은 '누가 그

3. 서사적 정체성 형성과 서사 윤리

런 행동을 하는가?'와 관련되며, 그런 물음에 답하는 것은 우리 개인이나 공동체가 다른 사람과의 관계에서 '왜' 그런 행동을 하는가를 살펴보고, 그것에 대답하는 실천의 윤리와 관련되기 때문이다. 그렇기 때문에 자기성으로서의 정체성은 타자와의 도덕적인 관계를 전제로 한다. 자기성으로서의 정체성은 자기-항상성(self-constancy)을 표현하면서, 타자에게 실존적으로 응답을 하는 것과 관련된다. 그러므로 자기성으로서의 정체성은 다른 사람의 실존이나 존재성을 윤리의 차원에서 고려하는 타자성과 관련된다. 물론 이때의 타자성은 내가 아닌 다른 사람만을 의미하지 않고, 자아 안에 있는 타자성까지를 포함한다. 그러기에 이때의 타자성은 다의적인 성격을 갖는다.

동일성으로서의 정체성은 '나는 누구인가?'라는 문제에 답을 제대로 제공하지 못한다. 그 문제에 대한 답은 자기성으로서의 정체성을 통해서 마련될 수 있다. 자기성으로서의 정체성은 영구적인 어떤 것에 의존하지 않으며, 정체성에 대한 어떤 불변적인 의미나 사고에 관한 주장을 함의하지 않는다. 리쾨르는 우리가 정체성의 문제 대해 혼란을 겪게 된 것은 동일성으로서의 정체성과 자기성으로서의 정체성을 구분하지 않았기 때문임을 밝히면서, 개인으로서의 우리의 정체성은 동일성으로서의 정체성이 아닌 자기성으로의 정체성과 관련된다고 했다.

리쾨르의 관점을 따를 때, 서사적 존재로서 우리가 갖는 정체성은 서사적 정체성(narrative identity)이다. '나는 누구인가?'에 대한 답은 어떤 삶을 살아왔는가에 대해 답을 하는 서사적 특성을 가질 수밖에 없기 때문이다. '나는 누구인가?'에 대한 답을 하는 자기성으로서의 정체성은 '누구'의 문제이고 행위를 하는 주체의 문제와 관련되기 때문이다. 행위를 하는 주체로서 우리는 태어나서 죽을 때까지 삶의 내력들을 수없이 말하고 다시 또 말한다. 그러한 말하기 과정은 삶의 서사화와 관련되며, 삶의 서사화 과정에서 우리는 '나는 누구인가?'에 대한 답을 다른 사람과의 관련 속에서 찾아간다. 삶의 과정에는 다른 사람의 개입이 필연적이며, 그러한 다른 사람의 개입은 삶의 서사화 과정에서도 필연적으로 표상될 수밖에 없기 때문이다. 삶의 서사화는 우리가 삶의 과정에서 겪었던 이질적이고 단편적인 삶의 경험과 감정, 사고, 사건 등을 일관성 있는 하나의 서사로 종합하여 의미 있게 만드는 것이다. 그러한 의미화 과정을 통해 우리는 삶의 내력을 정체성과 관련짓고, 정체성의 문제에 대한 답을 찾아갈 수 있다.

이처럼 서사적 존재로서 우리가 만들어가는 서사적 정체성은 우리가 자신의 삶의 이야기를 말하고 다시 말하는 과정에서 형성된다. 그리고 그러한 형성은 가변적인 지속성을 가지며, 죽음의 순간에야 끝난다. 죽음의 위기에서 살아남기 위해 끝없이 이야기하기를 해야 했던 세헤라자데처럼, 살아 있는 동안 우리는 끝없이 경험하는 이질적이고 단편적인 감정, 감정, 사건 등을 서사화한다. 그 과정에서 우리는 다른 사람에게 혹은 타자화된 자아에게 자신의 삶의 이야기들을 끝없이 말함으로써 자기 이해와 성찰을 도모할 수 있다. 또한 다른 사람의 이야기를 다시 말함으로써 다른 사람, 세계에 대한 보다 심화된 인식을 할 수 있다. 그리고 그러한 인식은 종결적인 아니라 비종결적인 것으로 끝없이 구성된다. 그렇기 때문에 우리의 서사적 정체성은 과정 중에 있으며, 비종결이고, 삶에서의 사건[에피소드]들이 일어남에 따라 지속적으로 재생성된다. 이러한 서사적 정체성은 어떠한 정체성이 진정한 것인지를 말하는 것이 아니다. 우리가 지속적으로 자신의 삶의 이야기를 해석하고 재해석함으로써, 자신이 누구인지를 인식하고 새롭게 만들게 한다.

2) 서사적 정체성 발달을 위한 서사 윤리

한나 아렌트에 따르면, 서사는 논증구조를 제시하는 방식이 아니라 우리의 삶에 대한 성찰을 이야기하기 방식으로 풀어냄으로써 근대적 합리성의 표현 방식으로서의 논리적 이론구성을 거부한다(김선욱, 30). 따라서 아렌트 관점에서의 서사는 합리성을 추구하는 근대성에 대한 비판을 포함하면서, 근대적 이성에 대한 대안을 제시하는 특성을 갖는다. 서사에서 화자는 자신의 정서를 담아 상대의 감수성에 다가가는 이야기를 만든다. 자신이 이해한 내용을 서사화의 방식으로 풀어냄으로써 화자는 삶의 과정에서 만들어가는 정체성을 보여준다. 따라서 서사에는 화자의 판단 개입과 감정 노출에 의한 정체성이 반영되며, 이를 통해 새로운 감수성의 일깨움을 통한 독자와의 연대성이 마련된다(김선욱, 47).

서사는 논증을 제시하고 입증하는 구조가 아닌, 독자가 화자의 입장에서 생각하고 판단하도록 초대하는 구조를 취함으로써 독자와 화자 간의 관점의 공유를 통한 의사소통을 목표로 한다(김선욱, 47). 서사에서 화자는 상상력을 통해 자신만의 관점이 아닌 타인들의 관점을 수용하여 독자와 소통하고자 하기 때문이다. 따라서 서사는 화자의 시점, 어조 등을 통해 전체적으로 독자에게 호소하는 성격을 갖는다. 이런 점은 플롯을 통해 서사가 고유한 기능을 하게 만든다. 서사는 고유한 그 기능을 통해 삶의 경험들과 사건들을 선택하고 배제하는 가운데 종합적인 삶의 질서와 의미를 만들고, 그러한 질서와 의미에 대한 이해를 통해 우리가 삶에 대한 이해와 성찰을 하면서 바람직한 정체성 형성을 도모할 수 있게 한다. 서사는 바람직한 삶과 서사적 정체성 형성에 대

3. 서사적 정체성 형성과 서사 윤리

한 지향을 통해 화자와 독자가 의사소통을 하면서, 공통의 생활세계에 대한 새로움을 추구할 수 있게 하기 때문이다. 서사는 화자와 독자가 각자의 판단에 따른 공통의 생활세계에 대한 새로움의 추구를 통해 다른 사람의 삶에 대해 공감할 수 있게 한다. 우리는 서사를 통해 자신만의 입장이 아닌 다른 사람의 입장에서 삶을 인식하고 성찰함으로써 보편적 인간의 삶에 대한 성찰, 나아가 서사적 정체성에 대한 성찰을 모색할 수 있다.

서사는 개인의 개성과 정체성 형성을 모색하게 함으로써 전체주의적 삶의 보편성을 거부하면서, 하버마스가 언급한 의사소통 과정에서의 합리성[8]이 모순임을 드러낸다. 의사소통 과정에서 합리성이란 이성에 의해 주체 간의 보편성을 추구하는 것이기에, 화자와 독자 간의 개성과 정체성 성찰, 새로움의 추구와는 괴리를 가질 수밖에 없다. 서사는 화자와 독자가 서사의 세계를 매개로 한 관점의 공유를 통해 바람직한 삶과 정체성을 새롭게 모색할 수 있는 계기를 제공하여, 더 나은 세계를 지향할 수 있게 하는 매개물이기 때문이다.

서사적 정체성은 우리의 삶과 서사, 그리고 어떠한 정체성이 진정한 것이라는 것을 말하는 것이 아니다. 우리는 지속적으로 자신의 삶의 이야기를 해석하고 재해석함으로써, 자신의 실존을 끊임없이 만들어가기 때문이다. 그리고 우리가 자신의 삶의 이야기를 해석하면서 만들어가는 실존에는 다른 사람의 개입이 필연적이다. 그렇기 때문에 서사적 정체성은 타자들과의 상호작용을 통해 구성될 수밖에 없으며, 이로 인해 서사적 정체성은 타자 지향의 윤리성(최인자, 2009)과 깊은 연관을 갖게 된다.

우리는 다른 사람들의 이야기를 듣는 주체이며, 다른 사람들은 우리의 이야기를 듣는 주체이다. 다른 사람들은 우리 이야기의 저자이며, 우리는 다른 사람들 이야기의 저자이다. 서사에는 자신과 다른 사람들의 이야기가 얽혀 있을 수밖에 없기 때문이다. 우리의 삶에 대한 이야기에는 다른 사람, 사회, 문화의 이야기가 포함된다. 따라서 서사적 정체성은 우리 내부에 고정된 실체나 실존성을 발견하는 문제가 아니다. 서사가 다른 사람과 맺는 관계의 이야기이기 때문에, 우리의 서사적 정체성은 다른 사람과의 관계에 의해 지속적으로 만들어진다(고미숙, 2001:23).

서사적 존재로서 우리의 정체성이 서사적 정체성과 관련된다면, 그러한 정체성을 형성하고 갱신하는 핵심적인 매개물은 서사일 수밖에 없다. 서사적 정체성의 형성은 데카르트식의 이성에 의지한 통찰로는 이루어질 수 없으며, 자기 해석에 의한 서사적 정체성의 형성은 다른 사람의 매개, 특히 다른 사람의 서사를 매개로 한 자기 성찰을 기반으로 하기 때문이다. 특히 리쾨르가 강조

---

[8] 하버마스가 언급한 의사소통적 합리성은 근대성에 대한 태도로서 이성적 논증구조를 전제로 한다.

한 허구 서사는 "현실 세계에 대한 지시를 유예함으로써 현실을 확대하는 기능"을 통해 "개인의 삶을 달리 해석하고 새롭게 기술하는 원천"(폴 리쾨르, 김웅권 옮김, 2006:214-220)이 된다. 소설과 같은 허구 서사 읽기는 상상적 변경을 통해 '나는 누구인가?'에 대한 답을 찾을 수 있는 가능성을 확대하고, 그러한 확대에 의해 서사적 존재로서의 정체성에 대한 이해를 확대하고 심화시킨다. 따라서 소설과 같은 허구 서사 읽기는 '나'와 다른 사람의 관련성을 증진시켜, 우리가 자신의 삶을 달리 해석하고 새롭게 기술할 수 있는 가능성을 제공한다.

서사 읽기를 통한 서사적 정체성 형성에서 중요한 것은 우리와 타자인 작중인물의 관계 설정이다. 이 관계 설정은 우리가 자신과 작중인물이 맺는 간접적 표상의 문제를 어떻게 바라보는가에 따라 달라진다. 우리는 표상 활동을 통해 서사의 세계나 작중인물의 의식과 자신의 이념 체계간의 길항(拮抗)을 경험한다. 그러한 경험 과정에서 우리는 작중인물과 끊임없는 상호작용을 한다. 우리가 허구 서사를 읽는 것은 작중인물의 파편적인 의식과 사건들에 대해 이해를 하고, 그런 이해를 통해 자신에 대한 존재론적 인식의 토대를 마련하는 행위이기 때문이다. 또한 작중인물과 자신의 존재론적 차이에 대한 인식을 통해 하나의 윤리적 실천으로서 서사적 정체성을 형성하는 행위이기 때문이다.

물론 우리는 우리와는 이질적인 존재, 늘 현재하는 현존으로 소환할 수 없는 작중인물을 그 실체가 아닌 흔적으로 만난다. 그것도 극적인 사건 경험의 순간에 만난다. 극적인 사건 경험의 순간에 작중인물은 그의 참 모습과 지향을 우리에게 보여주면서, 우리가 그의 삶의 순간들을 성찰하게 한다. 또한 우리가 존재론적 차원에서 작중인물에 대한 이해를 통해, 작중인물을 자신의 삶을 성찰하게 하는 상관자로 여기게 한다. 작중인물을 우리 삶의 상관자로 여기면서 우리는 타자 지향의 윤리를 실천한다. 그러한 타자 지향의 윤리 실천은 우리가 다른 사람의 존재를 실존에 본질적인 것으로 여기는 것과 관련되며, 다른 사람과의 관계 속에서 우리의 삶을 어떻게 새롭게 만들어갈 것인가를 성찰하게 만든다.

3) 서사 윤리 실천을 위한 서사 활동

소설과 같은 허구적 서사에 처음과 중간, 끝이 있듯이 개인으로서 우리의 실제 삶도 '태어나서 죽기까지의 서사'를 가지며, 그러한 실제 서사를 만들어

3. 서사적 정체성 형성과 서사 윤리

가는 존재가 서사적 자아이다. 서사적 자아와 관련해서 참고할 만한 논의는 매킨타이어의 덕에 관한 관점이다. 매킨타이어는 덕들의 목록과 기능이 삶의 통일성을 만들어 내는 데 있다고 보고(방진하, 2014:81), 우리 삶의 서사적 통일성을 설명하기 위해 자아의 '이해가능성'(intelligibility)과 '해명가능성'(accountability)을 언급한다. 자아의 이해가능성은 서사적 존재로서 우리의 삶이 탄생에서부터 죽음에 이르기까지 구조화되어 이야기되어야 하며, 그것은 모종의 인격적 정체성과 연관되어 이해가능하게 설명되는 것과 관련된다. 삶을 살아가는 주체로서 우리는 삶의 특정한 순간들에 행한 행위와 경험들에 대해 이해가능하게 구조화하여 이야기할 수 있어야 하고, 왜 그러한 특정한 행위와 경험들이었는가에 대한 해명도 할 수 있어야 한다.

삶에 대한 이해가능성과 해명가능성은 주체로서 '나'에게만 해당하는 것은 아니다. '나'는 '나'의 이야기를 이해가능하게 해명할 뿐만 아니라 타자로서 '너'의 행위와 경험들에 대해 이해와 해명을 요구할 수 있기 때문이다. 이는 '나'의 이야기와 '너'의 이야기가 분절되지 않고 상호 얽혀 서로의 이야기를 구성하는 부분들이 될 수 있기 때문이다.

그런 점에서 본다면, 매킨타이어가 언급한 삶의 통일성을 지향하는 서사적 자아는 자신의 행위를 이해가능한 것으로 해명해야 할 책임을 가진 자아로(방진하, 2014:84), 우리가 삶에서 성장과 잘삶에 초점을 두는 것에 시사하는 바가 크다. 우리가 상정하는 성장이란 청소년기에만 특화된 것이 아니라, 태어나서 죽을 때까지 끝없이 이루어지는 것이기 때문이다. 성장하는 자아로서 우리는 서사 읽기를 통해 자신의 삶을 바람직한 방향으로 구조화하여 설계하고, 그러한 삶을 이야기할 수 있어야 한다. 이런 우리의 모습은 자신의 삶을 이해가능하고 해명할 수 있는 것으로 설계하고 만들어서 삶의 통일성을 만들어가는 존재로, 매킨타이어가 언급한 서사적 자아와 많은 부분에서 그 특성이 겹친다. 또한 리쾨르가 언급한 공유적 자아로서 형성하고자 하는 서사적 정체성과 맞닿아 있다.

그런데 우리가 자신의 삶을 통일성 있게 이야기하기 과정에서 맞는 난점은 미래의 삶에 무슨 일이 일어날지 알 수 없다는 '예측 불가능성(unpredictability)'이다. 우리가 삶의 현재 시점에 다음에 무엇이 일어날지 알 수 없기 때문이다(방진하, 2014:82). 그럼에도 불구하고 우리는 자신의 삶이 바람직한 방향으로 기획되고 실천될 수 있도록 삶을 목적론적 특성(a certain teleological character)을 가진 것으로 간주할 필요가 있다(알래스데어 매킨타이어, 이진우 역, 2021:215). 우리의 삶은 과거와 현재를 토대로 미래를 예측하고 기획하는 가운데 새로운 모습이 이루어지기 때문이다.

리쾨르는 서사적 정체성의 형성, 즉 "우리 자신에게 낯선 세계들 속에서 사는 연습을 하게 하는 사유 경험"이자 "다른 식으로 존재하고 행동하도록 부추키는 행위"의 핵심적 계기가 소설과 같은 허구적 서사를 읽는 것임을 강조했다(폴 리쾨르, 김한식 옮김, 2004:476). 리쾨르가 강조한 것처럼, 허구 서사 읽기는 작중인물, 사건, 배경 등을 분석하는 수준이 아니라, 서사적 존재로서 정체성을 형성하는데 도움을 받는 윤리적 실천 행위이기 때문이다.

허구 서사를 이해하고 해석하면서 작중인물에 대한 공감과 동일시를 통해 삶의 통일성을 기획하고 실천하는 서사적 존재로서의 모습을 구체화하기 위해 우리에게 일차적으로 필요한 것은 '나는 무엇을 해야만 하는가?'라는 질문에 대한 답을 찾으면서 정체성을 새롭게 마련하는 것이다. 그리고 새로운 정체성의 마련은 우선 자신의 현재 상황에 대한 성찰을 통해 '지금 내가 어떠한 이야기에 속해 있는지를 확인'(매킨타이어, 이진우 역, 2021:216)하여 현재 삶의 제한점을 파악하고, 그 이야기를 삶의 목적론적 특성에 맞게 계속 구성하는 것이다. 이러한 구성을 통해 우리는 '서사에 대한 이해와 해석→현재의 서사 확인→지속적인 서사 구성'으로 이어지는 삶의 통일성에 대한 지향을 실천할 수 있다.

그런데 우리가 이러한 삶의 통일성에 대한 지향, 즉 서사적 정체성의 형성을 실천하는 과정에서 고려해야 할 것은 다른 사람이 지향하는 삶의 통일성이다. 우리의 삶은 다른 사람과의 상호작용에 의한 얽힘을 필연적으로 수반하며, 그러한 수반을 통해 우리와 다른 사람은 상호 이해되고 해명되어야 하기 때문이다. 아울러 이러한 상호 이해와 해명의 과정에서 지속적으로 '자신을 위한 선과 타인과 공유할 수 있는 선'(매킨타이어, 이진우 역, 2021:219)을 생산할 수 있기 때문이다. 또한 우리는 자신과 다른 사람을 위한 선의 추구 과정에서 특정한 시대와 사회를 좌표로 가지고 있는 다른 사람의 삶의 특성(방진하, 2014:83)을 고려할 필요가 있기 때문이다. 이러한 고려를 통해 우리는 자신의 삶이나 다른 사람의 삶의 통일성을 지향하면서, 자신과 다른 사람의 행위가 이해되고 해명되는 가운데 서사적 정체성의 형성을 기획할 수 있다.

우리가 삶의 통일성을 지향하면서 서사적 정체성을 형성하기 위해서는 서사를 이해하고 해석하는 것이 필요하다. 이를 위해서는 서사를 완결된 것으로 만드는 플롯의 기능에 주목해야 한다. 우리가 서사적 정체성을 형성하기 위해서는 서사를 만들고 들을 수 있게 하는 서사적 기능, 즉 플롯의 기능이 중요하기 때문이다. 플롯의 기능은 "스토리의 핵심, 주제, 사상이라고 불렸던 것과 상황, 성격, 삽화, 결말을 이루는 운명의 변화들에 대한 직관적인 제시 사이에서 혼합된 이해 가능성"(폴 리쾨르, 김한식·이경래 옮김, 1999:155)이다. 플롯은 서사화 과정에서 경험한 사건들 모두를 대상으로 하지 않는다. 플롯은 경험한 사건들 가운데 어떤 것을 선택하거나 배제하면서 "행동 주체, 목적, 수

3. 서사적 정체성 형성과 서사 윤리

단, 상호 작용, 상황, 예기치 않은 결과 등과 같은 이질적인 요인들을 전체적으로 구성"(폴 리쾨르, 김한식·이경래 옮김, 1999:149)하는 기능을 한다. 그런 기능을 하기 때문에 플롯은 삶의 경험들에 질서를 부여하면서, 그것들의 의미를 안정적으로 구성한다. 따라서 우리가 플롯의 기능에 구체화되는 서사를 이해하는 것은 삶의 경험들에 부여된 질서와 의미를 파악하여, 바람직한 서사적 정체성 형성을 위한 가능성을 마련하는 것이라 할 수 있다. 그러한 가능성의 마련은 서사를 만들고 이해하는 행위에서 구체화된다. 서사를 만들고 이해하는 행위는 선택과 배제를 통해 이질적인 경험들을 종합하여 질서를 부여하는 것이므로, 삶의 질서를 부여하고 이해하는 것이 된다. 따라서 서사를 만들고 이해하는 행위를 통해 서사적 정체성을 형성하는 것은 플롯에 의해 구체화되는 서사적 기능에 대한 이해를 통해 삶의 질서와 의미를 성찰하고, 서사적 존재로서 실존성에 대한 끝없는 기투[9]를 실천하는 윤리성을 지향할 수밖에 없다.

서사적 정체성을 형성하기 위해 수행하는 서사를 만들고 이해하는 행위는 서사의 세계와 삶의 세계가 만나는 지점에서 구체적으로 이루어진다. 서사의 세계와 삶의 세계가 만나는 지점에서 우리는 플롯에 의한 서사적 기능을 이해하고, 그러한 이해를 매개로 해서 실제 삶을 성찰하고 정체성에 대한 이해를 확장하고 심화할 수 있다. 우리가 허구 서사를 읽는 것은 바람직한 서사적 정체성 형성이라는 목적론적 특성을 갖는다. 허구 서사 읽기는 성찰을 통한 자기실현의 구도 속에서 이루어지기 때문이다(정진석, 2016:19). 서사적 정체성의 형성을 위해 우리가 서사 읽기에서 중점을 두어야 할 것은 자기실현을 위해 필요한 실제 삶의 이야기를 이해가능하고 해명될 수 있게 기획하고 만드는 것이다. 이것이 물론 처음부터 쉽게 이루어질 수는 없다. 먼저 소설과 같은 허구 서사에 형상화된 인물에 대한 이해와 해명을 통해 자신의 삶을 성찰하고, 그 과정에서 삶의 통일성을 위해 앞으로의 이야기를 어떻게 만들 것인가를 생각하는 것이 필요하다. 그런 다음, 다른 사람이나 사회적 맥락을 고려하면서 상호작용에 의해 얽히는 자신과 다른 사람의 삶과 그러한 삶이 지향해야 할 정체성에 부합하는 삶의 이야기를 기획하고 실천해야 한다.

이와 같은 서사적 정체성 형성을 위해 중요하게 고려할 것은 허구 서사 읽기 경험의 계속성 혹은 연속성의 계열이다(엄태동, 2001:35-36). 우리가 허구 서사를 이해하고 해석하면서 수행하는 서사 활동은 삶의 정체성이 통일성을 갖도록 하는 연속성의 계열을 보여야 하기 때문이다. 또한 우리가 서사적 자아로서 정체성을 형성하고 갱신하도록 하는 서사 읽기는 서사 활동 경험의

---
[9] 현재를 초월하여 미래에로 자기를 내던지는 실존의 존재 방식. 하이데거나 사르트르의 실존주의의 기본 개념임.

확장과 지속을 통해 수행되기 때문이다. 이런 점에서 볼 때, 우리가 서사 읽기 경험을 확장하고 지속하면서 자신의 현재 삶을 성찰하고 이야기하는 것은 성장하는 존재로서 목적론적 삶을 지향하는 중요한 방편이 될 수 있다. 아울러 우리가 서사적 정체성 형성을 통해 잘삶을 지향할 수 있도록 하는 서사 읽기 경험의 확장과 지속, 나아가 정체성의 형성과 관련지어 자기 이야기를 구성할 수 있게 하는 방편도 될 수 있다. 따라서 바람직한 자기실현이라는 목적론적 특성을 위해 서사 읽기는 우리의 서사 읽기 경험이 현재의 삶을 이해 가능한 것으로 해명하고 미래의 삶을 통일성 있게 구성하는 데에 중점을 둘 필요가 있다. 이러한 데에 중점을 두는 것은 자기 삶의 통일성을 지향하는 서사적 정체성 형성을 위한 것이라 할 수 있다.

우리는 다른 사람의 서사를 이해하고 해석함으로써 자기 이해를 도모할 수 있고, 이에 의해 서사적 존재로서 자기 확립에 도달하는 통로를 마련할 수 있다. 리쾨르는 자신에 대해 안다는 것은 해석하는 일이고, 자신을 해석한다는 것은 서사 속에서 여러 다른 기호와 상징들 속에서 특별한 매개를 발견하는 것과 관련된다고 했다(P. Ricoeur, 김동윤 역, 1997:52). 서사 속의 인물들은 행동하고 생각하는 존재들이다. 이러한 인물들의 존재는 우리가 삶의 의미를 생각하면서 자신의 삶을 반성하여 새로운 가능성을 설계할 수 있게 한다. 따라서 우리는 다른 사람의 서사를 통해 자기 이해와 새로운 삶의 설계를 추구하여 서사적 정체성 구성을 도모할 수 있다.

서사 읽기를 통한 서사적 정체성 구성에서 중요한 것은 우리와 작중인물의 관계 설정이다. 이 관계 설정은 우리가 자신과 작중인물이 맺는 간접적 표상의 문제를 어떻게 바라보는가에 따라 달라진다. 우리는 표상 활동을 통해 서사의 세계나 작중인물의 의식과 자신의 이념 체계 간의 길항을 경험하면서 작중인물과 끊임없이 상호작용을 한다. 우리가 허구 서사를 읽는 것은 작중인물의 파편적인 의식과 사건들에 대한 이해를 하고, 이에 의해 자신에 대한 존재론적 인식을 할 수 있는 토대를 제공받는 것이다. 또한 작중인물과 자신의 존재론적 차이에 대한 인식을 통해 서사적 정체성을 구성할 수 있는 힘을 얻는 것이다.

서사 읽기 상황에서 작중인물은 우리에게 타자가 된다. 우리는 타자로서 작중인물의 행위, 성격 등을 '시선의 잉여성'[10]에 의해 이해하고 해석함으로써,

---

10) 시선의 잉여성은 임마누엘 레비나스에 의해 강조된 개념으로, '나'와 타자의 시선이 비대칭적인 데서 연유한다. '나'는 타자가 보지 못하는 것을 보며, 타자는 '나'가 보지 못하는 것을 본다. 이 때문에 타자가 인식하는 '나'의 모습과 '나'가 인식하는 '나'의 모습은 다를 수밖에 없다. 그 역도 마찬가지이다. '나'가 보지 못하는 '나'의 모습을 타자는 볼 수 있으며, 그것은 타자가 '나'와는 다르게 '나'를 보기 때문이다. 이처럼 '나'와 타자의 시선이 갖는 차이와 그로 인해 생겨나는 시선의 잉여적인 부분은 '나'와 타자의 존재성을 차이의 관점에서 해명할 수 있는 근거가 된다.

3. 서사적 정체성 형성과 서사 윤리

다양한 인물들에 대한 확장된 인식을 하게 된다. 이러한 인식을 통해 우리는 자신에 대한 이해를 위한 기회를 갖게 된다. 타자들에 대한 확장된 인식은 우리가 특정한 맥락 속에서, 세계, 타자, 자신에 대한 폭넓은 인식과 경험을 하고, 자기 성찰의 길에 들어설 수 있게 하기 때문이다. 물론 우리는 자기와는 이질적인 존재, 늘 현재하는 현존으로 소환할 수 없는 작중인물을 그 실체가 아닌 흔적으로 만난다. 그것도 지적인 놀이 활동의 장에서 만난다. 지적인 놀이의 장에서 작중인물은 자신의 참 모습과 지향을 우리에게 보여주면서, 우리가 자신의 삶의 순간들을 성찰하게 한다. 작중인물들의 다양한 삶을 이해하는 과정에서 우리는 '나는 누구인가'라는 질문을 스스로에게 던짐으로써 서사적 정체성 함양에 대한 고민을 하기 때문이다. 또한 우리는 존재론적 차원에서 작중인물에 대한 이해를 통해 작중인물을 자신의 삶을 성찰하게 하는 상관자로 여기기 때문이다. 이를 통해 우리는 타자와 함께 하는 공유적 자아로서 서사적 정체성을 형성하고 갱신할 수 있다.

4. 실재계 욕망의 유혹과 자아 이상의 좌절

1) 나르시시즘적 삶과 이상적 자아

우리는 삶의 과정에서 눈앞에 있는 온갖 종류의 것[현존]들에 의해 영향을 받는다(자크 라캉, 자크-알랭 밀레 편, 맹정현 옮김, 2016:78). 삶의 세계가 일관성, 경험적 안정성을 갖게 되는 것은 우리가 어떤 방식으로든 눈앞에 있는 것, 즉 현존을 고려하면서도 그것을 있는 그대로는 깨닫지 못하기 때문이다. 우리의 무의식에는 마치 존재하지 않는 것처럼 존재하는 것들이 현존에 대한 우리의 인식을 방해한다. 이 때문에 우리는 삶의 여러 층을 관통한 심층적 전망, 인식을 세워 그 층들에 억압된 것들을 찾아내고자 한다. 억압된 것들을 찾아내서 우리는 어딘가에 존재하고 있는 것, 즉 무의식에 억압된 채 마치 존재하지 않는 것처럼 존재하는 것이 현존에 미치는 영향을 분석하고자 한다. 무의식에 억압된 것들은 트라우마의 본원적 체험에서 기인하며, 트라우마의 본원적 체험을 통해 우리는 삶의 내력 혹은 역사를 재구성할 수 있다.

삶의 내력을 재구성하는 것은 우리가 존재의 고백을 타자에게 건네는 것으로, 진실한 말하기를 통해 자신과 타자를 매개하는 것이다. 삶의 내력을 재구성하는 진실한 말하기 과정에서 우리는 타자를 현실화시켜 타자와 우리를 묶는다. 그런 묶기를 통해 우리는 타자와 자신의 위치를 끊임없이 바꾸면서, 단순한 삶의 내력 표현이 아닌 미래에 대한 계시를 표상한다. 미래에 대한 계시의 표상은 현실의 변형, 왜곡, 전위 등을 통해 구체화되며, 그 구체화 과정에서 우리는 타자와 관계를 맺는다. 타자와의 관계 맺기 과정에서 우리는 타자의 현존을 인식한다. 타자가 우리에게 어떻게 기능하는가, 어떤 반경에서 우리에게 존재하는가에 따라 타자와의 관계 맺기는 달라진다. 그 관계 맺기는 우리와 타자의 거리에 따라 끊임없이 달라지며, 그 거리 정도에 따라 타자에 대한 우리의 인식도 달라진다.

프로이트에 따르면, 우리가 상상계에서 나르시시즘에 빠지는 것은 애정 고차 때문이며, 애정 고차에 의한 나르시시즘의 유형은 현재 자기 자신인 것을 사랑하는 것, 자기 자신이었던 것을 사랑하는 것, 자신이 되고 싶은 것을 사랑하는 것, 자기 자아의 일부분이었던 것을 사랑하는 것 등으로 나뉜다(자크 라캉, 자크-알랭 밀레 편, 맹정현 옮김, 2016:238). 이러한 유형으로 나뉘는 나르시시즘은 만족감에 빠져 폐쇄된, 자기 안에 갇힌 충만한 세계의 특징들을 보이는 존재로 자신을 바라보는 것과 관련되며 우리가 매혹되고 만족감을 느낄 수 있게 만든다. 이러한 나르시시즘의 세계에 매혹될 때, 우리는 자신을 보호해 주는 존재에게 상상계적 동일시를 하면서, 원초적 상황에 입각해 자신을 자리매김한다.

그러나 점차 성장해 감에 따라 우리는 나르시시즘적 상상계에서 벗어나 현실에서 존재하는 실재적 자아를 인식한다. 실재적 자아를 인식하면서도 우리는 여전히 상상계적 세계에서 벗어나고 싶지 않은 강한 충동을 갖는다. 그 충동 때문에 우리는 실재계의 논리를 억압으로 인식한다. 그렇게 인식된 억압은 자아의 윤리적이고 문화적인 요청들에서 연유하며, 어떤 사건이나 감정 또는 스스로 의식적으로 만들어낸 흥분이나 충동을 억누른다. 그렇게 함으로써 자아는 자기 내부에 현재의 자기 자아의 잣대로 삼을 이상, 즉 이상적 자아를 향해 움직이고자 한다. 그러한 이상적 자아는 진정한 자아가 아니라 실재적 자아, 즉 상징계의 질서와 규율을 따라야 하는 자아이다. 이상적 자아는 나르시시즘적 자아에서 벗어난 존재이기는 하지만, 여전히 유년기의 나르시시즘적 완벽함을 포기하려 하지 않는다. 자신의 자아 이상이라는 새로운 형태 속에서 나르시시즘적 완벽함을 찾으려고 한다. 그러나 그것은 이루어질 수 없다. 나르시시즘 완벽함은 자아가 자신의 이상으로서 자기 앞에 투사한 자아 이상이 될 수 없기 때문이다. 자아 이상을 추구함으로써 우리의 자아는 상상적인 것의 영역에서 벗어나 상징적인 것의 영역으로 넘어간다. 상징적인 것의 영역,

4. 실재계 욕망의 유혹과 자아 이상의 좌절

즉 상징계에서 자아는 법이나 규율이 요구하는 것들의 총체 속에 자리 잡게 된다. 그리고 법이나 규율이 요구하는 것들의 총체 속에는 타자의 현존이 필수적으로 수반된다.

타자와 거리가 멀어질 때, 우리는 자아 중심적 사고를 가지면서 나르시시즘적 상상계에서 살아간다. 반면에 타자와 거리가 매우 가까울 때 우리는 타자에 대한 몰입 혹은 타자에게 매달림으로써 상상계적 유희에서 벗어난다. 상상계적 유희에서 벗어날 때, 우리는 타자의 서사에 쉽게 몰입하면서 타자의 질서를 의식한다. 타자의 질서를 의식하고 그에 순응하는 것은 우리가 상상계적 세계에서 벗어나 타자가 세워 놓은 질서나 규율을 따르는 상징계적 세계로 나아감을 의미한다. 그런 나아감은 타자를 유혹의 대상으로 인식하게 만들고, 그 과정에서 우리는 상징계적 질서의 미로에서 방황한다. 타자가 세워 놓은 규율이나 질서에 의해 만들어진 상징계는 꽉 찬 세계가 아니라 비어 있는 세계이기 때문이다. 상징계는 우리의 진리를 실현하는 곳이 아니라, 타자의 진리가 실현되는 곳이기 때문이다. 그 때문에 자신의 진리 실현과 타자의 진리 실현이라는 두 극단 사이에서 실재의 현실을 살아갈 상징계에 속하는 자아 이상 혹은 이상적 자아는 현재의 자아, 즉 실재계에 있는 자아를 끊임없이 관찰하고 감시한다. 감시와 보완 기능을 수행하는 어떤 특별한 심리적 존재, 즉 상징계의 자아는 우리를 초자아로 인도한다.

우리는 현실에서 경험하는 다양한 사건들 가운데 많은 것들을 선택하거나 배제한다. 그런데 배제된 사건 경험들은 무의식에 억압된 채 자아의 체계에 투사된다. 그런데 자아의 체계에는 언제나 타자의 체계가 상관자로 관여한다. 우리의 자아는 타자를 참조하며, 타자와의 관계를 통해 구성되기 때문이다(자크 라캉, 자크-알랭 밀레 편, 2016:93). 이처럼 자아와 타자는 상관적이기 때문에, 우리가 삶에서의 사건 경험들을 배제하면서 억압한 것들은 타자의 존재로 인해 완전히 억압되지 않는다. 완전한 억압의 불가능성 때문에 우리의 자아는 타자를 체험하는 차원에서 체계화된다. 그 체계화로 인해 우리는 자신의 '진리가 실현되는 영역에 도달할 수 없다는 무력감'(자크 라캉, 자크-알랭 밀레 편, 맹정현 옮김, 2016:93)에 시달린다. 우리는 삶의 내력을 진실한 말로 서사화하여 자아의 진리를 표상하고자 하지만, 그러한 표상은 우리가 타자와 관계 맺는 어떤 일정한 양식 속에서, 어떤 일정한 수준에서 펼쳐지기 때문이다. 타자의 현존은 우리의 자아가 타자와 관계 맺기를 통해 상징계의 법과 질서, 규율 등을 성공적으로 준수하게 만들며, 그 과정에서 우리의 자아는 나르시시즘의 만족감에서 벗어나 고통의 윤리를 받아들일 수 있다.

2) 상징적 관계와 자아 이상

우리의 자아가 발달하는 것은 나르시시즘의 세계, 즉 상상계적 세계와의 거리두기를 통해서이다. 이러한 거리두기는 상징계에서 부과된 자아 이상 속으로 리비도가 이동함으로써 이루어지며, 만족은 그러한 이상을 성취함으로써 얻어진다(자크 라캉, 자크-알랭 밀레 편, 맹정현 옮김, 2016:245-246). 상상계와의 거리두기, 자아 이상의 성취를 통해 우리의 자아는 자신의 처음 위치, 즉 실재계로 되돌아간다. 우리의 자아가 실재계로 되돌아가는 것은 자아가 현재의 이미지나 과거의 이미지와는 다른 이상적 이미지를 거친 후인데, 거기에는 피나는 노력이 동반된다. 피나는 노력을 통해 실재계에 적응하게 된 우리의 자아는 매혹적인 자아 이상이 성취될 수 없음을 파악하면서, 매혹적인 초월성의 근원으로서 욕망을 인식한다.

매혹적인 욕망에 대한 인식은 상상적인 것과 상징적인 것이 접합되는 지점, 즉 실재계에서 이루어진다. 매혹적인 욕망에 대한 인식은 자아 이상이 타자와의 관계 맺기를 통해 존재함을 우리가 이해하는 것과 관련된다. 우리가 매혹적인 욕망의 대상을 인식하는 것은 실재적 대상 세계에서이기 때문이다. 또한 우리의 자아는 실재적 대상 세계 속에 삽입되어 실재적 대상과 동일한 순간에 적절하게 나타날 수 있기 때문이다(자크 라캉, 자크-알랭 밀레 편, 맹정현 옮김, 2016:250-251). 매혹적인 욕망의 대상에 대한 인식은 실재적 대상을 선택하거나 배제하면서 그것을 자리매김하고 보완한다. 그러한 자리매김과 보완에 의해 실재계에서 만들어지는 우리의 삶의 내력이 서사화될 수 있다. 물론 그러한 서사화는 일종의 파편화, 부적응, 부적합 등을 보여줄 수 있지만, 그것들은 파편적인 삶의 내력을 종합하는 플롯의 기능에 의해 통일성을 갖게 된다.

우리가 만드는 삶의 내력이 서사화되는 과정에서 실재계에서 펼쳐지는 우리의 자아와 타자의 기능적인 연합이 드러난다. 우리의 자아가 만드는 서사에는 관찰자, 즉 우리가 자신의 이미지를 보게 되는 곳과 동일한 위치에 있는 관찰자로서의 타자에 의해 실재적 대상의 이미지가 있기 때문이다. 우리는 그 이미지를 직접 볼 수는 없고 타자의 시선에 의해 만들어지는 상태로만 볼 수 있다. 우리는 실재계에서 가상적 주체로 존재하며, 타자가 우리의 자아를 보았던 곳에만 존재한다. 이로 인해 우리는 존재의 원초적 무력감을 느낄 수밖에 없다. 그러한 무력감은 우리의 자아가 타자의 시선에 의해 규정되며, 우리에게 매혹적인 욕망의 대상으로 여겨지는 것들이 타자에 의해 유발된 데서 연유한다.

4. 실재계 욕망의 유혹과 자아 이상의 좌절

우리는 자신의 자아를 거울 속에서 보는 것처럼 하나의 이미지로만 인식할 수 있다. 그것은 선명한 이미지일 수도 있고 분할된, 비일관적인, 불완전한 이미지일 수도 있다(자크 라캉, 자크-알랭 밀레 편, 맹정현 옮김, 2016:254). 그것은 우리가 실재계에서 어떤 위치에 있느냐에 달려 있다. 우리가 자아의 이미지를 어떻게 볼 수 있는가는 타자가 우리에게 어떤 각도, 즉 태도를 취하느냐에 따라 달려있다. 우리의 자아 밖에 있는 타자는 스스로 자아가 될 수 있으며, 매혹적인 대상을 욕망하는 주체이기도 하다. 이 때문에 우리의 자아 이미지는 우리가 맺는 타자와의 관계 전체에 의해, 즉 상징적 관계에 의해 만들어진다. 상징적인 관계는 우리의 자아가 만드는 것이 아니라 타자의 질서와 규율에 의해 만들어지기 때문이다.

우리의 자아가 타자와 만드는 상징적 관계는 우리가 사회적으로 법의 매개를 통해 규정되게 만든다(자크 라캉, 자크-알랭 밀레 편, 맹정현 옮김, 2016:254). 우리가 다른 사람과 서로에 대해 각기 다른 자아를 위치하게 만드는 것도 상징적 기호, 즉 제도, 규율, 법, 질서, 직급 등과 같은 상징적 기호들의 교환이다. 이처럼 상징적 관계는 우리가 자리 잡고 있는 상이한 수준에 따라 복잡하게 우리의 관계를 규정하며, 그러한 규정 속에 우리는 보는 자(voyant)가 되기도 하고 보이는 자가 되기도 한다.

우리가 상상적 세계에서 이상적으로 추구한 완벽함, 완전함이 다른 사람과의 관계 속에서 실재의 규율과 법에 따라 결정되게 만드는 것은 상징적 관계이다. 상징적 관계는 이상적 자아가 다른 사람과의 관계에서 형성되는 상징적 기호들에 의해 자아 이상으로 전환되도록 만들기 때문이다. 자아 이상은 다른 사람과의 관계에 따라 그 구조화가 이루어지며, 그 과정에서 우리의 욕망이 형성된다. 다른 사람은 우리로 하여금 대상을 다양한 방식으로 욕망하게 만들고, 우리 내부에 있는 대상이나 삶에 대한 이미지를 대상이나 다른 사람의 삶과 혼동하게 만든다. 그러한 혼동에 의해 우리가 갖게 되는 욕망은 상상적인 것 너머의 상징적 수준, 즉 다른 사람들과의 교섭이나 언설적 교환에 의한 구현된다(자크 라캉, 자크-알랭 밀레 편, 맹정현 옮김, 2016:256). 그 구현은 우리의 자아 이상이 다른 사람을 이상적 자아로 상정하고, 그의 자아처럼 되기 위한 리비도를 투사함으로써 이루어진다. 그 과정에서 우리가 순수하게 가졌던 자아 이상의 기능은 방해를 받으며, 다른 사람들은 우리의 상징적이고 승화된 자아를 흐릿하게 만든다. 그 과정에서 다른 사람은 말과 같은 상징적 기호를 통해 우리와 이어지며, 우리가 나름의 정체성을 갖게 만든다. 그렇지만 그러한 정체성은 상상계적 정체성이 아닌 상징계적 질서와 법의 규율에 의해 생성된 것이다. 그 때문에 우리의 자아 이상은 다른 사람들과 형성하는 상징적 관계 속에서 구체적인 대상들의 세계에 자리 잡는다. 우리는 더 이상 나르시시즘적 매혹의 수준이 아닌, 즉 상상적 수준에서 실현된 우리 자신의 자아가 아닌 다른 사람의 욕망을 모방하는 수준에서 상징적 관계에서 만들어지는 실재 수준에서의 욕망을 추구하게 된다.

3) 실재계의 욕망 추구와 근원적 우울의 삶

우리의 존재성이 '나'라고 말할 수 있는 다른 사람의 존재를 참조함으로써 이루어지기 때문에 '나'와 '너'의 관계는 상호성의 관계를 이룬다. '나'의 '너'의 상호성의 관계는 언어 경험을 통해 구성되며, 우리가 상상계적 동일시의 단계에서 벗어나게 한다. 우리는 상호성의 관계를 통해 다른 사람의 형태 이미지를 자기 것으로 떠맡으며, 그 과정에서 우리의 심리에 내부와 외부의 관계가 도입된다. 그런 내부와 외부의 도입에 의해 다른 사람과의 교환 운동이 이루어지고, 그 과정에서 우리는 자신 안에 자리 잡은 욕망을 인식할 수 있다. 이러한 욕망의 인식은 우리가 상징적계의 질서나 법에 의해 우리 자신을 스스로 억압하기 이전에 다른 사람을 통해서만 그 모습을 드러낸다.

우리의 욕망은 우리가 추구하는 대상과 관련해 다른 사람과의 경쟁이나 경합의 과정에서 드러난다. 우리가 자신을 하나의 형태로, 하나의 자아로 터득할 때마다, 자신의 위상 속에서 자신을 구성할 때마다 우리의 욕망은 외부로 투사된다(자크 라캉, 자크-알랭 밀레 편, 맹정현 옮김, 2016:307). 그 과정에서 우리와 다른 사람과의 공존은 사실상 불가능하다. 다른 사람과의 관계에서 그 욕망이 좌절될 때 우리는 근원적인 폭력성을 드러내기도 한다. 다른 사람이 우리의 욕망을 지탱하는 매개자이고 그 거리가 가까울 때, 우리는 다른 사람에 대한 극한의 원한 감정에 의한 폭력성을 강화한다.

그러나 다행히도 우리는 상징계적 질서, 즉 다른 사람과의 관계 속에서 살아가면서, 우리의 욕망이 인정에 의해 매개될 수 있는 여지를 갖고 있다. 그러한 인정이 없다면 우리의 모든 활동은 다른 사람을 파괴하고자 하는 무자비한 소망에 의해 소진될 것이다. 우리는 늘 이상적 자아의 이미지를 삶에 재투사하면서, 우리가 원하는 이상적 자아의 이미지를 띠는 다른 사람들에게 매혹되기도 한다. 그러한 매혹의 과정에서 우리는 다른 사람의 욕망을 자신의 욕망으로 만들면서, 다른 사람과의 대상적 동일시를 경험한다. 그 경험에 의해 우리는 상징적 관계 안에 놓여 있는 자신을 인식하면서 구성된다. 그 과정에서 우리는 욕망에서 대상으로, 대상에서 욕망으로 끊임없이 역전되고 순환한다. 그 과정에서 우리는 파편적 욕망에서 자신을 버리고 스스로 동일시하는

4. 실재계 욕망의 유혹과 자아 이상의 좌절

사랑의 대상으로 끊임없이 역전되면서 자아를 구성한다.

우리가 실재 속에서 대상을 욕망하게 된 것은 욕망의 매개자인 다른 사람의 존재성 때문이다. 우리는 다른 사람과의 상징적 관계 속에서 끊임없이 대상을 욕망하며, 욕망의 성취 과정에서 삶을 지탱해 가기 때문이다. 라캉(Lacan)에 따르면, 욕망은 채워지는 것이 아니라 계속해서 재생성된다. 채워지지 않는 것으로서 욕망은 결핍 때문에 생겨나며, 그것의 완전한 충족은 불가능하다. 우리는 실재에서 끊임없이 결핍을 느끼며 살아가기 때문에, 근원적으로 결핍과 부재, 분열의 상태에 놓여 있다. 그런 상황에서 우리는 끊임없이 욕망의 대상을 갈구하며, 그것이 완전히 충족되지 않고 잔여물이 남은 상태에서 또 다른 대상을 욕망한다. 결핍의 상태에 놓인 우리는 다른 사람의 개입 속에 대상에 대한 욕망을 추구하지만, 그 대상은 우리의 욕망에 딱 들어맞지 않는 잔여물을 남기기 때문이다. 이 때문에 우리의 욕망은 충족되지 못하고 남아서 우리가 다시 대상에 대한 욕망을 추구하게 만든다(권택영, 1997:21). 그 때문에 우리는 욕망의 대상을 획득한 순간 허무를 느끼며 또 다른 대상을 욕망함으로써 삶을 지속하고자 한다. 따라서 우리에게 욕망은 원초적이며 근본적인 삶의 근원이 된다. 어떤 대상에 대한 끊임없는 욕망은 우리의 삶을 지탱시켜 주는 조건이기 때문이다.

그러나 우리에게 욕망은 삶을 지탱시켜 주는 원동력이기도 하지만, 우리를 욕망의 노예로 만들기도 한다. 그 때문에 욕망의 추구는 우리를 근본적인 고통에 놓기도 한다. 우리는 욕망을 성취하기 위해 노력하지만, 욕망의 성취가 곧 만족감을 주는 것은 아니기 때문이다. 욕망의 이런 속성에 대해 라캉은 "끊임없이 새로운 대상을 쫓는 욕망은 우리의 영혼을 혼란시켜 현실을 올바로 인식하지 못하게 한다."(자크 라캉, 민승기·이미선·권택영 옮김, 1998:156)라고 했다. 우리는 욕망을 성취하기 위해 살지만, 만족감을 주지 못하는 욕망은 점차 우리의 삶을 지배하기 때문이다.

르네 지라르(Renĕ Girard)에 따르면, 욕망은 욕망하는 주체와 욕망하는 대상을 갖는데, 그것들의 관계는 직선적이지 않고 매개자가 끼어들어 삼각형의 구도를 이룬다. 매개자는 주체에게 욕망의 암시를 준 제3자이며 욕망의 모델이다. 그 때문에 주체로서 우리가 욕망의 대상에 대해 자발적인 욕망을 갖는다는 생각은 '낭만적 거짓'이다(르네 지라르, 김치수·송의경 옮김, 2001). 실재에서 우리가 갖는 욕망은 다른 사람에 의해 매개된 모방적인 것이기 때문이다.

오늘날의 많은 소설들에는 다양한 욕망들이 좌절되는 과정에서 겪는 작중인물들의 감정적 격동들이 드러나 있다. 작중인물의 욕망과 그러한 욕망의 성취 및 좌절, 그로 인한 작중인물의 우울을 보여주는 소설들을 욕망의 서사라고 할 수 있다. 욕망의 서사는 작중인물이 욕망의 매개자를 통해 매개된 욕망을 갖게 되었으며, 매개된 욕망의 성취를 위해 분투하는 과정에서 겪는 우울함을 보여준다.

르네 지라르에 따르면, 우리가 필요에 따라, 즉 사용 가치에 따라 어떤 대상에 대한 욕망을 갖는 것이 아니라 다른 사람과의 경쟁 관계, 즉 교환 가치에 따라 어떤 대상에 대한 욕망을 가질 수밖에 없는 사회 구조를 형상화한 것이 소설의 세계이다. 소설에서 작중인물의 모든 욕망은 매개자에 의해 암시된 가짜 욕망으로서, 주체, 욕망의 대상, 욕망의 매개자 등에 의해 삼각형 구조를 갖는다. 그러기에 작중인물의 욕망은 직접적인 욕망이 아닌 간접화된 욕망이다. 주체의 욕망은 대상에 직접 이르지 못하고, 매개자에 의해 매개되므로 주체와 대상 사이에는 간접화 현상이 일어나기 때문이다. 그런데 주체와 매개자 사이에 경쟁 관계가 있는 것이 내면적 간접화이고, 주체와 매개자 사이에 경쟁 관계가 없는 것이 외면적 간접화이다(르네 지라르, 김치수·송의경 옮김, 2001:28). 이처럼 욕망의 대상은 간접화된 것이기 때문에 그 자체는 우리에게 참된 만족을 줄 수 없으며, 끝없는 욕망의 연쇄만이 존재한다. 우리는 자신의 욕망이 자발적인 것이며, 스스로가 자신이 갖는 욕망의 주인이라고 믿는데, 이것은 앞에서 말한 것처럼 '낭만적 거짓'이다. 좋은 소설은 낭만적 거짓을 폭로하여 욕망의 매개성을 드러내고, 우리가 스스로 욕망의 허위성을 깨닫게 한다.

욕망의 매개자와 주체 사이에 놓인 거리의 다양성에 따라 작중인물의 욕망은 그 양상이 다양해진다. 매개자가 욕망하는 주체와 가까울수록 두 경쟁자들의 가능성이 뒤섞이는 경향이 있고, 그들을 대립시키는 장애물은 더욱 극복하기 어려워진다. 매개자가 가까워질수록 그의 역할은 커지고 대상의 역할은 감소하기 때문이다. 이 경우에 매개자는 사건의 전면에 나서게 되고 대상은 뒷전으로 밀려난다.

다른 인물에 의해 매개된 욕망을 갖는 작중인물의 동기와 기질을 추측하는 것은 그 소설에 대한 수용의 질을 결정한다. 그러기에 독자로서 우리는 작중인물의 대화와 행동의 이면에 감추어진 욕망과 그 대상, 매개자 등을 이해하여, 삶에 대한 이해를 심화시킬 필요가 있다. 욕망의 서사를 갖는 소설에 나타난 작중인물에 대한 이해는 작중인물의 매개된 욕망과 욕망의 대상, 그리고 매개자를 파악하는 것이다. 이는 욕망의 주체와 매개자 사이의 거리를 파악하는 것이며, 이를 통해 작중인물의 욕망이 내면적 간접화에 의한 것임을 밝히고, 그 과정에서 주체와 매개자 사이의 경쟁 관계를 밝히는 것이기도 하다. 또한 작중인물의 욕망에 대한 이해는 실제 현실에서 우리가 갖는 욕망에 대한 이해이기도 하다. 소설의 세계는 실제 세계와의 상동성(相同性)을 가지며, 핍진성[11])을 통해 삶의 진실을 형상화하기 때문이다. 우리의 욕망은 실재에서

4. 실재계 욕망의 유혹과 자아 이상의 좌절

의 결핍 때문에 채워지지 않는 욕망으로 변하는데, 우리가 그러한 욕망에 어떻게 대처하는가에 따라 삶의 질이 달라진다. 따라서 작중인물의 욕망에 대한 이해는 우리가 삶의 질에 대해 성찰하는 것이 되기도 한다.

앞에서 말한 것처럼, 소설의 주체로서 작중인물에게 욕망은 매개자에 의해 간접화되며, 주체와 대상 사이에는 간접화 현상이 일어난다. 작중인물이 갖는 욕망은 직접화된 것이 아니라 매개자에 의해 간접화되었기 때문에 왜곡되고 진실하지 않은 속성을 갖는다. 작중인물의 욕망은 매개자에 의해 암시된 것이기 때문이다. 이 때문에 욕망의 주체, 대상, 매개자 등이 존재하며, 그에 따라 욕망의 삼각형이 만들어진다. 삼각형의 구조에서 주체와 매개자 사이의 거리는 고정된 것이 아니라 경우에 따라 달라지기 때문에, 작중인물의 욕망에 대한 이해에서 가장 먼저 고려해야 할 것은 그 둘 사이의 거리이다. 주체와 매개자 사이의 거리가 매우 가까우면 내면적 간접화가 일어나며, 그들 사이에는 경쟁 관계가 만들어진다.

그러면 오탁번의 〈아버지와 치악산〉(1979년)을 통해 내면적 간접화에 의한 욕망 주체와 매개자 간의 경쟁 관계를 살펴보자. 이 소설은 아버지와 아들의 관계를 내면적 간접화에 의한 욕망의 매개성을 통해 보여준다. 소설의 화자인 아들은 산림계장이고, 그의 아버지는 오지의 분교장으로 자청해서 갈 만큼 철저한 교육자이다. 그런 아버지에게 아들인 화자는 항상 맥없이 나자빠진 패배자에 불과했다. 화자에게 아버지는 오점이라고는 하나도 없는 절대자의 이미지로 남았기 때문이다. 따라서 아버지는 아들인 화자에게 절대적 이미지를 지닌 채, 아들의 내면에 욕망의 매개자로서 경쟁 상대가 되었다. 이 소설의 줄거리는 다음과 같다(네이버 지식백과 사이버 문학광장 참고).

구청의 산림계장인 나가 치악산으로 자연보호 운동을 나갈 준비를 하고 있을 때, 아버지의 사고 소식을 듣는다. 금지분교의 교장인 아버지는 정년퇴직을 석 달 앞두고 있었는데, 5월의 아침 출근길에 목교 위에서 개울 바닥으로 떨어져 왼쪽 다리가 골절되었다는 소식이었다. 아버지의 사고 소식을 듣고 금지분교로 가면서 나는 아버지와 관련된 이런저런 생각들을 한다. 아버지에게 가는 길에 나는 벌써 아버지에게 압도당하는 것 같아 아버지와 대결하고자 한다.

내가 금지분교에 갔을 때 아버지는 시내 병원으로 가기를 거절하고 있었다. 나를 보자 아버지는 얼굴을 조금 찡그릴 뿐 괜찮다고 말했다. 예상했던 대로 아버지는 근엄하고 강직한 표정이었고, 아버지가 두 번째로 괜찮다고 말하자 나는 아버지와의 심한 거리감을 확인한다. 금지로 오면서 나는 아버지가 고통

---

11) 핍진성은 사건이나 상황의 생동감 혹은 생생함과 관련된다.

속에 무너져 내리면서 자신에게 하소연하기를 바랐다. 나는 평생 동안 아버지와의 대결에서 이긴 적이 없었기 때문에 이번만큼은 아버지의 열등과 패배를 인정하고 싶었다. 그러나 금지에서 본 아버지는 전혀 무너져 내리지 않고 있었다.

아버지는 시내 학교의 교장은 물론이고 군 교육장 자리도 마다하고 벽지만을 골라 다니며 교장으로 근무해 왔다. 아버지는 내가 10살, 누이 인자가 8살이던 해 어머니와 사별하고 홀로 오누이를 길렀다. 나는 대학 입시에 몇 번이나 낙방을 했고, 인자는 중고교를 수석으로 마치고 이화여대에 입학했다. 그런 가운데 나는 오점이라고는 전혀 없는 절대자인 아버지 앞에서 언제나 패자였고, 인자는 완성과 완전의 표본이었다. 그런 아버지에게 밀교의 교주에 지나지 않는다고 비난한 사람은 뜻밖에도 인자였다. 인자는 대학을 졸업하던 해, 영어회화를 가르치던 미국인 강사와의 결혼이 아버지에게 거절당하자 아버지와의 긴밀한 유대관계를 끊고 미국으로 떠나 버렸다.

인자가 떠난 후 아버지는 조금 흔들리다가 곧 형평을 되찾은 보였다. 그러나 아버지는 흔들리는 마음을 다잡기 위해 오지의 학교로만 돌아다녔고, 그런 아버지는 교육자로서 초연한 품위를 가진 존재로 군민들 사이에 자리 잡았다. 나는 고교 동창 친구의 누이와 결혼했고 지방 공무원 채용시험에 합격하여 산림계장에 이르렀다. 어렸을 때는 커다랗게 앉아 있던 치악산이 무서웠지만, 산림계 직원이 되어 자연보호운동을 나갔을 때 치악산은 이제 늙고 힘없는 산으로 느껴졌다.

나는 아버지처럼 큰 산이 될 수는 없어도 그 산 아래 있는 작은 바위나 잡목처럼 되고 싶었다. 나는 아버지의 절대자로서의 위엄과 신비 대신에 따뜻한 육친의 정을 바랐다. 그러나 아버지는 조금도 하산하지 않고 초인간적 힘을 지닌 절대자의 자리를 지키면서 건재하였다. 그 후 나는 다시 근무지로 돌아와 일상을 살아갔다. 그러다가 다시 금지 소식을 6월 중순에 듣는다. 여교사가 시내에 나왔다가 나에게 연락을 해서 군청 휴게실에서 만났다. 이제 한 달 남은 아버지의 정년퇴임식을 생각하자 나는 다시 큰 산 앞에 선 것처럼 숨이 막히고 자신이 왜소하게 느껴졌다. 금지분교가 화재로 잿더미가 된 것은 보름 후였다. 이 사건으로 아버지는 사망하였다. 아버지는 화재가 난 금지분교에서 아무리 말려도 뿌리치고 평소 집무하던 교장실로 스스로 걸어 들어갔고, 그 순간 천장이 불길 속에서 무너져 내렸다고 했다. 나는 교사들과 함께 잿더미를 파헤쳐 재가 된 아버지의 유해를 추렸다. 사람들은 울었으나 나는 울지 않았다. 완전한 생애를 마치려고 면밀한 준비를 하고 있던, 정년이 되어 늙고 나약해지는 노년을 거부한 채 아버지 오재수 분교장은 스스로 죽음을 선택한 것이다. 나는 아버지의 완전무결한 힘에 눌려 울 수도 없었다. 나는 아버지의

4. 실재계 욕망의 유혹과 자아 이상의 좌절

유해를 치악산에 뿌린 후 다시는 치악산에 오지 않게 될 예감을 갖게 된다. 아버지 유해 대신에 그런 예감을 안고 산을 내려오면서 나는 소리 내어 울기 시작했다.

이런 줄거리를 갖는 이 소설에서 아버지는 아들에게 절대적 권위를 지닌 완전무결한 존재로 행동했고, 아버지는 항상 아들에게 근엄하였다. 그런데 자신에게 절대자로 군림했던 아버지가 다쳤다는 소식은 아들에게 새로운 전환을 기대하게 했다. 그 기대는 이제 아버지가 자신에게 기댈 것이며, 자기는 아버지를 보호하면서 지금까지의 패배자에서 벗어날 수 있을 것이라는 것이었다. 아들은 의젓한 어른이 되어 늙은 아버지를 보호하고자 하는 욕망을 갖고 있는데, 아들의 그런 욕망은 아버지에 의해 매개된 것이다(선주원, 2012:315).

그러나 아버지를 돌볼 수 있고 아버지가 자신에게 의지할 것이라는 아들의 욕망은 충족되지 않는다. 다친 아버지가 전혀 약한 모습을 보이지 않았기 때문이다. 그러기에 아들은 아버지에 의해 매개된 욕망, 즉 아버지처럼 완벽한 인격을 갖춘 존재로서 아버지에게 그것을 인정받고자 하는 욕망이 해소되지 못한 상태에 놓이게 된다(선주원, 2012:316). 이때 아들이 욕망하는 대상인 완전한 인격은 욕망의 가면일 뿐, 진정한 욕망의 대상이 되지 못한다. 그것은 아들의 욕망이 아닌 아버지의 욕망으로서, 아들은 아버지가 욕망하는 그 자체를 욕망하고 있었기 때문이다.

"아직 멀었나?"
차장은 나를 힐끔 보고는 아무 대꾸도 하지 않았다. 그렇다. 이런 시골 버스에서 그런 질문을 한다는 것은 우스운 일이었다. 나는 자꾸 심서(心緒)가 불안해져 왔다. 나는 벌써부터 아버지에게 압도당하고 있는 것이다. 나는 주먹을 꽉 쥐고 아버지와 대결했다. 그러나 아버지는 높고도 높은 곳에서 나를 내려다보았고 나는 자꾸 움츠러들다가 마치 날개 뜯긴 날벌레처럼 몸을 바르르 떨었다. 나는 몸을 떨다가 기진했다(오탁번, 〈아버지와 치악산〉, 이남호, 2000:119).

아들에게 아버지는 욕망의 대상이기는 하지만 그 거리가 꽤 있다. 그렇다고 해서 그 거리가 아주 먼 것은 아니지만, 아들에게 아버지는 "높고도 높은 곳에서 나를 내려다보"는 존재이다. 그렇기 때문에 아들에게 아버지는 범접할 수 없는 욕망을 매개하지만, 그 아들은 아버지에 대한 모방 욕망을 감춰야 했다.

아들은 경쟁자로서 아버지와의 대결에서 철저하게 패배한다. 완벽한 인격을 갖춘 존재로서 아버지에게 인정받으려는 아들의 욕망은 충족되지 못한 것이다. 그 과정에서 아들은 완전한 인격이라는 욕망의 매개자인 아버지와의 경쟁 관계가 아닌, 따뜻한 육친의 정을 소망하였다. 그러나 아버지는 초인적인 힘을 지닌 절대자의 자리를 지키면서 건재하였기 때문에, 아들의 그런 소망은 이루어지지 못한 채 계속 연기된다.

아버지에 대한 모방 욕망이 성취되지 못한 가운데 아들은 욕망 대신에 아버지에 대한 원망을 갖게 된다. 아버지에 대한 아들의 원망은 그 모방 욕망만큼이나 강하게 표출되며, 그 과정에서 아들과 아버지를 대립시키는 장애물은 더욱 극복하기 어려운 것이 된다.

"교장 선생님께서 스스로 불길 속으로 걸어 들어가셨어요. 아무리 말려도 뿌리치시고 평소 집무하시던 교장실로 들어가시자마자 천장이 불길 속에 무너져 내렸어요. 어떻게 손을 써볼 틈도 없었습니다."
내가 금지 분교에 도착하자 교사들이 울면서 말했다. (중략) 재가 된 아버지의 유해를 추렸다. 사람들이 자꾸자꾸 울었다. 나는 울지 않았다. 완전한 생애를 마치려고 면밀한 준비를 하고 있던 아버지, 정년이 되어 늙고 나약해지는 노년을 거부한 아버지, 오재수 분교장의 완전무결한 힘에 눌려 몸을 가눌 수도 없는 꼴이 되어, 그의 유해를 안고 나는 금지를 떠났다. 그날 오후 나는 혼자 치악산으로 가서 아버지의 유해를 뿌렸다. 나는 울지 않았다. 이제 치악산에는 다시 오지 않게 될 것 같은 예감이 들었다. 아버지의 유해 대신에 이러한 예감을 안고 큰 산을 내려오면서 나는 소리 내어 울기 시작했다(오탁번, 〈아버지와 치악산〉, 이남호 엮음, 2000:206-207).

아버지는 마지막 순간까지 아들에게 완전무결한 존재로서의 위엄과 권위를 잃지 않았다. 아버지의 유해를 뿌리면서 아들은 자신이 다시는 치악산에 오르지 않을 것이라는 예감을 갖는다. 아들이 이런 예감을 갖는 것은 완벽한 인격을 갖춘 매개자로서 아버지의 존재가 사라졌고, 이제 아버지의 절대적 권위에 주눅들 일도 없어졌기 때문이다. 이제 아들은 아버지를 의식하지 않아도 되고, 또 아버지처럼 되고 싶다는 욕망 자체도 없어졌다. 완벽한 인격을 갖춘 존재가 되고자 했던 아들의 욕망은 그 매개자인 아버지가 사라진 순간 허무한 것이 되었다(선주원, 2012:320). 아들은 아버지의 절대적인 완벽함과 권위의 사슬에서 풀려난 것이다.

이 소설에서 완벽한 인격을 추구했던 아버지를 모방하고자 했던 아들의 욕망은 아버지의 자리를 자신이 대체하고자 한 은유적 축에서의 욕망이라고 할 수 있다. 아버지를 대체하고자 하는 모방 욕망이었기 때문이다. 아들은 아버

4. 실재계 욕망의 유혹과 자아 이상의 좌절

지와 누이동생 인자의 관계를 통해 불완전으로 낙인찍힌 자신을 극복하고, 완전한 인격을 갖추려는 욕망의 매개자로 아버지를 설정하여 자신의 결핍을 메우려 했기 때문이다. 그러나 '말해질 수 없는 것'으로서 완전한 인격을 통한 아버지 자리의 대체라는 아들의 욕망은 견고한 아버지, 즉 육친의 정을 느낄 수 없는 아버지로 인해 충족되지 않았다.

욕망은 항상 어떤 다른 것을 원하는, 어떠한 대상으로 전혀 만족할 수 없는 특징을 갖는다. 그러기에 욕망은 대상의 자리에 들어서는 환유적인 특성을 갖는다. 다시 말하면, 항상 부족한 것으로서의 대상은 욕망을 계속 유지시켜 주는 기능을 한다. 이런 환유적인 특성을 갖기 때문에 욕망은 그것을 충족시켜 주는 완벽한 대상이 나타날 수 없다는, 욕망을 충족시켜 줄 수 있는 존재가 없다는 것을 항상 보여준다. 그곳에는 결핍으로서의 구멍이 자리하고 있으며, 대상의 결핍에서 오는 근원적인 우울감이 심연을 형성하고 있다.

에듀컨텐츠·휴피아
CH Educontents·Huepia

5.
폭력성에 의한 자아 이상의 좌절과 우울의 삶

1) 모방 욕망의 추구를 통한 자아 이상의 추구와 폭력성

 오늘날 우리 사회 곳곳에서는 소위 '묻지 마' 폭행과 힘의 위력에 의한 폭력이 난무하고 있다. 이러한 사회 현상은 많은 사람들에게 위협적인 생존 환경을 제공하면서, 타자에 대한 불신과 소통의 부재를 초래하고 있다. 이런 사회적 현실에서는 타자에 대한 배려와 소통을 통한 인간다움의 도모는 이상적인 것으로 여겨지기까지 한다. 그러나 이러한 사회적 현실을 타개하여 인간 간의 소통과 배려를 통한 건전한 사회문화 형성이 이루어질 필요가 있다. 그래야만 우리는 생의 길에서 고단한 혼자만의 길이 아닌, 남과 함께 걷는 상생의 길을 만들고 걸어갈 수 있기 때문이다.
 이런 점에서 볼 때, 인간의 삶을 허구적으로 형상화하여 삶의 진정성을 보여주고자 하는 소설 작품, 특히 인간 삶에 상존하는 폭력성을 여실하게 형상화하여 그러한 삶에 대한 성찰을 촉구하는 소설 작품에 대한 이해는 타자에 대한 소통과 인간다움의 도모를 위한 상생의 길에서 많은 의의를 가질 수 있다. 아울러 모방 욕망에 의한 '르상티망(ressentiment)'[12]의 발생과 그로 인한 폭력성의 기제를 드러내는 소설 작품에 대한 이해는 인간 삶의 본질적 현상인 모방 욕망의 실체와 그 기제, 그리고 그로 인한 폭력성이 삶에 어떤 의미 작용을 하는지를 파악할 수 있는 토대가 될 수 있다. 이런 점에서 볼 때, 인간 삶의 본질적 현상인 모방 욕망이 삶에서 어떻게 작용하고 있는지, 그리고 그러한 작용을 통해 드러나는 폭력성이 어떤 문제를 야기하는지 등을 파악하는 것은 타자와의 소통과 배려를 위한 삶의 과정에서 많은 의의를 가질 것이다.

폭력성이 구현된 소설을 이해하는 것은 인물 간의 모방 욕망과 그로 인한 삶의 비윤리성을 이해하여, 폭력성이 난무하는 삶에서 비폭력성과 타인에 대한 배려가 갖는 가치를 성찰하는 계기가 된다. 소설 작품에서 모방 욕망에 의한 폭력성은 인간 존재의 비윤리성을 고발하는 서사적 의미작용을 수행하고, 그러한 의미 작용을 통해 인간의 욕망이 자발적이라는 관점이 '낭만적 거짓'임을 드러내면서, 모방 욕망의 사슬에서 벗어나 타자와의 융화를 지향하는 삶이 '진실한' 것임을 드러낸다. 모방 욕망에 의한 폭력성이 인간의 삶에서 피할 수 없는 본질적인 현상이기는 하지만, 그러한 모방 욕망에서 벗어나 정체성을 새롭게 갱신하고자 하는 것이 바람직한 삶의 모습임을 성찰하게 한다.

라틴어 'Violentia'에서 유래된 'violence'는 'vis'를 어원으로 갖는데, 이것은 힘을 의미하는 'bia'에서 유래되었다. 따라서 'violentia'는 ①큰 힘, ②과도한 힘, ③억압 또는 강제를 뜻한다(장욱, 2004:222). ①과 ②는 행위자의 관점에서 그 정도와 관련되며, ③은 힘을 받는 피행위자의 관점과 관련된다. 이러한 관점을 전제하는 폭력은 그것의 강제자와 피강제자를 전제로 한다. 강제자는 '큰 힘' 또는 '과도한 힘'을 갖고, 그것을 가능태에서 현실태로 실현하는 존재이다. 반면에 피강제자는 강제자에 대해 수동적이거나 폭력을 수용함으로써 그 대상이 되는 존재이다.

이 관계에서의 폭력 개념은 강제(coactio)와 밀접한 관계를 맺으며(장욱, 2004:223), 인간 행위의 자발성을 전제한다. 이 경우에 폭력(act of violence)은 힘의 사용(use of power)으로서 폭력적 행위로 이어지며, 자신이나 타인에게 힘을 가한 결과를 초래한다. 이러한 것으로서 폭력은 통상적으로 비이성적이거나 정당화되지 못함으로써 도덕적 악행과 동일하게 여겨진다(장욱, 2004:226). 그러나 공동선이나 권위 혹은 공동체의 질서와 연관을 맺게 되면, 폭력은 관

---

[12] 르상티망은 강자를 향한 약자의 원한, 울분, 증오, 비난의 감정이다(이찬수, 2016:218). 지라르에 따르면, 르상티망은 극복할 수 없는 이상적 모델에 대한 질투심에서 비롯되며, 넘어설 수 없는 모델을 비난하고 깎아내리면서 극복하려는 경향을 보인다. 그러나 모방 주체는 경쟁적 짝패인 매개자를 극복하지 못함으로써 그에 대한 르상티망이 점차 증폭되며, 이것은 상극적 폭력으로 이어진다. 그러기에 르상티망은 짝패로서 모방의 매개자를 하였으나 그 우월성을 갖지 못한 데서 연유하는 폭력적 성향을 보이는 형이상학적 질병이라 할 수 있다.

5. 폭력성에 의한 자아 이상의 좌절과 우울의 삶

습법이나 형벌의 상황과 관련되기도 한다. 이때 피압제자는 일종의 희생양이 되어 공동체의 질서 유지를 위한 도구가 되기도 한다.

폭력을 행사하는 특성을 폭력성이라 할 수 있는데, 폭력성은 폭력을 가하는 강제자를 전제한다. 반면에 피압제자의 입장에서 폭력성은 폭력을 당하는 과정에서 경험하는 트라우마를 전제한다. 그러기에 소설에서 형상화된 폭력성은 힘의 차이에 의한 도덕적 악행에 따른 위악성(僞惡性)을 수반한다. 아울러 다수자가 폭력성에 의해 소수(자)를 그들의 희생양으로 만드는 위악성을 수반한다.

짐짓 악한 체하는 성질을 의미하는 위악성은 압제자가 피압제자에게 악함을 행하는 데서 실현된다. 그리고 위악성은 다수자가 소수자를 희생양으로 만들어 자아-이상을 실현하려는 욕망의 추구와 밀접하게 된다. 자아-이상의 실현을 위한 욕망은 타자에 대한 폭력성을 동반한다. 그리고 위악성과 폭력성은 상호연쇄의 관계 속에서 우리와 타자 간의 위계적 질서나 복종을 전제한다. 그렇기 때문에 위악성은 자기 과시 속에 타자의 굴종, 희생을 요구하며, 그러한 굴종과 희생이 이루어지지 않을 때는 가차 없는 폭력이 동반된다.

폭력은 타자에게 신체적 손상과 정신적 후유증을 주는 물리적 압제인데, 폭력의 발생은 개인 간의 욕망의 대립과 충돌 때문이다. 개인은 자신의 욕망 충족을 위해 타자를 경쟁자로 여기며, 타자에 의해서건 자신에 의해서건 욕망이 충족되지 않는 순간 폭력을 행사한다(홍혜원, 2011:393). 따라서 욕망과 폭력은 상호규정적이며 순환적인 관계에 놓여 있는데, 이에 관한 시사점은 르네 지라르의 소설 이론에서 얻을 수 있다.

르네 지라르(Rene Girard)는 욕망과 폭력을 상호순환적인 것으로 보면서, 소설의 작중인물들이 갖는 욕망은 자발적인 것이 아니라 타자에 의해 매개된 비자발적인 것으로 본다. 타자에 의해 매개된 욕망, 즉 모방 욕망(mimetic desire)은 매개자인 타자의 욕망을 모방함으로써 생겨나며, '주체-매개자-욕망의 대상'이라는 욕망의 삼각형이 만들어진다(르네 지라르, 김치수·송의경 역, 2001). 주체와 매개자의 거리가 멀어질 때는 주체는 매개자를 존경이나 경외의 대상으로 여기기 때문에 폭력이 발생하지 않는다. 그러나 주체와 매개자의 거리가 가까워 주체가 매개자에 대한 모방을 감추면서 자신의 욕망이 자발적인 것이라는 환상을 가지면, 주체는 매개자를 경쟁자로 여기면서 그를 향한 증오와 원한 속에 그와 갈등을 하면서 폭력을 행사하게 된다. 경쟁자의 욕망을 모방할 때 욕망의 대상은 경쟁자가 욕망하기에 욕망하는 것이므로 경쟁자를 이겨내기 위한 수단에 불과하다(권택영, 1997:150) 그러기에 주체와 매개자는 화해할 수 없는 짝패로서 극심한 갈등 속에 서로를 향한 증오와 원한 관계에 놓이게 된다. 이처럼 소설 속 인물 간의 관계는 모방 욕망과 그로 인해 생겨나는 질투와 증오의 감정이 반복되는 갈등 관계에 놓여 있다.

　소설 속 인물이 매개자에 대한 극심한 원한과 증오에 의해 폭력을 행사하는 것은 그가 가졌던 욕망이 자발적인 것이 아니라 매개된 것임을 드러내면서, 욕망의 낭만적 거짓을 벗고 모방적 욕망의 본질을 드러내는 과정과 관련된다. 소설에서 모방욕망에 의한 폭력성은 주체와 욕망 매개자 간의 거리가 가까울 때 극심해지며, 욕망의 대상이 결여되었을 때 분출된다. 주체와 매개자는 모두 서로의 욕망을 모방하면서 경쟁하고 질투하면서 싸운다. 따라서 그들은 결코 화해할 수 없는 경쟁관계 속에서 짝패(double)로서 상호 폭력을 행사한다. 일련의 욕망과 폭력의 연쇄 속에서 주체는 욕망의 비자발성, 욕망의 중개성을 인식하면서 욕망의 대상이 텅 비어있는 결여의 표상임을 확인하는 소설적 진실에 이르게 된다. 다시 말하면, 주체는 자신의 욕망이 갖는 자발성이 사실은 낭만적 허위의 태도에서 나온 것이며, 욕망이 중개된 것을 인정하면서 모방적 굴레에서 벗어나 참된 자아를 추구하는 소설적 진실에 이르게 된다.

　이런 점에서 볼 때, 모방 욕망에 의해 촉발된 폭력성이 소설에서 수행하는 서사적 의미 작용은 폭력적 악행을 통한 욕망의 비자발성 인식, 결여의 표상인 욕망 대상의 거짓에 대한 인식을 통한 자기 위악성 확인, 욕망의 중개성에서 벗어남을 통한 정체성 갱신 등으로 나뉠 수 있다. 모방적 욕망에 의해 촉발된 폭력성이 소설에서 수행하는 서사적 의미 작용을 이렇게 나눌 수 있는 것은 주체가 모방 욕망에 의해 그 매개자를 증오와 원한의 대상으로 보고 폭력을 행사하는 과정에서 자신의 욕망이 갖는 비자발성을 인식하는 것이 작중 인물의 일차적인 모습이기 때문이다. 그 다음에 주체는 증오와 원한 때문에 욕망의 매개자에 대한 폭력을 행하는 과정에서 언제나 충족되지 않는 텅 빈 것인 모방 욕망을 추구한 것이 위악적인 것이었음 이차적으로 확인할 수 있기 때문이다. 끝으로 주체는 자기 위악성의 확인을 통해 비자발적인 욕망의 사슬에서 벗어나 모방 욕망의 중개성이 갖는 거짓을 인식하고 거기에서 벗어나기 위한 노력을 하는 과정에서 정체성을 새롭게 바꿀 수 있는 계기를 마련할 수 있기 때문이다.

　지라르는 폭력의 뿌리에 존재하는 경쟁의 모방적 성격에 주목하면서, 인간의 모든 욕망이 비자발적이고 모방적이라고 했다(르네 지라르, 김치수·송의경 역, 2001). 욕망이 인간의 기본적인 욕구에서 생겨난 것이 아니라, 매개자와의 상호작용을 통해 형성되며, 매개자와 갈등적인 모방 상태에 있을 때 폭력이 생겨난다. 욕망의 주체와 매개자 사이에는 은연중에 경쟁관계가 발생하여 상호간의 질투, 원한, 선망과 같은 미묘한 감정이 생겨나고, 욕망의 주체와 매개자 사이의 거리가 너무 가까워지면 둘은 짝패가 되어 경쟁자로서 갈등

5. 폭력성에 의한 자아 이상의 좌절과 우울의 삶

속에 폭력을 행사하게 된다. 모방 욕망은 주체와 매개자가 짝패가 되었을 때 더욱 증폭되어 원한, 증오, 질투 따위의 감정이 되풀이되면서 쌓이는 르상티망을 낳기 때문이다. 이를 정이현의 〈안나〉를 통해 확인해 보자.

정이현의 〈안나〉에 등장하는 주요 인물은 '경'과 '안나'이다. 경은 현재 뷰티 클리닉을 운영하는 의사 남편과 유치원생 아들과 함께 살고 있다. 경은 박사 학위를 갖고 있고 대학 강의 경력도 있지만 결혼과 함께 전업주부가 되었다. 그런 경은 어느 날 아들의 영어유치원에서 8년 전 댄스 동호회에서 친하게 지냈던 안나를 다시 만난다. 안나는 유치원 보조 교사로 일하고 있었다. 8년 전, 이십대 초반이었던 안나는 몹시 춤을 잘 추었고, 경도 약간 마음이 있었던 '대희'와 사귀고 있었다. 그러나 지금 안나는 몹시 팍팍한 삶을 살고 있었고, 최근에 대희와 헤어졌다는 말을 경에게 한다. 경은 아들의 부적응 문제에 대해 안나에게 위로를 받으면서 안나의 팍팍한 삶을 위로하면서도 안나에 대한 우월감을 갖는다.

경의 이런 우월감은 8년 전 '대희'를 놓고 벌어졌던 보이지 않는 경쟁에서 안나에게 밀린 경험에서 연유한다. 그러기에 최근까지 안나가 대희와 사귀었다는 말을 듣고 경은 안나에게 싸늘하게 대한다. 경의 이런 태도는 대희를 매개로 한 안나와의 경쟁 관계에 촉발된 것이며, 현재의 자신이 갖는 세속적 삶이 안나보다 우월함을 내세우는 데서 두드러진다. 그러기에 안나에게 자신의 관점에서 세상 살아가는 것에 대한 충고를 한다.

경의 이런 태도는 결혼하여 아이를 낳은 여자로서 삶의 세속성과 그에 따라 아직 결혼도 하지 못한 채 유치원 보조교사로 일하고 있는 안나에 대한 우월감에서 연유한 것이다. 아울러 경제적으로 어려운 안나의 좌충우돌한 생활이야기를 듣고 "자신의 현실을 잠시 잊을 수 있었기"(218) 때문이다. 그러기에 안나는 "한 번 바꿔 살아볼래요?"(220)라는 경의 농담에 뺨이 일그러지도록 상처를 받는다. 안나에 대한 우월감 속에 자신도 모르게 상처를 주는 경의 태도는 결국 안나에게 정신적 폭력을 가한 것이라 할 수 있다. 그리고 그 폭력의 기저에는 8년 전 '대희'를 둘러싼 안나와의 경쟁의식, 현재의 삶이 주는 우월감이 자리 잡고 있다.

그러나 안나에 대한 경의 우월감은 안나가 유치원 보조교사를 그만둔 뒤, 자신의 아들을 안나가 지켜줬다는 것을 알게 되면서 무너진다.

엄마, 애나는 어디 있어요?
응?
애나가 나를 지켜줬어요.
누구?

애나. 엄마, 애나 말이에요.

그렇구나, 애나, 안나.

안나가 영어로 애나라는 사실을 처음 깨달았다는 듯이 경은 의미심장하게 중얼거렸다.(227)

경은 안나가 자신을 지켜주었다는 아이의 말을 듣고서야 안나에 대한 자신의 우월감이 실상은 다른 엄마들로부터 매개된 '허위'였음을 깨닫는다. 아울러 경제력이란 자본주의적 욕망에 의한 자신의 세속성이 실은 "허공에서 허공으로 이동하는 길"(185) 같은 허위였으며, 그것은 아이의 유치원에서 만났던 다른 엄마들로부터 매개된 것이었음을 인식한다. 그러기에 경은 안나에 대한 자신의 폭력이 실상은 '거짓'의 우월감이었음을 안나가 떠난 후에야 알게 된다.

한편 우리는 돈에 대한 욕망이 자발적인 것이라는 낭만적 환상에 의해 타자에 대한 위악적인 모습을 보이기도 한다. 이런 모습은 타자로부터 비롯되는 모방 욕망의 실체를 모르면서, 그런 욕망이 자아-이상의 추구를 위해 필요한 자발적인 것이라는 거짓된 인식에서 생겨난다. 이를 김유정의 〈안해〉를 통해 살펴보자. 이 소설에서 남편은 돈에 대한 자신의 욕망이 자발적인 것이라는 낭만적 환상에 빠져 있다가, 있는 그대로의 현실을 인정하면서 자신의 욕망에 일정한 거리를 두는 모습을 보인다. 이 소설에서 남편은 돈을 벌어오지 못한다고 아내에게 수시로 폭력을 가하다가, 들병이가 되겠다는 아내의 의견에 동조를 하고 적극적으로 협조한다. 그러나 남편은 아내를 들병이로 만들어 돈을 벌려는 욕망을 갖고 있었지만, 아내가 다른 남자와 술을 먹고 즐겁게 대화하는 것을 보면서 질투의 감정에 빠진다. 이 때문에 그는 자신의 모방 욕망이 남편에게 돈을 잘 갖다 주는 다른 부인들을 통해 매개된 것임을 인식하면서 자신의 모방 욕망에 일정한 거리를 둔다.

년의 꼴봐하니 행실은 예전에 글렀다. 이년하고 들병이로 나갔다가는 넉넉히 나는 한옆에 재워놓고 딴서방하고 달아날 년이야. 너는 들병이로 돈 벌 생각도 말고 그저 집안에 가만히 앉었는 것이 옳겠다. 구구루 주는 밥이나 얻어먹고 몸 성히 있다가 연해 자식이나 쏟아라, 뭐 많이도 말고 굴때같은 아들로만 한 열다섯이면 족하지(전신재 편, 김유정, 1987:160).

남편은 나무를 팔고 오는 길에 술집에서 아내가 뭉태놈과 어울리는 현장을 목격하고는 울분을 참지 못한 채 아내를 끌고 밖으로 나와 아내를 들병이로 만들어 돈을 벌겠다는 생각을 접는다. 남편이 이런 생각을 하게 된 것은 다른 아내들처럼 자신의 아내도 들병이로 만들어 돈을 벌게 하고자 하는 욕망 때문에 자신이 잘못하면 버려질 수 있겠다는 남자로서의 위기감을 갖게 되었기 때문이다. 그렇지만 남편은 여전히 아내를 육체적인 생산 도구로 보면서도(장소진, 185) 자신의 욕망을 실현시켜 줄 대상으로 인식한다. 돈에 대한 남편의 욕망은 여전하지만 그것의 실현방법이 들병이에서 자식을 많이 낳은 것으로 바뀌었기 때문이다. 남편은 다른 아내들로부터 매개된 현재의 모방 욕망에 대한 거리두기를 했지만, 그것을 근본적으로 버린 것이 아니라 실현 방법만을 바꾸었기 때문이다.

2) 폭력성에 의한 자아 이상의 좌절과 우울의 삶

소설에서 작중인물이 욕망의 매개자에 대한 증오와 원한의 감정 때문에 폭력을 행하지만, 욕망의 구조에서 남는 것은 폭력뿐임과 욕망의 대상이 사라졌음을 인식할 때, 그는 자기 위악성을 확인하게 된다. 욕망 대상의 허위성 혹은 부재를 확인하면서, 주체로서 작중인물은 자신이 타락한 현실에서 타락한 방식으로 욕망을 추구했다는 자기 위악성을 확인하게 되는 것이다. 따라서 이런 작중인물에게 독자는 일종의 아이러니의 감정을 갖게 된다(홍혜원, 2011:403). 소설에서 작중인물이 욕망 대상의 거짓에 대한 인식을 통해 자기 위악성을 확인하는 것을 정이현의 〈우리 안의 천사〉를 통해 살펴보자.

정이현의 〈우리 안의 천사〉에서 커플인 남우와 미지는 동거인이 되어서도 생활비를 반반씩 부담하기로 한 원칙을 세워 이해타산적인 관계 속에서 살고 있다. 그러다가 그들은 남우의 반려견 '애니'의 문제로 다투면서 서로 헤어질 것을 생각한다. 그렇지만 "그 헤어짐이 동거의 종료를 의미하는 것인지 아니면 연인 관계의 근본적인 종결을 의미하는 것인지는 알지 못"(75)한다. 그런 어느 날 성형외과 의사였지만 지금은 파산한 남우의 이복형인 최동우가 남우에게 등장한다.

최동우는 남우에게 '천지'의 건물주인 친부를 살해할 계획을 알리고, 돈 가방을 남우에게 건네면서 그 계획에 남우가 동참하기를 바란다. 최동우가 남우에게 제안한 것은 친부가 죽으면 자신이 상속받은 유산의 일부를 남우와 나누는 것이며, 이것은 "한쪽의 일방적인 복종계약이 아니라 양측의 합의를 기반으로 하는 상호평등한 계약"(82)임을 말한다. 그리고 남우가 계약을 이행하는 방법은 당뇨 때문에 인슐린을 스스로 주사 놓아야 하는 친부에게 인슐린 주사제를 다량의 니코틴이 들어있는 주사제로 바꿔치기 하는 것임을 말한다.

최동우의 이런 제안은 친부의 재산을 빼앗기 위해 평범하게 살아가던 남우를 폭력성의 상황에 끌어들이는 것이다. 그 상황은 최동우가 친부가 갖고 있던 돈을 매개로 해서 그와 잠재적 경쟁관계에 있던 남우에게 폭력적 행동을 강요하는 것이기 때문이다. 아울러 친부가 죽었을 때 혹시 들킬지 모를 범죄의 혐의를 남우에게 뒤집어씌우는 계략을 은폐하고 있기 때문이다. 그렇기에 남우는 자신이 처한 폭력적 상황에서 동우가 건넨 돈을 쓰지 못한 채 친부 살해의 계획을 실천하지 못한다. 그런데 남우의 이런 상황은 미지에 의해 바뀐다.

가자.
아무 대꾸도 없었다.
내가 같이 가줄 게.
남우의 등뼈기 꿈틀 움직였다.(91)

미지는 남우가 처한 폭력적 상황, 즉 친부를 죽이기 위한 행동에 자발적으로 동참하고자 남우를 충동질한다. 미지의 이런 행동은 최동우가 돈을 매개로 해서 남우에게 가한 폭력적 상황에 자발적으로 순응하는 것이다. 물론 그 동기는 최동우를 매개로 해서 남우의 친부가 갖고 있는 돈을 얻기 위한 것이다. 이 상황에서 미지와 남우는 동우를 매개로 한 돈에 대한 모방 욕망에 충실하고 있다.

미지는 최동우에 의해 매개된 돈에 대한 모방 욕망 때문에 그날 천지 건물에 갔었고, 그 과정에서 남우를 폭력적 상황에 빠지게 했다는 자책감을 갖는다. 그러기에 미지는 "이제 우리는 어떻게 해도 헤어질 수 없는 사이가 되어 버렸다는 것"(93), 즉 자신과 남우가 짝패처럼 뗄 수 없는 관계가 되었음을 인식한다. 또한 10년이 지난 후에도 그날의 일들이 꿈에 지속적으로 나타나는 경험을 하면서 남우의 친부와 남우에게 했던 폭력적 상황에 대한 자책감에 시달린다. 친부에게 폭력적 상황을 안겼다는 자책감은 남우에게서 더욱 두드러진다.

남우는 평소는 멀쩡하다가도 느닷없이 아무 물건이나 발로 차기도 하고 그러다 갑자기 크게 웃었다. 정신과 전문의는 반복성 우울장애라는 진단을 내렸다(94).

남우는 자신이 돈을 매개로 한 최동우에 대한 모방 욕망 때문에 친부를 살해하려는 폭력적 상황에 빠졌다는 자책감과 그로 인해 트라우마로 반복 우울장애에 시달린다. 이런 남우의 상황은 어느 날 최동우가 그에게 가한 교묘한

5. 폭력성에 의한 자아 이상의 좌절과 우울의 삶

폭력성에 조장된 것이며, 그 폭력성에 의한 트라우마가 남우의 정상적인 삶을 망쳤음을 드러낸다.

그런데 정작 10년 전 그날, 아무리 기다려도 최동우에게서는 연락이 오지 않았고, 어떤 신문에도 노인의 부고는 실리지 않았었다. 이것은 최동우가 남우를 또 한 번 속이면서 남우에 대한 폭력성을 가중시켰음을 드러낸다. 남우는 최동우로부터 겪은 두 번의 폭력 때문에 그 이후의 삶이 내리막을 걷게 되었고, 늘 자신에 대한 '단죄'의식에 시달렸기 때문이다. 아울러 남우는 '속죄와 구원'이 없는 사악한 세계에서 최동우로부터 야기된 폭력성을 견디며 일상을 겨우겨우 버텨내야 했기 때문이다.

이 소설에서 남우에게 욕망의 대상인 돈은 일종의 기표인데, 기표로서 돈은 추구되는 순간 이미 기의[본질적 가치나 의미]를 상실한 텅 비어있는 상태가 되어 있다. 이것은 기표로서 욕망의 대상인 돈이 최동우로부터 비롯된 모방된 것이기에, 기표인 돈이 남우의 자아-이상인 기의에 닿지 못하고 그 표면에서 미끄러져 안정된 의미를 얻지 못하는 데서 연유한다. 그러기에 남우에게 욕망의 대상이 되었던 돈은 의미의 불안정성 속에 대상의 결여로 이어지면서, 남우가 자신에 대한 '단죄'의식에 시달리게 만드는 매개물이 된다. 그 때문에 남우는 지독한 우울증에 빠져 일상을 겨우겨우 버텨야만 했다.

소설의 인물이 위악적인 태도로 타자에 대한 폭력성을 행하지만, 결국 그것이 모방된 것이었으며 거짓된 태도에서 비롯된 것임을 인식하고 우울에 빠지는 것은 김려령의 《우아한 거짓말》에서도 확인할 수 있다. 이 소설에서 화연은 '잔인한 구경꾼'인 다른 아이들과 어울리고 싶다는 모방 욕망 때문에 천지를 괴롭힘의 대상으로 삼는다. 그 과정에서 화연은 다른 아이들과 더 잘 어울리기 위한 모방 욕망 때문에 천지에게 폭력적 악행을 저지른다. 그러면서도 화연은 자신의 욕망이 자연발생적인 것이 아니고 항상 그 욕망을 매개하는 자로부터 빌려온 가짜라는 것을 인식하고 있다. 늘 '잔인한 구경꾼'들을 의식하면서 천지에 대한 괴롭힘의 강도를 높이고 있기 때문이다.

모방의 대상이 결여된 데서 출발한 모방 욕망은 타자의 것을 욕망한 것이기에 욕망을 충족하는 과정에서도 결국 부재한다. 이는 작중인물의 모방 욕망이 그 대상을 불안정하게 의미화할 수밖에 없고, 모방 대상인 기표와 그것의 충족이라는 기의는 분리되어 끊임없이 미끄러지는 '과정'(홍혜원, 2011:406)적인 것이 된다. 그러기에 주체로서 작중인물은 자신의 모방 욕망이 기표와 기의 사이에서 끊임없이 미끄러지는 분열된 의미로 존재함을 인식하면서, 욕망의 매개자에 대한 증오와 원한의 감정에서 촉발된 자신의 폭력성이 얼마나 위악적인 것이었는가를 확인할 수 있다. 이러한 확인을 통해 주체는 점차 모방 욕망의 사슬에서 벗어날 수 있는 계기를 마련하는 길로 나아가게 된다.

화연은 천지에게 심부름 시킬 때 아이들이 보였던 비웃음이, 꼭 천지에게만 지은 게 아니었다는 걸 이제야 알 수 있었다. 보기에 아슬아슬한 키 큰 피에로. 사람들을 즐겁게 해주기 위해 돌아다니는 놀이동산의 키 큰 피에로. 그동안 천지는 긴 바지 속 높은 버팀목처럼 화연을 지탱해주었다. 그러나 이제 천지는 없다. 버팀목이 사라져 바닥으로 뚝 떨어진 화연은 본래의 모습이 드러났다. 더 이상 위험을 감수한 키 큰 피에로가 아니었다. 동시에 아이들의 아슬한 호응과 박수도 사라지고 만 것이다(김려령, 2011:85).

천지와 친한 친구처럼 보였던 화연은 천지를 집요하게 괴롭혀 천지가 자살하게 만들었다. 천지의 자살 이후 화연은 다른 친구들로부터 서서히 따돌림을 당하면서 자신이 괴롭혔던 천지를 이해하게 된다. 화연은 다른 친구들로부터 인정받고 싶다는 모방 욕망 때문에 천지를 괴롭혔지만, 천지가 죽자 자신이 괴롭힘의 대상이 되자 비로소 자신의 모방 욕망이 허위였음을 인식한다. 그 과정에서 화연은 천지를 괴롭힘으로써 다른 친구들과 어울리려고 했던 자신의 위악성에 대한 성찰의 계기를 마련한다. 아울러 다른 친구들이라는 욕망의 매개자로부터 파생된 천지에 대한 자신의 폭력성이 결국에는 자신에 대한 폭력성을 가져왔음을 인식한다. 이를 통해 화연은 자신이 천지와 비슷한 존재라는 것을 인식하면서 일종의 연민의 감정을 갖게 된다. 이는 괴롭힘의 대상이라는 부정적 욕망의 매개자인 천지에 대해 증오와 연민의 감정을 동시에 갖는 감정의 양가성과 관련된다. 증오는 폭력으로 형상화되고 연민의 따뜻한 시선과 동정으로 형상화된다. 이러한 양가적 감정을 표출하면서 작중인물은 점차 자신의 정체성을 성찰한다.

그랬던 천지가 중학교에 오자마자 얼마나 차가워졌는지, 떠날까 봐 두려웠다. 그리고 천지가 정말 떠났다고 느꼈을 때, 다른 아이들에게 집착했다. 하지만 아이들은 천지처럼 진심으로 웃어주지 않았다. 그래도 혼자인 것보다 나았다.
'난 그냥 너하고 논 거였어…….'
자극적이고 일방적인, 쥐를 코너에 몰아넣고 빙빙 돌리는 고양이식의 놀이. 그 모습을 지켜보며 킬킬댔던 잔인한 구경꾼들. 화연은 구경꾼들이 식상하지 않도록 점점 더 강도를 높여야 했다(김려령, 2011:175).

'잔인한 구경꾼'들을 늘 의식하면서 천지를 괴롭혔던 화연은 천지가 자살한 후 자신이 실상 다른 아이들로부터 따돌림의 대상이었음을 점차 인식하면서

5. 폭력성에 의한 자아 이상의 좌절과 우울의 삶

욕망의 비자발성을 인정하고 그 실상에 접근하려는 태도를 갖는다. 화연의 그런 태도는 자신의 폭력성이 모방 욕망에서 비롯된 위악적인 것이었으며, 그러한 위악성이 자신의 삶을 망가뜨렸음을 인식하는 데서 연유한다. 이런 태도 때문에 화연은 진실한 자아-이상을 상실한 채 우울의 삶을 살게 된다. 그러기에 화연은 자신을 벌주기 위해 부모가 일하는 보신각(중화요리점)에 대한 험담을 혼자 말하면서, 점차 죽음을 생각한다.

이러한 화연의 심리 상태는 자신의 부정적 욕망, 즉 천지를 괴롭혀서 다른 친구들과 어울리려고 했던 욕망이 그 대상의 사라짐으로 인해 더 이상 성취될 수 없을 때 생겨나는 카오스 상태를 반영한다. 그런데 이런 카오스 상태는 모방 욕망의 중개성이 갖는 위악성에 대한 자기 인식과 자기 부정의 모습이라 할 수 있다.

3) 우울의 삶과 실존적 기투

소설에서 주체로서 작중인물이 자신의 욕망이 모방적인 것으로서 짝패에 대한 증오와 원한의 감정을 촉발하며 욕망의 대상이 텅 비어 있다는 것을 인식할 때, 그는 욕망의 중개성에서 벗어나고자 한다. 그 과정에서 작중인물은 모방된 욕망의 낭만적 거짓을 인식하면서, 모방의 대상이 결여되어 있음을 확인하여 정체성을 새롭게 모색할 수 있는 계기를 마련할 수 있다. 은희경의 〈중국식 룰렛〉을 통해 이를 확인해 보자.

은희경의 〈중국식 룰렛〉은 불운과 행운, 잔인한 운명과 악의를 통해 개인의 삶에 작용하는 운명적인 폭력성에 의한 삶의 어긋남을 보여주고 있다. 소설은 라벨을 숨긴 채 세 개의 잔에 든 술을 한 모금씩 마시게 한 후 그 중 하나를 선택해 동일한 가격에 주문하게 하는 K가 자신의 가게에 '나'를 초대하는 데서부터 시작한다. 소설이 진행되면서 '나'는 어딘지 울적해 보이는 중년 사내, 수상쩍해 보이는 아르마니 청년과 함께 밤의 술집에서 위스키를 마시기 위한 '중국식 룰렛' 게임을 한다. 중국식 룰렛은 원래 상대팀에 질문을 던짐으로써 그들이 이쪽 팀의 누구에 대해 생각하는지를 알아맞히는 방식의 진실게임이다. 소설에서 '중국식 룰렛'은 각자 질문을 하고 그에 대해 진실을 말하는 것으로 진행되는데, 주로 K와 '나' 사이에서 이루어진다. 이를 통해 원래는 부유했지만 아버지의 죽음 이후 빚에 시달리고 지금은 병에 걸린 K의 막다른 운명, '나'와 K의 불편한 관계, '나'와 K의 불편한 관계 때문에 이혼 서류를 보내고 떠나버린 '나'의 아내가 암시되고 있다. 아울러 아르마니 청년과 중년 남자

의 불운과 행운도 교차되어 암시되고 있다.

이러한 서사적 뼈대를 통해 이 소설은 행운과 불운이 교차하는 삶에서 주체와 타자가 서로 모방적 존재이면서 증오와 원한의 대상이 될 수 있음을 보여준다. 이는 흔적으로 제시되고 있는 '나'의 아내와 K의 '나'를 둘러싼 관계, 중년 남자의 성적 대상이었던 여자를 자신의 아내로 생각하는 '나'의 망상을 통해 확인된다.

네 남자가 벌인 진실게임에서 K는 자신에 대한 '나'의 본심을 확인하고 싶어 하는데, '나'는 K에게 아내를 사랑하며 K를 알게 된 것이 자신의 인생에서 가장 후회스럽다고 답한다. 그러나 '나'는 "당신의 정직성에 점수를 매긴다면 1에서 9 중 몇입니까?"라는 질문에 '5'라고 답함으로써 K에 대한 자신의 답이 진실이 아닌 거짓임을 드러낸다. 이러한 '나'의 태도는 적절치 않은 남자 간의 사랑을 부정하기 위해 K로부터 계속 도망치면서도 거짓의 흔적을 통해 그에게 닿는다(황정아, 2016:201).

K는 아내가 내 곁을 떠난 데에 자신의 책임이 있다는 걸 모르지 않았다. 그가 라스베이거스까지 뒤따라와 나를 불러내지 않았다면 아내는 그토록 취하지 않았을 것이고 카지노까지 나를 찾으러 오지도 않았을 것이다. 그리고 훗날 그녀가 털어놓았듯이 내 어깨에 머리를 기대고 있는 K의 행복한 표정을 보자마자 도망치듯 곧바로 호텔방으로 돌아와 짐을 꾸리지도 않았을 것이다. 나와 K가 온종일 카지노에 머물렀던 그 하루가 그녀에게 너무나 긴 시간이었다는 것을 나는 아내가 떠난 뒤에야 깨달았다(은희경, 2016:29).

K는 '나'에 대한 적절치 않은 사랑을 남몰래 간직해 왔다. 그러기에 K는 지금 "당신이 지금까지 해야 했던 일 중에 가장 힘든" 것으로 "나를 미워하는 사람을 사랑하는 것"이라고 말한다. 이러한 '나'에 대한 K의 태도는 '나'의 아내를 통해 매개된 것이다. 아버지의 죽음 이후 파산 상태에 이른 K는 '나'를 향한 남에게 말할 수 없는 사랑을 위해 '나의 아내를 경쟁자로 여기면서 그녀를 파탄 내고자 한 것과 관련된다. 또한 적절치 않은 사랑을 해야 하는 자신의 잔인한 운명으로 인해 그녀에게 가한 간접적인 폭력성과도 관련된다.

K는 '나'를 향한 남에게 말할 수 없는 사랑에 빠진 잔인한 운명 속에 자신 때문에 '나'의 아내가 가버린 것을 우연을 가장한 악의로 즐긴다. 아울러 '나'의 아내로부터 사랑을 빼앗기 위해 라스베이거스까지 뒤따라와 '나'를 불러냈다. 이러한 K의 행동은 세상의 편견에 휘둘리지 않고 오로지 자신이 원하는 바, 자신의 취향이 가리키는 진실만을 따른 것이다. 그리고 이러한 행동은 만난 적 없는 '나'의 아내에게 견딜 수 없는 치욕과 그에 따른 폭력성을 경험하

5. 폭력성에 의한 자아 이상의 좌절과 우울의 삶

게 했다.

한편 중년 남자의 성적 향락에 등장한 여인은 '나'에게 K로 인해 자신을 떠난 아내를 연상시키는데, '나'는 K가 아내에 관한 진실을 알려주려고 그 남자를 불러들였다는 의심을 한다.

실수와 후회. 분명 그럴 만한 일들이 있었다. 그 댓가로 나는 K의 술집에서 가장 형편없는 술을 선택할 각오로 이곳에 왔다. 그의 게임에 말려들어 아내일지도 모르는 여자의 이야기를 들어야 했다. 분명 망상일 것이다(은희경, 2016:52).

'나'의 망상은 '아내'를 둘러싸고 중년 남자와 '나'가 경쟁관계에 있다는 무의식에서 나온 것인데, 이러한 '나'의 무의식은 '나'의 아내에게 폭력성을 드러내지 않았다는 것을 항변하기 위한 K의 목적에 의해 유발된 것이다. 그 상황은 K가 '나'의 아내에게 행했던 폭력성을 감추기 위한 진실 은폐를 드러낸다. 이 때문에 '나'와 K의 관계는 일종의 짝패처럼 서로를 이용하고 미워하는 상황에 놓이게 되며, 그러한 상황에서 '나'는 자신이 조금은 운이 없었을 뿐이라고 진실을 은폐한다. '나'가 이처럼 진실을 은폐하는 것은 생존에의 의지를 향한 실존적 기투라고 할 수 있다. 살아가야 하고, 살아남아야 하는 현실에서 '나'가 할 수 있는 유일한 방법은 위악적인 태도로 폭력성을 드러냈던 진실을 은폐하는 것이었기 때문이다.

우리가 모방 욕망에 의한 폭력성의 서사를 읽는 행위는 단순한 읽기가 아닌 자신의 삶의 지표를 형성하는 삶의 일부라고 할 수 있다(리쾨르, 김윤성·조현범 옮김, 1988). 따라서 서사 읽기는 작품의 이해 자체에 초점을 두기보다는 우리 자신의 삶의 이해와 연관될 필요가 있다. 이를 위해서는 서사 읽기가 타자로서 작중인물의 삶을 실제 삶과 연계되어 자신의 정체성에 대한 성찰을 수행하는 것이 되어야 한다. 그러므로 서사 읽기는 삶의 영역들과 연관되면서, 삶에 대한 성찰과 정체성 형성을 도모하는 윤리적인 것이 될 필요가 있다. 이러한 서사 읽기는 삶에 대한 윤리의식을 갖는 것이기에 인식론적 현상임과 동시에 존재론적 현상으로서 윤리적인 실천을 위한 토대가 된다.

우리의 서사 읽기는 서사의 세계와 소통 관계를 형성하면서 자신의 의식 내부에서 작품과 끊임없는 소통 작용을 하는 응답성(answerability)을 지향한다(선주원, 2014:68). 따라서 서사의 세계에 우리의 응답적 이해는 이론이나 기술의 문제가 아니라, 자기반성에 연관되는 실천의 문제라고 할 수 있다(David L. Coulter, 1994:130). 작가와 우리는 서사를 매개로 하여 상호작용을 수행하며, 그 과정에서 우리는 자신의 삶에 대한 자기반성과 자기 인식을 통한 윤리적 실천을 할 수 있기 때문이다. 서사의 세계에 대한 우리의 이해와 해석을 진정한 것으로 이해할 수 있는 것은 이해와 수용 맥락을 우리의 개념 체계의 관점에서 이해하기 때문이므로, 서사의 세계에 대한 우리의 이해와 해석은 진리의 문제라기보다는 적절한 윤리적 행위의 문제라고 할 수 있다(G.레이코프 & M.존슨, 노양진·나익주 옮김, 1995:225-227).

윤리적 실천으로서의 서사 읽기는 우리가 '세계-내-존재'로서 서사적 정체성을 형성할 수 있게 한다. 우리가 서사적 정체성[13]을 형성한다 함은 서사적 존재로서 자신의 삶의 의의와 위상을 확인하고, 보다 잘삶을 위해 자신의 존재론적 의의를 새롭게 형성하는 것을 의미한다. 서사 읽기 과정에서 우리는 타자의 서사를 이해하고 해석함으로써 자기 이해를 도모할 수 있고, 이에 의해 서사적 존재로서 자기 확립에 도달하는 통로를 마련할 수 있다.

우리가 윤리적 실천으로서 서사 읽기를 통해 서사적 정체성을 형성하는 것은 궁극적으로 인간다움을 도모하는 것과 밀접하게 관련된다. 인간의 다양한 삶을 허구적으로 서사화하여 과학의 논리가 아닌 문학의 논리에 의해 삶의 진정성을 전달하고자 하는 허구 서사는 인간다움에 대한 성찰을 제기한다. 정해진 답을 지향하는 삶이 아닌 일리 있는 삶을 지향하는 작중인물들의 삶을 통해 허구 서사는 인간다움의 문제를 제기하기 때문이다. 또한 우리가 허구 서사에 형상화된 작중인물들이나 세계와의 교섭 작용을 통해 끊임없이 윤리 의식을 고양하게 하기 때문이다.

이런 점에서 볼 때, 우리가 허구 서사에 형상화된 모방 욕망에 의한 폭력성의 양상과 그것의 서사적 의미 작용을 이해하고 해석하는 과정은 윤리적 주체로서 타자와의 상호작용을 통해 자기반성과 자기 인식의 확장을 도모하는 것이라 할 수 있다. 타자에 대한 압제와 구속을 전제하는 폭력은 인간다움을 통한 삶의 진정성이 갖는 의미를 반대급부로 부각하면서, 우리가 인간다움에 대한 추구를 통해 자기 인식의 확장 속에 서사적 정체성을 새롭게 형성할 수 있는 계기로 작용할 것이기 때문이다.

오늘날처럼 인간 소외와 위약적 삶이 문제되는 상황에서 인간의 삶을 다층적으로 형상화하고 있는 허구 서사를 이해하고 해석함으로써 바람직한 인격과 가치관의 형성을 통해 인간다움을 지향하도록 하는 것은 많은 의의를 갖는다. 특히 사회 곳곳에서 문제가 되고 있는 모방 욕망에 의한 폭력성과 그것

---

13) 서사적 정체성은 주체가 서사적 존재로서 자신의 존재론적 위상을 이해하여 타자와의 관계 설정을 하는 과정에서 생겨나고, 또 그것을 통어한다. 그러므로 서사적 정체성은 과정 중에 있으며, 비종결적이고, 에피소드가 일어남에 따라 지속적으로 재생성된다. 이러한 서사적 정체성은 어떠한 정체성이 진정한 것인지를 말하는 것이 아니다. 우리는 허구 서사 읽기를 통해 지속적으로 자신의 삶의 이야기를 해석하고 재해석함으로써, 자신이 누구인지를 인식하고 새롭게 만들 수 있다(선주원, 2014:65).

5. 폭력성에 의한 자아 이상의 좌절과 우울의 삶

의 기제를 이해하여 삶의 현상을 파악하여 모방 욕망의 사슬과 그로 인한 폭력성에서 벗어나도록 하는 것은 중대한 의의를 갖는다. 이런 점에서 볼 때, 허구 서사에 형상화된 작중인물의 모방 욕망과 그로 인한 르상티망과 폭력성을 파악하여 실제 삶에 대한 성찰을 수행하는 것은 현재의 사회적 상황에서 시사하는 바가 크다고 할 수 있다.

에듀컨텐츠·휴피아
CH Educontents·Huepia

6.
기억과 망각을 통한 삶의 서사화

1) 삶의 원리로서의 기억과 망각

그리스로마 신화에는 기억과 망각의 샘물에 관한 이야기가 등장한다(이윤기, 2000:340-341). 그리스로마 신화에서 레바디아라는 도시에 샘이 하나 있었는데, 그 샘의 왼쪽과 오른쪽에서 솟아오르는 샘물은 달랐다. 오른쪽의 샘물은 '므네모쉬네(Mnemosyne)'로 기억의 샘물이고, 왼쪽의 샘물은 '레테(Lethe)'로 망각의 샘물이었다. 이 두 샘물은 하나로 어우러져 시내를 이루며 흘렀는데, 이 시냇물의 이름이 '인생(Life)'이다. 이 신화는 인생이란 기억과 망각에 의해 진행됨을 시사한다. 기억과 망각에 관한 이러한 그리스로마 신화는 삶의 본질이 기억과 망각의 교직에 의한 수많은 사건 경험에 의하며, 그러한 사건 경험에 관한 기억과 망각을 통해 인간은 착각과 허구를 직조함을 시사한다(권미선, 2007:124).

우리는 삶의 과정에서 시간의 지배를 받으면서 많은 사건들에 대한 경험을 기억하고 망각한다. 시간의 흐름 속에서 우리가 시간을 초월하기 위해 동원하는 방법은 사건 경험들을 기억하는 것이다. 의식 속에 가라 앉아 있는 사건 경험들을 상기하는 기억의 행위를 통해 우리는 과거와 현재, 미래를 연결하여, 그것들을 체계적으로 이해하고 성찰할 수 있다.

그런데 우리의 기억 행위는 상당히 부정확하고 불연속적으로 이루어지며, 심한 경우에는 기억은폐나 전이의 과정을 거치기도 한다. 기억 행위를 기억은폐나 전이와 관련지어 이해하는 것은 "경험적 차원에서 기억을 이해하는 것"(장영란, 2010:145)과 관련된다. 경험적 차원에서 기억을 이해하는 것은 과거의 사건 경험이 현재의 근원이 되며, 그 근원을 기억하는 것은 시간적 틀 안에 현재와 미래의 삶을 과거에 위치시키는 것과 관련된다. 과거의 사건 경험 기억이 현재와 미래의 삶을 통어하는 기억의 샘물인 '므네모쉬네(Mnemosyne)'처럼 작용하면서 인생을 끌고 가기 때문이다.

우리는 삶의 과정에서 무수한 사건들을 경험하고 기억하는 과정에서 많은 트라우마와 고통, 슬픔을 겪는다. 그리고 그러한 트라우마, 고통, 슬픔에서 벗어나기 위해 과거에 경험한 사건들을 망각하고자 한다. 망각을 통해 과거의 사건들을 지우면서 우리는 '은폐기억'이나 기억의 '자리바꿈'을 통한 새로운 사건 경험들에 대한 기억을 구성한다. 새로운 기억들의 구성을 통해 우리는 현재에 뿌리내린 존재로서 과거에 대한 '집착'에서 벗어날 수 있는 가능성을 얻는다. 이에 따라 우리는 미래에 대한 '희망'을 설계하고, 그러한 설계 때문에 삶을 결코 포기하지 않는다. 우리가 이처럼 삶을 포기하지 않고 미래에 대한 희망을 설계할 수 있는 것은 과거와 단절하여, 사건 경험 기억을 망각하고자 하기 때문이다.

그런데 욕망하는 존재로서 우리의 사건 경험 기억들은 우리에게 지속적으로 트라우마와 고통을 안겨준다. 우리의 '매개된 욕망'은 현실에서 끊임없이 좌절되고, 그러한 좌절의 과정에서 우리는 '과거가 된' 사건 경험들로 인한 트라우마와 고통을 끊임없이 겪을 수밖에 없기 때문이다. 끊임없는 트라우마와 고통 속에서 우리는 또 다른 욕망들을 만들지만, 그러한 욕망들의 좌절을 가져오는 사건 경험과 그 기억의 재연이라는 악순환의 고리에 놓여 있다. 그러한 악순환의 고리에서 우리는 조금이나마 '희망'을 갖기 위해, 삶을 포기하지 않기 위해 망각을 한다. 그러한 망각을 통해 트라우마와 고통에서 벗어날 수 있는 가능성을 얻을 수 있기 때문이다. 이 때문에 망각은 과거의 기억을 불연속적이고 부정확하게 하는 기제이면서도 우리가 트라우마와 고통에서 벗어날 수 있는 치유의 힘을 갖는다. '기억'과 '망각'의 샘물이 만나 '인생'이라는 시냇물을 이루듯, 망각은 과잉기억으로 인한 삶의 파멸을 막고 인생이 생성으로 흘러갈 수 있게 만든다.

6. 기억과 망각을 통한 삶의 서사화

2) 망각을 통한 기억의 구성과 삶의 서사

우리는 기억이 정확하다는 착각을 갖고 살아간다. 그렇지만 우리의 기억은 연속적이지도 않고 정확하지도 않다. 즉, 사건 경험에 대한 우리의 기억은 과거에 일어난 그대로가 아니며, 많은 경우에 망각을 통해 원래 그대로가 아닌 상태로 보관된다. 이 때문에 기억의 상기 과정에서 기억된 것들은 망각을 거친 후의 것이다. 니체에 따르면, 기억은 저장되어 있는 경험 내용을 단순히 상기하는 것이 아니라, "활동하는 힘 자체이다."(H. Thüring, 2001:14;홍사현, 2015:327에서 재인용) 활동하는 역동적 힘(vis)으로서 기억은 "인간의 삶 자체를 위한 일종의 능력"(홍사현, 2015:329)인 망각과 분리되지 않는다. 망각을 부정적으로 평가하지 않고, 삶 자체를 위한 능력으로 보는 것은 과도한 기억에 의한 삶의 위협적 상황의 해소를 위한 인식과 관련된다. 과도한 기억으로 인해 주체가 과거에 고착되어 현재와 미래를 통찰하는 삶을 영위하지 못하는 상황은 과도한 기억의 문제적 상황이기 때문이다. 과도한 기억으로 인한 삶의 문제적 상황을 해소하기 위해서는 망각하는 능력이 필요하다.

"'망각 없이 살 수 없는 불가능성'과 '기억 없이 살 수 있는 가능성'"(홍사현, 2015:329) 사이에서 인간 주체는 망각을 기억의 상실이나 부재가 아닌 기억 활동과 생성의 토대가 됨을 인식할 필요가 있다. 기억과 망각은 오랫동안 이분법적 관계에서 인식되었고, 그 과정에서 망각은 부정적으로 인식되어 왔다. 이 때문에 망각은 죽음과 잠의 형제로 이야기되어 왔는데(Athanassakis, A.N.(tr), 1977;장영란, 2010:151-152에서 재인용), 이는 망각이 죽음이나 잠처럼 '아무 것도 없는 또는 아닌 상태'이기 때문이다(장영란, 2010:152). 죽음처럼 '존재'가 아닌 '무'의 존재성을 갖는 망각은 아무 것도 알 수 없는 인식의 상태를 의미하기 때문이다. 이 때문에 망각은 오랫동안 부정적인 평가를 받아왔다. 망각에 의해 인간은 과거의 고통과 슬픔을 잊어버릴 뿐만 아니라, 현재의 상황 원인과 미래에 대한 지향성을 잊고 쾌락에 만족하고 쾌락에 집착하는 삶을 살 수 있기 때문이다. 이 때문에 고대인들은 "기억하지 못한다는 것, 또는 기억되지 못한다는 것을 죽음처럼 심각한 문제이거나 죽음보다도 더 가혹한 저주로"(진은영, 2010:158) 받아들였다. 기억하지 못함의 망각 상태에 놓인 인간은 과거의 사건 경험 기억은 물론이고 정체성을 상실한 채 삶의 의미를 잃기도 한다. 이 때문에 망각은 죽음과 같은 것으로 여겨져 왔다. 아무런 의식을 갖지 못한 죽은 자들은 죽음에 의해 기억을 잃었고, 그들의 기억은 살아남은 자들의 기억을 통해서만 회복될 뿐이다.

그러나 망각은 역설적으로 인간이 기억하기를 더욱 열정적으로 수행하는 기제가 된다. 인간은 망각하지 않기 위해 기억하려고 하고, 기억하기는 망각의 개입에 의해 불완전한 것이 된다. 이 때문에 기억의 과정과 망각의 과정은 하나가 되며, 망각은 기억을 만들어내는 생산적인 과정이 된다. 니체는 "기억을 일종의 질병이자 재난으로 보면서 망각의 능력을 옹호"(진은영, 2010:160)했다. 지나치게 많은 기억은 파멸에 이르는 병이 되기 때문이다. "기억 없이 살아가는 것, 행복하게 살아가는 것은 가능하다. 그러나 망각 없이 산다는 것은 전적으로 불가능하다."(니체, 이진우 옮김, 2005:293). 이처럼 인간의 삶 자체에 망각이 내재하기 때문에, 인간은 망각을 통해 파멸로부터 그 자신을 지켜낼 수 있다. 망각은 기억을 위한 공간과 가능성을 마련하면서, 삶의 현재성을 구성하는 조형적 힘을 갖기 때문이다.

망각은 결핍이나 부재가 아닌 '조형적 힘'을 갖는 능력으로서, "스스로 고유한 방식으로 성장하고, 과거의 것과 낯선 것을 변형시켜 자기 것으로 만들며, 상처를 치유하고 상실한 것을 대체하고 부서진 형식을 스스로 복제할 수 있는 힘"(니체, 이진우 옮김, 2005:248;진은영, 2010:161-162에서 재인용)이다. 이 때문에 망각은 기억을 가능하게 하고 삶을 가능하게 한다. 기억은 온전히 보존되어 있는 지각 대상을 상기하는 것이 아니라 판단 및 인식작용에 의한 재구성을 필요로 하므로, 과거 경험의 정확한 재연이 아니다. 과거 경험의 재연이 아니기 때문에 기억은 "인과에 대한 믿음으로 인한 인과적 허구"(홍사현, 2015:348)가 된다. 인과적 허구로서 현재의 맥락에서 구성된 기억은 과거의 경험 내용에 대한 선택과 배제, 즉 망각의 과정을 거친다. 망각의 과정을 거침으로써 기억은 "관점적, 해석적 작용을 통해 익숙한 것으로 만들어진다."(홍사현, 2015:348-349) 이처럼 가치판단에 따라 해석되고 구성된 기억은 사건 경험을 사후적 흔적으로 드러내는 의식 내적 현상의 결과가 된다.

주체가 "자신의 과거를 현재와 관련짓는 정신적 행위이자 시간 경험의 하나"(고봉준, 2004:77)인 기억은 시간적 변수를 붙잡아 존재가 해체와 재구성을 통해 정체성을 형성할 수 있는 기반이 되기 때문이다. 이 때문에 시간의 변수를 붙잡아 과거의 사건 경험을 기억하고 서사화하는 행위는 자기동일성을 유지하고자 하는 정체성의 문제와 관련된다. 그런데 자기동일성은 기억과 함께 작용하는 망각에 의해 은폐되거나 변형된다. 서로 분리되지 않고 함께 작동하는 기억과 망각 때문에 기억은 "순수한 과거의 '재현'이 아니라 망각을 동반한다."(고봉준, 2004:78) 기억을 위해서 망각이 필요하며, 망각을 위해서도 기억이 필요하다. 망각을 통한 은폐와 변형에 의한 자기동일성의 해체는 본질적으로 기억과 망각의 분리불가능성에서 연유하며, 끊임없는 시간의 변화 속에서 인간 존재가 끊임없이 망각을 통한 기억의 재구성을 하는 연유가 된다. 망각을 통한 기억의 재구성을 통해 인간은 삶에 대한 희망을 가질 수 있으며, 서

6. 기억과 망각을 통한 삶의 서사화

사적 존재로서의 정체성을 구성하는 경험을 할 수 있다. 이러한 경험은 우리가 기억하기 행위에 개입하는 망각의 존재성을 인식하면서, 반성적 성찰을 통해 과거와 현재, 미래의 삶을 총체적으로 조망하는 상상력을 발휘할 때 원활하게 이루어질 수 있다.

기억은 단순한 보관 능력이거나 과거 경험의 단순한 재현이 아니다. 기억은 망각의 개입을 통해 창조적이고 적극적으로 사건 경험을 재구성하는 '구성적 능력'(진은영, 2010:163)이다. 기억하기는 사건 경험을 상기하는 과정에서 현재의 시점과 맥락이 개입함을 전제로 하며, 이러한 개입에 의해 기억은 재구성된다. 기억하기에서 일어나는 작화, 출처 혼동, 상상 팽창[14] 등은 기억이 현재의 시점과 맥락에 의해 재구성되었음을 예시한다. 기억의 구성적 기능은 자아상과 부조화를 이루는 사건 경험을 변형시켜 정신의 위험을 해소하려는 것과 관련된다. 그렇기 때문에 기억을 통해 이루어지는 과거의 사건 경험들의 재구성은 "자기의 힘을 고양시키는 방향으로 일어난다."(진은영, 2010:164) 이 때문에 기억은 과거의 사건 경험들을 단순히 재현하는 것이 아니라 현재의 삶을 변형하는 구성적 능력이 된다.

그런데 삶을 변형하는 구성적 능력으로서 기억은 망각과 쌍둥이처럼 작용하기 때문에, 기억된 것은 사건 경험의 일부일 뿐이며 정확하지도 않다. 이는 기억하기가 과거의 사건 경험들을 변형시켜 정신의 위험을 해소하려는 자기 고양과 연관되기 때문에 발생한다. 이에 대한 논의는 프로이트의 견해를 참조할 수 있다. 프로이트는 기억의 부정확성이 인간의 심리적 특성 때문에 야기되며, "기억되지 않는 것은 사라지는 것이 아니라 인간의 정신 속에 다른 형태로 잔존하면서 개인의 인생 전반에 결정적인 영향력을 행사하기도 한다."(권미선, 2007:126)라고 언급했다.

프로이트의 이런 언급은 망각이 기억의 또 다른 형태이며, 망각과 기억의 심리적 과정이 억압과 반복, 자리바꿈, 쾌락의 원칙 등과 같은 심리적 메커니즘에 의해 일어나는 것임을 시사한다. 이 때문에 우리가 기억하는 것은 잘못된 것이나 불완전한 것이 되며, 시간적 혹은 공간적으로 전치[자리바꿈]된 경우가 많다. 이는 기억의 의식적인 재생 과정에는 기억의 선택 기능이 작용하며, 그러한 작용에는 억압된 심리 내용의 '자리바꿈'이 일어났기 때문이다. 이처럼 우리의 기억 재생 과정에는 의식 내부에서 기억의 정확성을 교란시키는

---

14) 작화(confabulation)는 기억하기 과정에서 과거 사건 경험을 현실 상황에 맞게 각색하고 꾸며내는 것이며, 출처 혼동(source confusion)은 전해 들었거나 읽은 것을 직접 경험한 것으로 혼동하는 것이다. 상상 팽창(imagination inflation)은 들었거나 읽은 것이 이전의 기억과 연결되어 뒤섞이고 세부내용이 점점 상세해져서 거짓이라고 믿기 힘들 정도로 실감나는 기억이 되는 것이다(진은영, 2010:163).

의도가 작용하며, 그러한 작용에 의해 억압된 내용이 기억의 공백을 이룰 때 억압은 기억의 망각을 초래한다(권미선, 2007:127). 그 과정에서 기억의 재생은 실제를 대신하기도 하며, 자리바꿈되어 '은폐 기억'이 되기도 한다. 은폐 기억은 진정한 실제에 대한 기억이 아니라 사후에 수정된 기억의 흔적인데, 사후에 수정된 기억의 흔적은 경험과 인상, 기억의 흔적들이 사후에 새로운 경험이나 새로운 의미 발견에 부합하도록 수정된 것이다. 사후에 수정된 기억의 흔적은 현재의 삶에 새로운 의미뿐만 아니라 정신적 효과까지 부여받을 수 있다(박찬부, 1996:291-294;권미선, 2007:127에서 재인용).

　기억하기가 망각에 의해 사후에 수정된 기억의 흔적을 드러내는 것이라는 관점은 기억을 '과거에 대한 보존 능력'으로 보는 기능적 관점을 비판하는 것이다. 이때의 기억하기는 과거의 사건 경험을 불러내어 그것을 현재의 시점에 시 수정히여 드러내는 주체의 욕망을 드러낸다. 이러한 주체의 욕망은 기억하기가 과거의 사건 경험을 재연할 수 있는 고통의 문제와 연관되는 데서 생겨난다. 주체에게 기억된 것은 그것이 지속적으로 고통을 주어 예민하고 연약한 몸의 표면에 각인되었기 때문이다. 지속적으로 고통을 주는 것만이 기억에 남으며, 신체에 각인된 기억의 고통을 받아들이는 문제는 주체의 개인적 윤리와 관련된다. 그리고 개인적 윤리는 기억된 것의 고통을 사후에 수정하고자 하는 욕망의 작동을 전제한다. 이 때문에 사후에 수정된 기억의 흔적은 기억 주체의 개인적 욕망을 드러내며, 그러한 욕망은 기억을 하나의 창조적 행위가 될 수 있게 한다. 특히 과거의 사건 경험에 대한 기억을 현재의 시점에서 언술하는 기억하기는 그것이 현재의 욕망과 관련되는 창조적 행위가 된다. 이 때문에 언어로 기록된 기억, 그 서사적 구성은 허구적인 것이 된다(권미선, 2007:127).

　언어로 기록된 기억의 서사화는 원초적 근원으로서의 기억이 아니라, 망각을 통해 재구성된 기억의 흔적으로 허구적 산물이 된다. 이는 언술[언어로 풀어내는 것] 주체가 자신 혹은 타자의 과거 경험 사건에 대한 기억을 회상하거나 초점화자15)의 다양화를 보여주는 소설들에서 두드러진다. 그러한 기억의 회상이나 초점화자의 다양화에서 기억은 엮어지며, 경험 주체16)의 삶은 있는 그대로 묘사되기보다는 기억된 것으로 묘사된다. 따라서 소설에 구현되는 사건 경험 기억의 서사화는 과거의 사건 경험을 있는 그대로 재현하는 것이 아니라, 즉 온전한 실재가 아니라 망각을 통해 허구적으로 기억된 것이 이미지화된 것이다. 허구적으로 기억된 것의 이미지화를 통해 서사화됨으로써, 사건

---

15) 서술 대상을 서술하는 서술자와는 다른 존재로 서사에서 서술된 대상을 보는 주체를 의미한다.
16) 경험 주체는 서사에서 구체적인 경험을 하는 존재로 자신의 경험을 서술하는 주체와 동일인일 수도 있지만, 서술 주체와는 다른 사람일 수도 있다.

6. 기억과 망각을 통한 삶의 서사화

경험 기억의 서사화는 독자의 윤리적 개입을 열게 된다. 허구적으로 기억된 것의 이미지화는 언술 주체의 의도와 독자의 의도가 상호 소통하는 과정에서 만나는 윤리적 사건의 대상이 되어 해석되는 현재적 의미화를 얻을 수 있기 때문이다.

현대 소설에서 기억과 망각이라는 두 가지 서사 전략은 팽팽한 긴장관계를 형성하고 있다(고봉준, 2004:79). 소설이라는 장르 자체가 삶의 충실한 기록으로서 재현의 특징을 갖기 때문에 소설은 기억의 서사라고 할 수 있다. 그러나 허구적으로 기억된 것의 이미지화를 통해 서사화된다는 점에서는 망각의 서사라고 할 수 있다. 이 때문에 소설은 기억과 망각이라는 씨줄과 날줄의 직조물이 되며, 그러한 직조를 통해 트라우마적 사건 경험이 현재의 시점에서 재구성되고 해석될 수 있는 가능성을 얻는다.

트라우마적 사건 경험 기억이 현재의 시점에서 새롭게 재구성되는 것은 사건 경험의 시간과 언술의 시간이 서로 분리되는 소설에서 극명하게 확인된다. 사건 경험의 시간과 언술의 시간의 분리를 전제하는 소설에서의 사건 경험 기억의 서사화는 경험 주체와 언술 주체의 분리에 따라 '심미적 구조'로서 기억의 서사화가 이루어지기 때문이다. 이 때문에 소설에 재현된 경험 주체의 사건 경험 기억의 서사화는 언술 주체의 욕망과 해석에 따른 "기억의 허구적 재현"(권미선, 2007:125)이 되고, 독자는 그의 욕망이나 경험에 따라 그러한 기억의 허구적 재현을 새롭게 해석하고 의미화[17] 한다. 독자의 이러한 서사 활동[18]은 경험된 사건 '기억의 허구적 재현'이 경험 주체나 언술 주체에 한정되는 문제가 아니라, 독자와의 소통에 따라 현재화되는 '기억 공간'으로 작용할 수 있게 한다.

오늘날의 소설은 추상적 이념이나 대의명분보다는 "일상의 실제적 국면들에 주목"(강진호, 2008:90)하고 있다. 이 때문에 많은 소설들은 일상의 실제적 국면들에 주목함으로써 언어로 포획되지 않은 감정의 신체적 변용이나 목소리, "설명불가능한 그 어떤 현상과 분위기 등을 정서적으로 교감할 수 있게 한다는 점에서 시대적 문제에 '앎'이 아닌 '신체'의 차원에서 대면과 응답의 주체가 될 것을 요구한다."(김종곤, 2015:298) 특히 작중인물이 경험하는 사건 경험 기억으로 인한 상처와 고통, 즉 트라우마가 일상에서 야기하는 감정의 신체적 변용을 부각하여, 독자가 그것을 신체의 차원에서 응답하도록 요구하고 있다. 이러한 요구는 사건 경험 기억으로 인한 트라우마가 형상화된 소설들에서 부

---

17) 의미화란 독자가 이해와 해석의 과정을 통해 소설의 의미를 자기 것으로 내면화하고, 그것에 자기 삶의 경험과 의미를 부여하여 새로운 의미를 구성하는 것과 관련된다.
18) 서사 활동은 두 측면에서 논의될 수 있다. 작가가 서사 작품을 만들어내는 것과 독자가 서사 작품을 이해하고 해석하는 것으로 나뉠 수 있다.

각되고 있다. 사건 경험 기억으로 인한 작중인물의 트라우마 형상화는 사건 경험의 정확한 기록이 아닌, 왜곡과 망각의 과정을 통한 현재적 의미 차원에서 감정의 신체적 변용을 드러내기 때문이다.

기억과 망각은 서사 활동에서 전략적으로 활용되고 있다. 이는 서사 활동 자체가 "시간적·공간적 간격을 사이에 두고 이루어지는 일종의 기억 행위"(김현진, 2003:203)이기 때문이다. 기억 행위로서 서사 활동은 사건 경험 기억을 선택적으로 기억하고 망각하는 작용을 통해 이루어진다. 선택적인 기억과 망각의 행위는 서사 활동 주체가 현재의 시점과 맥락에서 사건 경험 기억들을 서사화할 수 있는 토대가 되며, 그러한 토대에 의해 사건 경험 기억의 서사화는 과거의 직접적 재현이 아닌 변형과정을 통한 심미적 구조를 갖는다. 과거의 직접적 재현이 아닌 심미적 구조를 갖기 때문에 사건 경험 기억의 서사화는 시후성의 원리에 의한 재해석과 목적성을 갖는다. 무의식에 억압하고 싶은 "기억하고 싶지 않은 어떤 사건에 대한 심리적 거부"(S.프로이트, 이한우 옮김, 1997;김미영, 2014:309에서 재인용)인 목적성은 망각의 작용과 관련된다. 기억의 은폐나 기억의 흔적들에는 작중인물의 현재적 욕망이 작용하는 망각이 관여하기 때문이다. 이처럼 망각은 서사 활동에서 전략적으로 활용될 수 있으며, 기억을 가능하게 하면서도 기억을 방해하는 작용을 한다.

경험 기억은 자신의 의지나 의도와 상관없이 스스로 우발적으로 나타나는 하나의 사건이다. 이 때문에 "기억의 주체는 자신의 기억 주체가 아니며, 기억이 올 때 무기력하다."(홍사현, 2015:351). 잊혔던 기억의 회귀는 주체의 의지가 아니기 때문에, 기억의 회귀는 망각이 주체가 되어 그 스스로의 원함에 의해 기억으로 드러난다. 이 때문에 기억의 회귀는 "우연적이고 돌연한 상황"(홍사현, 2015:351)에서 즉흥적이고 자발적으로 일어난다. 이처럼 기억은 비의지적으로 회귀하며, 그 회귀는 몸의 감각을 통해서 인식된다. 이는 기억이 "우연적 자극을 통해서 발생하는 것이고, 분명 현재의 조건 및 환경에 따라 촉발되어, 현재에 구성되는 것"(홍사현, 2015:352)이기 때문이다.

몸의 감각을 통해 인식되는 기억의 회귀는 몸을 통해 일어나는 정동[19])들이 기억을 통해 형성될 수 있게 한다. 생에의 의지를 갖는 주체는 몸의 감각을 통해 회귀하는 기억들에 의해 정동들을 형성하면서, 망각의 비의지성에 의해 삶을 영위한다. 기억과 망각이 주체의 의지적 차원에서 발생하지 않기 때문에, 주체는 사후적으로 발생한 기억에 의해 망각의 양상을 확인할 수 있을 뿐이다. 이 때문에 망각으로부터 기억이 발생하며, 그 구조는 "끊임없는 생성 속에서 과정 자체를 존속하게 하는 원리"(홍사현, 2015:355)가 된다. 생성 속에서

---

19) 감정적 반응과 신체적 변용을 포괄하는 용어이다.

6. 기억과 망각을 통한 삶의 서사화

과정 자체를 존속하게 하는 원리인 '망각으로부터 기억의 발생'은 몸의 감각을 통해 인식될 수 있기 때문에, 주체의 정동을 형성한다. 그리고 그러한 정동의 형성은 주체가 전체로서의 삶을 생성하면서 현재적 순간을 구성할 수 있는 조형적 힘이 된다.

소설에서 작중인물이 '망각으로부터 기억의 발생'을 통해 정동을 형성하는 양상은 인물이 몸의 감각을 통해 인식하는 기억과 망각의 '사이'에 놓여 있다. 작중인물은 기억과 망각의 투쟁과 갈등을 경험하면서, "창조하고 생성하는 가운데 끊임없이 활동하는"(홍사현, 2015:358) 삶을 꾸려간다. 그러한 삶의 꾸림은 망각을 통한 기억의 발생과 관련되고, 시간의 흘러감과 관련되는 현재적 순간에 망각을 통한 자기 고양의 도모라 할 수 있다. 이러한 자기 고양의 도모는 주체가 '세계-내-존재'로서 선택과 배제의 작동을 통한 망각과 기억에 의한 정동을 실천하는 것과 관련된다.

소설에서 작중인물이 망각과 기억에 의해 정동을 실천하는 것은 현재 속에서 경험된 삶을 열어가는 것이다. 이를 통해 작중인물은 자기 성찰적인 서사적 존재로서 시간에 대한 의식을 부단히 수정하면서, 과거에만 매달리는 삶에서 벗어날 수 있다. 만일 작중인물이 시간에 대한 의식의 수정 없이 과거에만 매달린다면 그는 사건 경험의 기억의 과다와 망각의 부재로 인한 트라우마에 시달릴 것이다. 기억과 망각의 투쟁과 갈등의 연속인 작중인물의 삶에서 망각이 부재한다면, 작중인물은 과거의 사건 경험 기억의 과잉으로 인한 트라우마로 고통 받을 수밖에 없기 때문이다. 그리고 그러한 고통은 작중인물의 정동을 극단으로 몰고 가서 그의 현재와 미래의 삶을 파멸시키는 결과를 초래할 것이다. 작중인물이 삶의 파멸에서 벗어나기 위해서는 과거의 경험을 망각할 수 있는, 그래서 과거에 매몰되지 않는 균형적 감각을 가져야 한다.

소설의 인물이 망각과 기억의 상호작용에 의해 자기 고양을 위한 생산적 삶을 영위하지 못하게 되는 상황은 극단의 충격적 사건으로 인한 트라우마를 입었을 때이다. 충격적 사건으로 인한 트라우마를 입은 작중인물은 과도한 기억으로 인한 망각의 기능을 상실한 채, 생산적 삶을 만들 수 없다. 이 때문에 작중인물의 현재의 삶은 생성의 과정으로 이어지지 못하고, 작중인물은 삶을 위한 행위를 하지 못한다.

작중인물이 충격적 사건으로 인한 트라우마를 입고, 극단의 정동(affection)을 드러내는 것을 이해하기 위해서는 그의 트라우마 서사에 나타난 기억과 망각의 투쟁과 갈등을 우선 파악할 필요가 있다. 기억과 망각의 투쟁과 갈등에 대한 파악을 통해 독자는 트라우마로 인한 작중인물의 정동에 나타난 "과거의 연속성을 파괴하는 기억의 지연과 분열"(도미니크 라카프라, 김태균 옮김, 육영수 엮음, 2008:66;김종곤, 2015:303에서 재인용)을 타당하게 이해하여, 신체

차원에서 트라우마 서사에 대면하고 응답할 수 있다.

트라우마 서사에서 기억의 지연과 분열은 트라우마를 안긴 사건 경험 기억의 고통스러움에서 연유한다. 트라우마를 안긴 사건 경험은 자아에게 불에 달군 인두로 지지는 것과 같은 끔찍한 고통을 끊임없이 주기 때문에, 그것에 대한 기억은 "고통 속에 가장 강력한 기억의 보조 수단"(니체, 이진우 옮김, 2005:400)인 피나 고문 등에 의한 신체 훼손에 의해 지워지지 않는다. 이 때문에 트라우마의 상처와 고통을 동반하는 기억들은 쉽게 지워지지 않고, 끊임없이 지연되고 재연되어 파멸적 삶을 초래한다. 끊임없이 고통스럽게 되풀이되는 사건 경험의 기억은 고통스런 강박과 정신적 무기력을 야기하며, 그러한 현상에서 고착되는 트라우마는 우리를 위험한 상황에 빠뜨리기도 한다. 따라서 트라우마를 안긴 사건 경험에 대한 기억은 불편하고 아픈 것을 상기하며, 현재의 시점과 맥락에서 상단 부분 억압되는 경우가 많다. 현재 삶에서의 자기 고양을 위해 트라우마를 안긴 사건 경험에 대한 기억의 왜곡 기제가 발생하기 때문이다. 그러나 기억의 왜곡은 삶을 보존하기도 하지만, 심한 경우에는 삶을 파멸시키기도 한다. 과거의 고통스러운 사건 경험의 기억들이 병적인 강박으로 과거에 집착하게 만듦으로써, 자아가 현재와 미래에서 삶의 의미를 발견하지 못한 채 삶을 파괴하게 만들기 때문이다.

특히 전쟁이나 집단 학살의 제노사이드(geno-cide)[20]나 부모, 형제자매, 친족 등에 의해 이루어진 가정폭력이나 성폭력, 학대 등은 주체가 강박이나 분노, 좌절, 폭력성 등에 의해 자학적 행위를 하게 만든다. 그들의 자학적 행위는 자신의 의지나 노력과는 상관없이 안게 된 트라우마와 고통의 침습적 침투[21] 때문에 일어난다. 그 과정에서 주체는 상상할 수 없는 슬픔과 고통에 빠져서 과거의 사건 경험만을 계속해서 기억하고 재연하면서 현재와 미래의 삶을 파멸시킨다. 그들이 현재와 미래의 삶을 파멸시키는 것은 과거의 트라우마적 사건 경험 기억과 고통에 대한 과도한 기억 때문이다. 이런 점에서 본다면, 니체의 언급처럼 과도한 기억능력은 삶을 파멸시키는 질병이라 할 수 있다.

과도한 기억능력에서 비롯되는 질병에서 벗어나기 위해서는 조형적 힘인 망각능력을 키워야 한다. 강력한 망각능력을 갖는 주체는 상처와 고통을 안긴 트라우마적 사건 경험 기억을 갖지 않는 존재가 아니라, 자신의 의지와는 무관하게 발생한 그러한 사건 경험과 기억 이후에도 안정된 정신을 지켜낼 수 있는 자이다. 그리고 그러한 안정된 정신의 유지를 위해 필요한 것은 망각능

---

20) 제노사이드는 특정 집단이 다른 집단이나 민족, 인종 등을 종교, 인종, 정체성 등의 차이에 의해 말살하는 행위와 상황을 의미한다.
21) 침습적 침투란 본인의 의지와 무관하게 꿈이나 무의식, 강박증 등을 통해 고통의 상황이 지속적으로 반복되는 것을 의미한다.

력이다.

트라우마를 안긴 사건 경험과 그 기억을 가진 주체는 외상 후 스트레스 장애를 겪는다. 외상 후 스트레스 장애의 주요 증상은 과각성, 침입, 억제 등이다(주디스 허먼, 71-88). 과각성 혹은 과잉각성(hyperarousal)은 작은 위험 신호에도 육체와 정신이 민감하게 반응하는 것으로, 외상 사건 후 경계 태세를 풀지 않는 것과 관련된다. 이러한 과각성은 언제 공격당할지 모른다는 불안감 때문에 안전한 상황의 사소한 사건들에도 과잉반응을 보이기 때문에 발생한다. 침입(intrusion)은 사건이 오래 전에 끝났음에도 불구하고 사건이나 특정 상황이 계속해서 벌어지고 있는 것처럼 반복적으로 사건을 경험하는 증상이다. 이 증상은 외상 사건 경험의 기억이 아무 때나 떠오르는 침습적 침투 때문에 생겨나며, 이 증상을 겪는 사람은 과거의 사건 경험 기억에 고착되어 있다. 억제(constriction)는 압도적인 공포 상황에서 방어체계의 작동을 완전히 멈추어 버리는 것으로, 외적 상황이 변화할 수 없다고 느끼는 순간 자신을 포기하는 의식의 변형을 겪는다. 주체는 의식의 변형을 통해 외상 사건 경험의 기억에서 탈출하고, 외상 사건 후에도 그러한 억제의 흔적에 시달린다. 외상 사건 후에도 억제의 흔적에 시달리는 주체는 현재의 사건이 과거의 사건 경험 기억을 조금이라도 상기시키는 상황에 처하면 마비나 해리 상태가 된다(주디스 허먼, 최현정 옮김:2020:71-88).

트라우마 사건 경험의 기억은 그러한 사건이 끝난 후에도 그 사건 경험으로 인한 고통과 상처가 몸과 마음에 새겨진 결과이기 때문에 각인되어 지워지지 않는다. 그러한 고통의 기억에서 벗어나 삶의 의미를 새롭게 발견하기 위해서는 조건의 변화에 의한 망각의 과정이 필요하다. 조건의 변화에 의한 망각은 현재의 시점에서 발생하는 새로운 사건 경험들에 의한 새로운 만남이나 의미 발견과 관련된다. 그러한 새로운 만남이나 의미 발견을 통해 주체는 과거의 사건 경험 기억을 새로운 조건 아래 놓인 외부적인 것으로 여길 수 있다. 이를 통해 주체는 트라우마 사건 경험과 그 기억을 자신의 "본원적인 소유물로 귀속할 필요가 없다는 사실을 인정"(진은영, 2010:172)할 수 있다. 이러한 인정은 외상 사건 경험의 기억을 타자적인 것으로 대상화하는 태도와 관련된다.

트라우마 사건 경험 기억을 대상화하는 것은 트라우마를 개인의 정체성과 동일시하지 않는 것과 관련된다. 트라우마가 개인의 몸에서 분리될 수 없는 것이기는 하지만, 그것이 정체성 형성의 동력이 될 수는 없다. 트라우마는 상처의 과잉을 드러내는 기표이며, 타자에 의해 유발된 트라우마와 그 상처는 언제나 주체의 정체성을 위협하는, 언제나 부정하거나 회피해야 할 두려움의 대상이다(고봉준, 2004:81). 이 때문에 트라우마는 주체가 주체임을 증명하는 자기동일성을 구성하지 못하는, 극복되어야 할 대상이 된다.

트라우마를 치유하기 위해서는 망각을 통한 과거 경험 기억의 지움과 새로운 활동을 통한 구성적 능력으로서의 기억의 생성이 필요하다. 조형적 힘을 갖는 망각을 통한 과거 경험 기억의 지움과 새로운 기억의 생성은 삶의 자연성을 회복시켜 현재적 삶을 향상시키는데 기여한다. 과거와 현재라는 시간의식의 지평에 놓여 있지만, 기억하는 능동적인 힘은 전적으로 현재에 의해 추동된다(고봉준, 2004:83). 기억은 그 주체의 현재적 조건과 시점, 맥락 등에 따라 그 양상이 결정되기 때문에, 기억의 서사화에서 중요한 것은 경험한 내용 그 자체가 아니라 그러한 경험 기억을 짜서 언어화하는 것이다. 이러한 언어화는 과거의 사건 경험과 기억을 변형하여 현재의 맥락에 맞게 만들고, "상처를 치유하고 상실한 것을 보충하고, 조각난 형식들을 그 자체로부터 원래대로 복원하는 힘"(홍사현, 2015:338)을 생성한다.

그러나 경험 기억의 언어화에 의한 재현의 완전함이 가능하지 않기 때문에, 사건 경험 기억의 서사화에서 중요한 것은 그것이 과거의 경험과 일치하는가가 아니다. 중요한 것은 사건 경험들을 기억과 망각에 의해 직조하여, 현재의 삶을 견디고 이겨낼 수 있는 긍정적인 에너지를 마련하는 것이다. 그러한 에너지의 마련에 의해 외상 사건에 의한 트라우마를 치유할 수 있는 힘을 얻음으로써, 주체는 자아를 형성할 수 있을 것이다. 이러한 자아 형성은 '외상 후 성장'과 관련되며, 상처가 미래의 삶에 긍정적으로 개입한 결과라 할 수 있다.

소설에 나타난 사건 경험에 대한 기억의 서사화는 작중인물의 정체성을 보증하는 근거로 여겨져 왔다. '기억상실증'을 경험하는 작중인물을 그린 신경숙의 『기차는 7시에 떠나네』, 치매에 시달리는 노인의 이야기를 다룬 김원일의 『슬픈 시간의 기억』은 과거와 현재가, 기억과 현존이 어떻게 한 인간의 정체성에 관계되는가를 상징적으로 보여준다(고봉준, 2004:93). 이처럼 경험 기억의 서사화는 자기동일성으로서의 정체성의 문제와 관련되어, 과거의 경험 사건의 기억하기라는 행위를 통해 이루어진다. 그러나 과거 경험 사건의 기억하기에서 중요한 것은 과거에 있었던 경험을 있는 그대로 재현하는 것이 아니다. 기억하기는 과거의 상태에 대한 기억과 망각의 상호작용에 의한 구성된 표상[22]에 따라 서사화 되며, 그러한 서사화에는 있는 그대로 재현될 수 없는 기억에 대한 해석과 맥락이 관여한다. 이 때문에 사건 경험 기억의 서사화에는 기억과 망각의 서술 전략이 개입하며, 그러한 개입에 의해 그 서사화는 현재적 삶과 미래의 삶을 위한 의미를 가질 수 있다.

이런 점에서 본다면, 트라우마적 사건 경험과 그 기억의 서사화인 소설 읽

---

[22] 겉으로 드러난 상이란 의미로 소설의 경우에는 독자가 읽을 수 있는 형태로 언술된 것을 의미한다.

기에서 중요한 것은 과거와 현재의 시간적 연관성에 의해 형성되는 작중인물의 정체성을 기억과 망각의 갈림길에서 찾아내는 것이다. 과거의 사건 경험들 가운데 특정의 것들을 선택하고 배제하는 해석하는 행위에 의한 기억은 망각을 기반으로 하며, 망각은 기억의 과잉을 "저지하고 제어하는 힘"(홍사현, 2015:342)으로 작용하기 때문이다. 아울러 그러한 기억과 망각의 과정에서 드러난 과거의 경험 기억이 현재적 삶과 미래의 삶에 어떤 의미를 갖는지를 찾아내는 것이다. 그리고 그것을 사건 경험의 기억을 망각과 관련지어 이해하면서 독자 자신의 확장된 자기 이해를 도모하고, 서사적 정체성을 재형성하는 것이다.

3) 삶의 서사화를 통한 기억하기와 삶

알라이다 아스만에 따르면, 기억의 흔적은 몸의 문자에 의해 지속적으로 상기되면서 내적인 것이 된다. "몸의 문자는 오랜 습관이나 무의식적인 저장으로 생기거나 폭력이라는 압박 하에 생기는 것이다. 이렇게 하여 생긴 몸의 문자는 안정성과 조작불가라는 공통점을 가지게 된다. 몸의 문자는 맥락에 따라 신뢰할 만하다거나 끈질긴 것이라는 평가를 받거나, 아니면 해로운 것이라고 평가되기도 한다."(알라이다 아스만, 변학수·채연숙 옮김, 2018:328) 불로 달구어 새겨진 것처럼 몸에 각인된 것만이 기억되기 때문에, 그 기억은 극심한 트라우마와 고통을 야기한다. 그리고 트라우마와 고통의 기억은 쉽게 망각되지 않는다. 이는 망각이라는 제어장치가 고장이 나서, 몸에 각인된 기억이 삶을 가능하게 하는 힘으로서 작용하지 못하기 때문이다.

기억하기와 망각하기를 통한 삶의 서사화를 최진영의 《당신 옆을 스쳐간 그 소녀의 이름은》(2010년)을 통해 살펴보자. 이 소설에서 소녀의 육체에 남아 있는 흔적, 기억나지 않아도 심연 속에 가라앉아 있는 기억은 항상 술에 취한 채 엄마와 자신을 때렸던 아버지의 손길에 대한 원체험이다. 그러한 원체험으로 인한 기억에서 벗어나기 위해서 소녀는 아빠를 부정하고, 자신을 이해해 줄 '진짜 엄마'를 찾기 위해 집을 떠난다. '진짜 엄마 찾기'는 소녀가 과거의 기억에서 벗어날 수 있는 상징적 열쇠이다.

최진영의 《당신 옆을 스쳐간 그 소녀의 이름은》(2010년)은 주인공인 소녀가 폭력을 일삼는 아빠를 가짜라고 여기고, 집을 떠나 부재하는 '진짜 부모'를 찾아 떠나는 고통스러운 성장의 여정을 보여주고 있다. 이 소설에서 소녀의 아빠는 매일 술에 취해 괴물로 변해서 엄마와 소녀를 때린다. 아빠에게 그냥 맞기만 하는 엄마를 소녀는 이해할 수 없었다. 그러다 엄마가 먼저 집을 나가고 소녀도 집을 나간다. 집을 나온 뒤 소녀는 엄마와 아빠를 가짜라고 생각하고 진짜 엄마를 찾아 나선다.

진짜 엄마를 찾는 과정에서 소녀는 황금다방의 장미 언니, 태백식당의 할머니, 교회 청년, 폐가의 남자, 각설이패, 거리의 소녀들인 유미와 나리 등을 만난다. 엄마의 구멍을 찢고 바깥으로 나왔던 그 순간, 이미 끝을 경험했다고 생각하는 소녀는 그들과의 만남을 통해 잠시나마 평화와 안정을 찾는다. 기차역의 빈틈, 할머니의 쪽방, 폐가, 여관, 거리, 용달차, 재개발로 버려진 집 등에서 만난 사람들과 유대감을 형성하면서 소녀는 부모에 의해 고통 받고 버려진 상처 혹은 자기 안의 구멍을 찢고 새로운 세계로 발돋움을 한다. 이처럼 소녀는 우연히 스쳐 지나간 사람들과 장소들에서 편안한 안식처를 발견하면서 위안과 행복을 발견한다. 그렇기 때문에 소녀에게 진짜 가족은 혈연으로 맺어진 친부모가 아니라 태백식당 할머니, 도시 주변부의 철거민들, 혹은 가정 폭력의 피해자인 또래 청소년들이다. 이들이 진짜 가족이 되는 것은 가족이 더 이상 혈연관계에 의해 맺어지는 것이 아니라 친밀감에 의한 가족의 재구성에 의해서이다. 또한 단순히 혈연에 의한 생물학적 차원에서 맺어진 가족의 형성이 중요한 것이 아니라, 친밀감을 통해 사회적 소수자 간의 공동체 의식이나 연대성에 의한 '친밀성의 가족 탄생'에 의해서이다. 이 소설의 줄거리는 다음과 같다.

이름도 없고 학교에도 다니지 않던 소녀는 매일 술에 취해 엄마와 자신을 때리는 아빠를 두고 있다. 엄마는 아빠에게 매일 그냥 맞기만 했는데, 그런 엄마를 소녀는 이해할 수 없었다. 그러던 엄마가 몇 번의 가출 끝에 정말로 집을 나가버리자, 소녀도 아빠의 폭력을 견디지 못해 저주를 퍼붓고 집을 나간다. 집을 나가면서 소녀는 아빠와 엄마를 가짜로 여기고 자신이 부모를 잃어버렸다고 생각한다. 그러면서 자신이 살아있음을 알아주는 진짜 엄마를 찾아 나선다. 집을 나섰지만 갈 곳이 없었던 소녀는 또래인 장미다방 레지의 아들인 찬수를 꼬드겨 장미다방에서 생활하게 된다. 장미다방에서 장미 언니의 사랑을 받으며 어느 정도 적응을 하던 소녀는 다방 레지의 심한 질책과 장미 언니의 애인인 백곰이 장미 언니에게 폭력을 휘두르는 것을 보고 장미 다방에서 나온다. 장미 다방에서 나와 갈 곳이 없던 소녀는 무작정 떠나기 위해 기차역에 있다가 태백식당의 할머니를 만나, 할머니의 집에서 살게 된다. 그러나 할머니의 외아들 식구들이 망해서 몇 년 만에 할머니 집에 들이닥치자 소녀는 그 집에서의 평화의 시간으로부터 쫓겨나 다시 길거리로 나선다. 길거리에서 굶주림에 지쳐 마트의 초코파이를 훔치던 소녀를 불쌍하게 여긴 교회 아저씨를 만나 교회에 붙은 집에서 지내게 된다. 그러나 교회 아저씨가 신앙

6. 기억과 망각을 통한 삶의 서사화

과 지나치게 얌전함을 강요하자 공짜로 주는 점심을 먹기 위해 교회로 왔던 폐가에 사는 남자와 함께 폐가에서 지낸다. 폐가에서 책을 읽으며 그 남자가 얻어다주는 점심을 먹으며 지내던 소녀는 폐가가 철거되자 다시 길거리로 나선다. 길거리에서 각설이패를 만나 그들과 함께 생활한다. 그러다가 미성년자인 소녀를 착취한다는 다른 각설이패의 신고로 소녀는 함께 했던 각설이패를 떠나 도시로 도망친다. 도시의 길거리에서 굶주림과 추위에 떨던 소녀는 길거리에서 몸을 팔고 담배를 피우던 유미와 나리를 만나 그들과 함께 생활한다. 그리고 오토바이 폭주족인 상호를 만나 사랑을 경험한다. 그러다가 소녀는 으리으리한 아파트에서 새 아빠로부터 수없이 강간을 당하다가 아파트 밖으로 던져져서 유미가 죽자, 유미의 복수를 위해 유미의 새 아빠를 그의 아파트 엘리베이터에서 칼로 찌른다. 유미의 새 아빠가 뚱뚱해서 쉽게 칼이 찔려지지 않는 가운데 소녀는 그에게 반격을 당해 칼에 찔린다. 그런 와중에 소녀는 숨기고 있던 작은 칼로 유미의 새 아빠 목을 찌른다. 죽어가면서 소녀는 태어나기 전 엄마의 자궁에 있었던 평화의 시간을 생각한다.

이런 줄거리를 갖는 이 소설에는 소녀가 가는 곳마다 소녀에게 손을 내밀어 얼마 안 되는 먹을 것을 주고 재워주는 존재들이 있다. 소녀와 교감하고 소녀가 좋아했던 사람들, 즉 다방의 장미언니, 할머니, 폐가에서 세상과 담을 쌓고 사는 남자, 서커스를 하며 유랑하는 각설이패의 대장과 삼촌, 그리고 길거리의 아이들인 유미와 나리, 상호 등은 세상에서 소외된 존재들이다. 그들은 세상보다 거짓말을 할 줄 몰라서, 잔혹하지 못해서, 순수해서, 그래서 그렇게 세상에서 구석으로 밀려난 존재들이다. 그들과 소통하면서 소녀는 그들을 진짜 가족으로 여기게 되고, 진짜인 척하는 가짜들을 몰아내고자 했다. 그것은 소녀가 진짜인 척하는 가짜였던 유미의 새 아빠를 죽이는 것에서 확인된다.

이 소설에서 소녀는 가짜의 세계에서 진짜를 찾으려고 하는 고통스런 성장기를 거치는데, 그 과정에서 자신이 "엄마의 구멍을 찢고 바깥으로 나왔던 그 순간, 이미 끝을 경험"했다고 생각한다. 소녀는 언나, 간나, 이년, 저년, 유나라는 다양한 이름으로 불리는데, 이는 소녀의 진짜 이름이 없었기 때문이다. 소녀가 이처럼 된 것은 가짜 엄마와 가짜 아빠(술을 먹으면 폭력을 휘두르는 아빠와 자주 가출을 했던 엄마) 때문이었다. 그렇기 때문에 소녀는 가짜 부모를 버리고 진짜 엄마를 찾으려는 힘난한 시도를 했던 것이다.

내가 죽어서 없어지면 아빠가 엄마를 때리지도 않을 테고, 엄마도 맞고만 있진 않을 것이라고 생각했다. 그러면 아빠와 엄마는 진짜 사이좋고 행복한 가정을 갖게 될 거라고. 그래서 처음엔, 그러니까 두 사람이 모조리 가짜라고

생각하기 전에는 나만 죽으면 만사 오케이다, 그런 생각을 했다. (중략)
　그들은 살던 대로 살았다. 그래서 나는 알았다. 아, 아무도 내겐 관심이 없구나. 내가 살았는지 죽었는지는 애당초 그들의 관심사가 아니었구나. 나는 살아 있어도 죽은 애로구나. 나는 죽고 싶어 하는 것도, 죽은 척하는 것도, 어떻게든 살아남으려 애쓰는 것도 다 그만두고 그들을 가짜로 만들어 버렸다. 당신들은 어차피 가짜니까 때리든 맞든 죽든 살든, 내 알 바 아니야. 나는 진짜를 찾을 거야. 그래서 행복해질 거야(최진영, 2020:55-56).

　소녀는 아빠가 매일 술에 취해 엄마를 때리는 것이 자신 때문인 것으로 생각했다. 그랬기 때문에 소녀는 죽은 척 했고 정말로 죽고 싶었다. 자신이 죽어서 없어지면 아빠가 엄마를 때리지 않을 테고, 엄마도 맞고만 있지 않을 것이라고 생각했다. 그러나 아빠와 엄마는 소녀와는 상관없이 원래 살던 대로 때리고 맞고 살았다. 그들에게 소녀는 애당초 관심사가 아니었다. 그것을 알게 된 소녀는 엄마와 아빠를 가짜로 만들어 버리고, 진짜 부모를 찾아 행복해지기로 결심한다. 그 결심으로 소녀는 가짜부모의 집을 떠난다.

　진짜부모는 나를 버렸다. 아니 잃어버렸다. '버렸다' 앞에 '잃어'가 붙으면 그 의미가 완전히 달라진다. 기분이 좋을 때나 나쁠 때나 나는 진짜부모가 나를 '버렸다'고 생각한다. 그럼 좋았던 기분도 나빠지고 나빴던 기분은 더 나빠진다. 기분이 좋은 것보다는 나쁜 게 편하다. 사람들에게 좀 더 못돼질 수 있으니까. 사람들에게 괴롭힘을 당하지 않으려면 못되게 굴어야 한다. (중략)
　내가 진짜부모에게 버려졌다고 생각하는 이유는 가짜부모가 너무 고약했기 때문이다. 가짜아빠가 나를 백칠십두 번째로 때리고 가짜엄마가 백삼십다섯 번째로 밥을 안 주던 늦겨울 밤, 나는 확신했다. 이 사람들은 나의 진짜부모가 아닌 게 분명해. 그들은 길바닥에 버려진 장갑 줍듯 나를 주워온 거다.(중략) 가짜아빠는 내 욕을 듣고 퉁퉁 불은 라면이 담긴 냄비를 내게 집어던졌다. 나는 바닥에 나뒹구는 가닥을 밟고 집을 나왔다. 냄비를 집어던지는 대신 욕은 나쁜 거라고 가르쳐주며 나를 꼭 껴안아줄 진짜아빠를 찾기 위해서(최진영, 2020:12-13).

　소녀는 자신이 진짜 부모로부터 버림을 받은 것이 아니라 그들을 잃어버렸다고 생각하기로 한다. 그렇지만 현실은 가짜 부모로부터 버림을 받은 것이었기 때문에 소녀는 자신이 버림을 받았다고 생각하면서, 가짜 부모로부터 버림받은 자신이 사람들에게 괴롭힘을 덜 당하기 위해서는 못되게 굴어야 한다고 판단한다. 그러다가 소녀는 자신을 굶기고 때리는 가짜 부모의 고약함을 견디지 못한 채 집을 나섰다. 자신에게 욕은 나쁜 거라고 가르쳐주며 꼭 껴안아 줄 진짜 아빠를 찾기 위한 길을 나선 것이다.

　가장 먼 곳으로 가는 차표를 달라고 해야지. 가장 먼 곳으로 가는 동안 나는 단숨에 열 살쯤 나이를 먹을 것이다.(중략) 그 사이 쥐새끼는 가짜아빠를 말끔히 갉아먹고 가짜아빠의 살 조각으로 이루어진 수백 마리의 새끼를 낳을 것이다. 수백 마리의 쥐새끼는 곳곳을 돌아다니며 가짜아빠의 냄새를 퍼뜨릴 것이다.(중략)
　나의 가짜가족도 그렇게 서로서로 가장 멀어진 채 누구에게도 잡히지 않고 어디로도 굴러가지 않았으면 좋겠다(최진영, 2020:16-17).

　소녀가 원하는 것은 가짜 가족이 서로서로 가장 멀어진 채 누구에게도 잡히지 않는 관계이다. 그 관계 속에 소녀는 괴물이 되어 엄마를 때리고 자신을 때렸던 아빠를 쥐새끼가 말끔히 갉아먹기를 원한다. 소녀에게 가짜 아빠는 사람이 아닌 괴물이었으며, 그러한 괴물은 이 세상에서 사라져야 했기 때문이다. 이런 소녀의 심리는 친아빠에 대한 극도의 부정의식을 드러낸다. 그렇기 때문에 소녀는 가짜아빠가 있는 집에서 가장 먼 곳으로 떠나기로 한다.

　나를 겁줄 생각이라면 나를 죽여야 할 것이다. 죽을 만큼 때리는 것도 안 된다. 진짜 죽여야 한다. 죽는 순간 공포나 고통을 느낄 수도 있겠지만, 상관없다. 죽으면 끝이니까.
　끝이란 걸 어떻게 아느냐고? 왜 모르겠나. 엄마의 구멍을 찢고 바깥으로 나왔던 그때 그 순간, 나는 이미 끝을 경험했는데(최진영, 2020:18-19).

　소녀는 이미 세상의 끝을 알고 있다. 소녀는 엄마의 구멍을 찢고 바깥으로 나와 태어난 그 순간에 이미 세상의 위악성과 공포, 폭력을 경험했다. 그렇기 때문에 소녀는 죽는 것이 두렵지 않다. 소녀에게는 이 세상에 태어나 살아가는 것 그 자체가 고통이었기 때문이다. 소녀는 이 세상의 끝에서 자신을 위로하고 사랑해 줄 진짜 엄마를 찾기로 한다.

　내 머릿속에는 진짜엄마가 될 사람의 여러 가지 형태가 떠올랐다. 일단은 얼굴이 메추리알처럼 희고 작아야 한다. 그리고 힘이 세진 않더라도 맞고만 있진 않아야 한다. 메추리알 같은 얼굴이야 딱 보면 알겠지만, 맞고만 있지 않는 건 어떻게 알 수 있지? 내가 막 때려봐야 하나? 아무튼. 또 진짜엄마는 나도 좋아할 수 있는 진짜아빠를 사랑해야 한다. 진짜아빠라고 해서 뭐 거창한 조건을 가져야 하는 건 아니다. 일단 엄마나 나를 무시하지 않고, 괴물로 변해 엄마나 나를 때리지 않으면 안 되고, 밥상을 뒤엎거나 칼을 휘두르거나 그러지만 않으면 된다. 그리고 이건 굉장히 중요한 건데, 진짜엄마는 내가 살아 있다는 것을 언제나 알고 있어야 한다. 그래서 내가 죽은 척을 하면 금방 알아채야 한다. 그리 어려운 조건은 아니지 않나(최진영, 2020:68)?

소녀가 찾는 진짜 엄마는 가짜 아빠에게 맞고만 사는 존재가 아니며, 남의 불행을 이해할 줄 아는 엄마이다. 스스로 불행하다고 생각하는 소녀는 진짜 엄마가 불행해야 한다고 생각한다. 불행한 엄마라야 불행한 자신을 위로하고 사랑할 수 있기 때문이다. 소녀가 집을 나와 현실에서 만나는 사람들은 가난하고 소외된 존재들이다. 그들을 만나면서 소녀는 가짜이면서도 진짜인 척하는 사람들의 위악성을 발견한다. 그 발견을 통해 소녀는 세상의 부조리에 대한 강한 거부와 쓸쓸하고도 허무한 삶의 실체를 경험한다. 그런 경험 과정에서 소녀는 집을 떠나 진짜 엄마를 찾기 위한 고통스러운 여정을 견뎌낸다.

내가 진짜엄마를 찾는 이유는 진짜엄마가 그리워서도, 진짜엄마가 필요해서도 아니다. 가짜를 가짜라고 확신하기 위해서. 이유는 그뿐이다. 진짜를 찾아내야 가짜를 가짜라고 말할 수 있으니까. 세상이 온통 가짜뿐이라면, 가짜가 가짜임을 증명할 수가 없지 않나. 가짜가 진짜인 척해도 뭐라 할 말이 없는 거다. 그러니까 나는 꼭 진짜를 찾아내야 한다. 찾아내서, 진짜인 척하는 가짜들을 진짜 가짜로 만들어버릴 테다(최진영, 2020:111-112).

소녀가 진짜 엄마를 찾는 이유는 진짜 엄마가 그리워서가 아니라, 가짜를 가짜라고 확신하기 위해서이다. 진짜를 찾아내야 진짜인 척하는 가짜를 가짜라고 말할 수 있기 때문이다. 소녀는 진짜인 척하는 가짜들을 진짜 가짜로 만들어서 그들의 위악성을 들추고, 세상의 부조리를 폭로하여 삶의 실체를 말하고자 한다. 그러나 소녀가 처한 현실은 녹록하지 않다. 소녀는 굶주림과 안식처가 없이 떠돌아다니고 있기 때문이다.

내 몸에서 조금만 냄새가 나도 사람들은 내가 고아에 떠돌이라는 것을 금세 알아챘다. 사람들이 나를 멀리하면 할수록, 진짜엄마를 찾기도 힘들어질 것이다. 진짜엄마라고 해서 달리 특별할 거라는 생각은 진즉에 버렸다. 진짜 엄마 역시 내가 형편없는 몰골을 하고 있으면 나를 멀리할 게 분명하다. 진짜 엄마를 만나면 뭐가 좋을까에 대해서도 생각해봤다. 매일 뜨신 밥을 먹을 수 있다는 것? (장담할 수 없다.) 춥지 않게 잘 수 있다는 것? (이 역시 장담할

6. 기억과 망각을 통한 삶의 서사화

수 없다.) 나에게 가족이 생긴다는 것? (가족이 대체 뭐지.) 행복해질 수 있다는 것? (행복은 반드시 불행과 함께 온다.) 사랑받을 수 있다는 것? (과연 그럴까.) 버려지지 않아도 된다는 것? (이 또한 장담할 수 없다.) 진짜엄마란 대체 뭐지? 나는 왜 그것을 찾지? 거리를 헤매며 많은 사람들을 보면 볼수록, 나는 그 이유를 서서히 잃어갔다. 알맹이 없는 목적을 품고 걷는 길은 고되고 무의미했지만, 나는 끝없이 걸었다. 누군가가 너는 왜 이 거리를 떠돌고 있느냐고 묻는다면 나는 그저 지금까지 걸어왔기 때문이라고 대답할 것이다.

하지만 아무도 내게 그런 질문을 하진 않았다(최진영, 2020:242-243).

안식처 없이 떠돌아다니면서 굶주리는 가운데 소녀는 자신이 진짜 엄마를 찾고자 하는 이유에 대한 회의에 빠진다. 진짜 엄마를 만나더라도 자신이 굶주리지 않거나 춥지 않게 잘 수 있다는 장담을 할 수 없기 때문이다. 또한 가족의 의미란 친밀감을 바탕으로 한 유대감의 형성인데, 그것이 없는 가족이란 의미가 없었기 때문이다. 아울러 친밀감이 없는 가족 관계에서는 자신이 언제 버려질지 알 수 없었기 때문이다. 소녀가 이렇게 생각한 것은 정말로 가족으로 여겼던 태백식당의 할머니로부터 버려진 경험 때문이다. 그 경험으로 인해 소녀는 이제 진짜 엄마를 만나지 못한 가운데 그저 끊임없이 길을 걸어갈 뿐이다.

저 사람이다.
저기 있다.
나의 진짜엄마는.
거리를 떠돌며 내가 정했던 진짜엄마의 조건은 모두 껍데기이고 포장이며 환상이고 거짓말이다. 나의 진짜엄마는 어떤 얼굴이라도 가질 수 있으며 그래서 결국, 어떤 얼굴이라도 상관없는 그런 사람이다. 맞는 대신 때리는 자이고 때리는 게 번거로우면 죽여 없앨 수도 있다. 그 모든 게 귀찮을 땐 외면한다. 상관없는 척한다. 그뿐이다. 오직 중요한 건 자신의 생존이다. 불행이나 행복 따위엔 관심도 없다. 이제야 알겠다. 그런 사람을 찾기는 너무 쉽고, 너무 쉽기 때문에 나는 여태 못 찾고 있었다. 너무 흔하니까, 어디에나 있으니까.
거울을 보면, 그 속에도 있다.
경찰은 이름도 나이도, 부모도 없는 나를 수상하게 생각했다. 나는 그들에게 말할 것이 없었다. 나도 모르는 것들이고, 누구도 내게 그런 것을 말해주지 않았으므로(최진영, 2020:274-275).

이제 소녀는 진짜 엄마를 찾는 것은 너무나 쉽다고 생각한다. 자신이 내건 진짜 엄마의 조건인 불행한 사람들은 세상의 도처에 있었기 때문이다. 그렇기 때문에 소녀는 오직 중요한 건 자신의 생존이라고 생각한다. 남의 행복이나 불행 따위엔 관심을 두지 않은 채 오로지 생존하는 것만이 소녀에게는 필요했다. 나이도, 이름도, 부모도 없는 소녀에게 필요한 것은 하루하루 굶지 않고 살아가는 것이기 때문이다.

할머니는 가족이 아니란 이유로 나를 버렸다. 내가 만약 미정이었다면, 달수 삼촌은 절대로 나를 그렇게 떠나보내지는 않았을 것이다. 찬수는 자기 아들이고 나는 자기 딸이 아니기 때문에 마담은 내게 늘 욕을 퍼부었다. 하지만 나라의 새아빠는 자기 자식인 나리를 수십 번 강간하고 결국 죽였다. 우리 엄마 아빠는 내가 자기 자식이라서 밥을 굶기고 나를 때렸다. 폐가의 남자와 나는 꼭 오누이 같았다. 그를 오빠라고 불러보고 싶었다. 아빠라고도 불러보고 싶었다. 하지만 나는 도망쳤다. 그들에게서 버려지거나 도망치면서, 다들 바보 멍청이에 등신이라고 수십 번도 더 생각했지만, 생각대로 그들을 만들 수는 없었다. 그들은 누구보다도 나를 아끼고 보호해줬으니까. 나를 웃고 싶게 했고, 행복하게 했으니까. 그런데 왜 나는 결국 혼자일까? 왜 아직 아무도 찾지 못했지? 모르겠다. 진짜엄마를 찾고 싶었지만, 이제 더 이상 그런 건 믿지 않는다. 진짜엄마는 거리에 널렸다. 아무나 붙잡고 엄마라고 부르면, 그는 내 엄마가 될 것이다. 그리고 나는 순식간에 버려질 것이다. 여태까지 그래온 것처럼(최진영, 2020:280).

소녀가 생존만이 유일한 것이라고 생각한 것은 가짜 부모를 떠나 진짜 엄마라고 생각했던 태백식당의 할머니로부터 버려졌기 때문이다. 자신이 보호받고 있다고 생각하게 하고, 웃고 싶게 했고, 행복하게 했던 태백식당의 할머니조차도 자신을 버렸고, 그로 인해 결국 혼자가 된 소녀는 이제 더 이상 진짜 엄마 찾는 것을 하지 않기로 한다. 태백식당 할머니처럼 자신을 잠시 거두었다가 버릴 사람들은 세상에 얼마든지 있고, 그런 사람들은 잠깐 동안만 진짜 엄마 노릇을 할 것이었기 때문이다. 그래서 이제 소녀는 자신에게 필요한 것은 생존이라고 생각한다. 자신은 버려진 존재였기 때문이다.

나는 폐가에 모아뒀던 흔적들을 떠올렸다. 작은 아이의 백일 사진. 짝 잃은 젓가락. 유통기한이 지난 라면. 고장 난 라디오. 손잡이 한 짝 떨어진 냄비. 봄날 가족사진. 쓰다 만 로션. 빛바랜 책. 타다 만 전화번호부. 옆구리 터진 이불. 동그란 구슬 속에서 입을 맞추는 신혼부부 인형. 색연필로 엄마, 라고 적은 부분만 남은 편지. 그 다음엔 무슨 내용이 있었을까? 어두운 밤이면, 물건들은 울거나 웃거나 이야기를 시작했다. 모두가 담고 있는 추억은 저마다 달랐지만, 이것 하나만큼은 다들 알고 있었다. 우린 모두 버려졌으며, 아무도 우리를 찾지 않을 거란 것. 그 속에서, 나는 마음 편히 잘 수 있었다. 굳이 좋은 상상을 하지 않더라도 악몽 따윈 꾸지 않을 수 있었다(최진영, 2020:285-286).

폐가에서 아저씨와 살면서 소녀는 흩어진 가족들의 흔적들을 떠올린다. 그 과정에서 소녀는 모두가 담고 있는 추억은 저마다 다르지만, 모든 존재들이 버렸다는 것을 인식한다. 아무도 자신을 찾지 않을 것을 인식하면서, 소녀는 혼자만의 생존을 결심한다. 그러면서 소녀는 자신을 버린 엄마와 아빠를 생각하면서, 그들이 진정한 가족이 아니었음을 다시 한 번 상기한다.

얌전해지기 싫어서 아빠는 늘 술을 마셨다. 세상 사람들이 자기를 좆같이 본다고 항상 원망했다. 그가 내 머리채를 움켜쥐고 바닥에 패대기친다. 피 묻은 손으로 벽을 짚는다. 미끄럽다. 넘어진다. 손을 뻗어 그 살집에 박힌 칼을 빼낸다. 괴물의 비명 소리. 그는 너무 뚱뚱해서, 칼끝엔 그저 살만 닿는다. 그의 심장을, 폐를, 가슴 속에 든 숨주머니를 찔러야 하는데. 깡말랐지만, 아빠의 주먹은 너무 단단했다. 뭐든 다 부술 수 있었다. 엄마는 방 안을 늘 텅 비워 놨다. 아빠의 눈에 띄면 뭐든 무기가 될 테니까. 무기가 없으면 아빠는 옷걸이처럼 나를 들고 엄마를 때렸다. 아빠 손에 잡히지 않으려고 엄마 등 뒤로 숨기도 했다. 뼈만 남은 세 사람이 좁은 방에서 주먹을 휘두르고 비명을 지르고 물건을 던지면, 사방에서 찍찍찍찍 쥐가 웃어댔다. 깨진 거울에 부서진 라디오에, 걷는 걸음마다 핏자국이 생겼다. 종이인형처럼 가냘픈 우린, 아무도, 원치 않았어. 그랬잖아. 다치기 싫었고, 상처 주기 싫었잖아. 아빠, 나를 때리면서도 엄마, 비명을 지르면서도 우리 아무도 웃지 않았잖아. 좋아하지 않았잖아. 괴로워서, 울었어. 화를 내고. 욕을 하면서. 그랬지. 그랬잖아(최진영, 2020:292).

소녀는 자신과 함께 가족처럼 지냈던 유미를 그녀의 새 아빠가 수없이 강간하고 아파트 베란다 밖으로 던져 죽인 것에 대해 복수하기로 결심한다. 소녀에게 유미는 생존을 함께 한 가족이었으며, 이유 없이 자식을 때리고 상처 주는 존재는 진짜인 척하는 가짜이기 때문이다. 소녀는 그런 진짜인 척하는 가짜를 자신의 친아빠에게서 보았을 뿐만 아니라 유미의 새 아빠를 통해서도 보았다. 소녀의 친아빠는 무엇이든 손에 잡히는 대로 들고 엄마와 소녀를 때렸다. 그런 친아빠는 사람이 아닌 괴물이었다. 마찬가지로 소녀에게 유미의 새 아빠도 사람이 아닌 괴물이다. 소녀에게 괴물은 죽어야 한다. 그래야 다른 사람에게 상처를 주지 않기 때문이다. 그런 괴물에게 소녀는 다치기 싫었고 상처받기 싫었다.

누군가 급히 달려온다. 사람 살려! 사람 살려! 끝까지 살려 달라고 울부짖는 그와, 너는 지옥에 간다. 너는 지옥으로 간다. 끊임없이 중얼거리는 나. 울컥, 피를 토해낸다. 출렁거리는 세상. 아득해지는 소리들. 찍찍찍찍. 쥐가 웃는다. 더 이상 버려지지 않을 거야. 다시 태어나면. 도망치지 않을 거야.
엘리베이터 문이 닫힌다.
손바닥만 한 사진이 있었다. 그 속엔 젊은 아빠 엄마가 있다. 하얀색 원피스를 입은 엄마는 아빠의 팔짱을 끼고 천사처럼 웃는다. 아빠의 얼굴엔 부끄러움과 만족감이 사이좋게 내려앉았다. 맑고 밝고 향기로운 봄날. 그 속엔 나도 있다. 엄마 배 속에서 작은 손으로 두 눈을 가리고 입을 하나로 모은 나. 평화야. 엄마가 배에 손을 얹고 나를 부른다.
찰칵.
카메라도 나도 사이좋게 윙크.

그 속에서 나는 평화였다(최진영, 2020:294-295).

소녀는 진짜인 척하는 가짜인 유미의 새 아빠를 칼로 찔러 죽이려다가 자신도 칼에 찔린다. 칼에 찔려 고통받으면서 소녀는 자신이 원래 있었던 평화의 공간인 엄마의 배 속을 생각한다. 엄마의 배 속에 있었을 때 소녀는 버려지지 않았고 평화로운 시간을 보낼 수 있었기 때문이다. 또한 소녀는 죽어가면서, 엄마 아빠가 환하게 웃으며 자신을 더 이상 버리지도 않고 도망치지도 않는 삶을 갈구한다. 이런 심리는 현실에서 극악한 환멸감을 경험한 소녀가 죽음을 통해 새로운 평화의 시간을 갈구하는 것과 관련되며, 그러한 갈구는 실패작이자 버려진 존재인 자신의 삶이 자신의 잘못 때문이 아니라는 것에 대한 항변과 관련된다.

엄마 안에서 살던 천년의 세월 동안 내 이름은 평화였다. 엄마가 평화야, 라고 부르면 바다가 출렁이고 하늘이 춤을 췄다. 나는 온몸으로 내 이름을 느꼈다. 평화는 눈과 귀를 통하지 않고도 세상을 이해했다. 평화는 동물과, 꽃과, 별과, 바람과도 대화했지만 사람과는 아무것도 나눌 수 없었다. 사람들은 평화를 원하는 척만 할 뿐 그것을 진정으로 갈구하지 않았다. 나는 알았다. 사람들의 눈에 드러나는 순간 갈기갈기 찢겨질 나를. 갈기갈기 찢은 후 다시

6. 기억과 망각을 통한 삶의 서사화

온전한 나를 갈구할 그들의 기만을. 나는 그 안의 평화로만 남고 싶었다. 드러나고 싶지 않았다. 파괴당하고 싶지 않았으며, 돌이킬 수 없는 그들의 욕망에 놀아나고 싶지 않았다.
　내 이름은 평화였다.
　오직 이름으로만 존재하는 평화를 나는 그 안에서 다 이해했다(최진영, 2020:106).

　소녀는 자신의 뜻과는 상관없이 부모로부터 버림받고 길거리를 헤매면서 많은 사람들의 곁을 스쳐가는 삶을 살아야 했다. 그 과정에서 가난하고 소외된 장미 언니, 태백식당 할머니, 폐가의 남자, 각설이패, 유미와 나리 등을 만나 잠시나마 안정과 행복을 느끼기도 했었다. 그처럼 소녀가 많은 사람들의 곁을 스쳐 지나가면서 정착하지 못한 삶을 살게 된 근본 원인은 가족 해체와 붕괴를 가져온 아빠의 폭력이었다. 아빠의 폭력 때문에 엄마와 소녀는 차례대로 집을 떠나야 했고, 그 과정에서 소녀는 삶의 위악성과 부조리, 세상의 끝을 경험하였다. 그런 가운데 소녀는 잠시나마 장미 언니, 태백식당 할머니, 폐가의 남자, 각설이패, 유미와 나리 등과 가족 관계를 구성하기도 했다. 소녀가 그들과 잠시나마 가족 관계를 구성하게 된 것은 친밀성의 관계를 바탕으로 한 유대였다. 그러나 그런 유대는 지속될 수 없었고, 소녀는 여전히 버려진 채 존재하여야 했다. 그렇기 때문에 소녀는 "평화를 원하는 척만 할 뿐 그것을 진정으로 갈구하지 않"는 사람들의 위악성을 거부하면서, 위악적인 세상 사람들이 자신을 "갈기갈기 찢은 후 다시 온전한 나를 갈구할 그들의 기만을" 거부한다. 그러면서 소녀는 파괴당하지 않기 위해, 세상 사람들의 욕망에 놀아나지 않기 위해 '평화'를 원하는데, 그 평화는 엄마의 배 속에 있을 때 경험한 것이었다. 이제 소녀는 엄마의 배 속에 있을 때 경험한 평화를 위해 다시 태어나고자 한다. 가족 같았던 유미의 복수를 실천하면서 죽음으로써 다시 태어나고자 한다.

7. 우울과 슬픔의 애도와 타자의 현존

1) 회한, 슬픔과 우울

대상의 상실이나 목표의 좌절 등에서 연유하는 슬픔의 감정은 애착과 관련된다. 상실이나 좌절에 대한 반응인 슬픔의 감정은 통제할 수 없는 대상에 대한 애착이 끊긴 데서 연유한다. 예를 들어, 개인이 통제할 수 없는 가족의 죽음이나 이별, 질병, 다양한 이유들로 인한 대학입시 실패나 승진의 좌절 등과 같은 애착의 기반 상실 등을 원인으로 하는 슬픔은 과거에 대한 회한, 고통, 괴로움을 유발한다. 또한 슬픔은 타인에게 강하게 전염되어 타인의 애도와 연민을 강하게 요구한다.

상실로 인한 슬픔이 커질 때 비탄의 감정이 생겨난다. 비탄의 감정은 시간의 흐름에 따라 해결되기도 하지만, 그것이 트라우마적인 죽음이나 개인 생활의 붕괴를 포함할 때 상실로 인한 비탄은 상당히 복합적으로 나타난다. 트라우마적인 상실은 치료가 필요한 우울증, PTSD, 약물 남용, 신체적 질병 등을 동반할 수 있다(John Briere, Catherine Scott, 김종희 옮김, 2014:22). 트라우마적 상실로 인한 비탄의 감정은 복합적인 것이기 때문에, 강도 높은 침투적 생각, 괴로운 갈망, 지나치게 외롭고 공허한 느낌, 사회적 상황 회피하기, 수면 곤란, 현실 부적응 등과 같은 현상들을 초래하며, 극심한 우울증으로 이어진다.

상실이나 이별, 좌절 등을 기반으로 하는 슬픔의 감정이 일시적인 것이 아니라 장기적일 때, 슬픔은 극심한 고통(agony)과 절망감으로 전이된다. 극심한 고통과 절망감으로 전이되는 슬픔은 상실이나 이별, 좌절로 인한 두려움과 외로움에서 연유한다. 애착관계의 파괴로 인해 자신이 위험에 처해 있고 단절되어 있다는 슬픔은 트라우마 경험이 더해질 때 더욱 가중된다. 트라우마 경험에 의한 슬픔은 기억에 머무르면서 트라우마를 떠올리게 하는 실망, 거절, 버림받음, 고립되는 경험 등으로 삶에 지속적으로 침투한다(John G. Allen, 권정혜 외 5인 공역, 2019:129). 그러한 지속적인 침투는 청소년으로 하여금 극심한 우울에 빠지게 하며, 정상적인 대인관계를 힘겹게 만든다.

슬픔과 우울증은 환경의 영향에 따른 자극 요인이 동일하다. 슬픔은 보통 사랑하는 사람의 상실, 혹은 사랑하는 사람의 자리에 대신 들어선 어떤 추상적인 것, 즉 조국, 자유, 어떤 이상(理想) 등의 상실에 대한 반응이다(지그문트 프로이트, 윤희기·박찬부 옮김, 2018:244). 슬픔은 삶에 대한 정상적인 태도에서 크게 벗어나는 상황을 만들기도 하지만, 그것이 결코 병리적인 상황이나 치료를 받아야 하는 상황은 아니다. 슬픔은 어느 정도 시간이 경과하면 그 상황이 극복되리라는 기대로 인해 해소되는 경우가 많기 때문이다. 그런데 어떤 사람들의 경우에는 동일한 상실감이 슬픔이 아닌 우울증을 유발하기도 한다. "우울증의 특징은 심각할 정도로 고통스러운 낙심, 외부 세계에 대한 관심의 중단, 사랑할 수 있는 능력의 상실, 모든 행동의 억제, 그리고 자신을 비난하고 자신에게 욕설을 퍼부을 정도로 자기 비하감을 느끼면서 급기야는 자신을 누가 처벌해 주었으면 하는 징벌에 대한 망상적 기대를 갖는 것 등으로 나타난다."(지그문트 프로이트, 윤희기·박찬부 옮김, 2018:244) 우울증도 슬픔처럼 대상의 상실에서 오는 고통스러운 마음, 외부 세계에 대한 관심의 상실, 사랑할 수 있는 능력의 상실 등을 보이지만, 우울증은 슬픔과 달리 자애심(自愛心)의 추락을 동반한다. 슬픔은 사랑하는 대상이 이젠 더 이상 존재하지 않는다는 데서 오는 고통스러움을 동반하며, 그에 따라 그 대상에 부과되었던 리비도, 즉 에너지가 철회된다. 그렇지만 슬픔은 "사랑하던 대상에 리비도를 집중시켰던 때의 어떤 기억과 기대가 각기 되살아날 때마다 리비도가 과잉 집중되기도 하지만, 다른 한편에서는 현실을 존중하는 가운데 리비도의 이탈도 이루어진다."(지그문트 프로이트, 윤희기·박찬부 옮김, 2018:246) 그 때문에 슬픔의 당사자는 고통의 불쾌감을 당연한 것으로 받아들이면서, 시간이 흐른 뒤에는 슬픔에서 벗어나 다시 자유롭고 고통에서 벗어날 수 있다.

7. 우울과 슬픔의 애도와 타자의 현존

반면에 슬픔처럼 사랑하는 대상의 상실에 대한 반응이기는 하지만, 그 대상이 좀 더 이상적인 대상인 데서 생겨나는 우울증은 자기 비하감과 연결된다. 이상적인 대상의 상실에 대한 반응인 우울증은 의식에서 떠난 무의식의 대상 상실과 어떤 식으로든 연관이 된다(지그문트 프로이트, 윤희기·박찬부 옮김, 2018:246). 우울증은 무의식적인 연관을 갖기 때문에 대상에 대한 관심의 억제와 상실을 보인다. 자애심의 급격한 저하 속에 우울증을 겪는 사람은 자아의 빈곤을 강하게 드러낸다. 슬픔의 경우에는 세상이 빈곤해지고 공허해지지만, 우울증의 경우에는 상당한 자아의 빈곤이 드러난다. 그렇기 때문에 우울증을 겪는 사람은 자신의 자아가 쓸모없고, 무능력하고, 도덕적으로 타락했다고 생각한다. 그는 스스로를 비난하고, 스스로에게 욕설을 퍼붓고, 스스로에 대한 징벌의 의식에 시달린다. 그렇게 되면 우울증의 양상은 트라우마로 전이된다. 우울증의 양상이 트라우마로 전이되면, 그 사람은 현재에서 일어나는 변화들에 전혀 관심을 갖지 못한 채, 자기 비하를 과거로 확대시키기만 한다.

우울증을 겪는 사람은 정상적인 상황에서 과거에 대한 회한으로 고통을 겪으며 자기 비하를 드러내는데, 그 과정에서 그들은 수치심을 느끼지 않는다. 그 이유는 그들이 자아의 상실감을 강하게 느끼고 있기 때문이다. 우울증을 겪는 사람들은 자아가 빈곤해지고 있다는 것에 대한 강한 두려움과 또 그것을 스스로 인정하는 발언을 한다. 그런데 그들이 하는 자기 비난의 말은 사실 다른 사람을 향한 비난의 말이다. 우울증을 겪는 사람들이 하는 자기 비난은 사실 사랑의 대상에 대한 비난이기 때문이다. 그렇기 때문에 그들은 자기 비난에 대해 수치심을 느끼지 않는 것이다.

우울증을 겪는 사람이 자기 불평을 부끄러워하지도 않고 또 감추지도 않는 것은 그들이 내뱉는 자기 멸시의 말들이 모두 근본적으로는 다른 사람에 대한 것이기 때문이다. 그렇기 때문에 그들은 주변 사람들에게 겸손과 복종의 태도를 전혀 보이지 않는다. 그들은 항상 다른 사람들에게 냉대를 당하고 세상으로부터 부당한 대우를 받는다고 생각하기 때문에 남을 귀찮게 하는 존재가 되기 십상이다. 그들은 기본적으로 반항적인 심리 상태를 행동으로 표출하고자 하기 때문이다. 그 과정에서 그들은 애증 병존에 따른 갈등의 영향을 받아, 그 갈등에 아주 근접해 있는 사디즘의 단계로 후퇴한다(지그문트 프로이트, 윤희기·박찬부 옮김, 2018:256). 그런 후퇴 속에 그들은 공격성을 드러내며, 그것이 자신에게 투사되었을 때 자해나 자살의 행동을 한다. 그런 자해나 자살의 행동은 자아의 극심한 빈곤감 속에 자아가 대상에 의해 압도당하는 데서 오는 두려움에서 연유한다.

트라우마 경험자들이 보이는 주요 우울 증상은 다음과 같다(John Briere, Catherine Scott, 김종희 옮김, 2014:23).

- 바꿀 수 없는 사망과 관련된 극도의 슬픔 또는 불쾌감
- 미래의 트라우마 사건의 가능성에 대한 절망감
- 무가치함, 과도한 책임감, 또는 트라우마 사건을 가질 만하다는 생각
- 자살 충동성
- 이전에 즐기던 활동에의 관심 상실
- 심리 활동의 안절부절 또는 지연
- 신경성 식욕 부진 그리고/또는 체중 감소
- 피로와 에너지 고갈
- 수면 곤란, 불면증 또는 과다 수면

우울증에서 나타나는 불면증은 그 상태의 경직성, 즉 수면에 필요한 전반적인 리비도 집중의 철회가 불가능하다는 것을 보여준다. 우울증의 콤플렉스는 마치 아물지 않는 상처처럼 모든 방향에서 리비도 집중, 즉 과각성 상태를 촉발하여, 자아가 완전히 빈곤해지고 파괴될 때까지 자아를 텅 비운다. 그런 과정이 자아의 수면 욕구에 대한 저항 세력으로 나타나서 자아를 파괴한다.

우울증은 정상적인 슬픔 이상의 것을 포함하고 있다. 애증 병존의 감정에 따른 갈등 때문에 생겨나는 우울증은 대상에게서 리비도를 분리하고자 하는 미움과 그런 공격에 대항하여 리비도의 현 위치를 고수하고자 하는 사랑 간의 갈등을 전제로 한다. 그런 개별적인 갈등들이 일어나는 곳은 바로 '사물'에 대한 기억 흔적의 영역인 무의식 조직이다(지그문트 프로이트, 윤희기·박찬부 옮김, 2018:263). 특히 대상과의 관계 속에서 겪게 되는 트라우마적 경험들이 그 밖의 다른 억압된 내용들을 꿈틀거리게 한다. 그런 꿈틀거림에 의해 우울증을 겪는 사람은 자아로의 도피라는 퇴행 속에 의식이 아닌 무의식의 차원에서 애증 병존의 갈등을 지속적으로 재연한다. 그런 재연에 의해 대상에 대한 비난과 경시, 심지어는 대상의 제거 속에 분노와 공격성을 드러낸다. 그런 공격성은 일차적으로 자신을 향한 것이지만, 궁극적으로는 다른 사람이나 대상에 대한 것이다.

지금까지 살펴본 것처럼, 우울증은 "대상의 상실, 애증 병존, 그리고 자아로의 리비도 퇴행"(지그문트 프로이트, 윤희기·박찬부 옮김, 2018:265)이라는 세 가지 전제조건을 가지며, 이것들 가운데 대상의 상실과 애증 병존은 상실감과 분노 뒤에 오는 자기 비난 속에서 발견된다. 그리고 자아로의 리비도 퇴행은 의식이 아닌 무의식 차원에서 타인에 대한 강한 공격성으로 표출된다.

상실이나 좌절 등으로 인한 회한과 슬픔, 우울 등에서 벗어나기 위해서는 자신의 처지나 입장을 타인이 이해하고 공감하는 것을 필요로 한다. 슬픔이나 우울에서 벗어나기 위해서는 타인과의 적절한 의사소통이 필요하고, 그런 의

사소통을 통해 슬픔이나 우울을 객관적으로 인식할 수 있는 가능성을 얻을 수 있기 때문이다. 그러나 극심한 슬픔으로 인해 비탄(grieving)에 빠진 경우, 일상에의 적응이 어렵고 상실이나 좌절의 기억이 지속적으로 침투하는 과정에서 극도의 고통을 겪거나 파괴적인 행위를 하게 된다. 그런 슬픔에서 벗어나기 위해서는 회상과 애도라는 고통스런 정신작업이 필요하다. 회상을 통해 슬픔의 원인을 객관적으로 이해하거나 트라우마 경험을 재구성할 수 있다. 또한 애도를 통해 슬픔을 겪는 자신의 입장을 이해하고 자신의 고통을 놓아줄 수 있다. 그런 놓음을 통해 과거가 아닌 현재나 미래의 일상을 마주한 채, 슬픔의 기억을 마음속에 간직하는 진정한 기억하기가 가능해진다. 또한 시간의 흐름 속에 새로운 애착의 형성을 통해 슬픔이 아닌 평정심이라는 진화적인 감정의 상태로 나아갈 수 있다.

2) 인정/욕망의 좌절과 분노

가장 기본적인 감정 중의 하나인 분노는 투쟁 또는 도피 반응의 일부로서 생존을 촉진한다. 분노는 인정이나 욕망의 좌절에 의해 촉발되며, 애초의 목표나 계획에 대한 방해를 겪을 때 심화된다. 부당함이나 불공평함, 욕망의 좌절 등에 의해 촉발되는 분노는 공격성으로 이어지는 경우가 많다. 분노는 고통과 불쾌함을 유발하는 신체적 통증, 짜증나는 상황에 의해 유발되며, 좌절이나 고통의 원인이 자신이 아닌 타인에게 있는 경우 공격적 성향으로 바뀐다. 분노로 인한 공격성은 자신보다 지위가 낮거나 힘이 약한 사람들을 향하는 전치된 공격성(displaced aggression)으로 표출된다(John G. Allen, 권정혜 외 5인 공역, 2019:112).

트라우마를 경험한 청소년들이 분노로 인한 공격성을 표출할 때, 그러한 공격성의 대상이 되는 사람도 트라우마를 입을 수 있다. 특히 이유 없이 불시에 타자에 의한 공격으로 폭력의 트라우마를 입은 사람들은 그 트라우마의 각인이 매우 오랫동안 지속된다. 그 과정에서 분노와 공격성은 전염성을 갖게 되며, 그러한 전염성에 의해 분노로 인한 공격성은 학습되어 전이되는 부정적 효과를 드러낸다.

학대나 구타, 인정이나 욕망의 좌절로 인해 생겨나는 분노와 그로 인한 공격성은 트라우마의 고통을 지속적으로 확대재생산하면서 상습적인 일이 된다. 그러한 상습성에서 벗어나기 위해 트라우마를 경험한 청소년들은 분노 표현을 억제하려고 할 뿐만 아니라 분노를 느끼는 것도 피하려고 한다(John G.

Allen, 권정혜 외 5인 공역, 2019:112). 분노로 인한 공격성이 그들에게 수치심과 죄책감을 느끼게 하기 때문이다. 그 경우 분노는 트라우마를 경험한 청소년의 자아 효능감[23])을 침해하여 그의 수치심을 증대시키는 악순환과 관련된다.

학대나 구타, 인정이나 욕망의 좌절로 인해 생겨나는 분노와 그로 인한 공격성을 해소하기 위해서는 공격성으로 인한 처벌의 가능성, 공격성으로 인한 수치심과 죄책감 등을 지속적으로 인식시켜야 한다. 이를 통해 분노의 감정이 자연스러운 것이지만, 그것을 표출하는 방법으로 공격성이 부당함을 인식하도록 해야 한다. 분노의 감정을 자연스럽게 위협적이지 않은 방식으로 표출되도록 하여 공격성을 조절할 수 있도록 해야 한다.

분노로 인한 극심한 공격성은 자학적이나 가학적인 양상을 보이며, 파괴적인 수준에서 이루어지는 경우가 많다. 분누가 아닌 격노로 전이되는 파괴적인 공격성은 감정의 격동에서 나온 것이지만, 그 근간에는 적대감과 증오의 감정이 숨어 있다. 적대감(hostility)은 특정한 혐오의 상황에 대한 일시적 반응 이상의 것으로, 지속적으로 대인관계에 영향을 미친다(John G. Allen, 권정혜 외 5인 공역, 2019:115). 적대감은 타인에 대한 반감을 기반으로 하며, 극단적인 경우에 증오(hate)가 되기도 한다. 증오는 지속적이고 강렬하며 매우 격분하는 태도로 관계를 손상시킬 수 있다. 이러한 적대감, 반감, 증오 등은 기본적으로 트라우마 경험으로 인한 분노와 공격성에서 출발하며, 그러한 공격성이 원하는 것을 얻는 데 단기적으로 효과적일 때 강화될 수 있다. 그러나 공격성은 타인에 대한 위해와 처벌의 가능성을 인식하는 가운데 조절되어야 한다. 그렇지 않으면 삶 자체가 파괴될 수 있기 때문이다.

트라우마를 경험한 청소년들이 드러내는 분노와 공격성은 분노를 연습시켜 습관을 강화하기도 한다. 그런 피폐한 삶에서 벗어나기 위해서는 분노를 건설적으로 다룰 수 있어야 한다. 이를 위해서는 분노를 감소시켜야 하는데, 분노를 감소시키기 위해서는 분노가 끊임없이 자극되지 않도록 현재의 촉발 요인을 효과적인 방식으로 다루는 것이 필요하다. 이는 분노 조절과 관련되는 것으로 치료의 대상이 된다. 분노 조절을 위한 치료 방법으로는 인지치료와 이완법, 사고의 전환법 등이 있다(John G. Allen, 권정혜 외 5인 공역, 2019:119-120).

인지치료는 상황에 대한 객관적인 평가와 해석을 통해 분노에 대해 학습하도록 하는 것이다. 분노 조절에서 중요한 것은 분노와 적대감을 부채질하는 것이 아니라 완화시키는 것인데, 그것을 위해서는 분노의 상황에 놓인 자기

---

23) 자아 효능감은 자신에 대한 긍정적인 사고와 인식을 기반으로 한다.

7. 우울과 슬픔의 애도와 타자의 현존

자신과 촉발적인 상황에 대한 객관적인 인지를 하도록 하는 것이다. 이 방법은 분노를 조절하기 위해서는 분노를 더 잘 인식해야 한다는 것과 관련된다. 분노에 대한 인식을 차단하면 오히려 분노 조절에 취약해지기 때문에, 분노의 상황에서 격노로 치닫기 전에 분노의 상황을 파악해서 해결할 수 있도록 하는 것이 중요하다. 이를 위해서는 일차적으로 짜증과 분노를 구분하고, 적대감과 증오, 격노 등을 피할 수 있도록 화난 느낌과 공격 행동을 구분하는 방법을 학습하도록 해야 한다. 아울러 화가 나는 상황, 그 상황의 전후에 자신에게 정서적으로 위로가 되는 말을 통해 정서적 위안을 하여 그 상황을 효과적으로 다룰 수 있도록 해야 한다.

분노 조절을 위한 이완법은 분노의 상황에서 발생하는 과각성이나 긴장의 이완을 유도하는 것과 관련된다. 이 방법은 높은 수준의 긴장과 각성 상태에 있는 청소년들이 트라우마 경험으로 인해 작은 스트레스에도 순식간에 분노나 격노를 표출하는 것을 막아준다. 이를 위해서는 분노를 일으키는 생각이 무엇인지를 인식하고 완충작용을 할 수 있는 대안들, 즉 자기 위로의 말들을 할 필요가 있다. 예를 들어, "'이건 분명 힘든 상황이야, 하지만 나는 어떻게 해야 할지 알고 있어.', '뭐 그렇게 화날 일은 아니야.', '숨을 깊이 쉬어 보자.'"(John G. Allen, 권정혜 외 5인 공역, 2019:120) 등과 같은 자기 위로의 말들을 할 필요가 있다.

분노 조절을 위해서는 사고의 전환과 분노를 적절하게 표현하는 방법을 배워야 한다. 분노 조절을 위한 사고의 전환은 분노의 상황을 다른 무해한 상황이나 기분 좋은 상황으로 전환하는 것과 관련된다. 그런 사고의 전환을 통해 순간적인 감정의 격동이나 격노를 적절하게 다스릴 수 있다. 또한 화가 난 상황에서 적절하게 화를 내는 역할 연기를 통해 분노를 적절하게 표현하는 방법을 획득할 수 있다. 그러나 이 방법의 획득에는 상당한 시간이 걸린다. 감정의 격동 상황에서 침습하는 트라우마 기억을 통제하는 것은 쉽지 않기 때문이다. 분노의 상황에서 감정적 격동을 다스리는 것은 매우 어렵고 많은 연습과 통제력이 필요하다. 그럼에도 불구하고 분노와 격노, 그리고 공격성으로 인해 타인에게 씻을 수 없는 고통을 주거나 처벌의 가능성에 놓이는 것을 피하기 위해서는 힘들더라도 그런 연습을 통해 분노를 조절하는 것을 학습해야 한다.

슬픔이나 좌절 등으로 인해 촉발되는 우울증은 스트레스 상황에 대한 무의식적인 감정 반응으로, 대인관계에서 불균형을 초래한다. 자기 내부로 향한 분노인 우울증은 슬픔과 분노, 공격성 등이 억압되는 관계에서 발생하며, 내적인 스트레스와 관계 갈등에서 오는 외적 스트레스를 야기하는 만성적인 분노 등으로 인해 강화된다. 분노는 사람을 우울하게 하고 무력감을 느끼게 만든다. 특히 트라우마 경험과 같은 극심한 스트레스의 누적은 억압적인 상황과 패배 반응을 촉발하여 우울증을 강화한다. 트라우마로 인한 고통스러운 기억과 감정적 격동과 같은 트라우마로 인한 침습적인 감정 반응들은 정서적 억압을 초래하여 우울증을 강화하기 때문이다.

우울증을 겪는 사람들은 불면, 식욕저하, 무력감, 몸이 나른해짐, 즐거움의 상실, 상황에 대한 부정적인 인식과 예측, 반추 경향 등을 보인다. 그런 경향들은 쉽게 해소되지 않기 때문에 의식적인 노력을 통해 우울증을 극복하는 구체적인 방법들을 학습해야 한다. 트라우마 경험으로 인한 우울증에서 벗어나기 위해서는 일차적으로 자아 효능감을 되찾고 타인과의 건전한 관계 설정이 필요하다. 무력감과 절망감을 촉발하는 우울증에서 벗어나기 위해서는 상황에 대한 객관적인 인식과 성찰을 하고 고통스러움 가운데 우울증을 견디는 것을 배워, 우울증을 귀 기울이고 해결해야 할 문제 상황으로 인식하는 것이 필요하다. 그래야만 신체에 각인된 우울증에서 벗어나 신체적 건강과 즐거움, 사고의 전환 등을 도모할 수 있다. 또한 마음속에 해결해야 할 단기 목표를 세워 그것을 성취하는 즐거움을 맛보아 한다. 물론 그런 노력들은 많은 시간과 고통을 필요로 한다. 그럼에도 불구하고 그런 시간과 고통을 대가로 해서 우울증을 치유하는 것은 건강한 삶의 회복을 위해 절대적으로 필요하다.

3) 우울과 슬픔의 극복을 위한 애도

슬픔과 우울이 극심해지면 우리는 과거의 사건 경험을 지속적으로 기억하고 이야기한다. 이처럼 과거의 사건경험을 반복적으로 이야기하는 것은 우리가 과거 사건을 통해 감당할 수 없는 심리적 상처, 즉 트라우마(trauma)를 지니게 되었기 때문이다. 감당할 수 없는 충격적 사건이 트라우마를 낳고, 그 트라우마는 사건을 겪는 우리의 이해와 경험의 차원을 비껴가면서 끊임없이 반복해서 재현된다(박선화, 2013:207). 그러한 반복적 재현으로 인해 우리는 극심한 우울 속에 과거 사건에 대한 숙고와 분석, 이해의 과정이 배제된 강박관념에 사로잡힌다.

강박적 우울과 슬픔에서 벗어나기 위해서는 트라우마를 안긴 과거의 사건 경험을 제대로 기억하고 객관화하는 과정이 필요하다. 그러한 기억과 객관화를 수행하는 방법 가운데 하나는 트라우마를 안긴 과거의 사건 경험을 글로 쓰거나 말로 표현하는 서사화이다. 과거의 사건 경험을 기억하고 서사화하는 과정에서 우리는 사건 경험 당시에는 파악하지 못했던 다양한 틈새들, 즉 말로 설명할 수 없고 의미화될 수 없는 흔적으로 남아 있는 것들을 성찰할 수 있다. 이러한 성찰은 우리가 실제 현실에 몰입할 수 없게 하는 트라우마와의 충격적 조우, 폭력적 침투를 어느 정도 통제할 수 있게 하며, 우리가 과거의 사건경험을 객관화하면서 그것을 현실 세계와 조응시킬 수 있게 한다.

그런데 과거의 사건 경험을 말이나 글로 서사화하는 과정에서 부딪히는 어려움 가운데 하나는 트라우마를 안긴 사건 경험이 가족 간에 발생한 경우이다. 트라우마를 제공한 사건 경험이 가족 간에 발생한 경우, 피해자와 가해자가 친밀한 경우가 많으며, 그 경우에 피해자와 가해자는 지속적으로 트라우마를 반복적으로 재현시키는 상황에 놓여 있다. 피해자가 죽거나 다른 곳에서 거주하더라도 가해자는 피해자에 대한 죄책감과 그에 대한 공포를 매일 느끼며 살아감으로써, 가해자임에도 트라우마의 반복적 재현에 시달릴 수 있다. 물론 피해자도 반복적 재현에 시달리면서 자신의 고통을 제대로 표현할 수 없는 이중적 고통을 감당해야 한다. 또한 트라우마 발생과 관련된 직접적 당사자가 아니더라도 그러한 트라우마로 인한 간접적 희생자가 되기도 한다. 이처럼 가족 간에 발생하는 트라우마의 해소는 사건 경험이 "직접 피해자뿐만 아니라 피해자의 주변인들에게 미친 간접적 영향에 주목해야"(박선화, 2013:209) 한다.

그런데 가족 트라우마는 그것을 가족이 아닌 다른 사람들에게 말할 수 없으며 굴욕적인 감정을 느끼게 하는 사건들과 관련되기 때문에 '침묵 트라우마'(quiet trauma)이기도 하다. 가족 간에 발생한 물리적·심리적·성적·언어적 폭력 등은 사회의 상식에서는 이해할 수 없고 받아들여질 수 없기 때문에 침묵되어야 한다. 그 과정에서 피해자는 트라우마로 인한 고통과 그것을 표현할 수 없는 이중적 고통의 상황에 놓이며, 일상생활을 심각하게 방해받는다. 그로 인해 피해자는 가족 안에서 '상실, 버림, 거부, 배신' 등을 겪으며 일상의 트라우마를 경험한다(박선화, 2013:210). 이러한 일상의 트라우마 상황에 처한 피해자는 내면에서 끊임없이 분출하는 어떤 그 무엇과 끊임없이 투쟁하면서, 그 무게에 짓눌려 미쳐갈지도 모른다. 이처럼 가족 트라우마는 안전을 파괴하면서 개인이 지속적인 슬픔과 비탄, 충격, 우울에 빠져서 일상을 쉽게 영위할 수 없게 만든다. 이런 상황을 해소하기 위해서는 어떻게든 피해자가 그의 트라우마를 말이나 글로 서사화하는 것이 필요하다.

주디스 허먼에 따르면, 트라우마의 회복 혹은 치유는 안전의 확립, 기억과 애도(를 통한 이야기하기), 일상과의 연결 등의 단계를 거쳐서 이루어진다(주디스 허먼, 최현정 옮김, 2020:260). 그러나 이러한 단계 구분은 편의상 이루어진 것으로, 트라우마의 정도나 상황에 따라 달라질 수 있다. 감정적 격동에 의한 트라우마 경험은 과거가 아닌 현재의 삶에서 지속적으로 재연되기 때문에, 그것의 회복 혹은 치유는 위험에서 의지할 만한 안전으로, 외상에서 승인된 기억으로, 고립에서 사회적 연결의 회복으로 점진적으로 진행될 수밖에 없다.

안전의 확립은 트라우마를 경험한 청소년을 따뜻하게 감싸주는 것과 관련된다. 따뜻하게 감싸주는 행위는 트라우마를 경험한 청소년이 새로운 안정애착에 의해 트라우마 현실을 인식할 수 있게 해준다. 트라우마를 경험한 청소년이 안전의 확립을 수행하는 양상은 내·외적 측면에서 이루어질 수 있다. 내적 측면에서는 자신과의 온정적인 관계와 감정 조절을 통해 수행될 수 있으며, 외적 측면에서는 지지적인 관계, 안정 애착의 확립에 의해 수행될 수 있다.

트라우마 경험과 상처는 강렬한 감정적 격동을 유발하기 때문에 트라우마 치유를 위해서는 안전의 확립이 매우 중요하다. 안전의 확립은 타인으로부터의 보호뿐만 아니라 자신으로부터의 보호도 포함한다(Jon G. Allen, 권정혜 외 5인 공역, 2019:381). 트라우마를 경험한 사람들은 타인으로부터 위협을 감각하기도 하지만 자기 파괴적인 충동에 의한 위협감을 느끼기 때문이다. 자기 파괴적인 충동은 많은 경우에 자살이나 자해로 이어지기도 한다. 따라서 트라우마를 경험한 청소년의 치유는 우선적으로 그들의 기본 욕구들을 돌보면서, 타인이나 자기 자신으로부터의 학대나 폭력의 위험에 노출되지 않도록 하는 것이 중요하다.

안전의 확립은 생활 안정과 감정 안정으로 나뉘어 논의될 수 있다. 생활 안정은 안전한 거처 마련하기, 적절하게 먹고 잠자기, 필요한 의학적 처방받기, 재정의 안정성 제공하기 등을 포함하며, 이런 안전의 확립에는 신뢰하는 가족 구성원, 친구, 배우자, 정신건강센터, 정신과 전문의 등의 도움이 필요하다. 그리고 감정의 안정은 어느 정도의 심리적 항상성을 통해 심리적 불안이나 우울감에서 벗어날 수 있는 적절한 약물 사용, 위기 개입, 지지적 심리치료 등에 의해 이루어질 수 있다.

트라우마로 인한 고통스러운 감정으로 어려움을 겪는 피해자는 타인들에 의한 지지의 확립과 안정 애착에 의해 스스로 조절하지 못하는 감정들을 적절하게 조절할 수 있다. 그 때문에 트라우마를 경험한 청소년이 트라우마에서 벗어나도록 하기 위해서는 우선적으로 사랑하는 사람이나 친한 친구와의 친밀한 관계를 통해 안정애착을 느낄 수 있도록 할 필요가 있다.

가정 폭력을 경험한 청소년의 트라우마를 예로 들어 생각해 보자. 이 경우에는 일단 가해자와 피해자인 청소년의 분리가 이루어져야 한다. 가정 폭력이라는 위기 상황에서 피해자인 청소년이 안전한 체계를 구축하도록 친척이나 가까운 친구들이 그를 보호해야 한다. 우선적인 보호 속에 청소년이 훗날의

7. 우울과 슬픔의 애도와 타자의 현존

보호된 환경을 마련할 수 있는 지원이 이루어져야 한다. 그 과정에서 피해자는 위협이 어느 정도 지속될지를 평가해야 하고, 어떤 종류의 예방책이 필요한가를 결정해야 한다(주디스 허먼, 최현정 옮김, 2020:274). 적절한 사회적 지지가 제공되면 청소년 피해자는 기본적인 안정감을 회복하면서, 점차 자기 보호 능력을 확립할 수 있을 것이다. 그러나 청소년 피해자의 가정폭력 경험이 매우 뿌리 깊고 장기간에 이루어졌다면, 그러한 자기 보호 능력의 확립에는 보다 많은 시간이 필요할 것이다.

트라우마를 경험한 청소년들은 감정의 과잉이나 공격성에 의해 문제적 행동을 보이기 때문에 그들의 감정은 억눌린 채 제거되어야 하는 것으로 여겨져 왔다. 그러나 그들의 감정은 억눌려 있어야 하는 것이 아니라 적절하게 발산되어야 한다. 적절한 감정의 발산을 통해 트라우마를 경험한 청소년들은 분노와 극심한 우울감 같은 감정적 격동을 스스로 경험할 수 있는 수용력(capacity)을 키워야 한다. 보통 사람들은 강렬한 감정적 반응을 적절하게 경험할 수 있는 수용력을 어느 정도 갖고 있지만, 트라우마를 경험한 청소년들은 그 수용력이 현저하게 약화되거나 파괴되어 있다. 그 때문에 그들은 보통의 감정적 격동이나 분노나 좌절의 감정적 격동을 스스로 조절할 수 있는 수용력을 갖고 있지 못하다. 그런 그들이 감정적 격동에 적절하게 반응하고 조절할 수 있는 수용력을 키우기 위해서는 감정을 적절하게 발산할 수 있도록 해야 한다. 적절한 감정의 발산을 통해 트라우마를 경험한 청소년은 트라우마의 악화나 재경험이 아닌, 사소한 회상 단서로 인한 격렬한 감정적 격동이 아닌, 트라우마 경험과 그로 인한 감정 반응에 대한 양호한 통제력을 얻을 수 있다.

트라우마를 경험한 청소년이 감정적 발산을 하는 것은 트라우마 사건을 재경험하는 것과 관련된다. 트라우마 사건의 재경험은 침투적 재경험으로 플래시백, 악몽, 또 다른 침투적 기억을 통한 기분 나쁜 기억들에 대한 마음의 반복을 조절하는 것과 관련된다. 그 조절은 트라우마 기억으로 연상된 조건화된 예측과 감정들을 체계적으로 둔감화하거나 소멸하기 위한 시도이다(John Briere, Catherine Scott, 김종희 옮김, 2014:160). 그런 시도를 통해 트라우마 기억과 감정 반응이 둔감해지지만, 상당수의 경우에는 쉽게 둔감해지지 않는 경우도 있다. 트라우마 기억과 경험이 너무나 큰 고통과 불안, 두려움, 우울 등을 주어서, 정상적인 트라우마 재체험이 방해받는 경우도 많기 때문이다. 트라우마 경험과 기억이 강하면 강할수록 트라우마의 재체험은 회피 반응에 의해 동기화되지 못한다. 그런 회피 반응은 혐오스러운 트라우마 기억 또는 연상된 부정적인 감정 조절에 어려움이 많은 사람들일수록 크다. 그런 사람들에게 의미 있는 것은 트라우마 기억으로 연상된 감정의 활성화가 아닌, 실질적인 트라우마 노출을 유도하는 것이다. 실질적인 트라우마의 노출을 통해 어느 정도 침투적인 재경험을 트라우마 기억에 대한 조심스런 치료적 탐색으로 바꾸어야 한다(John Briere, Catherine Scott, 김종희 옮김, 2014:161). 어떤 경우든 트라우마 기억이 노출되도록 유도되어야 하며, 그런 유도에 의해 감정적 격동을 드러내는 것이 정상적인 것이라는 지지와 확인이 이루어져야 한다. 그런 지지와 확인에 의해 트라우마를 경험한 사람이 점차 생활과 감정의 면에서 안정을 확보할 수 있게 해야 한다. 그러한 안정의 확보에 의해 트라우마를 경험한 사람은 트라우마 기억에 의해 조건화된 감정 반응을 둔감화하거나 소멸하는 치료의 길로 나아갈 수 있다.

그런 관점에서 보자면, 트라우마를 경험한 청소년의 고통과 분노, 좌절 등은 적절하게 말해져서 그가 처한 문제들과 상황들을 더 잘 이해할 수 있는 것이 되어야 한다. 트라우마 경험에 대해 말하는 것은 비록 단편적이고 이해하기 어려운 면들이 있다고 하더라도 누군가에게 자신의 트라우마를 말함으로써 감정적 반응과 상처를 타인들이 이해할 수 있는 기회를 제공한다. 물론 그러한 말하기 혹은 이야기하기는 점차 감정적으로 평온한 상태로 가야 하며, 그 과정에는 감정적 격동의 강도보다는 트라우마 경험의 진정함이나 인식이 중요하게 고려되어야 한다.

트라우마를 경험한 청소년이 트라우마 사건 경험이나 그로 인한 감정적 격동을 이야기하는 것은 과거의 트라우마 경험에 대한 조직과 그에 대한 감정적 반응을 드러낸다. 아울러 현재의 경험에서 어떤 특정 요소를 시작점으로 해서 과거의 트라우마 경험을 탐색하는 것과 관련된다(Pat Ogden·Kekini Minton·Clare Pain, 김명권·주혜명·신차선·유나래·이승화 공역, 2020:231). 트라우마 경험에 대한 이야기하기는 과거의 경험과 현재의 경험을 연결하고, 현재의 상황에서 마음속에 무엇이 일어나고 있는지를 인식할 수 있도록 해준다.

트라우마 치료에서 중요한 것은 '지금 여기'의 상황에 맞는 변화를 유도하는 것이다. 그런 유도는 단순히 과거의 트라우마 경험 기억을 설명하는 이야기하기 차원을 넘어서서 과거 경험의 이야기하기가 '지금 여기'의 경험과 관련되게 해야 한다. 지금 여기에서 일어나는 감정적 반응이나 감각 경험에 집중하여 과거의 트라우마를 이야기함으로써, 트라우마를 경험한 청소년들은 행위 경향성, 즉 지금 여기의 상황에 맞는 행위의 경향성을 정립할 수 있다. 또한 미리 예측할 수는 없지만 끊임없이 변화하는 조건 속에서 현재 순간의 자신을 스스로 탐색함으로써 자신의 신체적 행위 경향성과 심리적 행위 경향성에 대한 지식과 이해를 확장할 수 있다(Pat Ogden·Kekini Minton·Clare Pain, 김명권·주혜명·신차선·유나래·이승화 공역, 2020:232).

트라우마를 경험한 청소년은 카타르시스적인 빠른 회복은 아니더라도 점차

7. 우울과 슬픔의 애도와 타자의 현존

인내력을 갖고 트라우마 회복을 위한 노력을 위해 완전하게, 구체적인 트라우마 경험의 서사화를 시도할 수 있다. 트라우마 경험의 서사화는 '기억과 애도'의 과정을 수반하며, 기억과 애도의 과정을 통해 청소년 피해자는 트라우마 경험을 서사로 재구성할 수 있다. 그리고 그러한 서사적 재구성을 통해 트라우마 기억을 전환시켜 삶의 이야기에 통합하는 행위를 할 수 있다. 물론 트라우마 기억은 쉽게 언어화될 수 없는 정적(靜的)인 것으로, 감정의 과잉 속에 구체적인 해석이 동반되지 않는다. 트라우마 기억을 서사화하는 과정에는 그 기억에 대한 해석과 애도를 수반해야 하는데, 그것이 가능하기 위해서는 트라우마 기억에 대한 안전감의 유지가 필요하다. 트라우마 기억을 갖는 청소년은 그것에 대한 억제 증상과 침투 증상으로 고통 받고 있다. 억제 증상에 의해 트라우마 기억을 피하면 회복 과정이 정체되고, 그렇다고 서둘러서 트라우마 기억에 접근하게 되면 해로운 방식으로 트라우마를 재경험할 수도 있다. 그런 상황을 피하기 위해서는 적절한 진행 속도와 시간이 필요하다. 그래야만 트라우마 기억이 일상에 침투함으로써 생겨나는 고통을 완화하면서, 트라우마 기억을 적절하게 서사화할 수 있기 때문이다.

트라우마 기억의 서사화 혹은 재구성은 트라우마를 경험하기 이전부터 이후까지 이어진 상황을 검토하여 "삶의 흐름을 재생"(주디스 허먼, 최현정 옮김, 2020:294)하고 과거와 연결되는 느낌을 회복하기 위해 필요하다. 그런 서사화 혹은 재구성을 통해 트라우마 주체는 트라우마 경험과 기억에 담긴 특정한 의미를 이해할 수 있는 맥락을 마련할 수 있다. 트라우마 기억의 서사화 혹은 재구성을 위해 주체는 트라우마 상황과 사실을 자세하게 진술하면서 트라우마 사건을 재구성해야 한다. 주체는 격동된 감정과 감각의 파편들을 모아 서사화를 하면서, 구체적이고 언어적인 방식으로 서사화를 한다. 그런 서사화에는 트라우마 사건 자체뿐만 아니라 그 사건에 대한 주체의 반응과 타자들의 반응이 담겨진다. 물론 트라우마 사건 기억에 대한 서사화 과정에서 주체는 가장 고통스런 순간으로 접근해 갈수록 언어화할 수 없는 고통에 시달린다. 언어화하기 어려울 때 주체는 그리기나 색칠하기와 같은 도상적인 방식으로 서사화를 할 수도 있다. 그것은 가장 고통스런 순간의 기억이 주체의 몸에 인두로 지지듯이 각인되어서 말로 표현될 수 없고, 몸짓이나 도상적인 이미지로 표출될 수밖에 없기 때문이다.

트라우마 경험 기억은 트라우마에 대한 심상과 신체적인 감각이 담겨 있는 이야기로 서사화되어야만 온전하게 전달될 수 있다. 트라우마 경험 기억의 온전한 전달인 언어적 서사화를 통해 주체는 트라우마의 회복 혹은 치유의 길로 나아갈 수 있다. 트라우마 경험 기억의 언어적 서사화 과정에서 트라우마 주체는 사건 기억을 증언하고, 그러한 증언의 과정에서 감정적 격동을 표출하면서 해석의 행위를 할 수 있다. 감정적 격동의 표출과 해석은 주체에게 매우 고통스러운 것일 수 있다. 그러나 고통스러움 가운데 트라우마 경험 기억을 구체적인 사실로 기술하고, 그런 기억 경험 가운데 느꼈던 감정적 격동들이 진술되어야 한다. 물론 트라우마 기억의 서사화 과정에서 주체는 과거에 느낀 감정들을 단지 기술하고 있는 게 아니라 현재 그러한 감정들을 다시 체험하기도 한다. 현재적 체험에 의한 고통 때문에 주체는 트라우마 기억의 서사화를 포기할 수도 있다. 그렇게 되면 트라우마의 치유로 나아갈 수 없다. 고통스러움 가운데 트라우마 기억의 서사화가 이루어져야만 트라우마의 치유가 이루어질 수 있다. 트라우마 기억의 서사화 과정에서 주체는 운명의 잔인함, 즉 '왜 나인가?'라는 감정 속에 도무지 이해할 수 없는 삶의 고통에 직면한다. 그 고통에 직면한 채 주체는 다시 세계의 의미, 질서, 삶의 의미 등을 구축해야 한다. 그러한 구축을 통해 자아 효능감을 회복해야 한다.

 물론 주체가 트라우마 기억을 서사화하는 과정에서 트라우마 경험이나 기억이 모호하거나 부정확할 수 있다. 주체는 트라우마로 인해 상당 부분의 경험 기억들을 잃어버리거나 정확하게 기억하지 못한 채 사건 경험 기억들의 조각들에 의해 왜곡된 서사화를 할 수도 있다. 왜곡된 서사화가 일어나는 것은 주체가 트라우마 기억을 억제한 경우에 두드러진다. 그러한 경우에 트라우마 기억의 서사화에는 채워지지 않는 틈들이 생겨나며, 서사의 사실성에 대한 의문이 생길 수도 있다. 그러나 이때 중요한 것은 서사의 사실성이 아니라, 사건 서술이 부분적이고 불완전하더라도 그것이 타자에게 수용되는 것이다. 타자에게 수용되는 트라우마 기억의 서사화는 주체에게 안정감과 인정의 의미로 다가올 것이기 때문이다.

 트라우마 경험 기억이 강하면 강할수록 주체는 그 기억이 정확하지 않거나 그 기억을 부정하고자 한다. 트라우마 기억을 사실 그대로 받아들이는 것은 주체에게는 견딜 수 없는 것이기 때문이다. 이 때문에 주체는 트라우마 기억을 사실대로 말하고자 하는 욕구와 그것을 부정하고자 하는 양가성에 시달린다. 그러나 주체의 트라우마 기억이 증언되어야만 타자에게 이해되고 인정될 수 있다는 점을 고려한다면, 주체의 트라우마 기억은 사실대로 서사화되어야 한다. 그러한 서사화는 전환된 트라우마 이야기로서 "더 이상 수치심과 모욕이 아니며" 오히려 "존엄성과 가치"에 대한 것이다(주디스 허먼, 최현정 옮김, 2020:302). 존엄성과 가치에 대한 것으로 트라우마 기억의 서사화에는 '트라우마로 인한 상실 애도하기'가 포함되어야 한다. 물론 이러한 기억의 서사화에는 기억 너머에 있는 공포와 두려움과 직면 대면하는 힘겹고 고통스러운 과정을 동반한다. 그 과정은 트라우마 주체의 거부 반응이나 왜곡을 불러일으키기 쉽고, 트라우마를 야기한 사건 경험을 삶의 이야기로 통합하는 것이 쉬운 일은 아니기 때문이다.

기억하기를 통해 트라우마 경험을 재구성하는데 언어가 필요하듯이, 상실했던 것을 회복하는 단계에 필요한 애도 경험 역시 언어의 매개를 필요로 한다(박선화, 2013:218). 말로 표현할 수 없는 것을 말이나 글로 표현하면서 애도가 시작되기 때문이다. 프로이트에 따르면, 애도란 비탄의 정서를 외부로 드러내는 것으로 연인뿐만 아니라 조국, 자유, 이상 등 추상 관념까지도 포함한 대상 상실에 대한 반응이다(프로이트, 애도와 우울증). 애도의 작업은 상실한 대상에 대한 감정적 애착을 거두고 모든 리비도를 새로운 대상에 재투자하는 것이기 때문에, 트라우마 경험을 글로 쓰는 작업은 트라우마로 인한 대상의 상실과 감정적 애착의 상실을 글쓰기라는 작업을 통해 새로운 리비도를 생산하는 것이기도 하다. 대상 상실을 극복하는 '정상적 애도'를 이행하기 위해 애도자는 애도 대상과 관련된 드러내지 않은 이야기까지도 드러내어 기억에서 비워내야 한다(박선화, 2013:219). 대상의 기억을 지우기 위해서는 대상과 관련된 강렬한 기억을 지닌 대상물, 즉 사진이나 글과 같은 것이 필요하다.

트라우마는 불가피하게 상실을 불러일으키는데, 그 상실 때문에 주체는 극심한 비탄과 우울에 빠진다. 주체가 비탄과 우울에서 벗어나기 위해서는 상실에 대한 애도의 경험이 필요하다. 그러나 애도의 경험은 가장 필요하면서도 가장 힘든 과제이다(주디스 허먼, 최현정 옮김, 2020:313). 트라우마 주체들은 많은 경우에 애도하기를 거부한다. 두려움이나 자존심 때문에 상실과 애도하기를 거부하면서 주체들은 의식적 가장을 한다. 그러면서 자존심에 상처받은 자신에 대한 비탄과 우울에 빠져, 트라우마 경험을 새롭게 해석하지 못한다. 그런 상태에서 벗어나기 위해서는 상실했던 모든 것을 애도하면서 파괴되지 않은 채 살아남은 내면의 삶을 찾아내야 한다.

트라우마 주체의 애도하기를 방해하는 것에는 복수 환상, 용서 환상, 보상 환상 등이 있다. 이러한 환상들은 주체의 애도와 회복을 방해하면서, 주체의 극단적 자살시도나 심각한 우울증을 유발한다. 이런 상태에서 벗어나기 위해서는 고통스럽더라도 상실을 인정하고 그것을 애도하는 태도를 발현하는 것이다. 애도의 태도가 제대로 발현되지 않는다면, 제대로 애도가 이루어지지 않는다면 과거의 사건경험을 통째로 부정하는 자기 삭제가 이루어질 수 있다. 그렇기 때문에 주체는 제대로 된 애도하기를 통해 파괴되지 않고 살아남은 내면의 삶과 감정을 새롭게 발견하고 재구성해야 한다. 그런 발견과 재구성에 의해 주체는 애도가 주는 회복력을 얻을 수 있다. 물론 그런 발견과 재구성은 두려움을 불러일으키거나 트라우마를 상기시키는 과거의 고통스런 시간 속으로 주체가 침잠하게 만들 수 있다. 또한 주체가 애도로 침잠하면서 끝없는 눈물에 에워싸이게 만들 수 있다. 그러나 그런 고통의 과정과 시간들은 건너뛰거나 서둘러 끝낼 수는 없다. 트라우마 기억에 대한 되새김이 지나고 나면, 트라우마 기억의 서사화는 점차 감정의 격동이 아닌 안정 속에 이루어질 수 있다(주디스 허먼, 최현정 옮김, 2020:324). 감정의 격동이 아닌 안정 속에 이루어지는 트라우마 기억의 서사화는 트라우마 경험이 단지 경험의 일부였으며, 다른 기억들처럼 점차 희미해질 것임을 성찰하는 것이 될 수 있다. 이를 통해 주체는 트라우마 기억으로 인한 감정적 격동에서 점차 벗어나 트라우마 기억이 생의 이야기 가운데 그리 중요하지도 않고 특별하지도 않은 것이라는 인식으로 나아갈 수 있다.

물론 트라우마 기억은 주체에게 상습적 침투를 하면서 완전하게 언어로 재구성되지 않을 수 있다. 주체가 살아가는 인생의 새로운 단계마다 발생하는 새로운 갈등과 도전이 피할 틈 없이 트라우마를 상기시키면서 경험의 새로운 측면을 일깨워 줄 것이다. 그러나 주체는 트라우마 기억을 애도하면서 자신의 역사를 재생하고, 인생을 살아가는 데 새로운 희망과 힘을 가질 수 있다. 그런 과정 속에 시간은 흘러가고 트라우마 기억은 진정한 과거가 되며, 주체는 현재의 삶을 일으켜 세우고 미래의 열망을 추구하는 과제와 마주할 수 있다.

주체가 트라우마 기억을 애도하면서 그 기억을 서사화하여 미래를 생성하는 과제는 트라우마가 파괴한 과거의 자기를 새로운 자기로 발전시키는 것으로 연결하는 것과 관련된다. 이 발전은 과거의 관계에 대한 집착이 아닌 새로운 관계 형성과 발전에 기반을 두며, 새로운 신념에 의한 자기 세계의 재구성과 구축을 전제로 한다. 주체는 이제 보다 적극적으로 세상에 참여할 준비를 하면서 트라우마를 기반으로 한 성장을 수행해야 한다. 그 과정에서 주체는 다른 사람들과 다시 연결되어 트라우마 경험에 담긴 의미를 삶에 통합시켜야 한다. 힘과 통제력을 증진시키고 세상에 적응하고 세상과 싸우는 방법을 배워야 한다. 세상과 싸우는 방법은 트라우마에 의해 부서지고 파편화된 행동 체계를 다시 구축하여 자기 방어를 위한 훈련을 하는 과정에서 터득된다. 아울러 과거의 트라우마에 종속되지 않는 가운데 자기 자신과의 화해를 도모해야 한다. 자기 자신과의 화해를 통해 주체는 자기의 주인이 자기 자신임을 인식하면서, 이상적인 자기(ideal self)를 생성해야 한다(주디스 허먼, 최현정 옮김, 2020:336). 이상적인 자기의 생성을 위해 주체는 상상과 환상을 적극적으로 활용하여 자유를 얻은 자신의 능력을 충분히 발휘해야 한다. 그러한 능력의 발휘를 통해 주체는 원래의 희망과 꿈을 재설정하는 성장을 실현할 수 있다. 그 과정에서 주체는 트라우마 경험으로 다져진 자기의 긍정적인 측면들을 인식하면서 자기, 타자에 대한 인정과 존경의 태도를 증진할 수 있다. 자기, 타자에 대한 인정과 존경의 태도를 통해 주체는 타자와 공감적 관계를 형성하는 '연결하기'를 성공적으로 할 수 있다. 타자와의 연결하기를 통해 주체는 타자와 깊이 있는 관계를 형성하면서 친밀성의 관계 속에 정체성을 새롭게 형성할 수 있을 것이다.

4) 우울과 슬픔의 증언과 타자의 현존성 이해

임태희의 《나는 누구의 아바타일까》에는 친족 관계에 의한 성폭력을 표상하여 우울과 슬픔의 증언과 타자의 현존성 이해에 대한 토대를 제공하고 있다. 이 소설은 몸의 주인권을 빼앗긴 여자 아이들을 주인공으로 설정하여, 세상의 부조리를 지적하고 세상을 향해 실컷 울분을 표출하는 그들의 삶을 표상하고 있다. 그들의 삶은 성폭력으로 인한 트라우마로 인해 겪는 고통과 좌절, 분노에 의해 찢겨지고 파괴되었지만, 점차 슬픔과 고통의 애도를 통해 트라우마를 극복하는 양상을 보인다. 이 소설에서 주인공들이 겪는 성폭력의 트라우마는 가족 내에서 이루어진 가족 트라우마, 침묵의 트라우마와 관련된다. 자신의 트라우마를 표현할 수 없는 이중의 고통을 겪으면서 소설의 주인공들은 상당 기간 동안 방황하면서 우울한 삶을 살아간다. 그러나 그들은 비록 방황하고 고통받지만, 점차 슬픔과 고통의 애도를 통한 자기 이해에 도달하면서 새로운 삶의 방향성을 정립한다.

이 소설의 주인공 영주는 아빠가 사망한 후 집안의 경제적 사정 때문에 고모네 집에 얹혀살게 되었는데, 거기서 사촌 오빠로부터 성추행을 당한다.

> 내 몸은 시공간을 거슬러 재작년 여름, 고모네 집으로 옮겨갔다. 팬티 속으로 오빠의 손이 들어왔다. 한여름이었는데도 오빠의 손은 차디찼다. 열다섯의 나는 숨을 죽이고 자는 척했다.(중략)
> 눈을 뜨고 오빠를 볼 자신이 없었다. 눈을 감고 있으면 허락하는 것처럼 보일 거라는 걸 알았지만 겁이 났다. 그런 나를 오빠는 비웃기라도 하듯 자꾸만 손톱으로 긁어댔다. 눈을 뜰 수 있다면 떠 보라는 식으로. 악마. 내 고통을 즐기는 오빠는 악마다(136-137).

경제적 형편 때문에 고모네 집에 얹혀살게 된 열다섯 살의 영주는 대학생인 사촌 오빠로부터 성추행을 당하지만, 저항할 수 없었다. 그것은 고모네가 영주네보다 경제적 권력이 컸기 때문이다. 이와 같이 친족 관계에 의한 성폭력에는 가족 내의 권력 관계가 작용하는데, 그 때문에 피해자는 평화를 잃는 것에 대한 두려움과 체면 손상 때문에 피해 사실을 은폐한다. 그러한 은폐는 가족 트라우마에서 나타나는 침묵의 트라우마와 관련되며, 침묵의 트라우마 때문에 피해자는 가까운 가족에게 당했다는 상처를 가족들에게 말하지도 못하면서 자신의 상처를 외면하는 가족에 대한 신뢰감을 상실한 채 분노와 적개심 등과 같은 감정적 격동에 빠진다.

영주는 사촌 오빠로부터 성추행을 당한 트라우마 때문에 고통 받으면서, 그것을 제대로 치유하지 못한 채 점차 삐뚤어져 간다. 그 때문에 영주는 사촌 오빠에 대한 분노뿐만 아니라 자신의 상처를 외면하는 엄마나 고모에 대한 적개심을 가진 채, 자기 몸에 대한 학대의식 속에 가출한다. 그의 이런 행위는 친족에 의한 성폭력 때문에 겪게 된 트라우마를 치유할 수 없는 감정적 격동의 상태에서 적절한 안정과 위로를 얻지 못한 채 극도의 우울에 빠진 자학의 결과이다.

"영주야, 이제 어리광 그만 피워. 네 몸은 너 하나만의 몸이 아냐. 얼마나 귀한 건데. 무슨 일이라도 생기면 어쩌려고 함부로 집을 나가고 그래. 세상일이 네 뜻대로 안 된다고 화낼 것 하나 없어. 뭐든 다 네 맘대로 되면 좋게? 그런 억지가 어딨니? 엄만……."
엄마는 여기까지 말하고는 한숨을 길게 내 쉬었다. 그러곤 거의 들릴락 말락 한 목소리로 이렇게 말했다.
"엄만…… 살고 싶지 않았다……. 그래도 이렇게 살고 있잖아."
나는 눈꺼풀을 아래로 떨어뜨리고 "응, 응." 했다(208).

영주는 가출 후 늦게나마 자신의 상처를 어루만져 주는 엄마와의 대화를 통해 자신이 겪은 성폭력의 트라우마에 대한 이해와 인정의 감정을 갖게 되면서 새삼 '산다는 의미'를 성찰한다. 그것은 영주가 늦게나마 성폭력의 트라우마로 인한 우울과 슬픔을 증언하고, 엄마로부터 안정애착을 느끼면서 자신의 현존성을 인정받았기 때문에 가능한 것이다. 이러한 성찰을 통해 영주는 엄마를 비롯한 타인에 대한 분노와 자학에서 벗어나 자기 몸의 주인됨을 점차 인식하면서, 친족의 성폭력으로 인한 트라우마를 재체험하면서 그것을 애도할 수 있게 된다. 영주는 비록 성폭력으로 인한 트라우마를 겪었지만, 그것에 대한 애도와 말하기를 통해 미래의 삶을 새롭게 설계하고 희망을 찾는 '외상 후 성장'을 도모할 수 있게 되었다.

한편 이 소설에서 영주와 마찬가지로 친족 관계에 의한 성폭력을 경험한 인물은 이손이다. 이손은 아버지로부터 성추행을 당한 후 극도의 자기혐오 속에 살아간다. 이손이 극도의 자기혐오에 빠진 것은 가족 트라우마를 겪었지만 침묵을 강요당하는 이중의 고통 속에서, 그러한 트라우마와 고통을 치유할 수 없는 가능성을 얻을 수 없었기 때문이다. 아울러 아버지라는 친족에 의한 성폭력의 트라우마의 경험을 타인에게 말할 수 없는 상황에서 트라우마로 인한 분노를 타인이 아닌 자신에게 돌릴 수밖에 없는 자학적 상황에 놓여 있었기 때문이다.

검은 손은 움직임을 멈추었다. 그리고 몸을 움찔거렸다. 그는 몸을 추슬러 일어서더니 태연히 자신의 손 냄새를 맡았다. 그러고는 상을 찡그렸다. 마치 세상에서 가장 더러운 것을 만진 것처럼. 수치심이 차올랐다. 억울했다! 감염된 것을, 더렵혀진 것은 그가 아니라 나였다(149).

친족인 아버지로부터 성추행을 당한 이손에게 아버지의 손은 '검은' 것으로 인식된다. 검은 것으로 아버지의 손은 더러운 것이지만, 그것을 말할 수 없었기 때문에 이손은 자신이 감염되고 더렵혀진 것으로 인식한다. 이러한 인식은 이손에게 수치심을 유발했고, 그러한 수치심 때문에 이손은 자학의 상태에 빠진다. 그런 자학의 상태에서 이손은 아버지에 대한 증오감을 가지면서 자신의 손을 스스로 짓이겼다. 이손의 이런 자학성은 성폭력의 가해자와 함께 있음으로써 안정감을 획득할 수 없을뿐더러, 성폭력으로 인한 트라우마를 해소할 방법을 전혀 갖고 있지 못했기 때문이다.

이손은 친족인 아버지로부터 성추행을 당한 상처 때문에 스스로 문틈에 자신의 손을 넣어 짓이겼다. 이손의 이런 자학적인 행위는 아버지의 성폭력으로 인한 트라우마 사건 경험 때문에 갖게 된 분노를 타자가 아닌 자신에게 향하는 것으로, 자해적인 행위를 통해 아버지에게 처절하게 복수하고자 하는 의식에서 연유한다. 이런 자해적 복수 속에 이손은 아버지를 부정하면서 고아의식을 갖는다. 그러한 고아의식 속에 이손은 자신과 어머니를 버리고 자신을 성추행한 아버지에 대한 분노로 인해 강간외상증후군(Rape Trauma Syndrome)에 시달린다.

강간외상증후군은 강간 이후에 수일에서 수 주간 지속되는 공포, 무력감, 불신, 죄의식, 창피함, 당황, 분노, 자학 등의 정신적·육체적 증상을 말하는데(주디스 허먼, 최현정 옮김, 2007:64), 이손도 부정적인 자기 인식 속에 자학 상태에 빠진다. 자학 상태에서 이손은 여러 사람들이 보는 앞에서 아버지를 욕한다. 그런 이손의 행위는 트라우마의 가해자인 아버지에 대한 복수이며, 그가 할 수 있는 최선이었다. 이손은 그 누구에게도 자신의 트라우마 경험을 말할 수 없는 침묵의 트라우마에 시달리고 있기 때문이다.

한편 아버지에게 당한 상처를 안고 살아가는 이손을 만난 영주는 이손에게서 자신의 또 다른 얼굴을 보면서 그녀에 대한 환대의식을 가지며, 그러한 환대의식 속에 비록 성폭력이라는 트라우마를 겪었지만 살아가야 하는 존재로서 몸의 소중함을 인식해야 함을 깨닫는다. 그런 깨달음을 통해 영주는 이손과 연대감을 형성하면서, 이손이라는 타자의 고통이 자신과 무관하지 않음을, 레비나스가 언급한 것처럼 타자의 고통을 온몸으로 받아들이는 타자 지향의 윤리를 갖는다. 이러한 타자 지향의 윤리를 통해 영주는 이손에게 몸의 소중함을 일깨운다. 그들이 몸의 소중함을 인식하게 된 것은 그들이 겪었던 성폭력의 트라우마로 인한 상처와 고통을 서로의 일그러진 얼굴을 통해 보게 되었기 때문이며, 그 과정에서 서로를 환대하는 연대와 연민의 의식을 갖게 되었기 때문이다. 아울러 이손이 늦게나마 친족에 의한 성폭력으로 인한 슬픔과 우울을 영주에게 증언하면서 성폭력의 상처에 대한 적절한 애도를 하고, 그 과정에서 '외상 후 성장'을 지향할 수 있는 힘을 얻었기 때문이다.

이손과 영수가 '외상 후 성장'을 지향할 수 있었던 것은 그들이 경험한 친족에 의한 성폭력의 트라우마에 대한 애도하기를 수행하고, 그 과정에서 미래의 삶에 대한 객관화를 할 수 있었기 때문이다.

"지금 네 몸의 주인은 바로 너야, 이손 과거에도 너였고 앞으로도 그럴 거야. 검은 손이 네 몸을 잠시 희롱했을지라도 네 몸을 영원히 가진 거는 아니잖아. 네 몸을 가졌다고 착각했을 뿐이야. 교만이지. 어리석은 자야. 사실 몸은 엄밀히 말해 가질 수도 통제할 수도 없는 거니까. 세상이 아무리 네 몸을 짓밟아도 네 몸은 어느 누구 것도 아닌 것, 아니 너 그 자체니까."(216)

자기 몸의 주인됨을 자각하는 것은 '아파하는 나(home patiens)'에서 '생각하는 나(home sapiens)'로 성숙해지는 것과 연결된다. 영주는 자신의 트라우마를 서서히 극복하면서 자신과 마찬가지의 상처를 안고 있는 이손에게 몸은 그 누구의 것도 아닌 자신의 것임을 말하고 있기 때문이다. 영주의 이러한 인식은 점차 '아파하는 나'에서 '생각하는 나'로 전환하면서 트라우마로 인한 상처와 고통을 객관화하고 그것을 극복하고자 하는 시도를 드러낸다. 그렇기 때문에 그들은 심리적인 안정을 이끌어내려는 노력, 즉 잃어버린 '자기감(sense of self)'의 새로운 형성을 위한 시도(주디스 허먼, 최현정 옮김, 2007:99)를 수행한다.

영주는 과거의 트라우마를 점차 지우면서 새로운 희망과 시작을 꿈꾼다. 영주가 그런 희망을 꿈꾸게 된 것은 비록 트라우마로 인한 상처를 안고 있지만, 그 상처에 언제까지나 함몰될 수는 없다는 자기 인식과 타자 지향의 윤리를 가졌기 때문이다. 이 때문에 영주는 점차 '잃어버린 자기감'을 얻으면서 '누구의 아바타도 아닌' 스스로 성장하는 존재가 된다.

8. 우울의 극복을 위한 삶의 서사화와 실존

1) 사건 경험 기억과 트라우마의 서사화

미리 예측하거나 대비할 수 없고, 회피할 수 없었던 사건으로 인해 마음에 가해진 보이지 않는 상처를 뜻하는 트라우마(trauma)는 전쟁이나 재앙, 죽음, 사고 등과 같은 극단적인 충격에 의해 발생한다. 정신에 극단적인 충격을 받은 개인은 극단적인 사건 경험을 정상적인 의식에 편입하지 못하고 이탈(dissociation)하여 무의식에 사건 경험과 기억을 억압한다. 그러나 억압된 사건 경험과 기억은 개인에게 끊임없이 환각, 악몽, 플래시백(flashback) 등의 형태로 돌발적으로 재귀한다(전진성, 2007:218). 사건 경험 기억이 환각, 악몽, 플래시백 등과 같은 '영상'에 습격당하는 트라우마를 겪음으로써, 사건 경험 주체는 수시로 그 영상 속에 자신을 끌어넣고 그 영상의 무대에 갇혀 트라우마적 사건을 재연한다(유홍주, 2015:366). 이러한 재연의 반복에 의해 사건 경험 주체는 과거의 사건이 마치 다시 일어나는 듯한 생생한 감각을 스스로 연출하면서, 그것이 주는 충격에서 벗어나지 못한다. 트라우마적 사건의 압도적인 상황에 사로잡혀 사건 경험 주체는 적절하게 영위하지 못한다. 트라우마적 사건 경험과 그 기억에 압도된 사건 경험 주체가 그러한 사건 경험을 극복할 수 있는 자기 방어 수단을 갖고 있지 못하기 때문이다.

주디스 허먼에 따르면, 트라우마를 겪는 사람은 과각성(hyper-arousal), 침투(intrusion), 억제(constriction) 등의 증상을 보인다(주디스 허먼, 최현정 옮김, 2020:70)[24]. 사건 경험 기억으로 인한 트라우마를 겪는 사람이 드러내는 과각성, 침투, 억제 등의 증상은 그의 자기 방어 수단을 무력화시키면서, 외상 후 스트레스 장애를 지속적으로 강화한다. 그런 상황에 있는 개인은 무력감, 분노와 좌절 등의 감정적 격동에 시달리고, 적절한 치유가 이루어지지 않을 경우 심각한 정신 장애를 입게 된다. 트라우마는 단순히 시간이 흐른다고 해서 치유되지 않는다. 트라우마를 유발한 끔찍한 사건 경험의 기억이 침식되지 않고 신체에 각인되어 영원히 망각되지 않기 때문이다.

극단적인 사건 경험 기억에 의한 트라우마를 치유하기 위해서는 안전의 확립, 기억과 애도(사건 경험 기억의 서사적 재구성), 생존자와 공동체 사이의 연결 복구가 필요하다(주디스 허먼, 최현정 옮김, 2020:260). 안전의 확립은 트라우마를 겪은 사람이 편안한 상태에서 삶의 의미를 발견할 수 있게 하는 환경의 조성과 관련된다. 트라우마를 겪은 사람이 삶의 의미를 발견하기 위해서는 상당한 시간이 필요하며, 그러한 시간 속에 감정적 격동이 일어나지 않도록 하는 분위기와 환경이 마련되어야 한다. 트라우마를 겪은 주체와 공동체 사이의 연결 복구는 강력한 사회적 지지와 관련되는데, 부모나 친구, 이웃 등에 의한 사회적 지지에 의해 트라우마를 겪은 사람은 자신의 상처가 타인들에게 이해되고 있음을 인식해야 한다.

한편 기억과 애도는 트라우마를 겪은 사람이 무의식에 억압시킨 사건 경험들을 언어로 서사화하는 것과 관련된다. 기억하기는 언어적 서사화를 통해 구체화되고, 그 과정에는 트라우마적 사건 경험에 대한 애도가 작용하기 때문이다. 트라우마적 사건 경험을 언어로 서사화하는 것은 사건 경험에 대한 기억을 과거 그대로 재현하는 것이 아니라 '지금-여기'의 상황에서 새롭게 해석하고 의미화하는 것이다. 과거의 사건 경험 기억은 새롭게 해석되고 의미화됨으

---

[24] 극단적인 사건 경험 이후에 그러한 사건이 언제 또 일어날지 모른다는 불안과 두려움으로 인해 위험에 대한 경계 상태가 계속되는 것이 과각성의 상태이다. 과각성의 상태에 있는 사람은 사소한 일이나 사건에도 민감한 반응을 보이며, 예상하지 못한 자극에 대해 심하게 놀라거나 갑작스런 화를 낸다. 극단적인 사건 경험 이후 상당한 시간이 흘렀음에도 불구하고, 마치 현재에도 그러한 사건이 계속해서 일어나고 있는 것처럼 과거의 사건 경험을 지속적으로 재경험하는 것이 침투의 증상이다. 과거의 사건 경험을 지속적으로 반복하여 재경험하는 개인은 강렬한 정서적 고통을 겪는다. 이런 정서적 고통 속에 개인은 계속해서 공포감, 무력감, 분노감에 반복해서 시달린다. 한편 극단적인 사건 경험에 의해 트라우마를 겪는 사람은 정서적 고통을 피하고 자신을 보호하려는 시도를 하는데, 이러한 자기 보호의 시도는 회피와 억제의 형태로 드러난다(주디스 허먼, 최현정 옮김, 2020:71-91).

로써 그것의 서사화가 타자에게 소통될 수 있는 가능성을 얻는다. 트라우마적 사건 경험을 언어로 서사화하는 행위는 트라우마를 겪은 사람이 자신의 사건 경험 기억이 갖는 의미를 애도의 태도로 드러내어, 그것이 타자와의 소통을 통해 이해받고 애도받는 것을 전제하기 때문이다. 타자에게 이해와 애도를 받음으로써 트라우마를 겪은 사람은 삶의 의미를 새롭게 조망할 수 있는 가능성을 얻을 수 있다.

따라서 트라우마적 사건 경험과 기억을 서사화하여 타자와 나누어 가지는 것은 삶의 과거와 현재에서 경험한 폭력성에서 벗어나고자 하는 몸부림이며, 그러한 몸부림의 과정에서 트라우마 주체와 타자는 공유적 자아의 세계로 나아갈 수 있다. 공유적 자아로서의 정체성은 타자와의 관련 속에서 자기 발견, 자기 방향성 등으로 구체화된다. '나는 누구인가?'라는 질문은 본질적으로 타자와의 관련 속에서 자기를 발견하고 의미를 규정하는 행위와 연관되며, 그러한 행위는 궁극적으로 타자를 통한 상호주관적인 인식을 전제로 하는 윤리성을 전제로 하기 때문이다. 역사적인 존재로서 자신의 존재성에 대한 질문과 응답의 과정을 통해 주체는 타자와의 맥락 속에서 자기 이해와 자기실현을 할 수 있다.

기억을 언어로 서사화하는 행위는 화자와 청자 혹은 화자와 독자 간의 관계가 주종관계가 아니라 공동으로 기억을 서사화하는 것을 전제로 한다(오카 마리, 김병구 옮김, 2004:132). 트라우마적 사건 경험에 대한 기억을 타자에게 언어화하는 행위는 단순히 언어화되는 것을 넘어서서 타자에게 이해되고 공유되는 것을 필요로 한다. 트라우마적 사건 경험 기억을 언어화하는 것은 그것을 타자가 이해해 주고 애도해 주기를 바라는 절실함을 바탕으로 하기 때문이다. 그 때문에 사건 경험의 기억과 그것의 서사화는 타자와 맺는 관계성 속에서 구체성을 띠며, 기억의 서사화 과정에서 생겨나는 감정적 격동의 치유 및 정체성 형성과 밀접한 관련을 가질 수밖에 없다. 트라우마적 사건 경험의 기억과 그것의 서사화는 '사건'과 '기억'을 타자와 나누어 갖는 행위를 필요로 하며, 그 과정에는 반드시 기억과 애도, 감정적 격동의 치유와 정체성 형성의 문제가 대두되기 때문이다.

트라우마적 사건 경험의 기억은 주체의 의지와는 관계없이 폭력적으로 침입해 오는 경우가 많으므로(오카 마리, 김병구 옮김, 2004:143), 그러한 기억의 침입 과정에서 트라우마적 사건 경험에 대한 자신의 서사를 지켜내는 것은 서사적 존재로서 정체성을 형성하는 기투를 필요로 한다. 그 기투의 과정에서 주체'는 기억의 폭력성에서 벗어나 사건의 존재와 경험의 기억, 타자의 존재, 그리고 그 과정에서 형성되는 서사적 정체성을 표상할 수 있는 가능성을 얻는다. 바로 그 점이 끔찍한 사건 경험 기억의 서사에 나타난 인물의 감정적 격동과 서사적 정체성이 새롭게 해석되어야 하는 이유이다.

사건 경험 기억의 서사화를 통해 주체는 자신의 트라우마와 고통의 경험이 주는 의미를 인식하면서, 그러한 경험 후에 어떤 삶의 의미를 설정할 것인가 라는 삶의 목적을 마련할 수 있는 가능성을 얻는다. 아울러 트라우마 사건에 대처하는 긍정적인 전략을 마련하여, 삶의 의미 발견과 삶의 목적을 추구하는 실천을 할 수 있다. 그 실천은 사건 경험으로 인한 트라우마 치유의 종착점인 성장을 가능하게 할 것이다.

그런데 사건 경험 기억의 서사화는 주체의 직접적 언술을 통한 '사실'로서 이루어질 수 있지만, 기억의 증언을 위해 허구적 형식인 소설을 통해서도 이루어질 수 있다. 소설에서의 사건 경험 기억의 서사화는 화자를 매개로 하여 사건 경험 주체의 기억을 허구적으로 증언하면서, 독자가 공감적 이해를 통해 사건 경험 주체의 기억에 나타난 트라우마와 고통을 애도할 수 있게 한다. 그 때문에 소설에 구현된 사건 경험 기억의 서사화는 독자가 그 어떤 사실보다도 더 핍진성있게 작중인물의 감정적 격동을 연민과 애도의 태도로 이해하면서 삶에서의 트라우마를 치유할 수 있는 방편을 마련할 수 있게 한다. 그것은 작중인물의 사건 경험 기억의 서사화가 '심미적 구조'[25]를 갖는 데서 연유한다. 심미적 구조에 의해 작중인물의 사건 경험 기억의 서사화는 완결한 이야기로서 독자의 상상력을 통해 이해되고 해석될 수 있다. 심미적 구조를 갖지 못한다면, 독자는 그러한 서사를 상상력을 통해 이해하고 해석하는데 한계를 느낄 수밖에 없기 때문이다. 그러므로 독자는 상상력과 연민의 감정으로 심미적 구조를 갖는 작중인물의 사건 경험 기억의 서사화를 타자만의 문제가 아닌 자신의 문제로 연계하고, 그러한 연계를 통해 작중인물과 소통하면서 자신의 삶에서 일어나는 감정적 격동과 트라우마, 치유 등을 위한 방편들을 마련하는 노력을 할 수 있다.

소설에 구현된 작중인물의 사건 경험 기억의 서사화와 감정적 격동, 그리고 트라우마는 독자가 삶에서 일어나는 감정적 격동을 이해하는데 실제 사실의 서사화보다 더 의미 있는 기능을 할 수 있다. 소설에 구현된 작중인물의 사건 경험 기억의 서사화와 감정적 격동, 그리고 트라우마는 개연성과 핍진성을 통해 독자에게 진정성을 전달하면서 삶에서 일어나는 다양한 트라우마적 사건 경험과 기억의 서사화, 그리고 트라우마를 연민과 애도의 태도로 이해할 수 있는 토대를 제공하기 때문이다.

---

[25] 심미적 구조는 서사를 가장 적절하게 처음과 중간과 끝의 관계로 배분함으로써 달성된다(한용환, 2002:299). 서사를 처음과 중간과 끝의 관계로 배분하는 것은 시간체계에 의존하며, 사건 경험 기억의 서사화에서 경험 사건의 시간과 언술 사건의 시간의 불일치로 발생하는 시간모순 현상은 심미적 구조가 부각될 수 있게 한다. 특히 열린 결말에 의한 사건 경험 기억의 서사화는 작중인물의 트라우마와 고통에 대한 독자의 열린 태도를 요구하기 때문이다.

8. 우울의 극복을 위한 삶의 서사화와 실존

2) 사건 경험 기억의 서사화에 나타난 인물의 트라우마

　사건 경험 기억은 개인의 삶에 지극한 트라우마와 고통을 남기는 경우가 많다. 특히 사건의 발생이 이해불가능한 것이고, 야만적인 폭력을 야기한 사건 경험의 기억이 몸이 각인되어 지속적인 공포와 고통을 야기할 때, 그 사건 경험의 기억은 개인의 삶에 치명적인 트라우마를 준다. 치명적인 트라우마(trauma)를 주는 사건 경험의 기억은 '사람들 사이에서 살아감'을 의미하는 삶 자체를 파괴한다. 이런 점에서 볼 때, 최윤의 「저기 소리 없이 한 점 꽃잎이 지고」는 사건 경험 기억의 서사화를 통해 주체의 트라우마와 고통을 연민과 애도의 태도로 이해하기에 적절한 자료라 할 수 있다. 이 소설은 1980년 5월에 발생한 광주사건이라는 사회적 사건이 어린 소녀의 내면에 준 지독한 트라우마와 고통을 표상하여, 사건 경험 기억의 서사화에 나타난 작중인물의 감정적 격동을 효과적으로 살펴볼 수 있게 한다. 따라서 이 소설은 사건 경험 기억의 서사화에 나타난 작중인물의 트라우마와 서사적 정체성을 연민과 애도의 관점에서 논의하기 위한 자료로서 적절성을 갖는다고 할 수 있다.

　최윤의 「저기 소리 없이 한 점 꽃잎이 지고」는 '장 씨', 소녀, 소녀를 찾는 '우리' 등을 각기 초점화자로 설정하여, 한 소녀가 경험한 광주사건, 어머니의 죽음과 죄의식 등을 사건 경험 기억의 침습적 침투로 인해 극심한 트라우마를 겪는 소녀의 망가진 삶을 통해 정교하게 직조하고 있다. 이를 통해 이 소설은 광주사건 경험의 끔찍한 기억으로 인해 트라우마를 겪으면서 타자와 관계의 그물망을 형성하지 못하는 소녀가 '이미 삶을 잃어버린 죽은 존재'(이덕화, 2008:213)임을 말하고 있다. 또한 한 소녀의 내면에 억압적인 상흔이나 강박으로 끊임없이 간섭하는 비인간적인 폭력의 의미를 황폐해진 영혼과 육체라는 시니피앙으로 변주하고 있다. 그 변주 속에 사건의 실체는 가려져 있고, 사건으로 인한 비극적 울림의 징후들만 도처에서 시니피앙으로 재현된다. 그 재현을 통해 순결한 영혼의 소유자였던 어린 소녀의 비극적 트라우마는 큰 파장의 울림을 갖게 된다.

　이 소설에서 광주사건은 현실을 개념적으로 이해하기 어려운 소녀에게 충격적이고 불합리한 것이었기에, 소녀는 광주사건의 경험과 그 기억을 이해할 수 없었으며 상황의 불가해성에 의한 상처와 고통을 온전히 견뎌내야 했다. 그 때문에 소녀는 광주사건 경험 기억의 침습적 침투로 인한 상처와 고통을 견뎌내지 못하고 정신분열을 앓게 된다. 정신분열을 앓는 소녀에게 광주사건의 경험 기억은 도저히 발화될 수 없을 정도의 공포를 주었으며, 그러한 폭력적 상황의 공포는 소녀만큼 큰 덩치로 불어나 소녀를 공격하는 '딱정벌레'나

'괴물'로 은유화된다(이덕화, 2008:213). 그러한 공포 속에 소녀는 광주사건 경험의 기억과 트라우마를 몸에 각인시킨 채, 자학적인 태도와 침묵으로 지옥의 시간들을 살아간다.

소녀는 끔찍한 사건 경험 기억으로 인한 트라우마와 고통이 너무나 컸기 때문에 타인과 소통하지 못하고 경험의 과다 기억으로 인한 폐제(廢除, forclusion)26)의 상태에서 광기의 정신병에 시달렸다. 소녀가 끔찍한 사건 경험에 대한 망각을 충분히 하지 못했기 때문이다. 기억과 쌍둥이처럼 작동하는 망각은 새로운 활동을 통한 기억의 생성을 가능하게 하면서, 트라우마 사건으로 인한 고통과 슬픔을 잊을 수 있게 한다. 망각은 새로운 활동을 통한 기억의 생성과 사건 경험으로 인한 고통과 슬픔의 해소를 가능하게 조형적 힘을 갖기 때문이다. 그런데 소녀는 사건 경험에 대한 기억의 과잉으로 인해 사건 경험 기억의 고통과 두려움, 공포 등이 끊임없이 현재로 회귀해오는 상황에 있었다. 그 때문에 소녀는 사건 경험 기억을 말로 서사화하는 것이 불가능하며, 의미화가 불가능한 사건 경험은 다른 사람들에게 공유되지 못했다.

광주사건 경험의 기억으로 인해 영혼과 육체의 피폐함을 감당해야 했던 어린 소녀의 트라우마는 사건 경험 기억의 서사화인 내적 독백에 그 실상이 드러난다. 살아있는 자가 살기를 포기한 것과 다름없었던 소녀는 그날의 사건 경험을 대화가 아닌 내적 독백으로 표현한다. 기억을 말로 서사화할 수 없을 정도로 고통스러웠던 사건 경험 기억이 소녀의 무의식 속에 억압된 채, 사라지지 않는 상흔(trauma)을 남겼기 때문이다. 소녀가 광주사건 경험 기억과 상흔을 말로 서사화하기 위해서는 인위적인 기억작업이 이루어져야 했다. 그러나 소녀는 기억과 상흔을 말로 표현할 수 없을 지경에 처했기 때문에, 소녀의 기억과 상흔은 화자의 언술 전략을 통해 드러날 수밖에 없다. 침묵할 수밖에 없는 소녀의 상흔을 표상하기 위해 화자는 소녀의 내적 독백을 들려주는 언술 전략을 구사하여 소녀의 순결한 영혼과 대비되는 극도의 비인간적 폭력과 그로 인한 소녀의 상흔과 고통이 갖는 현재성을 드러낸다.

소녀의 내적 독백은 2, 4, 7, 9장에 제시되고 있는데, 그 장들에서의 내적 독백은 정신 분열 속에서도 '엄마의 죽음'과 엄마에 대한 죄의식을 오빠에게 말해야 한다는 소녀의 의식을 드러낸다. 화자가 소녀의 내적 독백을 통해 광주사건 경험의 끔찍한 기억을 언술하는 것은 말할 수 없는 사건도 말해져야 하며, 사건의 내부에 있었기 때문에 말할 수 없는 소녀를 대신하여 타자로서

---

26) 주체는 '아버지의 이름'을 받아들임으로써 상징계로 진입할 수 있는데, 오이디푸스콤플렉스 극복과정에서 '아버지의 이름'이 제대로 자리 잡지 못하고 거부될 때, 주체는 상징계의 질서에서 추방되어 전혀 존재하지 않는 것처럼 된다. 이런 상태에 놓인 주체는 사회 질서나 규범에 적응하지 못한 채 사회에서 배제되고 추방된다. 이런 상태에 놓인 주체는 결국 광기의 정신병에 시달리는 폐제 상태에 놓인다(아니카 르메르, 이미선 역, 『자크 라캉』, 문예출판사, 1994, 333-334).

8. 우울의 극복을 위한 삶의 서사화와 실존

소녀의 사건 경험 기억의 고통과 상처를 말해야 했기 때문이다.

소녀에게 광주사건의 비극성은 엄마의 죽음에 대한 기억, 살아남기 위해 엄마의 손아귀에서 자신의 손을 빼냈던 감촉으로 기억되는 죄의식에서 연유한다. 소녀의 죄의식은 '검은 휘장'으로 은유화되어 나타나고, 실체를 헤아릴 수 없지만 끔찍한 사건 경험의 공포는 '딱정벌레'에게 쫓기는 꿈, 한밤 중 덤불 속에 자신을 버린 장정들에 대한 두려움, 끊임없이 시달리는 괴물에 대한 환상 등으로 나타난다(이덕화, 2008:214). 그런 죄의식, 공포, 두려움 등은 소녀의 나이로는 감당할 수 없는 것이기에 소녀는 현실과 환상을 구분하지 못한 채 광기의 방에 갇혀 타인과 소통하지 못하고 '그날'의 사건 경험에 의한 고통의 기억을 반복해서 재연한다.

'그날'의 상처가 몸에 각인되어 고통을 겪는 소녀가 고통의 기억을 반복해서 재연하는 것은 문장으로 되어 나오는 발화가 아니라 내적 독백을 통해서이다. '그날'의 사건 경험의 공포와 두려움, 엄마에 대한 죄의식 등으로 인해 소녀는 사건 경험의 기억을 쉽사리 되살려 내지 못하고, 문장으로 발화하지도 못한다. 이는 소녀의 '그날'의 사건 경험 기억이 "언어적인 이야기체와 맥락이 결여되어 있고, 생생한 감각과 이미지의 형태로만 입력되어"(주디스 허먼, 최현정 옮김, 2020:75) 있기 때문이다. 소녀는 문장을 통해 타인과 소통을 하지 못하지만, 말하지 않고는 견딜 수 없는 고통 때문에 내적 독백을 통해 사건 경험 기억을 단편적으로 서사화한다.

엄마 없이 살 수 없었던 어린 소녀에게 '엄마가 죽던 그날'의 사건은 느닷없이 아무런 예고도 없이 일어났기 때문에, 소녀는 그 사건 경험을 극복할 정신적 방어 체계를 전혀 갖고 있지 못했다. 그 때문에 엄마가 죽던 그날의 사건 경험 기억에 갇힌 채 소녀는 엄마의 죽음이 자신 때문이라는 강박에 시달린다. 강박에 시달리면서 소녀는 자신에 대한 가학적 태도로 자신의 존재를 부정한다. 엄마가 죽던 순간에 경험한 사건의 기억이 침습적으로 침투하기 때문에 소녀는 자신의 살아있는 동안에는 '머릿속의 속삭임'과 "영사기처럼 철컥철컥 돌아가면서 춤추며 맞부딪치는 사진들", 즉 기억의 순간과 장면들이 사라지지 않을 것임을 알고 있다. 소녀가 이처럼 엄마의 죽음이라는 사건 경험 기억의 침습적 침투에 시달리면서 정신적 광기를 얻게 된 것은 '엄마 손아귀의 뼈마디'라는 구체적인 촉감이 지속적으로 고통스런 기억을 매개하기 때문이다. 고통스런 기억으로 인한 강박과 자책에서 벗어나기 위해 소녀가 마련한 장치는 '검은 휘장', 즉 기억의 왜곡이다. 이 장치는 소녀가 엄마에 대한 죄의식에서 벗어나기 위해 스스로 만든 기억의 '억제'를 구현한다.

소녀는 엄마가 총에 맞아 죽자 너무나 무섭고 두려워 도망치기 위해 엄마가 움켜쥐고 있던 자신의 손을 빼기 위해 엄마의 팔을 발로 짓밟아야 했다.

또한 살아남기 위해 엄마를 비롯한 죽은 사람들의 얼굴을 밟으며 도망쳐야 했다. 살아남기 위해 엄마의 손을 짓밟고 자신의 손을 빼냈던 감각은 소녀의 기억에 사진처럼 정확한 자국을 각인했다(알라이다 야스만, 변학수·채연숙 옮김, 2011:209). 그렇기 때문에 그 감각은 지속적으로 소녀의 기억에 침투하고, 그러한 침투에 의해 '그날'의 사건 경험은 소녀의 의식에 생생한 감각으로 재연된다. 그러한 재연에서 벗어나기 위한 몸부림으로 소녀는 '그날'의 사건 경험 기억을 은폐하기 위해 '검은 휘장'이 자신을 덮쳤다고 생각한다. 소녀가 이렇게 자기 방어 본능을 키운 것은 '그날'의 사건 경험에 대한 공포와 두려움, 그리고 엄마에 대한 죄의식으로 인한 고통이 너무나 컸기 때문이다.

그러나 소녀가 스스로 만든 '검은 휘장', 즉 기억의 억제는 지속적으로 소녀에게 공포, 두려움, 죄의식 등으로 인한 고통을 증폭시켰다. 검은 휘장은 엄마에 대한 죄의식과 트라우마를 지속적으로 상기시키는 '강박적 반복'을 강화시켰고, 소녀가 잊고 있던 억압된 내용을 '전이'하는 대상이었기 때문이다. 엄마에 대한 소녀의 죄의식을 전이시켰던 '검은 휘장'은 소녀가 '그날'의 사건에서 실제로 경험한 것 같은 착각을 준다. 그러나 '검은 휘장'을 통한 소녀의 죄의식의 전이는 그녀의 정직한 발화를 방해했다. 소녀가 엄마에 대한 죄의식과 트라우마에서 조금이나마 벗어나는 방법은 오빠의 무덤에 가서 '그날'의 사건 경험 기억을 정직하게 발화하는 것이다. 그러나 오빠의 무덤을 찾을 수 없었기에 소녀의 사건 경험 기억의 정직한 발화는 문장으로 되어 나오지 않는다.

소녀는 검은 휘장을 통해 자신이 은폐한 사건에 대한 공포, 두려움과 죄의식 등이 수시로 교차하는 극한의 상황에서 말을 잃고 정신 분열을 겪고 있는 자신을 직시하기 시작한다. 그렇게 때문에 "나중에 어떻게 엄마 얼굴을 볼 거야. 그 휘장을 아직까지 머리 어느 구석에 씌워 두고선."(최윤, 「저기 소리 없이 한 점 꽃잎이 지고」, 최윤·하일지, 1996:34) 이라면서 죄의식에서 벗어날 방도를 찾는다. 그 과정을 통해 소녀는 검은 휘장이 자기 스스로 엄청난 사건 경험과 죄의식을 억제하기 위해 만든 허상의 장막이었음을 자각한다.

검은 휘장을 통해 세계와 단절한 채 현실을 차단하면서 살아가고자 했지만, 소녀는 그로 인한 자책감 때문에 '그날'의 사건 경험 기억을 정직하게 말하고자 하는 욕망을 갖는다. 그것은 소녀의 내부에 도사린 죄의식의 발설에 대한 욕망인데, 그 욕망에 의해 소녀는 내면의 또 다른 자아와 마주한다. 자신이 입을 벌리면 입에서 오물, 벌레, 파충류 등이 나올 것 같아서 말을 하지 않기로 한 소녀의 내면에는 자신이 엄마에게 한 일에 대한 죄의식과 그것이 발설되는 것에 대한 두려움이 있었다. 그러한 죄의식과 두려움 때문에 소녀는 말을 하지 않기로 결심하고 세상과 단절된 채 말을 잃어버렸다.

말을 잃어버린 소녀는 기차 차창에 비친 끊임없이 말을 하려는 자기 자신

8. 우울의 극복을 위한 삶의 서사화와 실존

과 마주한다. 기차 차창에 비친 "늙어빠져 생기 없는 얼굴"이 무언가 '엄청난 말들', '끔찍한 말들'을 발설하려 하자 소녀는 차창을 머리로 박아 깨뜨린다. 그런 자해는 소녀가 '검은 휘장' 뒤에 감추었던 두려움과 죄의식에서 연유한다. 그 두려움과 죄의식은 소녀를 갉아먹고 껍질만 남긴 채 죽여왔으며, 소녀는 자신의 입에서는 벌레같은 말들만 나올 것이라고 생각해 왔다. 소녀의 그런 내면은 두려움과 죄의식에서 생겨난 트라우마 때문에 형성된 것이며, 그러한 트라우마는 오빠의 무덤가에 가서 오빠에서 용서를 빌어야만 해소될 수 있다. 그런데 소녀의 트라우마는 해소되지 못한다. 소녀의 정직한 용서의 말을 이해해 줄 오빠는 죽어서 부재하고, 엄마도 부재하기 때문이다. 죄의식에서 벗어나기 위한 말을 할 수 없었기 때문에 소녀는 자아 분열에 시달리면서 침묵으로 살아간다. 침묵 속에 소녀는 혼잣말을 한다.

그래 검은 휘장은 있지도 않았어. 내가 내 마귀 같은 손으로 검은 휘장을 짜서 두껍게 쳐놓았던 거야. 그리고 말하곤 했지. 절대 다시는 생각하지 말아. 매번 그 일을 생각하면 그때마다 휘장의 천이 조금씩 닳을 것이고 나중에는 올이 성기어져서, 그 사이로 탐조등 불빛에 드러난 밤의 골짜기처럼 그날의 일이 알려질 테니까.(중략) 생각들이 줄을 지어서 나를 방문했어. 수시로. 내가 내 손으로 짜놓은 검은 휘장은 이제 다 낡아 버린 거야. 아니, 그러니까 검은 휘장은 있지도 않았어(최윤, 〈저기 소리 없이 한 점 꽃잎이 지고〉, 최윤·하일지, 1996:71).

엄마에 대한 죄의식에 시달리던 소녀는 스스로 만들었던 검은 휘장, 즉 그녀를 숨겨 줄 가림막이 사실은 있지도 않았음을 말한다. 이런 소녀의 모습은 '그날' 겪었던 사건 경험의 고통스런 기억들의 침습적 침투와 그로 인한 죄의식을 인정하는 것이다. 그 인정에 의해 그녀는 '그날'의 기억을 객관적으로 서사화할 수 있는 가능성을 마련한다. 비록 직접적인 언술을 하지는 못하지만, 사건 경험에 대한 조각난 기억들을 짜 맞추어 사실을 말하고자 하기 때문이다. 소녀가 그렇게 하고자 하는 것은 후일에 오빠를 만나 용서받기 위해서이다. 그렇기 때문에 소녀는 자기 보호의 가림막이었던 '검은 휘장'이 애초에 없었으며, 오빠에게 용서를 받아야 한다는 강박에 시달린다. 소녀의 입장에서 오빠에게 용서를 비는 것은 "벌레처럼 우글거리는 기억들", 자신을 갉아먹는 말들을 뱉어내어 자신을 비우는 것이다(장혜련, 2008:269). 이를 통해 소녀는 "가루로 변해 땅 속으로 스며들 수 있는" 안식을 얻어, 고통스러운 기억과 현실에서 벗어날 수 있다. 그렇기 때문에 소녀는 오빠의 무덤을 찾아 길을 떠나왔다.

오빠의 무덤에 가서 자신이 죽은 엄마의 손아귀에서 빠져 나오기 위해 한 행동을 사실대로 말하면서, 흉악한 자신의 얼굴을 있는 그대로 보여주고자 한다. 이런 소녀의 심리는 자아 분열과 광기로 인해 타자와의 정상적인 대화나 서사화를 할 수는 없지만, 그녀 스스로의 억압된 죄의식을 표출하는 것과 관련된다. "내 손아귀 속에서 아직도 뜨거운 엄마 손의 감촉"은 '양심의 내면화된 목소리인 초자아'로 작동하면서, 소녀가 무의식에 억압한 죄의식의 실체를 벗겨내기 때문이다. 소녀의 양심에 내면화된 목소리인 초자아는 소녀를 자학적인 상태로 몰았으며, 자학성은 소녀로 하여금 엄마를 버린 죄의식에서 조금이나마 벗어날 수 있게 했다. 그러나 소녀는 엄마에 대한 죄의식에서 벗어날 수 없었다. 오빠의 무덤이 어디에 있는지 알 수 없었고, 너무나 큰 트라우마 때문에 그녀의 정신이 완전히 망가졌기 때문이다.

3) 애도와 연민에 의한 삶의 실존성 추구

(1) 기억에 의한 사건 경험의 증언 이해

사건 경험의 기억을 소설로 형상화하는 것은 재현적 기록에 의해 화자의 증언을 드러내고, 독자의 애도와 윤리적 참여를 촉구한다는 의의를 갖는다. 사건 경험 기억의 허구적 서사화 과정은 사건 경험 주체의 기억과 감정적 격동을 타자화하여 형상화함으로써, 독자가 '일어난 사건'과 그 경험, 기억 등을 타자의 시선에서 이해할 수 있는 토대를 제공하기 때문이다. 또한 독자가 타자의 사건 경험 기억과 감정적 격동에 윤리적으로 반응하는 서사적 체험을 가능하게 하기 때문이다. 독자는 주체의 기억에 의한 사건 경험의 증언을 읽으면서 그러한 증언을 하는 주체에게 연민의 태도를 갖고, 과거의 사건 경험이 '지금-여기'에서 갖는 현재성에 대한 성찰을 수행할 수 있다. 그 점에서 본다면, 트라우마적 사건 경험의 기억을 증언하는 소설의 서사적 의미는 독자의 윤리적 응답과 밀접한 관련이 있다고 할 수 있다. 독자는 윤리적 응답을 통해 사건 경험의 기억을 증언하는 작중인물의 삶과 감정적 격동의 양상을 이해하고 해석할 뿐만 아니라, 작중인물의 감정적 격동을 자신의 감정적 격동과 연계하는 서사 체험을 수행할 수 있기 때문이다.

앞에서 논의한 최윤의 소설에는 광주사건 경험과 그 기억으로 인한 공포와 두려움, 죄의식 때문에 폐제된 상태에 있는 소녀의 내적 독백이 형상화되어 있다. 소녀에게 광주사건 경험의 기억은 말로 나타내지지 않고, 이해할 수 없었던 것이었다. 그 때문에 소녀는 말을 잃어버리고, 말이 되어 나오지 않는 소음의 발화로 타인들과 소통하지 못하며, 소녀의 트라우마적 사건 경험의 기억은 독자에게 직접 증언되지 않는다. 독자에게 직접 증언되지 않는 소녀의 사건 경험 기억은 화자의 언술 전략, 즉 소녀의 내적 독백을 보여주는 방식으로 서사화 되어 독자에게 증언된다. 따라서 독자는 소녀의 사건 경험 기억의 증언을 이해하기 위해서는 화자가 소녀의 내적 독백을 통해 전달하는 소녀의 사건 경험 기억에 주목할 필요가 있다.

내적 독백을 통해 드러나는 소녀의 사건 경험 기억의 증언은 그날의 사건을 잊고 있었던 다른 인물들에게 윤리적 반응을 촉구한다. 그날의 사건은 잊혀 지지 않은 채 소녀를 통해 증언되고 있기 때문에, 그날의 사건 경험에서 소녀가 느꼈던 공포와 두려움은 타인들에게 전염된다. 이러한 전염의 양상은 한때 소녀와 동거했던 남자와 오빠의 친구들인 '우리'가 소녀에 대해 연민과 애도의 태도를 갖는 데서 구체화된다. 남자와 우리는 소녀의 행방을 찾아 나서면서, 소녀가 겪는 고통의 근원을 추적한다. 이러한 추적을 통해 남자와 우리는 소녀의 고통을 인지하는 차원에서 벗어나 윤리적 실천의 차원으로 넘어간다(최영자, 2019:553). 그들은 '그날, 그 도시'에서 일어났던 사건의 올바른 진상규명과 책임을 그들이 떠맡아야 한다는 책임의식을 갖게 되었기 때문이다.

독자는 소녀의 사건 경험 기억에 대해 윤리적 책임의식을 갖는 다른 인물들에 대한 이해를 통해 그들이 소녀의 사건 경험 기억의 증언을 어떻게 받아들이고 있는지를 파악하여, 그들의 시선을 통해 드러나는 소녀의 사건 경험에 대한 태도를 파악할 필요가 있다. 그러한 태도를 파악하여, 독자는 소녀의 사건 경험 기억의 증언뿐만 아니라 소녀에 대한 다른 인물들의 태도를 종합적으로 판단하면서, 연민과 애도의 시선으로 소녀의 사건 경험 기억의 증언이 갖는 정치사회사적 의미를 통찰할 수 있다.

(2) 작중인물의 트라우마에 대한 화자의 언술 전략 이해

앞에서 논의한 최윤의 소설에서 공포와 두려움, 죄의식 때문에 소녀는 자신을 둘러싼 세계로부터 스스로를 차단하면서 타인과 소통하지 못하는 폐제의 상태에 놓여 있었다. 폐제의 상태에서 소녀는 엄마에 대한 죄의식 때문에 고통 받는다. 그 죄의식은 덩치가 커진 벌레가 소녀를 공격하거나 자신의 입에서 오물이나 벌레 등이 나올 것이라는 두려움과 연결된다. 그 때문에 소녀는 스스로를 유폐시킨 광기의 방에 갇힌 채 타인과 대화하지 못한다. 소녀가 스스로를 유폐시킨 광기의 방은 '검은 휘장'으로 은유화되어 있다. 검은 휘장은 엄마가 죽던 순간 소녀의 두 눈을 뒤덮어버렸으며, 이 때문에 소녀는 엄마가 죽은 이후의 순간을 기억하지 못했다. 그러나 실상 검은 휘장은 소녀가 엄마의 죽음에 대한 기억을 넘어서 자신을 둘러싼 세계로부터 스스로를 차단시키기 위해 만든 가림막이었다(양진영, 2020:55). 또한 엄마에 대한 죄의식을 억제하기 위해 만든 차단막이었다. 소녀는 광주사건 경험으로 인한 공포와 두려움, 엄마에 대한 죄의식 때문에 사건 경험 기억을 말로 표현하지 못하며, 문장이 되어 나오지 못하는 소음의 발화를 하면서 타인과 대화하지 못한다. 소녀의 기억과 고통은 말을 대신해 검은 휘장, 벌레, 오물 등과 같은 사물로 은유화된다. 이처럼 소녀의 사건 경험의 기억과 고통은 말로 의미를 나타내지 못하기 때문에 독자에게 직접 재현되지 못한다.

독자에게 재현되지 못하는 소녀의 사건 경험의 기억과 고통은 화자의 언술 전략인 내적 독백을 통해 간접적으로 전달된다. 화자는 소녀의 내적 독백을 언술하여 재현적 글쓰기의 규범에 따르지 않음으로써, 시니피에의 전달될 수 없음과 시니피앙들의 과잉을 형상화한다. 시니피앙들의 과잉을 형상화하는 광주사건 경험과 그 기억의 고통으로 인한 소녀의 상처가 특정한 의미나 문장으로 표현될 수 없음을 나타낸다. 또한 소녀의 입장에서 이해될 수도 없고 말로도 표현되지 않는 사건 경험 기억으로 인한 고통의 극한을 나타내기 위해 광주사건 경험과 그 기억이 시공간적으로 어떤 순서로 일어났는지를 정확히 언술하지 않는다. 그러한 언술 전략은 소녀의 문장이 되어 나오지 않는 소음의 언표들과 함께 소녀가 갖게 된 공포와 두려움, 죄의식이 소녀의 몸에 깊게 각인되었음을 부각하면서, 소녀의 정신적 황폐함이 재현적 글쓰기로 드러날 수 없음을 강조하고 있다.

독자는 소녀의 몸에 고통스럽게 각인된 트라우마적 사건 경험의 공포와 두려움, 죄의식이 소녀의 삶을 어떻게 파멸시켰는가를 파악하면서, 사건 경험에 대한 이해불가능성으로 고통 받았던 소녀의 내적 독백을 언술하는 화자의 전략에 주목할 필요가 있다. 또한 트라우마적 사건 경험 기억이 발화되지 못함을 연민과 애도의 태도로 받아들이는 '남자', '우리' 등에 대한 화자의 언술에 주목할 필요가 있다. 그들에 대한 이해를 통해 독자는 소녀에 대한 연민과 애도의 태도를 키울 수 있기 때문이다. 연민과 애도의 태도를 키워 독자는 소녀의 트라우마적 사건 경험 기억을 단순히 개인의 문제가 아닌 사회정치적 문제였음을 인식할 필요가 있다. 이러한 인식에 의해 독자는 한 개인에게 가해졌던 국가적 폭력의 문제를 개인의 트라우마와 관련지어 이해하는 삶의 총체적 이해에 도달할 수 있을 것이다.

한편 이 소설에서 초점화자는 '남자', 우리, 소녀 등인데, '남자'와 '우리'는 광주사건 경험의 끔찍한 기억을 감당할 수 없어 정신분열을 앓게 된 소녀에 대한 기억과 애도의 서사27)를 보여준다. 제 정신이 아니었던 소녀와 동거했던 남자는 소녀를 지켜보면서 자신이 열병에 감염된 것 같은 느낌 속에 "점점 더 자세히, 점점 더 강한 증폭과 깊이로 그녀가 겪었을지도 모르는 소문의 도시 전체를 보았다."고 생각한다. 남자의 그런 생각은 소녀의 사건 경험 기억과 트라우마의 강도를 정확히는 알지 못하지만, 소녀에 대한 애도의 태도를 보여준다. 소녀를 찾아다니는 오빠의 친구들인 '우리'도 죽은 친구의 동생을 찾으며, 광주사건을 경험한 기억으로 인해 정신분열을 겪고 있는 소녀에 대한 애도를 보인다. '우리'는 '당신'이라는 이인칭 호칭을 사용하면서 수많은 타자들이 소녀를 보호해 주기를 바라고 있다. 이를 통해 '우리'는 소녀에 대한 애도를 강한 어조로 드러내고 있다. 따라서 독자는 남자, 우리 등이 소녀에 대해 갖는 애도의 태도가 트라우마적 사건 경험의 사후성과 관련지어 어떤 의미가 있는지를 통찰하면서, 사후성에 의해 구성되는 트라우마적 사건 경험이 사회와 개인에게 주는 영향사를 기억과 증언의 문제와 관련지어 이해하는 새로운 소설 읽기를 할 필요가 있다. 이러한 새로운 소설 읽기를 통해 독자는 한 개인의 트라우마가 제노사이드(geno-cide)적 국가 폭력에 의해 야기된 양상과 그 과정에서 예외 상태에 놓이게 된 개인의 상흔에 나타난 '기억할 수 없는 것의 기억'의 문제를 실제 삶과 관련짓는 태도를 고양할 수 있을 것이다.

(3) 트라우마에 의한 작중인물의 서사적 정체성 발현 이해

앞에서 논의한 최윤의 소설에서 소녀는 '그날'의 사건 경험으로 인한 트라우마와 그 기억에 고정돼 버린 채, "죽음 이상의 어두운 광기의 방 속에 갇혀" 있다. 그 때문에 소녀는 "살기를 그친 산 사람"이 되었으며, 그런 소녀의 모습은 그녀에게 연민의 태도를 갖는 사람들에게는 극심한 고문으로 각인된다. '그날' 죽은 엄마의 모습과 살아남기 위해 엄마에게 했던 자신의 행동으로 인한 죄의식과 그 기억에 갇혀 버린 소녀에게 '그날'은 혹독하게 생생한 사건이다. 그 때문에 소녀는 타인들에게 일체화될 수 없는 사람, 일체화를 할 수 없는 '우리 안의 타자'가 된다(이덕화, 2008:216). 정상인으로 취급받지 못하는 '우리 안의 타자'는 타인들에게 아무래도 상관없는 존재이다. 이 때문에 소녀는 타인들에게 온전한 사람으로 인정받지 못하며, 마치 존재하지 않는 것처럼 사물화되고, 소녀는 입에서 발화되지 못한 말들을 타인에게 전달하지 못한다. 소녀가 소통할 수 있는 유일한 존재는 오빠였기에, 소녀는 오빠의 무덤을 찾

---

27) 우찬제는 최윤의 「저기 소리 없이 한 점 꽃잎이 지고」에 대해 "다원적 시점에 의해 현장의 상처를 다원적으로 기억시키고, 애도의 지연을 통해 애도를 거듭하면서 불안의 심상을 극화하였다."고 평했다 (우찬제, 2012:362).

아가 '그날'의 사건 경험과 죄책감을 말하고자 하지만 그것은 실현되지 못한다. 그 때문에 소녀는 사건 경험 기억에 갇힌 채 감정적 격동을 치유하지 못하며, 소녀의 서사적 정체성도 새롭게 구성되지 못한다. 소녀는 사건 경험 기억으로부터 자유롭지 못한 폐제의 상태에서 그 기억을 공유하지 못하기 때문이다.

그러나 소녀의 서사적 정체성은 타자들인 '우리'에 의해 구성될 수 있는 가능성을 얻는다. '우리'는 "매 순간 생생한 상처"로 되살아나는 소녀의 사건 경험 기억을 추적하면서, 소녀의 극심한 트라우마와 고통을 가슴으로 받아들이기 때문이다. 가슴 속에 생생한 사건으로 자리한 소녀의 사건 경험 기억에 대한 이해를 통해 '우리'는 '우리 안의 타자'였던 소녀를 새롭게 인식하면서, 끔찍한 광주사건 경험의 기억으로 정신분열을 겪는 소녀가 자신들의 삶과 무관하지 않음을 알게 된다. 나아가 소녀가 더 이상 '우리 안의 타자'가 아니며, 소녀는 이해할 수 없는 폭력 앞에 노출된 수많은 '우리'의 자화상일 뿐임을 인식하면서, 소녀의 서사적 정체성을 새롭게 구성한다.

독자는 트라우마적 사건 경험의 기억으로 인해 정신분열을 겪는 소녀의 서사적 정체성이 그녀에 의해 구성되지 못하는 원인과 '남자', '우리' 등에 의해 소녀의 서사적 정체성이 새롭게 구성되는 원인을 파악할 필요가 있다. 소녀가 '우리 안의 타자'로 존재하느냐 아니면 '우리의 자화상'인가에 따라 그녀의 서사적 정체성 구현은 달라진다. 따라서 독자는 소녀의 서사적 정체성 구현이 달라지는 배경으로 작용하는 연민과 애도의 태도가 갖는 중요성을 인식할 필요가 있다. 그 인식에 의해 독자는 소녀의 트라우마적 사건 경험 기억과 서사적 정체성의 문제가 타자의 것이 아닌 자신의 것이 될 수 있는 경험의 가능성을 얻을 수 있기 때문이다.

9.
삶의 서사화를 통한
현재와 미래의 설계

1) 불안한 삶의 행로에서의 소통과 가족과의 유대

(1) 특정 장소에서의 소통과 타자의 이해

우리의 삶에서 특정 장소는 본질적인 요소로서 기능하면서 여러 사건들(events)의 발생과 의미 구현에 기여한다. 세계에서 살아가기 위한 근본적인 조건인 장소에 대한 경험은 우리에게 안정과 정체성의 원천이 되기 때문이다. 아울러 우리는 특정 장소를 통해 일상을 경험하고 생활세계에서 안정과 정체성의 형성을 지향할 수 있기 때문이다. 이 점은 우리가 세계를 경험하고 이해하는 주요 요소로 장소가 작용하며, 우리의 육체가 특정 장소에 대한 감각을 형성하는 것과 관련된다. 따라서 현상적 삶을 이해하기 위해서는 우리의 육체가 장소에 대한 감각을 형성하는 양상, 즉 장소에 의미를 부여하고 그것을 조직하는 방식을 이해할 필요가 있다. 장소는 우리가 부여하는 가치들의 안식처이자, 안정과 애정을 느낄 수 있는 중심으로 작용하기 때문이다.

이런 점에서 볼 때, 도시라는 장소에서 살아가는 사람들이 도시에 부여하는 가치들이나 특정 장소들을 조직하는 방식은 그의 정체성 형성과 삶의 안정성에 대한 이해에서 중요하게 고려할 필요가 있다. 특히 편의점이라는 장소는 24시간 개방된 곳으로 긴요한 필수품들을 언제든지 살 수 있다는 점에서 많은 사람들이 부여하는 가치들의 안식처이자 안정과 애정을 느낄 수 있는 중심으로 작용하기 때문에, 우리의 정체성 형성과 삶의 안정성 이해에서 중요한 장소성을 갖는다. 우리는 매일 매일 편의점에 들러 배고픔이나 필요한 욕구들을 충족하면서, 각자의 일상성을 구현하고 그 과정에서 고유한 정체성과 안정성을 구현하기 때문이다.

그런데 도시라는 공간에 편재하는 많은 장소로서 편의점들은 우리에게 독립적이고 명확하게 규정되는 실체로 경험되지 않는 경우도 있다. 특징 징소로서 편의점이 갖는 고유한 의미는 우리의 경험이나 다른 사람과의 소통 양상, 그리고 다른 장소들과의 맥락에 따라 다르게 만들어지기 때문이다. 또한 장소는 서로 겹치고 섞이면서 다양하게 해석될 수 있기 때문이다. 그런 점에서 편의점이라는 특정한 장소는 우리에게 다차원적으로 경험되며, 그 장소가 갖는 의미를 타당하게 해석하기 위해서는 우리가 편의점이라는 특정의 장소를 경험하는 양상에 초점을 둘 필요가 있다. 우리의 개인적 장소 경험에 따라 편의점이라는 특정의 장소는 그 의미가 달라지는 심리적 대상이 되기 때문이다.

물론 특정 장소로서 편의점이 물리적이고 시각적인 형태, 즉 경관의 의미로 작용할 수도 있다. 그렇지만 우리는 일상에서 자신의 믿음과 정서에 따라 여러 편의점을 이해하고 경험하기 때문에, 편의점이라는 장소가 항상 경관의 의미만을 지닐 수는 없다. 우리에게 편의점이라는 특정의 장소는 우리의 태도나 시간의 흐름에 따른 심적 변화에 의해 고유한 의미가 만들어지기 때문이다. 이러한 양상은 도시의 동네에 편재하는 편의점과 관련된 이야기하기를 통해 다양한 삶의 경험과 양상을 펼쳐 보이는 김호연의 《불편한 편의점》에서 여실하게 확인할 수 있다.

김호연의 《불편한 편의점》은 과거에 의사였지만 의료 사고 때문에 병원을 떠나 서울역의 노숙자가 되었고, 염영숙 여사의 편의점에서 야간 알바를 하는 독고의 타자 관찰과 이야기하기를 통해 편의점이라는 장소가 갖는 의미 변화 과정을 적실하게 표상하고 있다. 독고는 염영숙 여사의 도움으로 편의점 'always'의 야간 알바를 하면서 다양한 인간 군상들의 애환을 목격한다. 그러한 목격을 통해 독고는 자신이 염영숙 여사에게 받았던 따뜻한 배려를 오선숙, 경만, 인경, 곽 씨 등에게 베푼다. 그의 타자에 대한 배려는 편의점이라는 도시의 장소에서 타자의 고통에 대한 연민의 태도에서 비롯한 것으로, 그 이전의 장소였던 서울역에서의 삶과는 전혀 다른 양상을 보인다.

9. 삶의 서사화를 통한 현재와 미래의 설계

상처를 돌아보고 그것을 이겨내기 위한 노력 혹은 욕망이 그 사람의 원동력이 되고 캐릭터가 된다. 캐릭터를 보여주려면 캐릭터가 선택의 갈림길에서 어떤 길로 가느냐를 보여주면 된다. 독고 씨는 편의점 사장의 도움을 받아 서울역에서 나왔고, 사회에 재진입해 자신의 트라우마를 직면하려고 애쓰고 있었다(156면).

도시라는 장소에서 우리 각자는 저마다의 사건 경험과 그로 인한 트라우마에 직면해 있다. 어떤 사람은 그 트라우마를 애써 잊기 위해 술에 의지하면서 삶을 망가뜨리기도 한다. 이 소설의 독고도 그런 부류의 사람이었다. 그렇지만 독고는 염영숙 여사의 도움으로 편의점 야간 알바를 하면서 점차 자신의 정체성을 회복하기 위해 노력한다.

"확실한 거는…… 나는 원래 이렇게 살지 않았어요. 나는 사람들과 별로 나눌 게 없었던 거 같아요. 이런 따뜻한 기억이 별로 없거든요."(156면)

염영숙 여사에게 받은 따뜻한 기억에 의해 굳어버린 피를 흐르게 하면서 독고는 자신의 트라우마를 직면할 뿐만 아니라 타자에게도 배려를 베푼다. 그러한 배려는 기본적으로 자신이 잃어버린 가족들에 대한 뒤늦은 회한에서 기원한다.

"그럼 회사…… 그만두기도 쉽지 않고…… 가족과 같이할 시간도…… 부족하겠군요."(중략)
"술 끊고 옥수수염차…… 드세요. 아까 아내분이 집에서 술…… 금지시켰다면서요. 옥수수염차 드시면…… 떨지 않고 집에서 야식 드실 수 있잖아요. 가, 가족과 함께."(128면)

독고는 편의점 야간 알바를 하면서 매일 들러 야식에 소주를 마시는 경만을 보면서 경만이 겪는 삶의 애환과 가족 관계를 목격한다. 그러한 목격을 통해 독고는 가족과 소통하지 못하는 경만이 가족과 소통하기 위해서는 술을 끊어야 하고, 술을 끊어야만 예전처럼 가족과 함께 지낼 수 있음을 자신의 경험을 통해 조언한다. 독고의 그런 조언은 편의점이 단순히 필수품을 사는 장소가 아닌, 타자와 소통하는 의미 있는 장소로 기능하고 각자에게 경험된 데서 가능한 것이었다. 그렇기 때문에 독고가 야간 알바를 하는 편의점이라는 장소는 타자를 이해하고 배려하는 의미 장소로 기능을 한다. 그에 따라 편의점 'always'는 보통의 편의점들과는 전혀 다른 타자와의 소통이 이루어지는 고유한 장소성을 갖는다. 이처럼 이 소설에서 독고가 야간 알바를 하는 편의점이라는 장소는 독고뿐만 아니라 다른 인물들의 태도나 심적 변화를 불러일으키면서, 그들 각자에게 그 이전과는 다른 의미를 갖는 장소성을 실현하고 있다.

(2) 불편하게 살아가는 존재들의 소통과 연대

김호연의 《불편한 편의점》은 불편하게 살아가는 존재들 간의 소통과 관계 형성이 불완전하거나 단절되었을 때 생겨나는 고통과 트라우마를 표상하고 있다. 그러한 트라우마는 독고라는 인물을 통해 적실하게 표상되고 있는데, 독고는 가족을 지키기 위함이라는 명분으로 가족과의 대화를 단절한 채 가족에게 폭력을 행하고 가부장적 태도를 보였다. 그러나 그의 그런 태도는 취업을 위해 평생 모은 돈을 전부 모아 성형수술을 했던 젊은 여성의 죽음으로 인해 그 위악성이 드러난다. 가족에 대한 독고의 태도는 가족을 지키기 위함으로 포장된 돈에 대한 탐욕을 토대로 하고 있었기 때문이다. 돈을 더 많이 벌기 위해 자신이 직접 그 여성의 성형 수술을 하지 않고 다른 사람에게 그 수술을 맡겼다가 그 여성이 죽는 의료 사고가 발생한 뒤로 독고는 가족에게 솔직하지 못한 채 가족과 대화를 하지 않았다. 그 과정에서 독고는 가족을 지킨다는 명분을 내걸었지만, 가족들은 그런 독고에게 점차 숨 막히는 고통을 당하고 있었다.

"가족을 지키고 싶었다면, 가족에게 솔직했어야 했어."
그녀는 진실을 묻고 있었다. 여전히 나는 대답할 수 없었다. 내 입으로 내가 저지른 일들을 말하는 순간 그녀가 판결을 내릴 것 같았기 때문이었다. 나는 아무 말도 할 수 없었다.
(중략) 때마침 병원에서 복귀하라는 연락이 왔고 나는 아무 일 없다는 듯 다시 출근을 했다.
귀가해 보니 아내와 딸은 사라지고 없었다. 그게 끝이었다(259면).

가족을 위하고 지킨다는 명분으로 가부장적 태도를 취하면서 폭력을 행사한 독고 때문에 그 가족들은 극심한 고통을 감내해야 했다. 그러나 그 가족들에게 독고는 그 어떤 것도 솔직하게 말하지 않았고 소통하지 않았다. 그 대가는 가족의 사라짐이었다. 가족의 사라짐을 경험한 독고는 급격하게 정신이 피폐해지면서 알코올 중독자가 되었고 급기야는 자신이 누구인지조차 모르는 알콜성 치매에 걸렸다. 그런 그에게 도움의 손길을 내민 사람은 염영숙 여사

9. 삶의 서사화를 통한 현재와 미래의 설계

였고, 염 여사를 만나 편의점에서 야간 알바를 하면서 독고는 과거의 자신처럼 술에 의존해 하루하루의 고통을 잊고자 하는 여러 군상들을 만나 그들을 이해하는 정신적 변화 과정을 거친다. 그런 정신적 변화는 타자를 통한 자기 인식과 타자에 대한 연민의 태도를 근간으로 한다. 그런 태도를 통해 독고는 고통 속에서 삶을 새롭게 보는 관점을 마련하고, 사람들의 마음에 다가가는 것의 소중함을 인식한다.

시간이 지나 고통 속에서 기억을 잃고 겨우 세상에 눈을 뜨고 나서야 입장을 바꿔 생각하는 법을 배우게 되었고, 연민의 시선을 가질 수 있었으며, 사람들의 마음에 다가가는 법을 깨우치기 시작했다. 하지만 이제 주위엔 아무도 없었고 소통할 사람을 찾기엔 이미 늦은 듯했다. 그러나 힘을 내야 했다(238면).

뒤늦은 후회 속에 타자에 대한 이해와 배려라는 관점으로 삶을 새롭게 보기 시작한 독고는 타자와의 소통이 중요함을 인식한다. 그러나 그가 진정으로 소통할 가족이나 사람들은 아무도 없었다. 그렇지만 독고는 힘을 내서 주위 사람들이 자신처럼 소통하지 못함으로써 가족을 잃지 않기를 바란다. 그렇기 때문에 독고는 아들과 소통하지 못하는 선숙씨를 돕는다.

나는 그녀에게 삼각김밥을 건넸다. 김밥과 함께 편지도 주라고 조언했다. 그리고 들어주라고 했다. 지금 내가 당신 말을 들어주었듯이 아들 말도 들어주라고 덧붙였다. 그녀가 고개를 끄덕였고 나는 부끄러워졌다. 나는 편지를 쓸 수도 들어줄 수도 없으니 부끄럽고 괴로울 수밖에 없었다(239면).

독고는 자신의 쓰라린 가족 관계를 통해 절감한 가족 간의 소통과 대화를 선숙 씨에게 조언하면서 한없는 부끄러움과 괴로움을 맛본다. 그 괴로움과 부끄러움과 자신이 가족과 소통하지 못했다는 뒤늦은 회한에서 기인하며, 그러한 회한을 통해 독고는 자기 주변의 존재들이 자신과 같은 회한을 갖지 않기를 조언한다. 독고의 그런 조언은 타자에 대한 배려에서 출발하며, 그러한 배려는 일찍이 임마누엘 레비나스가 언급한 타자성의 철학을 기조로 한다.

우리의 삶은 수많은 사건 혹은 스트레스에 직면하면서 생겨나는 '고통'의 문제에서 벗어날 수 없다. 고통은 우리 삶의 본질적인 조건처럼 작용하면서 '나'의 고통과 '우리'의 것이 쉽게 분리되지 않는다. '나'와 '우리'의 고통은 가족이나 친밀한 집단이 직면한 것으로, 그것이 '타자'와 연계되기 위해서는 '타자'와의 관계맺음이 필요하다. 타자와 관계 맺음으로써 '나'와 '우리'의 고통은 타자의 고통에 주의를 기울일 수 있다. 그러한 주의를 기울임은 고통을 통해 윤리를 발생시키는 실마리가 되며, 레비나스가 강조한 타자에 대한 '나'의 책임으로, 타자와 '나'의 관계의 비대칭성으로 나아가게 만든다.

우리 삶에서 의미 세계는 자폐적인 것이 아니라 타자와 함께 하는 것이다. 타자와의 관계를 통해 우리가 향유하는 세계는 의미 작용을 하며, 그 안에서 우리는 주체가 된다. 주체로서 우리는 타자의 존재로 인해 삶의 의미를 얻을 수 있으며, 그러한 삶의 의미는 타자와의 윤리적 관계를 통해 구체화된다. 그러한 윤리적 관계는 고통을 호소하는 타자를 수용하고 손님으로 환대하는 데서 실천된다. 헐벗고 고통스러운 얼굴로 우리 앞에 나타나는 타자를 수용하고 받아들이는 호명의식에 의해 우리는 타자의 얼굴을 바로 마주할 수 있다. 타자의 얼굴을 마주하는 적극적인 수용을 통해 우리는 타자와 긴밀한 관계 형성을 하고, 타자와 함께하는 타자 지향의 윤리를 실천할 수 있다.

주체로서 우리가 타자 의식의 윤리를 실천하기 위해서는 타자에 의해 촉발된 책임의식을 수용하면서, 타자의 부름에 응답해야 한다. 타자의 부름에 응답하면서 우리는 자폐적인 자신의 문을 열고 타자를 영접하는 '환대'를 실천할 수 있다. 타자에 대한 환대의 실천을 통해 우리는 윤리적 의미의 악마가 아닌 고통과 책임의 윤리를 고양할 수 있다. 고통과 책임의 윤리를 고양하는 우리는 타자를 통해 자신도 고통 받는 존재가 될 수 있음을 인식한다. 또한 타자를 위해 고통 받을 수 있음을 인식한다. 타자를 위해 고통 받을 수 있는 우리는 타자에 대해 열려 있음으로 인해 고통 받는 것을 기꺼이 감내하는 '상처받을 가능성', '트라우마에 열려 있음'을 수용한다. 그러한 수용을 통해 우리는 타자와 함께 하는 존재가 된다. 김호연의 《불편한 편의점》에서 독고가 오선숙, 경만, 곽씨, 인영 등에게 보이는 배려와 환대는 자신의 트라우마를 기반으로 하여 타자의 트라우마에 열려 있음을 실천하는 것이었다.

(3) 불편한 가족 간의 유대감 복원과 친밀성

2000년대 들어 한국 사회는 가족의 생계유지를 어머니들이 떠안거나 어머니나 자식들이 아버지와 분담하게 되었으며, 아버지의 담론보다는 어머니의 담론이 가족 내에서 중요한 것이 되었다. 그 과정에서 다양한 형태의 가족들이 생겨났으며, 아들에 의한 아버지의 담론뿐만 아니라 딸들에 의한 아버지의 담론, 딸들에 의한 어머니의 담론, 딸과 어머니의 담론이 중요한 것으로 부각되었다. 그 결과 많은 소설들은 가족로망스에 의한 사생아 업둥이 의식의 담론을 넘어서서 여성 가족로망스를 형상화하게 되었다. 가족 로망스에서 아들은 아버지를 현재의 아버지가 아니라고 하면서 아버지를 부정하면서 스스로 아버지가 되거나, 현재의 아버지를 부정하면서 나르시시즘에 빠져 세계와의 싸움을 회피했다. 그러나 여성 가족 로망스에서 딸들은 아버지의 부재 혹은 없는 것과 마찬가지인 아버지의 현존 속에서 어머니와 자신의 담론을 통해 세계와의 대결을 드러낸다. 이런 딸들은 가족을 책임져 줄 아버지의 능력을 더 이상 기대하지 않으며, 스스로 능력을 갖춰 생계를 꾸려간다. 또한 친밀성을 기반으로 한 대안가족을 구성하여, 아버지의 부재 속에서 삶을 꾸려간다. 이를 통해 딸들은 아버지의 존재성을 재구성하면서, 가족을 기반으로 한 자아 성장을 도모한다.

이러한 딸들의 모습은 오늘날 우리 사회가 나아가야 할 방향, 즉 친밀성을 기반으로 한 가족 관계의 형성, 수평적 관계를 통한 상호 존중의 가족 관계에 대한 방향을 제시한다. 이러한 방향 제시는 사회의 전 부문에서의 사고와 제도의 변화를 요구하며, 사고와 제도의 변화는 가부장적 이데올로기의 해체와 더불어 여성, 소수자나 사회적 약자, 취약계층, 다문화인이나 탈북자 등에 대한 배려와 존중에 의해 이루어질 수 있다. 또한 그러한 배려와 존중을 통해 개인의 자율성과 의지가 강조되는 열린사회에 대한 지향, 문화적·성적 평등성을 기반으로 한 친밀성의 사회와 가족 관계 형성, 타자에 대한 배려와 책임의식이 강조되는 윤리성의 실천 등을 기반으로 해야 한다. 이는 아버지를 비롯한 가족 모두, 그리고 사회 구성원 모두가 각자의 행복을 위해 노력해야 이루어질 수 있다.

김호연의 《불편한 편의점》에는 가족 구성원과 친밀성을 형성하지 못한 가장 독고의 뒤늦은 회한과 그로 인한 가족의 해체가 표상되어 있다. 독고의 가족이 해체된 기저에는 독고의 무심함과 오만함이 자리 잡고 있다. "나로선 받아들일 수 없는 일이었지만 아내가 딸의 보호막이 되어주었다. 그때는 아내라는 보호막으로 인해 딸과 내가 소통 불가에 빠진 줄 착각했지만 지금은 사실을 알 것 같다. 애당초 보호막을 치게 만든 것도 나였고 나중에 아내가 애써 만든 기회를 발로 찬 것도 나였다. 나는 딸을 제멋대로인 아이 취급했고 딸은 나를 투명인간 취급했다. 그게 시작이었다."(238면) 자신의 무심함과 오만함 때문에 가족의 해체를 경험한 독고는 가족 간의 소통과 친밀감 형성이 중요함을 뒤늦게 인식하고, 그것들을 타자들인 경만, 오선숙, 곽 씨 등에게 역설한다. 독고가 그것을 역설하게 된 것은 "결국 삶은 관계였고 관계는 소통이었"음을 인식했기 때문이다. 그런 인식 속에 독고는 "행복은 멀리 있지 않고 내 옆의 사람들과 마음을 나누는 데 있음을"(252면) 깨닫고, 그런 자신의 깨달음이 타자들에게 전달되기를 바란다. 그렇기 때문에 독고는 오선숙, 경만, 곽 씨 등에게 불편하지만 가족 간의 관계가 다시 복원되어야 함을 역설한다. 불편한 가운데서도 가족 간의 관계 복원을 위해선 소통이 이루어져야 한다. 그렇기 때문에 가족 간에도 손님에게 대하듯 친절하게 대해야 한다. 가족 간의 친절함과 친밀함의 형성은 불편한 가운데서도 가족들의 끈을 이어주는 매개물이다. 가족 간의 끈을 연결하여 가족들은 유대감을 형성하면서 다시 그 관계를 복원할 수 있기 때문이다.

"가족들에게 평생 모질게 굴었네. 너무 후회가 돼.. 이제 만나더라도 어떻게 대해야 할지 모르겠어."
나는 질문에 대답하려 애썼다. 나 자신에 대한 질문이기도 했기 때문이었는데, 그래서일까 무어라 말이 터지질 않았다.(중략)
"손님한테…… 친절하게 하시던데…… 가족한테도…… 손님한테 하듯 하세요. 그럼…… 될 겁니다."(251면)

가족한테 손님한테 하듯 친절하게 대한다는 것은 가족의 인격과 권리를 존중하면서 가족 관계를 수평적으로 형성하는 것을 의미한다. 수평적인 가족 관계의 형성은 전통적인 가부장적 가족 관계의 해체 혹은, 들뢰즈의 용어로 하자면, 가족으로부터의 탈주와 관련된다. 가족으로부터의 탈주 현상에 처한 아버지들은 가족 구성원들에 대한 태도나 행동의 변화를 꾀해야만 정상 가족을 유지할 수 있다. 아버지가 가부장적 태도나 행위를 지속한다면, 그의 가족은 더 이상 정상 가족을 유지할 수 없다. 나머지 가족 구성원들이 문화적 평등성이나 개인적 자율성 신장을 경험하면서 더 이상 아버지의 가부장적 권위나 행동을 용인하지 않기 때문이다. 아버지들은 더 이상 가부장적 권위를 지속할 수 없는 상황에서 정상 가족의 유지를 위해 친밀성을 기반으로 한 수평적 관계 형성을 도모할 절실한 상황에 놓여있다.
그런 상황에서 많은 아버지들은 수평적 관계 형성을 통한 친밀성의 태도로 가족 관계를 새롭게 만들고 있으며, 그 과정에서 가족들은 연대적 의식을 강화하면서 가부장적 이데올로기의 실천을 하고 있다. 물론 여전히 그러한 실천과는 거리가 먼 아버지들도 많다. 그러나 사회 전반의 분위기는 아버지들이 가부장적 이데올로기를 버리고 가족들과의 수평적 관계를 통한 친밀성을 형성하는 쪽으로 가고 있다. 김호연의 《불편한 편의점》은 그런 상황에 대한 뒤늦은 인식과 그러한 인식을 타자에게 전파하는 독고의 상황을 통해 우리 시대에 필요한 가족 관계를 소통의 면에서 부각하고 있다. 이러한 부각을 통해 이 소설은 타자에 대한 배려와 환대를 실천하는 인간관계의 진정성을 역설하고 있다.

2) 타자 혹은 내면의 자기와의 교감을 통한 행복 찾기

(1) 타자 지향 혹은 상실의 시대

우리들의 삶과 세계 인식에서 가장 중요한 것은 나와 타자의 관계 설정이다. 나와 타자의 관계 설정에 따라 삶의 길과 양상이 달라지기 때문이다. 그러기에 우리는 '나다움'을 지키고 삶을 풍요롭게 하기 위해 나와 타자의 관계 설정을 해명할 필요가 있다.

그런데 나와 타자의 관계 설정은 나와 타자가 맺는 표상을 어떻게 바라보는가에 따라 해명의 양상이 달라진다. 일찍이 하이데거는 근대성을 언급하면서, 근대성의 본질은 나가 자기 앞에, 그리고 자기에게로 실재 세계의 대상을 표상하는 것이라 했다. 하이데거에 따르면, 나가 세계와 맺는 관계는 나의 계산과 측정에 의해 이루어진다. 그 결과 세계는 나 앞에 세워진 그림으로서만 존재하게 된다. 이처럼 나는 표상 활동을 통해 대상으로서의 세계를 나의 이념 체계 속에 넣을 수 있다.

세계를 표상 활동을 통해 자신의 의식 속에 채워 넣을 수 있는 존재로서 '나'는 고립된 존재로만 살아갈 수는 없다. 우리는 언제나 우리 곁에, 그리고 우리를 둘러싸고 있는 존재들인 타자를 자신의 지평 위에 통합하고자 한다. 이를 통해 우리는 자신과는 다른 차이를 갖는 타자들을 자신의 '지평' 위에 종속시키고자 활동한다. 이 활동에서 나는 '하나의 전체 표상'을 설정하고, 그 아래 타자가 지닌 다양성을 나의 표상 속에 결합하고자 한다. 바로 이 때문에 나는 타자를 받아들이기보다는 타자를 자신의 의식 속에서 통제하고자 하는 욕망에 사로잡힌다. 또한 나는 폐쇄적이고 권위적인 의식 속에서 나보다 열등하다고 여겨지는 타자들을 도구화하여 지배하려고 한다.

이러한 현대의 사유 현상에 대해 일찍이 들뢰즈는 "표상 개념이 철학을 독살한다."라고 언급한 바 있다(서동욱, 2000:17 재인용). 또한 이러한 사유 현상에 대해 미하일 바흐친은 "내가 타자가 될 뿐만 아니라 내 의식 안의 〈not-I〉까지도 인정하는 복수적인 의식"을 강조했다(여홍상 편, 1997).

들뢰즈나 바흐친의 논의에서 알 수 있듯이, 우리가 '세계-내적-존재'로서 삶을 살아가기 위해서는 표상 활동을 통해 세계를 '나만의'의 틀에 집어넣는 독백적인 사유에서 벗어나야 한다. 세계의 구성은 나의 독백적인 사유 체계 속에 종속되지 않는 파편적인 사건들로 구성되어 있기 때문이다. 그리고 삶을 구성하는 존재들 사이의 차이는 나와 타자가 갖는 '존재론적 차이'에서 기인하기 때문이다.

그런데 이러한 '존재론적 차이'는 현실에서 나와 타자의 반복적인 사건(만남)을 통해 존재하게 된다. 이러한 반복적인 사건을 통해 '존재론적 차이'를 드러내는 타자의 존재는 나가 끊임없이 자기 동일성에서 벗어날 수 있는 힘을 준다. 들뢰즈에 의하면, 나는 자기와는 절대적으로 이질적인 자, 늘 현재하는 현존으로 소환할 수 없는 타자를 그 실체가 아닌 흔적으로서만 만나게 된다.

'나-타자'의 관계는 단순한 회전이나 순환의 관계가 아니라, 제3자가 개입하여 사건이 만들어지는 창조적 전환의 구조를 갖고 있다. '나-타자'의 관계를 창조적 전환의 관계로 파악하게 되면 '나'는 타자가 되는 것이 아니라 타자의 타자가 된다. 이 타자의 타자가 제3자가 되어 '나'를 볼 수 있게 한다. 타자의 타자는 '나'와 타자의 관계를 복합적으로 지탱하면서 나가 반성적인 성찰을 할 수 있게 한다. 제3지는 '나'와 타자 간 두 의식 사이의 비융합성으로 생긴 '잉여시선'을 통해 구체화되며, '나'와 타자 간의 갈등을 조정하고 해소하는 구실을 한다. 그리고 그러한 관계 속에서 나는 내면의 갈등이나 외로움, 우울함에서 벗어나 '나다움'의 길로 접어들 수 있다.

그러기에 나가 '나다움'의 길로 가기 위해서는 필연적으로 타자의 존재를 필요로 하며, 그 타자는 내면에 감추어진 또 다른 나일 수도 있다. 타자는 나가 자기중심적 삶에서 벗어나 나 아닌(Not-I) 존재를 인식할 수 있게 하고, 이를 통해 나가 자신의 행동과 생각의 의미에 대한 가치 평가를 내리면서 세계에 참여할 수 있게 한다. 그런데 나가 자신의 행동과 생각의 의미에 대한 가치 평가를 내리는 과정은 언제나 '참여하는 사유'를 동반하며, 현재에 대한 성찰을 지향한다. 현재에 대한 성찰을 통해 나는 진정한 삶의 가치와 행복, 타자의 존재성을 인식할 수 있다. 물론 이러한 것은 나가 볼 수 없는 것을 볼 수 있는 타자의 시선에 의해 가능하며, 타자의 시선은 나와 타자의 상호주관성을 가능하게 한다.

상호주관적인 존재로서 나와 타자의 관계 설정 및 '나다움'을 추구하는 과정은 유희봉의 장편소설 《순례를 떠나는 낙타》(도서출판 등대지기, 2013)와 《하얀 까마귀》(다시올, 2013)를 통해 확인할 수 있다. 《순례를 떠나는 낙타》는 물질만능주의 시대에 진정한 '나다움'에 대한 성찰을 통해 타자와의 교감에 대한 지향을 보여주며, 《하얀 까마귀》는 물질적 욕망에서 벗어나 행복 찾기와 자아의 유토피아를 찾는 과정을 보여준다.

(2) 타자와의 교감을 통한 뿌리내리기

《순례를 떠나는 낙타》는 한없는 순례와 같은 인생의 길에서 물질과 우정,

9. 삶의 서사화를 통한 현재와 미래의 설계

진실한 사랑과 명예를 추구하는 한 인물의 내면 갈등을 통해 타자와의 교감을 보여준다. 또한 순례를 떠날 수밖에 없는 숙명으로서의 인생에서 진정한 '나다움'의 추구와 그 과정에서 타자의 시선을 보여준다.

이 소설 속의 주요 인물들은 이현종, 박영금, 이재석, 김순이, 송태자, 김왕호 등이다. 이들은 대학교수, 서양화가, 고위직 공무원, 동양화가, 갤러리 사장 등으로 사회에서 비교적 성공한 계층에 속하는 인물들이다. 그러나 이 인물들은 사회적 지도층에서의 품격을 지니기보다는 극히 원초적인 욕망에 사로잡혀 쾌락과 섹스, 물질적 추구의 과정을 보여준다. 또한 작품에 그려진 현실은 대통령의 최측근이나 고위 정치인, 재벌 회장까지 부정 축재를 일삼는 물질만능에 사로잡혀 있다.

소설의 주요 플롯은 이현종의 친구인 김왕호가 이현종에게 50만원을 빌린 후 사라지자 그를 찾아 나서는 데서 시작한다. 이현종은 자신에게서 돈을 빌린 후 갚지 않은 김왕호를 수소문하는 과정에서 우정과 배신 사이에서 갈등하지만, 결국 왕호가 진정한 사랑 때문에 사라졌음을 이해하고 그를 용서한다. 이 소설에서 주인공인 현종은 박영금, 김순이, 송태자 등과 사랑을 맺으면서, 진정한 사랑에 대해 고민한다. 그러나 그의 많은 행동들은 무절제하며, 책임감 없는 것이다. 그러기에 이 소설에 등장하는 주요 인물들의 삶은 불륜과 매춘으로 얼룩져 있으며, 그들의 이러한 행동은 오늘날 우리 사회가 안고 있는 사회지도층의 부패상을 대변한다고 할 수 있다. 술, 여자, 돈으로 대변되는 사회 지도층의 부패상을 말이다.

반면에 폐지를 줍는 할머니로 대변되는 서민들은 고달픈 인생을 살아간다. 그들의 인생은 자기 안의 사막, 끝없이 펼쳐진 지평선을 동행자 없이 한발 한발 내딛는 고독한 것이다. 고독한 것으로서의 인생에서 서민들은 지쳐가고 쓰러진다.

그러기에 이 소설은 성공한 계층에 속하지만 타락한 계층과 성공하지 못했지만 고달픈 인생길을 걸어가는 소외받은 존재들의 삶을 대비시켜 진정한 삶의 가치가 무엇인지를 묻는다. 그것은 우울과 행복을 대비시켜 구체화된다. 또한 우울함을 행복으로 전환시키는 것이 사랑임을 말한다.

사랑은 존재 이유와는 상관없이 그 자체로 절대적 감정이다.
모순과 반론, 논쟁 따위는 허용하지 않는다.
지식이나 이성을 이미지 뒤로 넣어둘 것을 요구한다.
사랑은 절대적인 예속을 요구하는 대신
그 보답으로 맹목적인 행복을 선사해 주는 것이다(305면)

존재 이유와는 상관없이 그 자체로 절대적인 감정으로서 사랑은 고통과 슬픔으로 가득한 인생의 순례길에서 힘을 준다. 우리들의 인생은 낙타의 삶과 비슷하기 때문이다. "낙타는 무거운 짐을 싣고 끝이 보이지 않는 사막을 건너야 하는 존재로 이 낙타의 삶은 수많은 하기 싫은 일을 감당하며 하루를 버티고 있는 평범한 직장인의 모습이며 제 일생과도 같습니다."(336면) 하루하루를 감당하며 버텨야 하는 인생의 길은 사막과 같은 것이다.

"인생은 내 안의 사막, 삶은 끝없이 펼쳐진 지평선을 동행 없이 한발 한발 내딛는 고독한 여행과 같은 것이다. 오아시스를 만나더라도 안주할 수 없다. 그렇게 사막의 끝까지 다다르지 못하면 모래폭풍에 파묻히거나 짐승의 먹이가 되어 뼈만 앙상하게 남을 것이다."(342면)

그러기에 사막과 같은 인생의 길에서 우리는 동행자를 필요로 한다. 동행자만이 사막과 같은 인생의 순례를 가야 하는 우리의 숙명에서 오는 고통과 슬픔을 덜어줄 수가 있기 때문이다.

"나를 상처 입힌 것도 나 자신이며 나를 이끄는 것 또한 당신이라는 것을. 상처가 남긴 아픔을 외면하지 말고 받아 들여야 한다는 것을. 상처는 결국 치유되어야 하며 상처가 남긴 흉터를 보며 당신을 기억해야 한다는 것을. 이젠 조금 알 것 같습니다."(349면)

스스로에게 상처를 입히며 살아가는 우리에게 필요한 것은 상처를 치유하는 것이며, 그 상처를 치유하는 과정에서는 타자와의 진정한 교감이 필요하다. 그것은 순례로서의 인생에서 '나'를 이끄는 것은 타자이며, 타자야말로 뿌리내리지 못하고 바람에 나부끼는 나뭇잎 같은 인생을 지탱해주는 힘이 되기 때문이다.

그러기에 이 소설의 말미에서 현종이 송태자와 결혼하기로 하고, 삶에 뿌리내리기로 한 것은 타자와의 진정한 교감의 결과라고 할 수 있다. 송태자의 시선을 통해 부박한 그의 삶을 인식하고, 삶을 뿌리내리기 위한 토양을 마련한 것이기 때문이다.

(3) 내면의 자기와의 교감을 통한 유토피아 찾기

유희봉의 《하얀 까마귀》는 작가의 자전적 삶을 다룬 소설로서 과거와 현재의 시간이 빈번하게 교차하고 있다. 이를 통해 서술자는 주인공의 초등학생시절부터 외손자를 둔 때까지를 다루면서, 열등감 속에 세상과 불화하며 우울한 삶을 살았던 주인공 봉조의 삶을 구체화한다.

　주인공 봉조는 정치인이 되겠다던 대학 시절의 꿈이 좌절된 후 시를 쓰기 위해 세상과 갈등하며 살아왔다. 그는 대학을 중퇴한 후 의영과 결혼하여 잠시 교사로 근무하다가 행정고시에 합격하여 고위공무원이 되었지만 시인으로서의 삶을 포기하지 않은 채 살아간다. 그러던 그에게 믿었던 아내 의영이 자신 몰래 부동산 투기를 하게 된 사건 때문에 아내와의 관계는 엉크러진다. 그는 그 후 아내와 이혼을 결심하지만, 가족에 대한 끈, 사랑하는 아내와 사랑하는 여자의 차이를 확인한 후 아내를 선택한다.

　이러한 근본 플롯을 지닌 이 소설은 제주도 4.3 사건과 한국 근대사의 격변 과정을 서술하면서, 진정한 자아 추구의 과정을 보여준다. 소설에서 수재였던 봉조의 아버지는 6.25때 국군에 의해 살해되었고, 어머니는 남편 사망 후 1년간 식음을 전폐하다가 봉조가 4살 때 죽었다. 이러한 가정사를 지닌 봉조는 태생적으로 세상과 불화를 겪으면서 우울증에 시달린다. 봉조가 일생을 두고 사랑했던 대학 시절의 여자 친구 형인은 봉조에게 우울함에서 벗어나기 위해서는 행복을 찾아야 한다고 말한다.

　행복은 찾아오는 것이 아니라 찾아내는 것이지. 그래서 행복은 대담하고 적극적인 사람에게만 다가오며 그것은 용기의 날개를 타고 날아와. 그러나 모든 것의 기본은 바로 이성과 진실, 그리고 미덕과 신중함에 있으며 누구나 자기의 지혜와 노력만큼 샘물처럼 마르지 않는 행복의 주인이 될 수 있다고 생각해(24-25면).

　이 소설의 주인공 봉조는 일생을 통해 시를 쓰면서 대담하고 적극적인 사람에게만 다가오는 행복을 찾기 위해 분투한다. 그러면서 그는 6.25때 죽은 아버지와 어머니의 존재를 점차 인식하면서 자기 자신을 발견하여 자신이 되는 길이 행복의 첫걸음임을 깨닫게 된다. 그러나 이러한 깨달음에 이르기까지 봉조는 수많은 갈등의 편린을 보여준다. 주식을 해서 큰돈을 벌어야겠다는 헛된 욕심 때문에 절망하기도 했고, 물 위에 떠 있는 부부 관계로 인해 아내와 이혼을 결심하기도 했다.

　봉조가 절망과 이혼 결심에서 벗어나게 한 것은 결국 문학에의 열정이었고, 가족이었다. 이는 시와 가족이라는 울타리가 그의 삶을 지탱해주었기 때문이다. 그러기에 봉조는 "행복은 진실의 문제이며 영혼의 추구"라는 것으로 알게 되었고, 이를 통해 삶을 포기하지 않게 되었다.

　이러한 봉조의 모습은 "녹슨 안경을 닦으며"라는 시를 통해 확인할 수 있다.

> 세월 속에서
> 계절이 오면 꽃이 피듯
> 녹이 슬어버린 안경테
> 이젠 닦는데도 힘이 겹구나.
>
> 그만 닦을까봐,
> 다시는 닦는 일 그만 둘까봐
> 차라리 흐린 그대로
> 녹슨 그대로 끼고 휘파람이나 불까봐(258-259면)

세월이 지나면 안경테에 녹이 슬 듯, 인생의 길에도 많은 녹이 슨다. 아내와의 관계도, 사랑하던 타자들과의 관계도. 이러한 관계에서 끝까지 포기할 수 없는 것은 '나다움'일 것이다. 그리고 나가 꿈꾸었던 삶과 세월일 것이다. 그런 면에서 봉조가 예술과 현실의 차이만큼이나 분명한 사랑하는 아내와 사랑하는 여자 사이에서 사랑하는 아내를 선택한 것은 녹슨 인생의 길을 담담히 받아들이고 자기다움을 지키는 것이라 할 수 있다. 이는 궁극적으로 우울함과 부박함으로 가득한 인생에 대한 깊은 성찰에서 연유한다고 할 수 있다. 또한 인생을 그 자체로 받아들이면서 느껴지는 대로의 삶의 길을 걷는 데서 연유한다.

(4) 타자와 자기 상실 시대에서 행복 찾기의 의의

오늘날의 우리는 물질적으로 정말로 많은 것들을 누리고 있다. 그러나 우리는 언제나 바쁘며 우울하다. 사막과 같은 인생의 길에서 바쁘다는 핑계로 자신을, 타자를 돌아보지 못한다. 이 때문에 우리는 나만의 틀에 갇혀 수많은 욕망을 품는다. 그러나 그 욕망은 르네 지라르가 말한 것처럼, 원래부터 나가 꿈꾸었던 욕망이 아니라 타자를 보면서 갖게 된 매개된 것이기에 언제나 우리를 우울하고 고독하게 한다. 우울하고 고독한 가운데 우리는 점차 나를 잊고 타자를 잊어 간다. 나와 타자를 잊어가는 가운데 우리는 욕망의 노예가 되어 팍팍한 인생에서 지치고 쓰러져 간다.

지치고 쓰러져 가는 인생에서 우리에게 정말 필요한 것은 무엇일까? 유희봉의 두 편의 소설들은 지치고 쓰러져 가는 인생을 살아가는 우리에게 정말 필요한 것은 무엇인지에 대한 성찰의 시간을 제공하고 있다. 지치고 쓰러져가는 우리에게 필요한 것은 삶에 뿌리 내리는 것이며, 그 과정에서 자아의 유토피아를 발견하고 찾아가면서 행복을 성취하는 것이다. 자아의 유토피아를 찾아가면서 행복을 성취하는 삶은 얼마나 아름다울까?

찬란한 밤하늘의 별을 보고 길을 떠날 수 있었던 자의 행복을 논한 루카치의 언급처럼, 우리 시대의 길 떠나기와 행복 찾기는 어디에서 가능할까? 아마도 그것은 나다움을 찾고 타자를 다시 발견하는 것이 아닐까? 나다움과 타자 찾기를 통해 사막과 같은 인생에서 동행자를 만나고, 욕망의 똬리를 풀 수 있지 않을까?

3) 고통과 완전한 이별, 그리고 삶의 정주(定住)

고통의 원인은 즐거움의 원인과 마찬가지로, 진짜 현실에 있지 않고 추상적인 생각에 있다. 일반적으로 우리의 가장 커다란 고통은 직관적 표상이나 직접적 감정이라는 형태로 현재에 있는 것이 아니라, 추상적 개념과 괴로운 생각 등의 형태로 이성 안에 있다.
 -쇼펜하우어, 〈의지와 표상으로서의 세계〉 중에서

(1) 지독한 외로움과 슬픔의 시대

우리는 생의 어디에서 와서 어디로 흘러가는 것일까. 요즘 우리 사회에서는 숟가락 논쟁이 한창이다. 태어나는 것이 본인의 자율 의지에 의한 것이 아니었듯이, 어떤 부모 밑에서 태어났느냐, 그리고 그 부모의 경제력이 어느 정도인가도 우리 본인의 자율 의지에 의한 것이 아니다. 그럼에도 불구하고 요즘 세대의 청년들은 부모의 경제력에 따라 인생의 많은 것들에서 혜택을 받기도 하고 고통을 받기도 한다. 그리고 그러한 현상은 갈수록 심화되고 있으며, 부모로부터 경제적 도움을 받지 못하는 존재들은 삶의 길목 길목에서 많은 좌절과 번민을 경험하고 있다. 또한 그러한 좌절과 번민 속에 자신의 능력으로는 도저히 어찌해 볼 수 없는 '통곡의 벽'에 맞닥뜨리고 있다. 그런 맞닥뜨림 속에 많은 존재들은, 일찍이 한나 아렌트가 말했듯이, 자신의 의지와는 무관하지만 자신을 공고하게 무너뜨리면서 압박하는 '근본악'과 같은 현실에서 차별과 냉대에 시달리고 있다.

이런 현실에서 차별과 냉대 속에 있는 많은 존재들은 자신이 부모로부터 물려받은 숟가락을 바꾸기 위해 죽도록 밤낮없이 분투하기도 한다. 그러나 십

중팔구 그러한 분투는 실패로 끝나고 만다. 한 개인의 자율적 의지로서는 도저히 감당하거나 이겨낼 수 없는, '죽음'과 같은 시련과 좌절만이 그에게 던져지기 때문이다. 그러한 상황에 있는 많은 존재들은 지독한 슬픔과 외로움, 고독, 공허를 느끼면서 삶에 뿌리내리지 못한다. 그러한 뿌리내리지 못함은 존재론적 기투로서의 삶이 불가능하게 한다. 그런데 그런 불가능함은 존재론적 성찰이 아닌 자아의 폐기 혹은 유폐의 모습으로 우리를 파멸의 길로 유혹한다.

2020년대 우리의 삶은 존재론적 기투가 아닌 자아의 불모성을 뼈저리게 우리에게 각인시키면서, 우리가 환상적 세계에서나마 가지고 싶었던 존재성에 대한 인식을 내동댕이칠 수밖에 없게 만든다. 누가 우리로 하여금 이렇게 하고 있는 것일까. 그리고 이러한 시대에 소설이 그리는 세계는 낭만적 환상이 아닌 서언한 외로움과 뿌리 뽑힘을 통해 무엇을 보여주려는 것일까. 이응준의 〈북쪽 침상에 눕다〉와 최진영의 〈원형〉(현대문학, 2015년 11월호) 등은 개인 존재가 자신의 자율적 선택이 아닌, 근본악처럼 주어진 삶의 척박함 속에서 얼마나 허기에 시달리는지, 그리고 그러한 허기 속에 어떻게 스스로를 파멸시켜 가는지 혹은 지켜내려고 하고 있는지를 보여줌으로써, 우리 시대에서는 환상적인 세계로나마 낭만성을 그리는 것이 더 이상 의미 없음을 강하게 보여준다. 이렇게 강하게 보여줌으로써, 이 소설들은 우리가 느끼는 고통과 외로움 등의 실체는 과연 어디에 있는 것인지를 생각하게 한다.

(2) 완전한 이별만이 불멸인 삶의 길

이응준의 〈북쪽 침상에 눕다〉는 평소에도 자살 충동이 심한, 의료보조기구를 만드는 회사에 다니는 남승건, 그의 애인인 허소정, 허소정의 전남편 박규성, 남승건이 술집에서 우연히 만나 대화를 나눈 무기중개상 에릭 크립트리 등을 주요 인물로 설정하고 있다. 남승건의 아버지와 어머니는 사막에서 우연히 만나 사랑을 나눈 후 남승건을 낳았다. 남승건을 낳은 얼마 후 그의 어머니는 혼자 한국으로 돌아와 사내아이가 딸린 남자와 사랑에 빠져 문규라는 아이를 낳았다. 그런데 남승건 엄마의 남편은 중국으로 향하던 호화 유람선 갑판 위에서 홀연 실종되었다. 당시의 모든 정황상 그가 스스로 바다에 뛰어들어 자살했다는 추측이 당연한 결론이었지만, 남승건의 어머니는 이를 끝끝내 부정하였다. 그것은 사랑을 위해서건 용서를 위해서건 남편의 죽음이 죽음 아닌 미제 사건이 되기를 바랐기 때문이다. 그리고 남승건의 동생이었던 문규는 10년 전 화창한 늦봄 정오 무렵의 자신의 고급 고층 아파트 25층 베란다에서 빨래를 널다가 그냥 휙 뛰어내려 자살을 했다. 그 후 남승건의 어머니는

9. 삶의 서사화를 통한 현재와 미래의 설계

호스피스 수도원에서 자의에 의해 암을 방치하다가 지난달 숨을 거뒀다.

한편 남승건의 아버지는 사막에서 아들이 지켜보는 가운데, 모래폭풍 속으로 태연히 걸어 들어가 자살을 했다. 자신이 지켜보는 가운데 모래폭풍 속으로 태연히 걸어 들어가 자살을 했던 아버지의 뒷모습을 남승건은 평생 잊지 못한다. 그런 아버지의 뒷모습은 남승건에게 아버지에 대한 어마어마한 증오를 남겼으며, 이로 인해 남승건은 자신과 타인에 대한 불만과 섭섭함을 핍진한 복수심으로 발전시켜 간다. 그러나 그 복수심은 허소정의 전남편 박규성의 황당한 위협, 즉 자살하겠다는 위협을 받으면서 점차 누그러진다.

허소정의 전 남편 박규성은 조용한 것 말고는 별것 없는 사람이었지만, 사업 실패 후 빚쟁이들에게 쫓기다 살인자가 되어 수배를 당하고 있다. 조용한 것이 단점도 장점도 아닌 박규성이 살인자가 되어 자살하겠다고 자꾸 자신에게 고백 같은 통보를 해오는 것을 보면서, 남승건은 박규성의 고독과 가슴 아픔을 이해하게 된다. 남승건 자신 또한 삶 앞에서는 스스로가 늘 초보자로서, 가슴 속에 깔깔한 모래가 가득 차 있는 듯한 괴로움 속에 있기 때문이다. 또한 비극처럼 보이는 희극이 지나치게 강렬할 수는 있어도, 애초에 살인자로 낙인찍히는 비극은 없으며, 인간은 결정적으로 단독자임을 인식하고 있기 때문이다.

이런 남승건의 인식은 비극에 대한 계몽을 말한 에릭 크립트리의 영향을 드러낸다. 남승건은 삶 혹은 꿈을 아버지가 자살하려고 들어간 모래폭풍 후 멍하니 쳐다보았던 모래 지평선 위 신기루 같은 것이라고 생각한다. 그러기에 남승건에게 삶이란 애당초 비극적일 수밖에 없는, 그 자체이다. 남승건에게 삶은 아버지가 모래폭풍 속으로 들어간 뒷모습이다. 그런 아버지의 뒷모습은 남승건의 삶을 지배해 온 트라우마 혹은 악몽 같은 것이다. 그런 악몽 속에 있는 남승건이 아버지에 대한 증오심에서 벗어나는 것은 에릭 크립트리가 말한 비극에 대한 계몽을 듣고서, 이 세상에 태어난 것은 반드시 죽지 않을 수가 없으며, 그것은 피할 수 없는 순리임을 인식했기 때문이다.

에릭 크립트리는 "무기는 상대를 무찌르고 파괴하는 물건인 동시에 자신을 비추는 거울"이며, "인간은 무엇을 하고 싶은가에 따라 무기를 고른"다고 하면서, 무기가 없으면 인간은 위선에 빠진다는 논리를 편다. 인간의 폭력이란 말린다고 말릴 수 없는 것이며, 평화라는 것은 허울이기 때문이다. 비극을 인정해야 허황된 것들에게 휘말리지 않을 수 있기 때문이다. 정의라는 허울보다는 그 구성원들의 이득과 행복을 추구하는 편이 국가의 가장 올바른 선택이며, 이것을 위해서는 무기가 있어야 하기 때문이다. 그것이 선전 선동이든 살상용 대포이든 간에. 그러기에 인간은 자신의 이득과 행복을 위해 현재에도 미래에도 계속 무기를 통해 살인자로 살아간다. 그러기에 인간은 누구든 잠재적 살인자이며, 상처를 주는 존재이다. 그 정도와 시기만 다를 뿐이다. 인간에게 막역한 사이란 없으며, 막연한 사이만 있을 뿐이다. 그러기에 인간은 아주 쉽게 타인에 대한 분노와 증오를 가질 수 있으며, 인간이 사는 곳에서 비극이 머물지 않았던 곳은 어디에도 없었다. 아울러 "어떤 인간에게 건 간에 어둠의 유전자가 대대로, 또 새롭게 서려"있다.

인간의 정주에서 비극이 머물지 않았던 곳이 어디에도 없었기에 인간은 본질적으로 세상이 너무나 아프다고, 아프다고 생각한다. 그러한 삶은 사막같은 것이다. 인간의 삶을 이렇게 생각하기에 남승건은 스스로의 삶을 사막 같은 것이라고 생각한다. 그가 자신의 삶을 사막 같은 것, 그리고 언제 모래폭풍이 들이닥칠지 모르는 것으로 생각하는 것은, 그가 열세 살이 되던 가을에 보았던 아버지의 뒷모습 때문이다. 그때의 아버지의 뒷모습은 불멸이란 말의 허망함을 철저히 일깨워주었다. 그러기에 남승건은 자신을 사막 한복판에 내버려둔 채 사라져버린 아버지를 지속적으로 기억하면서, 아버지가 한때나마 사랑했었던 것은 그에게 상처만을 주었음을, 그리고 그 상처 때문에 아버지는 스스로가 불멸을 믿지 않았음을 인식한다.

그렇던 남승건은 대학교를 졸업하던 해 겨울 첫눈이 내리는 공터에서 "不滅, 직접 눈으로 본 것만을 믿는 자는 가짜를 보여주면 믿게 될 것이다."라는 문장이 적혀 있던 아버지의 낡고 색 바랜 노트를 불태움으로써 비로소 어른이 된다. 그런데 그가 어른이 된 것은 불멸을 믿지 않으며, 삶을 이해하기 위해서는 직접 눈으로 본 것만을 믿어서는 안 됨을 인식한 결과이다. 이러한 인식에 의해 남승건은 유년기의 상상계적 삶에서 벗어나 모래폭풍 속으로 걸어 들어가 사라져버린 아버지라는 존재에 대한 기억에서 벗어나 혹은 풀려나, 어른으로서의 질서가 요구되는 상징계적 삶의 표상을 받아들이기로 한 것이다.

이러한 태도 속에 회사생활을 하던 남승건은 애인인 허소정의 전남편 박규성을 보면서, 그도 자신처럼 세상이 아프고 외로운 사람임을 알게 된다. 이러한 그의 앎은 박규성이라는 타자를 통해 자신의 외로움을 새삼 본 결과이다. 그러기에 그는 박규성을 무작정 숨겨줘야겠다고 생각하고, 그가 어떤 상처에 사로잡혀 있는지를 보고자 한다. 이를 통해 남승건은 박규성을 자신의 거울로 인식하면서, 인간이 갖는 무기란 그의 사상을 드러내는 것이며, 어떤 무기를 갖고 있느냐에 따라 인간의 존재감이 달라질 수 있음을 깨닫는다. 그러나 그의 깨달음은 여전히 외로움과 지독한 아픔을 지층으로 한 것이기에, 허약하기 이를 데 없다. 이 때문에 남승건은 그저 조용하기만 한 박규성이라는 거울을 통해 아버지와 자신을 보면서도, 현실에 맞서지 못한 가운데 세상 가운데서 사라지기로 한다.

"사랑하는 누군가로부터 아무 설명도 남기지 않은 채 사라"졌던 아버지, 어머니, 남동생처럼 자신도 허소정에게 아무 설명도 남기지 않은 채 세상 가운데서 사라지기로 한 순간, 남승건은 한없이 미끄러지면서 실체를 갖지 못하는 기표와 같은 삶의 본질을 본다. 그러기에 남승건은 삶이란 죽음의 꿈같은 것이며, 더 이상 세상을 눈으로 보는 것의 무의미함을 알게 된다. 또한 아무리 사랑하고 마음에 맞는 사람일지라도 마침내는 완전한 이별을 하게 되는 것이 진정한 불멸임을 깨닫는다.

(3) 삶의 뿌리와 정주를 찾지 못한 생의 부박함

최진영의 〈원형〉은 길 위를 걷는 두 형제의 성장과 그 과정에서의 정처없음을 통해 삶의 본질 혹은 원형이 공허임을 말한다. 두 형제가 걷는 길은 "낡은 건물, 버려진 집, 짓다 만건지 부서지는 중인지 분간할 수 없는 상가, 사람, 찢어진 천막, 잡초인지 작물인지 알 수 없는 풀밭과 언덕, 야생마 같은 벚나무, 말라비틀어진 검은 똥이 흩뿌린 깨처럼 흩어져 있"는 곳이다. 두 형제가 공허의 그림자만이 있을 뿐인 그 길을, 음흉하고 을씨년스런 그 길을 걷는 것은 차갑고 쓸쓸하기 때문이다. 또한 배가 고프기 때문이다.

커 가면서 형제의 삶의 결은 달라진다. 형이 생각하기에 동생은 커 가면서도 늙지 않는다. 지속적으로 순진하다. 숱한 조롱과 멸시와 폭력을 겪었으면서도, 형보다 더 많은 세상에 노출되었으면서도 늘상 순진하다. 그렇기에 동생은 학교 다닐 때는 친구들에게 이용당해 문제아로, 범죄자로 취급당한다. 그런 동생을 형은 끝까지 지켜줘야 한다고 생각한다. 범죄자로 취급당하면서도 언제나 순진한 동생과는 달리, 형은 자신이 한없이 낡고 닳고 비열해지고 있다고 생각한다. 그러면서 실은 늘 마음속으로 울고 있는 자신을 동생이 인식하지 못하는 것에 답답해한다. 동생의 마음속에 자신이 어떤 질감으로 인식되고 있는지를 몰라 답답해하는 것이다.

그러던 어느 날 일자리를 쫓아 전국을 돌아다니다가 집으로 돌아온 아버지는 돌아와 조그맣던 두 아들이 커다란 남자가 되어 있는 것을 느끼며, 아버지에 대한 형제의 반항심을 느낀다. 그러기에 아버지는 아들들에게 지면 안 되며, 여기서 지면 모든 걸 잃으리라는 이상한 결의를 갖는다. 그런데 그러한 결의를 형도 갖는다. 형은 아버지가 자신과 동생이 함께 차곡차곡 쌓아온 삶의 근본을, 정주를 아버지가 무너뜨릴 것만 같다는 불안과 위기감을 느꼈기 때문이다. 그러기에 형은 동생은 아버지가 아니라, 다른 누가 아니라, 바로 자신이 지켜야 한다고 생각한다.

이런 생각의 교차 속에 아버지와 형은 직접적 갈등이 아닌, 기 싸움을 한다. 그러던 와중에 빚쟁이들에게 쫓기던 집으로 찾아와 아버지에게 행패를 부

◆ 삶과 서사와 치유 ◆

리다가 아버지를 밀치는 일이 벌어진다. 이 과정에서 형은 충동적으로 아버지를 찌른다. 아버지가 자신과 동생이 만든 삶을 망가뜨렸다고 생각했기 때문이다. 그렇지만 동생은 피 묻은 칼을 얼른 주워들고서 자신이 아버지를 죽였다고 경찰에 신고한다. 동생이 이렇게 한 것은 자신과 함께 하루하루를 망가뜨려 가는 형이 불쌍했고, 이왕이면 끝까지 같이 살고 싶었기 때문이다. 이는 동생도 형처럼 서로를 서로의 분신으로 여기면서, 삶의 이물감이 아닌 동질감을 갖고 있었기 때문이다.

　형은 사람들을 아무도 믿지 않았다. 반면에 동생은 길거리나 주변에서 만나는 사람들을 쉽게 믿었다. 그리고 그들과 친해졌다. 이런 동생을 보면서 형은 동생이 자신을 떠날까봐 무서웠다. 그런 과정에서 형은 아버지를 우발적으로 살해하게 되었는데, 그런 형을 위해 동생은 그 순간 누구보다 침착하게, 누가 숙였고 누가 죽였는지를 한눈에 알아봤다. 그러기에 동생은 생에 처음으로 거짓말을 하면서 형과 자신이 끝까지 함께 사는 길을 선택한다. 형이 아버지를 죽인 것은, 자신과 형의 세계를 끝까지 지키기 위해서였음을 알았기 때문이다.

　그러기에 형제는 자신들의 존재에 대한 이해를 구할 필요는 없지만, 그 이유 없음이 존재의 부정일수는 없다고 생각한다. 그들이 함께 살아있는 이유에 대해서는 구체적으로 설명할 수는 없지만, 살아 있는 것 자체가 의미 있다고 생각하기 때문이다. 그러기에 형은 살아 있는 것 자체를 지키기 위해, 그리고 동생은 끝까지 함께 살아있기 위해 아버지를 죽인 것이다. 아울러 형은 자신의 내면에서 무언가가 뜨겁지도 않게, 서늘하고 차분하게 터져버리면서 자신이 죽을까봐 무서워한다. 자신이 죽으면 비열하고 냉혹한 세상에서, 을씨년스러운 삶의 길에서 동생을 지킬 수 없기 때문이다.

　형의 이런 모습은 우리가 흔히 보아 온 경쟁적인 관계로서의 형제간의 모습과는 사뭇 다르다. 카인과 아벨의 이야기 이래로, 우리는 무수한 카인의 후예들을 보아왔으며, 그것이 보편적인 형제의 모습인 것으로 여겨왔다. 더군다나 오늘날의 삶에서는 수많은 카인의 후예들이 더 튼튼한 삶을 꾸리기 위해 경쟁심에서 비롯된 뒤틀린 우월의식 속에 많은 형제들을 비방하고 멸시하고 심지어는 죽이기까지 하고 있다. 이런 극도의 비정함 혹은 잔인한 승리는 우리의 삶이 철저하게 계산된 목표의식에 종속되어 있음을 반증한다. 그리고 그러한 종속 속에 우리는 점차 자기다움을 버리고서 혹은 망각하고서 환영처럼 떠도는 괴물로서 살아가고 있다. 그런데 그것이 삶일까. 그것이 우리가 살아 있는 이유일까.

10. 연민의 태도와 타자 이해하기

1) 연민의 개념과 요소

일반적으로 감정은 개인적인 동시에 집합적인 개념이며, 느낌은 직접적으로 느끼는 생생한 경험이고, 정동은 신체적 에너지와 강렬성, 힘, 역량 등을 함유하는 심적 에너지로 여겨진다(이명호, 2015:113-139 참조). 마사 누스바움은 감정에 관한 인지주의적 관점에서, 감정이 신체적 느낌(bodily feeling)이라는 입장에 반론을 제기하면서 대상성과 지향성, 믿음과 평가, 가치 부여 등을 감정의 요소로 언급한 바 있다(마사 누스바움, 조형준 옮김, 2015:66-80). 누스바움의 이런 관점을 받아들이면, 감정은 믿음들의 집합으로서 평가적 판단을 전제로 하기 때문에 구성될 수 있다. 다시 말하면, 감정은 대상에 대한 일회적인 반응이 아니라 역동적인 사고의 과정을 통해 가치 지향적으로 구성된다. 따라서 감정 구성은 세계에 대한 인식의 한 부류로서 인식적인 기능(epistemic function)을 가지며(오성, 2008:303), 이렇게 구성되는 감정은 원초적 혹은 조야한 감정과는 다르다. 세계에 대한 인식의 한 부류로서 인식적인 기능을 갖는 감정의 구성은 그 대상에 대한 믿음과 지적인 평가에 의한 지향적 가치를 전제하기 때문이다.

인지주의적 관점을 취할 때, 감정은 그 대상에 대한 믿음과 판단, 그리고 평가 등을 수반하며, 이러한 것들을 수반함으로써 감정은 타자와 소통될 수 있다. 또한 감정은 어떤 현상을 수용하거나 혹은 인정하는 인지적 판단에 의해 타자에게 소통되며, 그에 따른 사고의 격변을 겪는다. 사고의 격변으로서 감정은 반드시 신체적 변화와 그에 대한 지각을 필수적으로 요청하지는 않는다. 사고의 격변은 인지적인 것이기 때문에 신체적 변화와 무관할 수 있기 때문이다. 아울러 사고의 격변을 수반하는 감정은 타자와의 합리적 소통의 과정에서 역동적으로 변화하기도 한다. 역동적인 변화의 과정을 통해 감정을 통한 사고의 격변은 은유적 상상력에 의해 이해가능한 것이 될 수 있다.

그런데 감성 가운데 연민(compassion)은 대상이 갖는 인간적 연약함을 인정하는 것으로 소설 읽기에서 몰입과 공감적 투사를 가능하게 한다. 스피노자에 따르면, 연민은 '타인의 불행에서 생기는 슬픔', '우리들과 비슷하다고 표상하는 타인에게 일어난 해악을 동반하는 슬픔'이다(Spinoza, 1677/2007:152, 194;정수영, 2015:50에서 재인용). 아리스토텔레스도 다른 사람의 불행이나 괴로움에 대해 느끼는 고통스러운 감정을 연민이라 했다. 이처럼 연민은 우리의 상상을 타자의 선(善)과 연결시키고 타자를 우리의 집중적 배려 대상으로 만들어 주는 동시에, 윤리적 인식을 확대하고 어떤 사건이나 정치에 내재해 있는 인간적 의미를 이해할 수 있게 만들어준다(Nussbaum, 2003;정수영, 2015:50에서 재인용).

마사 누스바움에 따르면, '다른 사람의 불행이나 고난을 향한 고통스런 감정'인 연민은 심각성(크기), 부당함, 인간적 연약함 등과 같은 세 가지의 인지적 요소를 갖는다(마사 누스바움, 조형준 역, 2015:562-583). 첫째, 연민을 불러일으키는 대상의 상황과 고통이 심각할 것이라는 믿음 또는 평가이다. 심각성(크기)은 다른 사람의 불행이나 고난이 매우 심각하다는 인식과 관련된다. 이 믿음과 평가는 죽음, 신체적 학대, 노화, 질병, 이별, 육체적 유약함, 전망의 부재 등이 심각한 고통과 불행을 초래할 것이라는 '크기'와 관련된다. 그러나 연민을 갖는 사람이 관찰자의 입장에서 이 크기에 대한 믿음을 갖거나 평가를 하는 것이기 때문에, 연민의 '크기'는 실제로 고통과 불행을 겪는 당사자, 즉 연민의 대상이 스스로 평가하고 판단하는 '크기'와는 다를 수 있다.

둘째, 부당함은 다른 사람의 불행이나 고난이 그의 잘못이 아닌 어쩔 수 없음에 따라 생겨난 것이라는 인식과 관련된다. 이것은 연민의 대상이 고통을 당해서는 안 된다는 '믿음'과 관련된다. 연민의 대상이 스스로의 잘못으로 인해 고통이나 불행을 겪는다면, 연민의 주체는 그에게 연민의 감정을 갖지 않는다. 그러나 연민의 대상이 겪는 고통이나 슬픔이 그의 책임이 아니거나 고통이 잘못에 비해 지나치게 과중하다는 믿음이 생길 때 연민의 주체는 그에게 연민의 감정을 갖는다. 또한 연민의 감정은 어떤 사람이 도저히 책임질 수 없는 범위에서 일이 벌어질 때도 생겨난다. 이 경우에는 그에 책임이나 탓(blame)을 할 수 없고, 그에게는 아무런 잘못이 없거나 잘못을 넘어설 정도로 심각하게 나쁜 일이라는 믿음이 필요하다.

셋째, 인간적 연약함은 자신도 그러한 불행이나 고난의 가능성에 노출되어 있음을 인식하는 것과 관련된다. 이 경우에 연민의 주체는 고통을 겪고 있는 연민의 대상과 유사하게 될 가능성을 자신도 갖고 있다는 것에 대한 판단을 한다. 그 전에는 연민의 대상이 되지 않았지만, 그 대상이 겪는 고통과 불행을 보면서, 그 대상이 자신과 유사하다는 판단이 들 때 그 대상에 대한 연민을 갖는다. 그런데 고통당하는 사람과 자신이 비슷하게 될 가능성과 취약성에 의해 연민이 발생한다는 것과 관련하여 고려할 점은, 자신과 유사성을 찾기 어려운 이방인에게도 연민을 느끼는 상황이다. 이에 대해 마사 누스바움은, '유사성'이라는 요소가 연민을 작동시키는데 반드시 필수적인 아니라는 점을 언급한다(마사 누스바움, 조형준 역, 2015:578-583). 이러한 언급은 연민이라는 감정이 존재하기 위해 중요한 것은 타인의 고통을 자신의 목표와 기획에 연관되어 있는 것으로 간주하는지의 여부이며, 누군가의 불행이나 불운, 고통이 자신이 앞으로 살아가는 방식에 영향을 미치는 것으로 간주했을 때 연민이라는 감정이 생겨남을 강조한 것이다. 따라서 연민을 구성하는 세 번째 요소는 타인과 나의 관계나 유사성에 초점을 맞추는 '나도 비슷하게 될 가능성에 대한 판단'이 아니라, 타인의 불운이나 고통이 자신의 삶의 목표나 기획과 어떤 관련성이 있는지에 초점을 맞추는 '행복주의적 판단'이다(정수영, 2015:51).

타인의 불운이나 고통이 자신의 삶의 목표나 기획과 어떤 관련성이 있을 때 연민이 생겨난다는 '행복주의적 판단'에 따를 때, 연민과 동정은 구분된다. 누스바움에 따르면, 동정은 자신의 삶이나 자신을 위한 '행복주의적 판단'이 아닌, '그 대상을 위해서'라는 시혜적 태도를 전제로 한다. 또한 동정은 불운이나 고통을 당하는 타인이 자신의 삶과는 별개라는 인식을 토대로 하기 때문에, 고통당하는 타인의 경험을 상상적으로 재구성하는 것과 관련된다. 감정이입에 의해 타인의 불운이나 고통을 잠시 자신의 것인 것처럼 상상적으로 재구성하는 동정의 상황에서는 자기 자신과 고통당하는 타인이 구별되어 인식된다. 따라서 동정은 타인과 자신을 구분한 상태에서 '타인만을 위해' 만들어지는 관계적 감정이며(정수영, 2015:52), 이런 점에서 동정은 자신의 삶의 목표나 기획에 타인과의 관련성을 고려하는 연민과 구별된다.

연민의 감정은 불행이나 고난을 겪고 있는 사람이 자신의 삶에서 중요하다는 가치 판단을 전제로 하며28), 이러한 전제에 의해 그 인물에 대한 공감적 투사가 일어난다. 예를 들어, 김유정의 여러 소설들에 형상화된 궁핍한 현실이나 삶의 비애를 경험하는 작중인물들에 대한 연민의 감정을 통해 독자는 그에 대한 공감 능력을 키울 수 있다. 소설 읽기에서 독자가 갖는 연민의 감정은 불운이나 고통을 당하는 타인의 삶이 독자 자신의 삶의 목표나 기획과 관련성을 갖는 것을 전제로 하기 때문에, 작중인물에 대한 독자의 연민은 독자와 작중인물을 '아우르는' 의미를 가질 수 있다. 또한 이러한 아우름을 통해 독자는 감정의 움직임에 의한 '함께-움직임[共-動]으로 나아갈 수 있다.

2) 연민의 태도를 통한 타자 이해

우리가 다른 사람에 대한 연민의 감정을 통해 공감능력을 키우는 것은 감정을 '통한' 사유와 실천을 모색하는 것으로, 사회와 연관된 문화적 구성물인 연민의 감정을 구성하는 것이다. 우리가 다른 사람의 서사를 듣거나 읽는 과정에서 문화적 구성물인 연민의 감정을 구성하는 것은, 연민의 감정을 유전적 본성이나 신체적 반응이 아니라 사회구조의 산물이자 상호작용의 산물로 여겼기 때문이다(소영현, 2016:390). 우리가 구성하는 연민의 감정은 서사 읽기의 다양한 경험을 통해 학습된 것으로, 우리 자신의 자기 성찰을 전제로 한다. 우리가 구성하는 연민의 감정은 다른 사람의 정서 혹은 정동에 대한 역동적인 반응이며, 그러한 반응을 통해 연민이 산출되고 재생산되고 표현되는 사회적·문학적 맥락에 따라 변화할 수 있는 것이다. 따라서 서사 읽기 과정에서 우리가 구성하는 연민의 감정에 대한 타당한 이해는 감정 그 자체가 아니라 감정에 부여되는 사회적이고 문학적인 의미에 초점을 둘 필요가 있다.

서사 읽기에서 우리가 구성하는 연민의 감정을 사회적이고 문학적인 의미에 초점을 두는 것은 그 감정의 '유동적 성격'에 주목하는 것이고, 그 유동적인 성격이 정동으로 재맥락화되는 과정에서 나타나는 '운동성'을 포착하는 것이다(소영현, 2016:393). 그리고 그러한 운동성에 대한 포착은 연민의 감정을 단순히 개별적이고 지엽적인 것으로 한정하지 않고, 문학공동체나 사회공동체와의 연관성 속에서 이해하는 것이기도 하다. 또한 우리가 구성하는 연민의 감정을 의미화, 고착화, 소유화의 측면이 아닌 운동성/힘의 측면에서 이해함으

---

28) 마사 누스바움에 따르면, 연민(compassion)은 동정보다 더 강렬한 감정으로 고통당하는 사람 뿐만 아니라 연민의 감정을 가진 사람 모두 더 큰 고통을 수반한다. 반면에 동정(sympathy)은 공감이나 감정이입과는 다른 것으로, 다른 사람의 고통이 나쁜 것이라는 판단을 포함하는 측은지심에 해당한다(마사 너스바움, 조형준 옮김, 2015:552-556).

로써, 연민의 감정 구성이 갖는 역동적인 흐름을 주목하는 것이기도 하다.

아리스토텔레스에 따르면, 설득의 기술 중 하나인 파토스는 감성적인 측면에 호소하여 마음을 움직이고 변화시키며 영향력을 미치는 요소로, 분노, 증오, 두려움, 수치심이나 동정심 등과 더불어 고통이나 쾌락 등이 포함된다(오태호, 2018:188-189). 그런데 다른 사람의 서사에 나타난 '한'의 정서는 파토스를 통해 감성적인 측면에 호소하는 감정의 서사를 형상화함으로써 우리가 연민의 감정을 갖게 한다. 연민의 감정을 가짐으로써 우리는 감정을 '통한' 사유와 실천을 모색할 수 있다.

물론 우리가 서사 읽기 과정에서 갖는 연민의 감정은 범주로서의 감정이 아닌 '특정한' 감정을 중심으로 감정 자체가 아니라 감정을 '통한' 사유와 실천을 하는 것이다(소영현, 2016:383). 또한 우리가 서사 읽기 과정에서 갖는 감정을 통한 사유와 실천은 단순히 개인과 내면의 관심으로 환원되지 않고, 사회적 차원의 윤리적 실천과 연관된다. 우리의 감정을 통한 사유와 실천은 사회질서와 사회적 행위를 둘러싼 질문들에 나름 대답을 수행하는 것이기 때문이다.

소설은 작중인물의 감정과 결부되어 있다. 소설에서 작중인물은 공포, 비애, 연민, 분노, 기쁨, 동정 등과 같은 감정을 가지면서, 실존적 삶을 살아간다. 따라서 독자의 소설 읽기는 작품의 내용에 대한 단순한 반응이 아니라, 작중인물의 다양한 감정들에 반응하는 것이다. 독자의 소설 읽기가 다양한 감정들에 대한 반응인 것은, 소설 자체가 인간 탐구로서 다양한 인간군상의 삶의 복합적 지층에서 파생되는 감정에 대한 관심을 보일 수밖에 없는 것과 관련된다. 다양한 인간군상의 삶의 복합적 지층에서 파생되는 감정들은 독자의 실제 삶에서의 감정 양상들과 밀접한 연관성을 갖기 때문이다. 이러한 연관성을 공선옥의 『오지리에 두고 온 서른 살』(1993년)을 통해 살펴보자.

공선옥의 『오지리에 두고 온 서른 살』(1993년)은 이 세상의 벼랑 끝에 내몰린 여성들의 고통스런 삶과 그 내면의 절망을 보여주고 있다. 이 소설에서 오은이와 박채옥은 잘못 '선택당한' 결혼으로 인해 절망의 밑바닥에 깊숙이 빠져 있는 존재들이다(임홍배, 1993:196). 은이는 상훈에 대한 연정을 갖고 있었지만, 집안의 차이에 의해 그 연정을 포기했었다. 그런데 대학 진학 후 운동권이 된 상훈은 채옥에 대한 사랑의 감정을 배반하면서, 한때 자기 집 머슴의 딸인 은이와의 결혼을 선택했다. 그러기에 은이에게 상훈과의 결혼은 자신의 의지가 아닌 주어진 선택에 따른 것이며, 이로 인해 은이는 상훈과의 결혼에서 자신의 감정과 존재를 확인하는 과정을 갖지 못한다. 이로 인해 은이는 상훈의 의지가 충족되기 위한 매개물로 대상화되어 절망의 길로 가게 되었다(임홍배, 1993:196). 상훈에게 은이와의 결혼은 사랑이 아닌 친일 자손이라는 것에 대한 부정과 노동자에 대한 어설픈 동정이었기 때문이다. 이로 인해 은이는 상훈에 의한 희생양이 되어 비극을 겪게 되었다.

한편 채옥은 자기 집안과 상훈 집안 간의 불화에도 불구하고 상훈과의 사랑을 의심치 않았지만, 상훈이 은이를 선택하자 자포자기의 상태에서 불량배인 기현에게 결혼을 강요당했다. 불량배 기현은 채옥을 수시로 때리고 가둠으로써 채옥을 절망의 구렁텅이로 빠뜨린다. 뿐만 아니라 채옥은 젊은 날 바람둥이였던 아버지가 병들자, 병 수발을 해야 하는 상황에서 가난과 기현, 그리고 아버지로 인한 절망의 심연에서 헤어나지 못한다.

은이와 채옥이 서른 살임에도 불구하고 절망의 심연에서 헤어나지 못하는 곳은 그들의 고향 오지리이다. 은이는 상훈의 아이를 임신한 채 시댁이 있는 오지리로 왔지만, 시댁에서 시부모의 뜻대로 소박맞는 처지가 되고 시부모는 새 며느리를 들일 준비를 한다. 그리고 상훈도 그러한 시부모의 음모에 동의를 한다. 그 사실을 모르고 있었던 은이는 비극적 파탄을 맞이하며, 그 과정에서 은이는 한 번도 자기 주장을 하지 못한 채 그저 주어진 운명의 굴레와 고통을 감내한다. 그러면서 은이는 삶의 좌표를 잃은 막막한 절망과 혼돈에 빠진다.

한편 채옥은 산동네에서 가난과 폭력이 난무했던 기현과의 결혼 생활 도중에 어린 딸을 데리고 병든 아버지의 병 수발을 위해 오지리에 왔다. 오지리에서 가난과 앞날에 대한 절망감에 고통 받던 채옥은 아버지가 죽자 어린 딸과 함께 악마 같은 기현으로부터 벗어나고자 했다. 그러나 악마 같은 존재인 기현은 채옥이 오지리를 떠나기 전에 채옥 앞에 다시 나타남으로써 채옥의 절망은 계속 이어지고, 채옥은 단지 그녀의 삶을 고통스럽게 하는 것들 가운데 선다. 그럼으로써 채옥은 자신의 존재마저 부정되는 좌절과 절망의 끝에서 다시 자신에게 주어진 삶을 이어가야 한다. 이 소설의 줄거리는 다음과 같다.

오은이와 박채옥은 오지리라는 작은 마을에서 함께 자라 고등학교 시절을 함께 보냈다. 그녀들은 지주 집안 아들인 또래 남상훈을 두고 묘한 경쟁관계를 갖는다. 친일파였던 상훈의 아버지 남진태는 해방 직후 토지개혁을 피할 양으로 자기 땅의 일부를 박채옥의 아버지 박승태에게 팔아치운다. 그렇지만 바람기 많고 어리숙한 박승태는 등기를 하지 않아서 훗날 다시 그 땅을 남진태에게 빼앗겼다. 이 일로 채옥의 아버지는 상훈 네에 대해 극도의 원한을 품는다. 그렇지만 채옥은 아버지의 반대에도 불구하고 상훈을 좋아하고, 상훈도 채옥을 좋아한다.

한편 은이 아버지 오진산은 상훈 네의 머슴이었는데, 머슴의 딸인 은이도 상훈을 좋아했다. 그 후 은이는 도저히 대학을 갈 수 없고 공장의 직공이 되었고, 채옥이는 지방대학에 입학했다. 그러던 중 상훈이는 노동운동을 하게

10. 연민의 태도와 타자 이해하기

되었는데, 그는 어느 날 공장 노동자인 은이 앞에 위장취업자가 되어 나타난다. 그러면서 상훈이는 더러운 핏줄에 대한 보복으로 운동권이 되었으며, 한때 자기 집 머슴 딸인 은이를 아내로 선택한다. 은이는 자기가 상훈을 사랑하는 것이 가당치도 않다는 생각을 했지만 상훈의 청혼을 받아들인다. 한편 채옥은 상훈이 은이를 선택했다는 것을 알고 절망하다가, 지방대학을 다니기 위해 자취를 하던 중 불량배 기현에게 강간을 당한다. 기현의 아이를 낳으면서 채옥은 기현에게 무수한 날 맞고 갇혀 지내면서 절망의 나락으로 빠진다.

그러다가 채옥은 기현의 행패를 견디다 못해 병든 아버지 병수발을 위해 어린 딸을 데리고 도망쳐 나와 고향으로 왔다. 고향에서 채옥이는 하루하루를 죽지 못해 살고 있었다. 그런 와중에 은이도 상훈의 아이를 임신한 채 혼자 시댁으로 온다. 은이는 시댁에서 온갖 구박을 당하다가 상훈네 잡일을 도와주는 석술에게 강간을 당할 뻔 한다. 이 충격으로 은이는 유산을 하고, 상훈네 부모는 이 일을 계기로 은이를 내쫓으려 한다. 그러자 은이는 상훈의 사랑이 허상이었고, 자기 삶은 자기가 찾아야 한다는 생각으로 오지리를 떠난다. 한편 채옥은 생계를 유지하기 위해 장터 국밥집(밤에는 색시집)에 나가 일을 하다가 과거에 자기를 짝사랑했던 진우를 만나 잠시 행복감에 젖는다. 그러던 중 채옥은 아버지의 죽음을 맞이한다. 채옥은 아버지의 죽음 이후 다시 자기를 찾아온 악령인 기현을 따라 오지리를 떠난다.

이러한 줄거리를 갖는 이 소설은 채옥과 은이라는 두 인물의 운명적인 삶의 고통과 회한을 형상화하고 있다. 아울러 서로에 대한 연민을 통한 타자 이해의 양상을 보여준다. 오지리를 떠난 후 다시 10여년 만에 서른 살이 되어 돌아온 그들에게 삶은 하루하루를 그저 견디고 견뎌야 하는 절망이었다. 그 절망 가운데서 그들은 과거의 경쟁 관계에서 기구한 운명에 처한 동병상련의 감정을 느낀다(김남일, 「공선옥이라는 여자, 그리고 그이의 '무서운' 소설」, 공선옥, 1993:305). 아울러 그들은 운명의 질긴 사슬을 끊기 위해 무던히 애를 쓰지만 결국 그 운명을 받아들인다. 이는 채옥의 삶에서 확인할 수 있다.

채옥은 아버지가 아들이 없다는 이유로 자주 새 여자들을 들이고 지주 상훈 네에게 땅을 빼앗기면서 불행을 겪기 시작한다. 그러다가 채옥은 상훈과의 사랑이 이루어지지 않은 상황에서 자포자기의 심정에 빠진 후, 불량배인 기현을 만나 그에게 강간을 당한다. 그 후 기현의 아이를 낳은 후, 채옥은 더더욱 가난과 고통의 심연에 빠진다. 가난과 고통의 심연에서 채옥은 병든 아버지의 수발을 하기 위해 몸이라도 팔아야 하는 가난에 직면했고, 수시로 기현의 무자비한 폭행에 몸서리쳐야 했다. 채옥이 겪는 이러한 고통과 가난, 그리고 그에 따른 절망은 그녀의 아버지에게서 한 극점을 이루다가 대물림하여 그녀에게까지 잔인하게 이어진 것이다.(김남일, 1993:306) 원수 집안의 아들을 사랑하는 채옥의 당돌한 욕망은 짐승과 다름없는 기현에게 산산이 짓밟힌 채 고통과 절망의 구렁텅이로 그녀를 몰아넣었다. 그러기에 채옥에게 기현은 '악연'이고 악령이다. 그렇지만 악령은 밤을 도와 오지리를 빠져 도망가려는 모녀 앞에 잔인한 고문처럼 나타난다.

한편 은이는 한때 아버지가 머슴으로 일했던 상훈 네의 며느리가 되었지만, 상훈을 얻는 순간 상훈이 자기 곁을 떠나게 되리라는 불길한 '예감'으로 고통받는다. 그 예감은 틀리지 않았고, 은이는 자신도 모르게 시부모와 상훈이 새 며느리를 맞이할 준비를 하였음을 후일 알게 된다. 그리고 상훈 네의 잡일을 도와주고 있던 석술에게 강간을 당할 뻔한 일로 인한 충격으로 상훈의 아이를 유산하고 그 집에서 쫓겨난다. 은이의 그런 상황은 거역할 수 없는 운명의 고통과 그로 인한 삶의 절망감을 드러낸다. 그러나 은이는 그런 절망 속에서도 결국 자기를 위한 길을 가고자 한다. 이 점은 채옥이 악령인 기현과 혈육인 해동을 떨치지 못한 채 자기를 위한 길을 가지 못하는 것과는 대비된다.

이 소설에서 아버지와의 관계가 부정적으로 보다 분명하게 드러나는 인물은 채옥이다. 채옥의 아버지 박승채는 집안에 아들이 없다는 이유로 아내가 있음에도 불구하고 여러 명의 새 여자들을 맞아들임으로써 딸들에게 집안의 풍파를 일으키는 인물로 각인된다. 그는 간경화로 병들어 딸 채옥에게 의탁하는 신세가 되었음에도 불구하고, 자신의 과거사에 대해 사과조차 하지 않는다.

채옥의 집에는 그때 젊은 여자가 들어와 있었다. 아들이 없는 채옥의 아버지가 둘째부인을 들인 것이다. 채옥 어머니는 양순한 부인이었으므로 남편의 행동에 순순히 따랐다. 채옥 아버지는 집에 새 여자를 들이는 대신에 채옥 어머니를 까시에서 양장점을 하고 있는 큰딸네 자취방으로 보냈다. 채옥이 어머니는 아들 못 낳은 죄 때문에 채옥 아버지가 시키는 대로 하였다. 새로 들어온 젊은 여자와 채옥 아버지는 채옥 어머니가 떠나자 완전히 신혼이었다. 채옥은 집안일에는 전혀 신경 쓰지 않는 듯 보였다. 그러나 아무도 몰랐다. 채옥이 새 여자가 싸준 알록달록 유별난 도시락에 손도 대지 않음으로써 새 여자를 들인 아버지한테 반항하고 있다는 것을.(공선옥, 〈오지리에 두고 온 서른 살〉, 1993:16-17)

채옥의 아버지는 양순한 부인이 있음에도 불구하고 집안에 아들이 없다는 이유로 둘째 부인을 들이고, 첫째 부인을 큰딸의 자취방으로 보내버린다. 그런 아버지에 대한 반항심에서 채옥은 아버지의 새 여자가 싸준 도시락에 손도 대지 않았다. 이런 채옥의 행동은 가부장적 의식에 젖어 가족 구성원들의

10. 연민의 태도와 타자 이해하기

정서를 전혀 신경 쓰지 않았던 아버지에 대한 부정적 의식의 표현이다.

그 여자가 집을 나서며 울었는데 영암댁도 거짓말처럼 따라 울고 있었다. 어린 채옥은 울고 있는 엄마 속으로 참으로 알 수 없었다. 어린 제가 생각하기에도 아버지가 들인 여자들은 미웠다. 여자들을 들인 아버지가 미운 것이 아니고 들어온 여자들이 미웠던 것이다. 아, 그런 모순이라니. 죄 없고 가여운 여자들이었는데.

세월은 한동안 잠잠히 흘렀다. 흐르는 세월 속에 두 딸들은 컸고, 그리고 폐병쟁이 여자가 남겨 두고 간 결핵 병균은 딸들이 커 나가는 동안 박승채의 폐를 소리없이 갉아먹어 갔다.(중략)

그런데 남편의 병을 고쳐 놓은 이듬해부터 영암댁은 시낭고낭 앓기 시작했다. 한량 박승채 씨의 바람기가 다시 도지기 시작한 것도 영암댁이 병을 얻은 때와 거의 같은 시기였을 것이다. 십여 년 동안 잠잠하던 집안에 다시 풍랑이 일기 시작했다.(공선옥, 〈오지리에 두고 온 서른 살〉, 1993:26-27)

어린 날의 채옥은 아버지의 새 여자들이 집을 떠날 때 같이 울던 어머니를 이해할 수 없었다. 새 여자들을 들인 아버지보다 따라 들어온 새 여자들이 더 미웠는데, 그 여자들과 함께 우는 어머니는 어린 채옥에겐 이해할 수 없는 것이었기 때문이다. 채옥의 아버지는 새 여자 중 한 명이 남겨 두고 간 결핵 병균으로 인해 다 죽어가다가 채옥 어머니의 지극한 병간호로 낫자 다시 바람기가 도졌다. 그의 바람기는 십여 년 동안 잠잠하던 집안에 다시 풍파를 일으킴으로써 딸인 채옥에게 아버지는 부정적으로 대상화된다.

스물한 살의 채옥은 아직 삶의 무게를 몰랐다. 한 사람의 목숨을 지탱하기에도 이 세상의 무게는 얼마나 무거운 것인지 채옥은 아직 알지 못했다. 오직 한 사람에의 그리움만으로 목이 타오르던 시절이었다. 그녀는 아직 순결하였고 그래서 부도덕한 아버지는 그녀에게 환멸의 대상이 되기에 충분했다.

그런데 참으로 이상한 것은 아버지에 대한 그 지독스런 환멸이 엄마의 죽음이 있고 난 뒤로는 무관심으로 변하는 것이었다. 엄마의 삶이 기구한 건 단지 그녀의 운명이라고만 여겨졌고 아버지의 삶의 형태는 또 그것대로 인정이 되는 것이었다.(공선옥, 〈오지리에 두고 온 서른 살〉, 1993:78)

그렇지만 자기 스스로가 세월의 흐름 속에 상훈과의 사랑이 좌절되고 악마 같은 기현과 함께 살면서 절망을 느끼면서, 채옥은 어린 날 부도덕하다고 생각되던 아버지의 삶을 조금은 이해하기 시작한다. 이제 세월이 흐른 뒤 딸은 아버지에 대한 환멸감을 무관심으로 바꾸면서, 단지 삶을 고통스럽게 하는 것들과 직면한다. 채옥은 자신의 존재마저 부정되는 좌절과 절망의 끝에서 죽음을 앞두고 있는 아버지에 대한 환멸감을 무관심으로 바꿀 수밖에 없었기 때문이다.

아버지는 딸을 모르고 있었다. 딸이 꿈꾸는 것은 아버지의 소생도 아니었고 안정된 일자리도 아니었고 안정된 일자리를 담보해 주는 지식도 아니었다. 딸이 원하는 건 완전한 절망에 빠지는 일이었다. 완벽한 절망에의 열망.
채옥은 기다렸다. 아버지의 죽음 뒤에 올 적막, 그 적막의 뒤에 도사린 자유. 그 고독과 절망이 자신을 완벽히 자유롭게 하리라는 예감에 채옥은 전율했다.
(전략) 지금 채옥은 극단과 극단의 중간 지점에 머물고 있는지도 모른다고 생각했다. 처음의 극단은 기현이라는 남자였고, 그리고 기현이라는 극단이 최대한으로 치다를 수 있는 마지막 점은 아버지의 죽음이었다. 그리고 아버지의 죽음은 또 다른 극단의 최대치를 향하여 채옥이 걸어가야 할 맨 처음의 극단점이기도 할 것이었다.(공선옥, 〈오지리에 두고 온 서른 살〉, 1993:63-64)

채옥은 기현이라는 악마 같은 남자로 인한 극단과 아버지라는 존재로 인한 극단 사이에서 극심한 좌절과 절망에 놓여 있다. 그런 채옥에게 필요한 것은 아버지의 소생이나 안정된 일자리가 아닌 완벽한 절망이다. 완벽한 절망이 있어야만 그 다음이 가능하고, 그 다음에 의해 절망에서 벗어나 조금이라도 희망을 꿈꿀 수 있기 때문이다.

3) 연민을 통한 자기 이해

은이는 채옥의 얼굴에 드러난 절망의 빛을 보면서, 타자와 함께 하는 삶, 운명적인 삶의 의미를 뼈저리게 인식한다.

은이는 그때 보았다. 채옥의 얼굴에 드러난 밝은 절망의 빛을. 한동안 채옥은 쇳소리가 나는 방문을 노려보고 있었다. 그러다가 말없이 일어나 정지간 구석에 놓인 쌀독에서 쌀을 퍼내며 처참하게 일그러진 얼굴에 미소를 띠고 은이를 돌아보았다. 아, 처참하게 일그러진 얼굴에도 어울릴 수가 있는 미소가 거기 있었다. 은이는 그런 미소를 볼 줄 알았다.

10. 연민의 태도와 타자 이해하기

은이는 이제 더 이상 채옥을 미워할 수 없게 되었음을 완전하게 인식했다. 그리고 더 이상 절망하는 법에 있어서나 절망을 벗어나는 방법에 있어서나 자신이 채옥에게 '우월할 수 있음'의 의식을 전혀 가질 수 없게 되었음도 아울러 깨달아 버렸다.(공선옥, 〈오지리에 두고 온 서른 살〉, 1993:115)

상훈과의 결혼을 통해 상훈을 얻었지만 은이는 심리적으로 상훈을 잃어가면서 시댁에서 온갖 구박을 당했다. 그런 가운데 은이는 가난으로 처참한 생활을 하고 있는 채옥의 일그러진 얼굴에 퍼진 미소를 보면서 자신도 그와 별반 다르지 않음을 깨닫는다. 은이는 이제 더 이상을 채옥을 미워할 수 없으며 절망하는 법에 있어서나 절망을 벗어나는 방법에 있어서나 자신이 채옥에 '우월할 수 없음' 깨닫는다. 은이는 상훈의 아이를 유산한 이제 자신의 목숨을 부지시켜 줄 보증수표가 없게 되었기 때문이다.

은이는 "너는 지금 나만큼 가난하지 않잖아. 너도 니 몸을 팔아서라도 돈을 벌어야 할 만큼 절박하니, 지금?"(공선옥, 〈오지리에 두고 온 서른 살〉, 1993:117)라는 채옥의 말을 들으며, 자신도 이제 채옥 만큼이나 절박하게 인생의 새 길을 열어야만 함을 인식한다. 이를 통해 은이는 자신을 시댁에서 내쫓으려는 시어머니의 나무람을 고개를 꼿꼿하게 세우고 듣는다. 은이의 이런 행동은 잘못 선택 당한 결혼으로 인해 운명의 굴레에 엮이게 되었고, 그 과정에서 시댁에서 이유 없는 멸시를 당하는 것에 대한 '반항심'에서 비롯된 것이다. 은이는 상훈에게 결혼을 구걸하지 않았기 때문이다. "나는 구걸하지 않았어. 지가 먼저 나한테 왔다구. 그리고 손을 내밀었어. 결혼하자구, 나랑 결혼하자구. 나는 그가 내게 구하는 것을 거부하지 않는 죄밖에 없다구."(공선옥, 〈오지리에 두고 온 서른 살〉, 1993:179-180)

유산을 하여 이제 상훈과 자신을 이어주던 끈을 잃어버린 은이는 애초에 가졌던 불안 혹은 '자신감 없음'을 벗어나게 되었지만, 절망에 빠진다. 그녀가 느끼는 절망은 채옥의 것에 못지 않다. 그녀는 이제 가야 할 곳이나 가족이 없는 상태가 되었기 때문이다. 그렇지만 이제 은이는 오지리를 떠나 어디론가 가야 한다. 그곳이 어디인지 알 수 없지만 말이다.

속 없는 웃음. 바보 같이. 싸움은 생에의 의지지. 내게 생을 향한 의지가 남아 있는가. 은이는 우선 그것부터 점검해 보자고 마음먹었다.
서른 살의 절망에도 남편의 외도가 끼어들 수 있구나. 인생을 새로 시작해도 늦지 않을 나이, 그러나 어떤 '형태'로의 인생의 문을 열기에는 이미 늦어버린 나이.

왜냐하면 우리 인생에서 생을 마감할 때까지 모든 형태의 삶은 이미 이십대의 삶의 형태가 결정지어 버리므로. 다는 아니지만 대체적으로 그러하다는 것을 서른 살만큼의 경험으로 보아 왔으므로.

희망을 포기할 수도, 그렇다고 마냥 절망에 빠져 있기에는 아까운 나이, 그런 나이에 내가 선택할 수 있는 길은 무엇일까. 은이는 곰곰이 생각하였다.(공선옥, 〈오지리에 두고 온 서른 살〉, 1993:199-200)

이제 은이는 시댁을 떠나 생에의 의지를 위한 싸움에 나서야 한다. 은이는 희망을 포기할 수도 없고 그렇다고 마냥 절망에만 빠져 있기에는 아까운 서른의 나이에 택할 수 있는 길을 곰곰이 생각한다. 이제 은이는 "지난 십 년의 세월을 그렇게 살아왔듯이" 삶이 주는 회한과 고통을 안고 또 다시 삶 속으로 걸어 들어가야 한다. 그러면서 은이는 서른 살의 나이에 떠나는 오지리에서의 생활을 인생의 덤이었다고 생각한다. 은이는 상훈과 살았던 지난 삼년의 세월을 기억의 저편으로 밀어내면서 오지리를 떠난다. 오지리를 떠나면서 은이는 비로소 가야 할 길, 즉 생에의 의지를 갖는다.

은이가 채옥에게 어디로 가느냐고 물었다.
채옥이 뒤를 돌아보며 말했다.
"저기로."
은이는 채옥이 가리키는 쪽을 바라보았다. 채옥의 아이가 한 남자의 품에 안겨 있었다.
"너는 어디로 가니?"
채옥의 어디로 가느냐는 물음에 은이는 잠시 허둥대고 있는 자신의 손을 내려다보았다. 가리킬 방향이 없었다. 그러나 잠시 후 은이는 확실하게 손가락이 방향을 정했다.
"나에게로."
채옥은 알 듯 모를 듯 희미하게 고개를 끄덕였다. (중략)
채옥이 차창 속에서 은이를 향해 뭐라고 외치는 소리가 희미하게 들려 왔다.
"뭐라구?"
은이는 서둘러 개찰구 밖으로 달려 나갔다.
"오 지 리 에…… 뭘…… 놓 아 두 고…… 온 게…… 없……."
그리고 차는 떠났다. (중략) 내가 두고 온 것이 바로 그것이었구나. 채옥도 그것을 두고 왔는가.
우리들의 서른 살. 서른 살의 절망과 희망.(공선옥, 〈오지리에 두고 온 서른

10. 연민의 태도와 타자 이해하기

살〉, 1993:211)

    은이는 오지리를 떠나면서 오지리에 삶의 회한과 절망을 놓아둔다. 이제 그녀는 회한과 절망의 삶이 아닌 '나에게로' 향하는 삶을 살아갈 결심을 하면서, 그 누구를 위한 삶이 아닌 자신을 위한 삶을 살기로 한다. 은이의 이런 결심은 확실하게 삶의 방향을 정한 것이라 할 수 있다. 그리고 채옥이라는 타자에 대한 연민을 자기 자신에 대한 연민으로 전이시켜, 자기 성장을 도모하는 것이라 할 수 있다.

11. 혐오의 태도와 사회의 공공선 추구하기

1) 혐오의 개념과 의의

지금까지 감정은 이성적 추론과 무관한 맹목적 힘으로 주체가 이성적 판단을 하는데 걸림돌로 작용한다는 부정적 인식의 대상으로 여겨져 왔다. 또한 감정이 믿음과 판단으로 이루어졌지만, 감정을 구성하는 믿음과 판단은 우연적인 성격들을 반영하기 때문에 신뢰할 수 없는 것으로 여겨져 왔다(고현범, 2016:135-136 참조). 그러나 철학적 관점에서 인지주의를 취하는 마사 누스바움에 따르면, 모든 감정이 "규범적 의미에서 비합리적이며, 따라서 공적인 숙고 과정의 지침이 되기에 부적절한 것"(마사 누스바움, 박용준 옮김, 2013:127)은 아니다.

인지주의적 감정론을 강조하는 마사 누스바움에 따르면, 감정은 대상성, 대상에 대한 믿음, 가치 지향성 등을 특징으로 한다. '감정의 대상성'은 감정이 어떤 것에 '관한' 것이란 점과 관련되는데, 감정이 대상의 주체와 분리되지 않는 지향성을 갖는다. 감정 주체가 지각하는 대상은 해석되며, 해석의 과정에서 주체는 대상에 관한 특정의 감정을 갖기 때문이다. '감정 대상에 대한 믿음'은 주체가 감정 대상에 대한 해석을 기반으로 한 특정의 믿음을 체현하는 것과 관련된다. '가치 지향성'은 감정 주체가 감정 대상에 대한 특정한 지각과 믿음들을 어떤 가치와 연관시키는 것과 관련되는데, 대상에 대한 감정을 가질 때 주체는 그 대상을 가치 부여된 것으로 여긴다.

이런 감정들 가운데, 어떤 사람이나 상황, 발언이 다른 사람에게 부정적 반응을 불러일으키는 혐오의 감정을 불러일으키는 경우는 여러 사람들을 적잖이 당황하게 만든다. 이럴 경우 혐오의 감정을 갖는 사람은 그 인물이나 상황에 대해 당황하면서 수치심을 느끼기도 한다. 이때 그는 혐오의 감정을 부정적인 것으로 여긴다. 그렇지만 일상에서 특정 인물이나 상황, 발언이 우리에게 야기하는 혐오의 감정이 부정적인 것만은 아니다. 특히 혐오발언이나 막말을 일삼는 사람들에 대해 갖는 혐오감은 사회 정화의 차원에서 순기능을 하기도 한다.

인간 삶에 많은 영향을 끼치는 감정 가운데 하나인 혐오는 우리가 사회적 관계에서 혐오스러운 것과 그것을 피하려는 시도를 가능하게 한다. 대부분들의 사회들은 사회를 건강하게 유지하기 위해 혐오감을 주는 특정 집단이나 오염물을 지닌 사람들을 기피하도록 가르치기 때문이다(마사 누스바움, 조계원 옮김, 2018(1판 7쇄):139). 혐오는 넌더리나는 냄새와 메스꺼움을 유발하는 외양을 지닌 대상에 대한 강한 신체적 반응을 수반하는 것으로, 오염물의 체내화라는 관념에 초점을 둔 복잡한 인지적 내용을 지니고 있다. 따라서 혐오는 자신과 극심하게 동떨어져 있는 대상과의 '원치 않는 가까움'에 대한 거절로 표현된다(마사 누스바움, 조계원 옮김, 2018(1판 7쇄):166-167). 아울러 혐오는 주로 관념적 요소에 의해 유발되며, 우리 자신과 인간이 아닌 동물, 또는 우리 자신과 우리가 지닌 동물성 간의 경계를 정돈하려는 관심과 연결된다. 따라서 혐오는 우리 자신이 지닌 동물성에 불편함을 느끼는 것과 관련된다.

한편 스티븐 핑커는 인간의 마음에는 본질적으로 생물학적 오염에 대한 방어기제로서 혐오감이 있음을 전제하면서, 혐오감이 "원래 신체 분비물, 동물의 신체 일부, 기생 곤충과 벌레, 질병 매개체를 보았을 때 유발된다."(스티븐 핑커, 김명남 역, 2014:562)는 것을 강조한다. 그런 것들에 의해 유발되는 혐오감으로 인해 사람들은 오염된 물질, 오염된 것처럼 보이는 물질, 그런 물질과 접촉했던 물질을 뱉어내면서, 영성, 순수함, 정숙함, 깨끗함을 지향한다. 이런 지향은 동물성, 더러움, 음탕함, 오염에 대한 물리적 거부감과 도덕적 경멸을 갖게 만든다. 혐오스러운 대상에 대한 거부감과 경멸은 우리가 지닌 동물성을 숨기고, 인간적인 유한함이나 취약함에서 벗어나 영성, 순수, 깨끗함을 지향하는 것과 순환 관계에 놓인 채, 우리가 도덕적 태도를 취하게 만든다.

11. 혐오의 태도와 사회의 공공선 추구하기

이 점에 대해 마사 너스바움은 "혐오는 기본적으로 우리가 지닌 동물성을 숨기고, 우리 자신의 동물성을 꺼려할 때 현저히 드러나는 유한성에서 벗어나고자 하는 감정이다."(마사 너스바움, 조계원 옮김, 2018(1판 7쇄):170)라고 언급한다. 너스바움의 논의를 참고하면, 혐오의 모든 기반은 '우리 자신'으로 '동물 연상' 사고를 바탕으로 한다.

로진은 동물성을 상기시키는 대상에 대한 혐오감은 음식, 성, 그리고 신체 변형과 관련된 선택지와 터부와 관련된다고 했다(Paul Rozin, 1997:113-114/고현범, 2016:141에서 재인용). 음식, 성, 신체 변형, 터부 등이 혐오의 감정을 유발하는 것은, 그것들이 인간적 유한성과 동물적 취약성을 연상시키기 때문이다.

혐오의 감정은 오염물로 간주되는 일군의 핵심 대상들에서 기원한다. 그러한 대상들은 인간의 유한성과 동물적 취약성을 연상시키기 때문이다. 대상에 대한 혐오는 개인이 지니는 개념에 의해 매개되며, 그런 면에서 사회적으로 학습된다고 할 수 있다(마사 너스바움, 조계원 옮김, 2018(1판 7쇄):176). 따라서 혐오는 모든 인간 사회에 편재하며 복잡한 연계망을 거쳐 다른 대상에게로 확장된다. 이것은 혐오가 기본적으로 문화의 산물이며, 문화에 따라 다양한 형식들을 갖기 때문이다. 혐오가 문화에 따라 다양한 형식을 갖지만, 일반적으로 혐오의 감정을 유발하는 것들은 "배설물, 혈액, 정액, 소변, 코의 분비물, 생리혈, 시체, 부패한 고기, 진액이 흘러나오거나 끈적거리거나 냄새가 나는 곤충 등 '원초적 대상'을 향한다."(마사 누스바움, 강동혁 옮김, 2016:54).

원초적 대상에서 유발된 혐오의 감정은 오염물로 간주되는 대상으로부터 다른 대상으로 확장되는 특성을 갖는다(고현범, 2016:142). 이것은 혐오의 사회적 확장인데, 혐오의 사회적 확장은 실제로 유해하지 않은 물질과 혐오의 대상이 접촉함으로써 그 물질을 거부하게 하는 심리적 오염에 의한다. 심리적 오염에 의한 혐오의 감정은 관념적 요소에 의해 유발되는데, 이 경우 혐오의 확장은 '전염'의 법칙과 '유사성'의 법칙에 의해 이루어진다. 전염의 법칙에 의한 혐오의 확장은 과거에 접촉했던 사물이 이후에도 서로에게 영향을 끼치는 것과 관련된다. 이러한 혐오의 확장은 사회적 경계 긋기를 통해 매개되며, 그 결과 혐오를 유발하는 것은 사회적 경계를 위반한다(마사 너스바움, 조계원 옮김, 2018(1판 7쇄):176-177).

혐오가 확장되는 두 번째 법칙은 '유사성'의 법칙인데, 이 법칙은 두 가지 사물이 서로 비슷하면, 그중 하나에 영향을 준 행위가 다른 것에도 영향을 준다고 생각하는 것과 관련된다(마사 너스바움, 조계원 옮김, 2018(1판 7쇄):177). 유사성의 법칙에 의한 혐오의 확장은 어떤 속성을 공유하는 사물들은 근본적으로 유사하거나 동일하기 때문에, 한 사물이 오염되었다면 다른 사물도 오염되었다고 믿는 것(고현범, 2016:143)과 관련된다. 유사성의 법칙에 의한 혐오의 확장은 사회에 따라 큰 편차를 보일 수 있기 때문에 사회적 규칙과 경계는 이 법칙이 전달되는데 큰 영향을 끼친다.

이처럼 전염의 법칙과 유사성의 법칙에 의해 확장되는 혐오의 감정은 지금까지 도덕적 판단이나 윤리적 실천에서 부적절한 것으로 여겨져 왔다. 그렇지만 혐오의 감정은 원초적 대상에 대한 것일 수도 있지만, 도덕적 판단의 대상에 대한 것일 수도 있다. 혐오의 감정은 부모나 사회에 의해 학습되어 문화와 도덕적 대상에 대한 판단을 가능하게 하기 때문이다. 이 점에 대해 스튜어트 윌턴은 혐오가 '인간다움을 조건 짓는' 대표적인 정동임을 고려한 바 있다(스튜어트 윌턴, 이희재 옮김, 2010:141;손희정, 2015:30에서 재인용). 혐오는 신체의 안정과 정결함을 유지하기 위해서 '사회적 관습에 스며들어 있는 감정'으로서 일종의 진화석 근거를 갖고 있다(마사 너스비옴, 조계원 옮김, 2015:166-185). 따라서 혐오의 감정은 인간에게 심원한 가치들을 위반하지 않도록 경고하는 감정으로서, 건강한 사회를 유지하기 위한 사회적이고 문화적인 역할을 하기도 한다.

이 점을 고려하면, 혐오의 감정을 단순히 인간이 지닌 동물성이나 취약성을 숨기고 동물성을 꺼려하는 것으로만 여겨서는 안 된다. 혐오의 감정은 '주체'와 '공동체'의 경계를 흩뜨려 놓겠다고 위협함으로써 거부의 대상이 되는 비체(abject, 卑/非體)적인 것들에 대한 반응이다(손희정, 2015:31). 동물적 본성이 아닌 도덕적 타락에 관한 혐오의 감정은 공적인 것으로서 가치판단에 의한 삶의 구성과 밀접한 관련을 갖기 때문이다. 예를 들어, 김동인의 〈감자〉에서 복녀는 여염집에서 태어나 나름 교육을 받았지만, 극심한 가난 때문에 중국인 지주에 몸을 판다. 중국인 지주에게 몸을 파는 복녀의 행위는 동물적 본성이 아닌 도덕적 타락에 의한 혐오의 감정을 유발하며, 복녀의 행위에 대한 독자 나름의 가치판단을 필요로 한다. 이처럼 도덕적 타락과 관련된 혐오의 감정은 부정적인 대상이 아니다. 이 점과 관련하여 데이(Deigh)의 논의는 많은 시사점을 준다.

데이는 혐오감을 원초적인 것과 훈련된 것으로 나누었다. 원초적인 혐오감은 동물적 본성을 드러내는 대상들이 갖는 감각적 성질에 대한 직접적인 반응에서 생겨나며, 훈련된 혐오감은 도덕적 혐오로서 대상에 대한 평가적 사고에서 생겨난다(고현범, 2016:147참조). 훈련된 감정인 도덕적 혐오는 특정 인물이나 행위가 자신이나 집단의 신념, 규범들에서 벗어났을 때 생겨난다. 훈련된 감정인 도덕적 혐오는 상식적인 도덕 판단의 기준으로 작용하며, 공공 도덕성의 중요성을 강조한다[29]. 이 혐오의 감정은 건전한 사고를 갖고 있는 자신이나 사회의 믿음, 가치체계, 이상들을 배신하는 도덕적 타락에 대한 강한 반감에서 연유한다. 도덕적 혐오는 인간의 동물성이 지닌 취약함을 줄이면서, 동물성에 의한 제도와 실행들에 대한 위협을 제거하는데 의미 있는 역할을 한다.

이와 같이 원초적 대상에 대한 혐오의 감정을 도덕이나 문화적 가치를 갖는 대상으로까지 확장하는 데는 부모나 사회의 교육이 중요한 역할을 한다. 부모나 사회의 교육에 의해 혐오의 감정은 사회적으로 확장되어, 도덕화된 맥락에서 혐오의 감정을 활용할 수 있다. 도덕화된 맥락은 주체가 인간 사회에서 혐오의 대상이 되는 것들을 회피하면서, 도덕적 대상이 되는 것들을 지향할 수 있게 하기 때문이다. 도덕적 대상을 지향할 수 있게 하는 혐오의 감정은 사회적 영향을 받는 인지적 구성 요소를 지니면서, 단일한 것이 아닌 중첩된 집합으로서 문화적 차이를 뛰어넘는 현저한 공통성을 드러낼 수 있다. 중첩된 집합으로서 문화적 차이를 뛰어넘는 현저한 공통성을 드러내는 혐오의 감정은 도덕적 삶과 자아 성장의 기반이 된다.

마사 너스바움이 언급한 것처럼, 인간 주체는 혐오를 통해 "실제로 견디기 어려운 삶의 문제를 보다 잘 회피할 수 있게 된다. 인간 자신의 죽음과 몸의 퇴화에 불안을 느끼기 마련이다. 혐오는 자신의 몸이 퇴화하고 있으며 유한하다는 것을 자각할 때 생기는 불안감과 관련이 있기 때문에 (삶의 과정에서) 늦든 이르든 생겨날 수밖에 없는 감정이며, 살아가기 위해 필요하기도 하다." (마사 너스바움, 조계원 옮김, 2015:180)

실질적이거나 물질적으로 개인과 공동체에게 해를 끼치거나 위험한 존재라기보다는, 인식론적 차원에서 문화적, 사회적으로 위험한 것, 불쾌한 것, 제거되어야 할 불순물로 여겨지는 것들이 혐오의 대상이 된다(손희정, 2015:31). 이런 것들에 혐오의 감정을 갖는 것은 다분히 심리적 차원에서 개인 주체들이 자신의 불안정한 정체성과 거대한 공동체적 감각을 상실함에서 연유한다. 개인 주체들은 강력하고 절대적인 적대 세력에 대한 혐오를 가질 수 없게 됨에 따라 어떤 집단적 정체성을 견고하게 유지하기 위해 새로운 혐오의 대상을 만든다. 예를 들어, 여성, 성소수자, 이주노동자, 지역적 차이 등을 혐오의 대상으로 만들면서, 자신의 불안정한 정체성을 해소하고자 한다. 이를 통해 그들은 매우 적극적으로 잘못된 방향에서 '주체화의 열정'(손희정, 2015:32)을 표출하면서, 다양한 사회 현상에서 타자를 타자화하는 감정의 격동을 경험한다.

---

29) 마사 너스바움은 도덕적 혐오감에 대해 혐오가 전이되고 확장되는 방식은 비합리적이기 때문에 그 감정이 어디로 향할지는 예상하기 어렵다는 점, 혐오의 감정에는 도덕적 비난의 의미가 함축되어 있다는 점, 존엄성을 존중하는 도덕적 이상을 훼손할 수 있다는 점 등을 들어, 혐오가 도덕 감정으로 간주하기에는 위험한 요인을 갖고 있음을 경고한 바 있다. 그러나 이 글에서는 혐오의 감정 가운데 도덕적 판단과 관련된 것이 독자의 소설 읽기, 특히 도덕적 타락을 행하는 작중인물을 이해하고 해석하는데 유용한 기제가 될 수 있음을 강조하고자 한다.

이러한 감정의 격동 과정에서 혐오의 충동을 갖는 존재들은 혐오의 속성들(점액성, 악취, 점착성, 부패, 불결함)을 반복적이고 변함없이 자신의 정체성으로부터 배제되어야 할 대상들에 결부시킨다. 이 때문에 혐오의 충동을 갖는 존재들로부터 혐오의 대상이 되는 존재들은 모멸과 수치심을 겪는다. 그들은 인간의 영역에서 탈각되어 인간과 동물 사이의 모호한 자리에 배치되거나 치환되기 때문이다. 물론 그들이 수치심을 받는 것은 직접적이 아니라 모멸감을 받는 방식으로 시작된다. 수치심을 느끼게 하는 것을 목표로 하는 모멸감은 부당하다는 인식과 억울함의 정서를 바탕으로 하기 때문에 수치심보다 훨씬 더 적극적인 성격을 띠면서 분노의 감정을 생산한다(손희정, 2015:36). 그리고 그 분노감이 표현되지 못했을 때, 그들은 수치심을 느끼면서 무기력하고 허무주의적인 우울감에 빠진다. 이러한 상황은 혐오감이 잘못된 방향에서 표출된 결과이다.

혐오감이 타자를 타자화하여 모멸감이나 수치심을 주는 것이 아닌, 도덕적 판단과 윤리성 실천과 관련된다면, 그것은 교육적인 의의를 가질 수 있다. 동물 본성에 대한 거부로서의 혐오감은 인간에게 심원한 가치들을 위반하지 않도록 하면서, 건전한 사회를 유지하는 기반이 될 수 있기 때문이다.

2) 혐오와 사회의 공공선 추구의 관련성

극심한 경쟁이 일상이 된 후기자본주의 사회에서 우리는 타인들을 사물로 대하면서, 그들에 대한 배척의 태도와 혐오의 감정들을 쏟아내고 있다. 이러한 사회에서 우리는 고통의 감정적 격동들을 겪으면서 삶을 증오하거나 삶에 대한 무관심을 보이고 있다. 그로 인해 우리 사회에는 악성(惡性)인 폭력성과 트라우마가 넘쳐나고 있다. 폭력성은 타인이나 특정 집단을 비하하는 혐오발언부터 물리적인 힘의 행사에 이르기까지 다양한 폭력의 행위로 구체화되고 있는데, 이런 상황에서 사회적 약자, 즉 해외 이주여성, 난민, 국내 체류 외국인 노동자, 성소수자, 특정 지역의 사람들, 사회적 재난의 피해자 등은 많은 상처를 받거나 수치심을 느끼고 있다.

혐오발언이나 힘의 행사에 의한 폭력성은 인간적인 현상인 악성에서 연유하는데, 악성은 우리가 인간다움의 도모라는 짐을 벗어버리는 것과 관련된다. 인간다움의 도모라는 짐을 벗어버리려는 비극적인 노력을 하다가 자기 자신을 상실함으로써 우리는 양성(良性)이 아닌 악성을 키웠다. 그 과정에서 우리는 악을 위한 가능성을 상상하고, 그것을 위한 사악한 욕망을 살찌웠다. 그

11. 혐오의 태도와 사회의 공공선 추구하기

결과 우리는 삶을 위한 생산력이 아닌 죽음에 대한 사랑, 자아도취의 감옥에 갇히게 되었다.

타인에 대한 무관심이나 증오의 감정들을 키움으로써 인간다움의 도모라는 짐에서 벗어난 우리는 저마다 내면에 악의 가능성 혹은 평범성을 드러내고 있다. 그런 상황에서 일부의 사람이나 집단은 "특정한 사람들을 혐오의 대상으로 만드는, 즉 잉여인간(redundant people)을 만들어내는 삶의 양식"(Bauman, 2016:2-3;서영표, 2020:143에서 재인용)에 기여하면서, 혐오의 사회를 조장하고 있다. 이런 혐오의 사회 조장은 불안, 공포, 불만을 에너지원으로 하여 사회적 위기를 초래하고 있다. 이런 상황의 기저에는 경제적 불평등이나 "불황으로 인한 사회적 불안, 선동, 혐오의 분출"(서영표, 2020:143)이 놓여 있다.

사회적 불안, 선동, 혐오의 분출을 조장하는 혐오발언은 그 이전 시대와는 비교할 수 없을 정도로 악성을 드러내는 뻔뻔함과 관련된다. 그러한 뻔뻔함에 의해 주류 집단과는 다른 역사성이나 시간성을 가진 집단, 민족, 국가, 종교 등은 배척의 대상이 되거나 폭력의 대상이 되고 있다. 그러한 폭력성에는 '우리'를 정상으로 '타인'을 '비정상'으로 규정하는 자아도취의 의식과 증오의 감정이 배태되어 있다. 혐오와 증오로 무장한 혐오발언자들은 자신들의 정체성을 순수하고 정의로운 것으로 포장하면서, 다른 집단의 정체성을 오염된 것, 불의한 것, 불안정한 것으로 매도하고 있다.

이러한 의식은 "인간의 무의식이 회피할 수 없는 심리적 불안정과 신체적 취약성이 초래하는 불안과 공포"(서영표, 2020:145)를 기반으로 하기 때문에, 혐오와 폭력성은 그 피해자들 사이의 내적 분할과 반목을 조장한다. 그러한 조장을 통해 사회는 더욱 분할되고 반목하면서 공공선과는 거리가 먼 방향으로 나아간다. 그런 상황이 되면, 혐오발언을 서슴없이, 그리고 의도적으로 하는 사람들이 사회적 승자가 되어, 무한경쟁에 의한 불안과 좌절의 악화를 증대시킨다. 아울러 우리가 본래적으로 갖는 '신체적 취약성'과 '심리적 불안정성'은 더욱 강화되고, 그로 인한 불안과 공포에 따른 악성은 더욱 증폭된다.

이런 상황의 해소를 위해서는 타자와의 연대, 타자에 대한 연민의 태도가 필요하다. 타자와의 연대, 연민의 태도 형성을 통해 우리는 혐오의 사회가 아닌, 배려와 공존의 사회로 나아갈 수 있다. 이것은 타자에 대한 인정과 무한경쟁의 탈피, 타자와의 소통과 상호이해를 기반으로 하는 타자성의 형성에 의해 가능하다. 타자의 타자다움을 인정하고 배려하는 가운데 타자와 소통하는 것은, 사회 속에서 불만과 좌절의 표현을 가능하게 하고, 상호 인정과 존중의 통로를 열어서 사회적 합리성과 공공선의 증진에 기여할 수 있다. 이를 통해 혐오의 조장과 보호막에 의해 기득권을 유지하려는 체계 자체를 변화시킬 수 있을 것이다.

연대와 연민이 타자에 대한 배려와 인정에 의한 사랑에서 출발한다면, 혐오는 왜곡된 만족을 추구하려는 이기적인 욕망과 그로 인한 타자의 배척을 기반으로 한다. 그렇기 때문에 혐오는 신자유주의적 자본주의 경쟁의 격화와 그로 인한 극단적 개인주의에 기초한 공포와 두려움의 사회와 시대를 조장한다. 아울러 타자에 대한 무관심과 그로 인한 공감능력의 상실로 혐오발언을 양산하면서, 타자에 대한 혐오와 증오를 강화한다. 그렇게 되면 사회는 타자에 대한 극도의 무관심과 무한 경쟁에 의한 증오가 강화되기 때문에 연대나 연민에 의한 사랑과는 거리가 멀어진다. 이런 사회적 상황을 해소해야만 공공선이 추구될 수 있으며, 사회적 약자나 소수자들이 혐오로 인한 공포나 두려움에서 벗어나 사랑을 근간으로 하는 타자성을 실현할 수 있다.

우리가 살아가는 삶은 어쩌면 '공포와의 대결'(서영표, 2020:147)이라 할 수 있다. 그리고 그 공포는 많은 경우 불안에서 유래한다. 죽음이나 재난, 사고, 대상의 상실에 대한 불안은 그로 인한 공포를 야기한다. 그런데 일상에서 우리가 흔히 겪는 불안은 익숙하지 않는 타자에 대한 것이다. "타자는 익숙하지 않고, 예상할 수 없으며, 불안을 초래하는 존재이기 때문이다."(Bauman, 2016:7-8;서영표, 2020:147-148에서 재인용) 그럼에도 불구하고 타자는 우리의 삶에서 필수불가결한 존재로 소통하고 연대해야 하는 대상이다. 소통하고 연대해야 하는 대상으로 타자들은 우리와 함께 할 수도 있지만, 우리에게 혐오발언을 하는 존재일 수도 있다. 우리에게 혐오발언을 하는 타자들은 우리와 '함께 할 수 없는 존재'로서 공포의 대상이 될 수 있다. 공포의 대상으로서 타자들은 우리에 대한 증오, 즉 르상티망의 감정을 갖고서 폭력을 행사하기도 한다. 그렇게 되면, 타자와 우리는 영원히 '다른 편'이 될 수밖에 없으며, 그 과정에서 타자는 우리에게 두려움이나 공포의 대상이 될 수 있다. 타자가 우리에게 두려움이나 공포의 대상이 될 수 있다는 위협과 그로 인한 불안과 공포는 상호간의 폭력을 조장할 수 있으며, 그 과정에서 평등과 자유는 심각한 침해를 받을 수 있다.

평등과 자유의 침해 요인으로서 타자에 대한 혐오의 조장과 보호막은 주류집단과 비주류 집단을 철저히 분할하면서, 정치경제적 위계성을 강화한다. 그러한 강화는 주류집단의 정치적, 경제적 착취나 불평등을 정당화하는데 기여할 것이고, 사회의 안녕을 교란시킬 것이다. 그리고 그러한 착취나 불평등을 견디지 못한 소수자들의 저항이나 폭력이 발생하고, 거기에 대한 혐오의 선동이 동반되면서 사회는 걷잡을 수 없는 분열을 맞이하게 될 것이다. 이를 통제하기 위해 국가는 공권력을 투입하여, 자본의 발전에 저해되는 소수자들의 저항과 폭력을 통제하고 그들을 혐오의 대상으로 낙인찍을 것이다. 그렇게 되면 혐오의 대상으로 낙인찍힌 존재들은 더더욱 혐오발언의 대상이 되어, 경제적

11. 혐오의 태도와 사회의 공공선 추구하기

고통 속에 사회적 권리를 박탈당할 것이다. 이런 사회가 되면 정치적, 경제적 불평등에 의한 혐오와 사회 분열의 가중 속에 민주주의와 인권은 유보되면서 사회의 공공선의 추구는 후순위로 밀려날 것이다.

혐오발언이 넘쳐나는 공포와 두려움의 사회에서 우리가 사회적 공공선을 실현하기 위해서는 기본적으로 타자와의 연대, 타자에 대한 연민과 배려를 통해 정치적, 경제적 불평등의 해소를 도모해야 한다. 주류 집단에 끼지 못한 채 고립되고 불안정한 상황에 있는 소수자나 약자들의 인권에 대한 보호 속에 그들을 혐오의 대상으로 전락시키는 행위에 대한 수치심이 필요하다. 그래야만 주류 집단에 편입하기 위해 불확실성의 사회, 거대 담론으로서 도덕성이 상실된 사회에서 개인 각자가 "자신의 '쓸모 있음'을 증명하기 위해"(Bauman, 2016:59-61;서영표, 2020:152에서 재인용) 뼈를 갈아야 하는 비극에서 벗어날 수 있다. 자신의 '쓸모 있음'을 증명하기 위해 뼈를 갈아야 하는 노력은 죽는 날까지 끝나지 않는다. 인간의 삶 자체가 타자와의 경쟁에 놓여 있으며, "그런 노력마저도 고립되고, 버려지고, 낙오될 지도 모른다는 생각은 공포감을 배가"(Bauman, 2016:18;서영표, 2020:152에서 재인용)시킬 것이기 때문이다. 그 자체로 전쟁터의 삶의 현장에서 우리 모두는 단지 일시적인 승리만을 얻을 뿐이며, 패배와 배제가 일상화된 삶의 불모성을 경험하고 있다. 이런 삶의 불모성에서 벗어나기 위해서는 타자와의 연대, 타자에 대한 연민과 배려가 절대적으로 필요하다. 그래야만 우리는 극단적 혐오와 일상화된 혐오의 시대에서 감정적 격동의 풍랑에서 조금이나마 구조될 수 있다. 아울러 국가나 제도로 지칭되는 보이지 않는 일상화된 폭력에서 예외 상태가 되는 삶이 아닌, 상품화된 시장 사회에서 '쓸모 있음'을 증명하기 위한 미시적 폭력의 노예가 아닌, 신자유주의적 무한경쟁에서 무능력자로 낙인 찍혀 혐오의 대상이 되지 않는, 차별과 혐오의 조장을 이겨내고 진정한 다양성의 사회를 추구할 수 있을 것이다. 이러한 다양성의 추구는 타자를 향한 비합리적인 혐오의 쏟아냄이 아닌, '나'와 타자에 대한 사랑에 입각한 상호주관성의 사회를 지향한다.

타자로부터 비롯되는 불안과 공포를 숙명으로 안고 살아가는 우리가 상호주관성(inter-individual)의 사회를 지향하기 위해서는 타자와의 연대와 타자에 대한 연민을 통한 윤리성을 실현해야 한다. 윤리성의 실현을 통해 우리는 사회의 공공선을 추구하면서, '나'와 '우리'의 존재성에 대한 근본적인 성찰을 통해 상호주관적인 사회를 만들 수 있다. 상호주관적인 사회에서 우리는 관념의 산물로서의 정체성이 아닌 '과정'(processes)으로서의 정체성(서영표, 2020:160)을 지닐 수 있다. 과정으로서의 정체성은 우리가 타자와의 복합적인 관계 형성을 통해, 타자와의 관계로 존재하는 전체 안에서 만들어질 수 있다. 그렇게 만들어지는 정체성은 우리와 타자의 관계를 수동적이나 고정된 것으로 표상하지 않고, 역동적이고 유동적인 것으로 만든다. 아울러 삶의 과정에서 생겨나는 우울이나 슬픔, 분노의 정서가 혐오로 전이되는 것을 막고, 혐오의 대상들에 대해 연대하는 상상의 공동체가 아닌, 불완전하고 결핍을 겪는 삶의 질의 고양을 추구할 수 있다. 삶의 질의 고양은 결국 개인과 사회가 잘삶을 추구하는 것이며, 신체성을 기반으로 하는 의식적, 무의식적 차원에서의 체험과 관련된다. 그러한 체험은 개인과 사회의 성장을 촉진하며, 그러한 성장의 촉진은 "모든 상호작용이 발생하는 공간 안에 존재하는 사물들 사이의 관계들을 통해서" 성취된다. 이는 "관계성이라는 신체적 또는 무의식적 조건을 오인하게 하는 이데올로기 안에서 물질성을 자각하고, 고립된 또는 독립된 개체라는 이데올로기를 넘어 관계성을 회복하는 과정이다."(발리바르, 2005:222-223;서영표, 2020:163에서 재인용)

3) 혐오대상으로의 낙인찍힘과 사회의 공공선 추구

타자와의 관계성을 통해 형성되는 과정으로서의 정체성에 의해 실현되는 사회의 공공선은 혐오발언이나 혐오 대상에 대한 낙인이 아닌, 그들과 '함께 함'이라는 상호주관성을 전제로 한다. 그리고 그러한 상호주관성은 구체적인 신체성, 즉 물질성을 통해 실현되고 구체적으로 드러난다. 그러면 청소년소설을 통해 타자 혹은 자기 자신에 대한 혐오가 어떻게 드러나는지, 그리고 혐오의 대상에 대한 타인들의 시선은 어떠한지를 살펴보자. 그런 다음, 타인들의 시선에 의해 혐오의 대상이 되는 존재가 겪는 관계성의 파탄, 존재성 부정의 양상을 살펴보자. 이러한 양상은 청소년이라는 존재임에도 불구하고 성관계를 맺고 임신을 하는 존재들에 대한 사회적 편견과 혐오감의 조장, 청소년이 임신한 자신에 대해 갖는 극도의 혐오감과 그에 대한 타자들의 외면, 그로 인한 삶의 파멸 등을 통해 구체적으로 논의될 것이다.

(1) 사회적 혐오의 시선과 출산을 통한 섹슈얼리티

이성 친구와 충동적으로 성경험을 하고, 그 결과 수반되는 임신의 공포를 잘 보여주는 소설은 이옥수의 《키싱 마이 라이프》이다. 이 소설은 청소년의 임신을 범죄시하거나 회피하기보다는 삶의 일부분으로 받아들이고 해결책을 모색하는 청소년 인물의 노력을 보여주고 있다는 점에서, 임신한 청소년 여성 인물이 겪는 끔찍한 고통과 절망을 서사의 중심에 놓고 있는 임태희의 《쥐를

11. 혐오의 태도와 사회의 공공선 추구하기

잡자》와는 다르다.

이옥수의 《키싱 마이 라이프》는 충동적인 성경험에 의해 임신을 하면 어떻게 되는지, 그리고 임신을 하게 되었을 때 낙태나 출산 등과 관련하여 어떤 문제들이 생겨나는지를 보여줌으로써 청소년들의 낭만적 사랑이 현실적인 문제 앞에서 수용되기까지 여러 과정을 거쳐야 함을 드러낸다. 이 소설에서 주인공은 고등학교 1학년인 정하연과 임채강이다. 청소년인 그들은 성인들처럼 서로를 좋아하고 스킨십을 하면서 서로에 대한 애정을 확인한다. 그들의 이런 모습은 앤서니 기든스가 말한 순수한 관계에 의한 낭만적 사랑의 단계라고 할 수 있다.

채강에 대한 애정을 갖고 있던 정하연은 그의 집에 놀러 갔다가 어색한 분위기를 없애기 위해 마신 술 때문에 그와 성관계를 맺는다. 그런데 그들이 술 때문에 성관계를 맺는 것은 어른들의 입장에서는 도저히 용인될 수 없는 미성숙한 충동에 따른 것이다. 그러기에 하연의 임신은 서로의 합의에 의한 성관계의 결과이기는 하지만, 임신의 상황을 스스로 해결할 수 없는 미성숙한 것이었다. 그렇기 때문에 그들의 성관계와 임신의 상황은 '어른'들이라는 사회적 시선에 의해 혐오의 대상으로 여겨진다.

하연과 채강의 사랑은 순수한 관계에서 출발했지만, 하연이가 임신을 하게 됨으로써 그들의 순수한 관계에 의한 낭만적 사랑은 더 이상 지속될 수 없다. 임신한 하연은 채강과의 낭만적 사랑이라는 미망에서 벗어나 점차 당황과 알 수 없는 분노를 느낀다. 임신한 하연이의 신체는 그 자체로 혐오의 대상으로 전락했기 때문이다. 그렇지만 임신을 했다는 하연의 말을 듣고 하연을 책임지고자 하는 채강은 순수한 관계에서 출발한 그들의 낭만적 사랑을 지키고자 하는 모습을 보여준다. 그러나 현실적으로 임신한 하연을 위해 할 수 있는 것이 거의 없는 채강이 낭만적 사랑을 더 이상 지킬 방법은 없다. 그들의 성행동은 어른들에게는 있을 수 없는, 받아들일 수 없는 미성숙한 것이었기 때문이다. 이것은 어른들이 청소년들의 섹슈얼리티와 임신을 도덕적으로 악하거나 또는 바람직하지 못한 것으로 여기면서(장(윤)필화, 1999:24), 오직 합법적인 부부 관계 내에서 이루어진 섹슈얼리티와 임신을 정당한 것으로 여기는 혐오의 시선의 전제되어 있기 때문이다.

지금 내 뱃속에서 열 개의 손가락이 움직이고 있다고? 말도 안 돼! 갑자기 목구멍에서 꺽꺽 구역질이 올라왔다.
"말도 안 돼. 징그러워……징그러워, 정말 징그러워!"
나는 옷을 걷어 올리고 주먹으로 배를 마구 쳤다.

"징그러운 것아, 없어져라. 없어지란 말이야! 난 이제 어떡하라고!"
채강이 녀석에 대한 분노가 끓어올랐다(이옥수, 2012:84.).

하연은 태아를 '징그러운 것'으로 인식하면서 충동적인 성관계에 의한 임신을 받아들일 마음의 준비가 안 되어 있다. 이런 하연의 태도는 그가 타자들의 시선에 의해 청소년으로서 임신한 자신에 대한 혐오의 시선을 내재화하고 있기 때문이다. 그러기에 하연은 보통의 청소년들처럼 임신과 출산의 공포에서 벗어나기 위해 낙태를 생각하면서, 한없는 자괴감에 빠진다. 그런 가운데 하연과 채강은 뱃속에서 움직이는 태아를 보면서, 낙태를 하면 자신들이 살인을 저지르게 된다고 생각한다. 이 과정에서 그들은 뱃속에 있는 아기가 살려 달라는 비명을 환청으로 듣는다. 그러나 하연과 채강은 아기를 낳아서 키우고 싶지만, 경제적인 도움 없이는 그것이 불가능하다는 것을 인식한다.

한편 하연이의 임신에 대해 책임을 지려고 하는 채강의 모습은 '동시적인 주권의 행사와 서로를 향한 융화'라는 사랑의 이상을 그가 여전히 갖고 있음을 보여준다(장(윤)필화, 1999:127). 아울러 인간이 인간이기 위해서 본질적으로 성행동을 추구하려는 욕구와 동시에 서로 융화하면서 책임을 지려는 욕구를 그가 갖고 있음을 보여준다. 그러나 채강과 하연은 미성년자이기에 하연은 출산을 해도 아기에 대한 권리가 없다. 아기를 데려다가 키우려면 부모의 허락이 있어야 하고, 입양을 보내려고 해도 부모의 동의를 얻어야 하는 상황에 있다. 다행이 하연과 채강은 아기를 키우기로 했기 때문에 사회시설 미혼모의 집을 나와 부모에게 연락을 한다. 임신을 한 하연이의 이러한 상황은 충동적인 성경험에 의한 청소년의 임신이 청소년에게 공포와 분노의 대상이며, 책임을 지고 싶어도 책임을 질 수 없는 미성숙한 상황을 초래하고 있음을 보여준다.

결국 엄마의 이해를 통해 하연은 출산을 하게 되는데, 출산을 통해 하연은 출산이 어른 되기의 과정이며 자신과 채강의 섹슈얼리티가 불결한 것이 아닌 낭만적 사랑이었음을 인식한다. 이런 인식을 통해 하연은 출산하기 이전과는 다르게 섹슈얼리티를 받아들이면서, 어른들의 세계로 편입한다. 이런 편입을 통해 낭만적 관계에서 출발한 그들의 사랑은 더욱 견고해질 수 있었고, 그들은 섹슈얼리티에 대해 건전한 태도를 가질 수 있었다.

(2) 성폭력의 트라우마에 대한 반응으로서 극한의 자기혐오

임태희의 《쥐를 잡자》는 성폭력에 의한 임신과 낙태, 그로 인한 청소년 인물의 자살을 그리고 있다. 앞에서 살펴본 《키싱 마이라이프》와 달리 《쥐를 잡

자》는 임신의 중압감에 매몰되어 낙태를 한 주홍이의 자살을 통해, 십대 청소년의 임신이 또래 청소년이나 어른들에게 매우 흉물스러운 것으로 여겨지고 있음을 보여준다. 이 소설은 미혼모의 딸인 진주홍이 어떻게 해서 임신을 하게 되었는지를 보여주지 않은 채, 태아를 '쥐'라고 표현하고 있다. 이를 통해 임신이 청소년들에게 매우 공포스럽고 자기 혐오적인 것으로 인식되고 있음을 보여준다. 또한 이 소설은 담임교사와 엄마, 그리고 '나'로 대변되는 진주홍의 시점을 교차하여 임신에 대한 청소년의 공포와 절망감, 주변 사람들의 무관심을 효과적으로 보여준다.

주홍이가 어떤 이유에 의해서 임신을 하게 되었는지를 드러내지 않은 채 임신의 공포를 고스란히 떠안고 있는 주홍이의 모습만을 강조함으로써, 이 소설은 낭만적 사랑이 아닌 남성 중심적 성문화에 의한 성폭력의 결과를 암시한다. 어떤 이유에 의해 임신을 하게 되었는지를 말하지 못하는 주홍이의 모습은 남성의 성이 여성에 대한 폭력으로 활성화되고(장(윤)필화, 1999:251), 성이 폭력적으로 주홍에게 경험되었음을 반증하기 때문이다. 아울러 청소년의 임신이란 순결을 잃은 타락한 것이며, 그것에 대한 책임은 오로지 주홍이가 져야 한다는 잘못된 사회적 편견을 보여준다. 그러기에 이 소설은 시종일관 주홍이의 임신을 둘러싼 문제들이 어두운 어조로 그려지고 절망감을 부각한다.

주홍이 자신의 뱃속에 쥐가 산다고 생각하는 것은 고등학교 1학년에 불과한 자신이 임신을 한 것이 사회통념상 도저히 받아들여질 수 없는 것이라고 여겼기 때문이다. 그러기에 주홍은 임신 사실을 아무에게도 털어놓을 수가 없었다. 주홍이가 임신 사실을 아무에게도 털어놓지 못한 가운데 스스로에 대한 저주의식을 갖게 된 것은 그가 누군가의 강요에 의해서가 아니라 스스로 여성에 대한 지배적 명제, 즉 순결을 잃은 여성은 인격적 존중을 받을 수 없는 타락한 여성(장(윤)필화, 1999:45)이라는 지배적 명제에 집착하고 있기 때문이다.

"제 잘못이 아니었다고요! 그런데도 저는 잘못되었어요. 이게 말이 된다고 생각하세요?"
"넌 잘못되지 않았어. 누가 널 아프게 했기 때문에 네가 아픈 거야."
기침처럼 울음이 나왔다. 울음과 함께 날 아프게 하는 병균이 빠져나갔으면(임태희, 2007:78-79).

주홍은 임신하게 된 것이 다만 자신의 잘못이 아니었음을 말한다. 이는 주홍이가 섹슈얼리티 과정에서 친밀성이 전혀 없는 경험을 했으며, 이로 인해 임신을 하게 된 폭력의 희생자였음을 보여준다. 아울러 임신의 책임을 오로지 여성에게만 전가하는 남성 중심의 섹슈얼리티의 폭압성과 성차별적 관계를 보여줄 뿐더러, 임신한 여자 아이를 범죄자로 취급하는 사회의 앵똘레랑스[30]를 보여준다. 또한 성규범 혹은 절제가 남성과 여성 모두에게 동등하게 적용되는 것이 아니라, 여성에게만 억압적으로 적용되는 현실의 폭력성을 드러낸다.

한편 태아에 대한 죄책감 때문에 아기를 낳아볼 생각을 말하는 주홍을 엄마는 거칠게 때린다. 주홍의 엄마가 이렇게 행동한 것은 미혼모로 살아온 과정에서 수많은 사람들로부터 받아온 자신의 상처 때문이었고, 그러한 상처를 딸에게만은 물려주고 싶지 않았기 때문이다. 그러나 엄마의 이런 외면은 결국 마지막에 주홍을 자살로 몰고 간 계기가 된다. 주홍의 임신을 받아들이고 위로하는 대신, 그녀는 수홍의 임신을 부정하고자 했기 때문이다. 주홍 엄마의 이런 태도는 그 스스로가 남성적 주체가 되어 여성을 객체로, 또는 성적인 존재로 대상화하는 사회적 태도를 드러낸다. 여성의 임신과 출산을 남성과 여성 모두의 문제이기보다는 '여성'의 문제로 간주해왔던 남성적 태도에 의한 희생의 결과이기 때문이다(장(윤)필화, 1999:133).

결국 엄마의 권유에 따라 주홍은 낙태를 함으로써 뱃속에 쥐가 든 상태에서 벗어났지만, 낙태를 한 자신의 행위를 인정하지 못한 채 죄책감 때문에 자살을 한다. 주홍이가 자살을 한 것은 남성적 폭압에 의한 섹슈얼리티를 받아들이면서 못하면서, 그것에 따른 트라우마를 혼자서만 감내한 결과이다. 따라서 주홍이 낙태 후에 자살을 하게 된 것은 섹슈얼리티와 관련해서 우리 사회에 팽배해 있는 남성 중심의 성차별적 태도에 의해 여성이 희생당하는 상황을 극명하게 보여주는 것이라 할 수 있다.

그런데 여기서 주목해야 할 것은 주홍의 담임 선생님도 여성임에도 불구하고 임신을 한 주홍을 같은 여성으로서 보지 않고, 단순히 임신한 청소년으로 봄으로서 남성 중심적 성차별의 태도를 심화시킨다는 점이다. 성차별은 일차적으로 여성이 남성과 동등한 대접을 받는가라는 상대적 평등의 문제와 관련되지만, 보다 본질적으로는 여성 특히 임신한 여성이 인간으로서 존엄성을 인정받으며 살 수 있는 사회 구조가 갖추어야 있는가라는 근원적 물음을 제기하면서(장(윤)필화, 1999:261), 인간다움의 길을 암시한다. 이런 점에서 볼 때, 《쥐를 잡자》는 임신한 청소년 여성의 인간적 존엄성이 전혀 존중되지 않는 우리 사회의 폭력성을 드러낸다고 할 수 있다.

---

30) 앵똘레랑스는 사회적 불관용을 의미한다.

(3) 동성애자에 대한 사회적 혐오와 공공선

동성애(homosexuality)란 말은 어원적으로 '같음'을 뜻하는 접두어 'homo'와 성적 매력을 뜻하는 'sexus'가 결합되어 있다. 따라서 동성애란 같은 성에 대해 성적 매력을 느끼는 성적 지향을 뜻한다. 그런데 동성애자들에 대한 사회의 시각은 오랫동안 부정적이었으며 사회는 그들을 범죄자로 취급해 왔다. 이에 따라 우리 사회는 동성애를 성도착, 즉 정신질환의 일종으로 여겼으며, 동성애자들을 쾌락을 추구하고 방탕을 일삼는 과잉성애를 지향하는 집단으로 여겨왔다. 이 때문에 우리 사회에서 동성애자들은 자신들에 대한 사회·문화적인 혐오에 시달리면서, 자신의 동성애적 지향에 대한 혼란을 경험해 왔다(신동열, 2010:112). 그러기에 우리 사회에서 동성애자들의 성적 취향이나 삶은 지금까지 공론화되지 못한 가운데 지극히 사적인 문제로 간주되어 왔다.

그러나 최근에 동성애의 합법화 문제는 점차 세계적인 이슈로 부각하고 있는데, 이는 우리 사회도 예외는 아니다. 이런 사회 현상을 반영하여 동성애의 문제를 다룬 소설들이 등장하고 있는데, 동성애의 문제를 다룬 소설들은 동성애자들의 권리와 책임, 그리고 우리 사회의 냉대와 차별을 보여주고 있다. 이러한 소설적 경향은 청소년소설에서도 예외는 아니다. 이 절에서 논의할 이경화의 《나》는 동성애 지향을 갖고 있는 청소년 인물이 처한 사회적 편견과 그로 인한 좌절, 그리고 성정체성을 찾아가는 과정을 보여주고 있다. 동성애자인 상요와 그에게 관심을 갖는 '나', 그리고 '나'에게 사랑의 감정을 보이는 여진 등을 통해 이 소설은 우리 사회가 동성애의 문제에 대해 전향적으로 열린 시각을 가져야 하고, 이를 통해 동성애자들을 사회의 일원으로 이해해야 함을 역설하고 있다.

이 소설에서 '나'는 이성친구들이 아닌 동성애자인 상요에게 관심을 갖는다. '나'가 이렇게 된 데에는 마초였던 아버지에 대한 반감과 마초였던 아버지에게 고통 받았던 엄마에 대한 보호심리가 작용했기 때문이다. '나'는 이성친구들을 보호할 대상이지 사랑할 대상은 아니라고 생각한다. 그런 가운데 '나'는 자신도 모르게 동성애자인 상요에게 이끌리는 자신에 대해 혼란을 느끼면서, 동성애자에 대한 사회의 통념과 무의식에 대해 반발한다. '나'가 생각하기에 동성애자에 대한 사회의 통념은 그들에 대한 견고한 성을 쌓아서 편견을 양산하는 것이다. 그렇지만 '나'는 그런 사회적 통념에 맞서 싸울 용기는 없으면서도 자꾸만 동성애에 관심이 가는 자신을 제어하기가 힘들어진다.

'나'는 동성애자인 상요가 막상 자신에게 다가오자 두려움을 느낀다. 자신은 아직 준비가 안 돼 있으며, 상요에게 다가가고 싶지만 사회의 편견을 이겨낼 자신이 없기 때문이다. 따라서 '나'는 상요에게서 도망치려는 자신을 자신의 영혼이 비웃고 있다고 생각하면서 상요에 대해 양가적인 감정에 빠진다. 동성애자라는 것이 드러나면 무조건 아웃되는 현실이 두렵기 때문이다.

 상요는 바다에 시선을 준 채 말했다.
 "내가 게이인 건 알지?"(중략)
 대답도 못하고 고개만 살짝 끄덕였다. 상요가 게이라는 사실을 안다는 게 괜히 미안해진다. 그런데 지금 무슨 말을 하려는 거야? 설마, 너도 게이지? 하고 물으려는 건 아니겠지. 난간을 붙잡는 상요의 손에 힘이 들어가는 것이 보인다.
 "얼마 전에 부모님한테 말씀드렸거든."
 "게이라고?"(이경화, 2006:129-130)

 상요는 자신이 동성애자임을 '나'에게 말하고서 사회의 편견에 맞서고자 했다. 그러나 동성애자에 대해 부모, 학교, 사회 등이 갖고 있는 편견과 방패는 너무나 견고한 것이었기에 상요는 자살을 하는데, 그의 자살은 결국 우리 사회가 동성애 문제와 관련하여 뿌리 깊은 편견을 갖고 있는 데서 연유한다. 동성애자들을 불결하거나 범죄 집단처럼 대하는 사회적 냉대는 한 개인으로서는 감당할 수 없는 것이었기 때문이다.
 상요의 죽음을 접하면서 '나'는 동성애자로서 자신의 실체를 보다 분명히 인식하지만, 여전히 동성애자인 자신을 인정하지 못한다. 이것은 동성애자에 대한 사회적 편견 때문에 자살을 한 상요를 보면서 '나'가 그러한 편견을 견딜 자신이 없었기 때문이다. 그러나 '나'는 상요와 달리 여자 친구 여진과 엄마로부터 자신의 동성애 지향을 암암리에 인정받는다. 이런 인정받음을 통해 '나'는 정서적 안정을 얻으면서, 자신이 갖고 있는 동성애적 지향을 수용한다. 그러기에 '나'는 가슴 속에서 뜨거운 덩어리가 툭 터지는 기분을 느끼면서, 세상을 향해 조금은 활기차게 걸어갈 수 있을 것 같은 힘을 얻는다.
 이경화의 《나》에서 동성애자로서 사회적 편견에 맞서고자 했던 상요의 자살은 동성애에 대한 사회적 편견으로 인한 인물의 좌절을 보여주며, 자살을 한 상요를 보면서 동성애자로서 성정체성의 혼란을 겪는 '나'는 동성애자들이 사회에 쉽게 적응하지 못하는 양상을 보여준다. 이를 통해 이 소설은 청소년 인물이 경험하는 섹슈얼리티의 또 다른 양상, 즉 출산이나 쾌락의 목적이 아닌 친밀성을 목적으로 하는 동성애에 대한 청소년 인물의 태도와 성정체성의 혼란을 형상화하여, 그러한 인물들에 대해 우리 사회가 어떤 태도를 취해야 하는가를 성찰하게 한다.

12. 수치의 태도와 자아 성찰, 성장

1) 수치심의 개념과 의의

 우리의 삶에서 본질적인 질문은 '나는 누구인가?', '인간이란 무엇인가?'일 것이다. 이 질문들은 우리가 삶의 진정성을 추구하는 존재로서 이기적인 욕망의 존재성에서 벗어나 타자와 함께 하는 존재라는 것에서 연유한다. 아울러 우리의 삶이 끊임없는 반성과 반성 없는 삶을 극도로 두려워하는 데서 연유한다. 우리의 삶이 끊임없는 반성에 의해 자기 자신은 물론 타자의 안녕과 행복을 증진할 때, 사회공동체는 공공선을 추구하면서 바람직한 방향으로 나아갈 수 있다. 그러나 인간 사이의 불평등과 그로 인해 야기되는 다양한 문제들에 대한 수치심이 없을 때, 사회공동체의 공공선은 실현되기 어렵다.
 사회의 공공선을 증진하기 위해 인간 사회는 법 또는 법이 지향하는 정의에 입각하여 수치심에 대한 논의를 해왔다. 이때의 수치심은 "누군가 나쁜 일을 할 때 발생하는 감정으로 그것이 사회 규제적 기능"(김진애, 2015:146)을 담당하는 것과 관련된다. 불의를 저지르지 않게 하는 사회 규제적 기능을 하기 때문에 수치심은 타인과 관계되어 나타나는 감정으로, 비방당할 것 같다는 느낌을 전제로 한다. 비방당할 것 같은 슬픔의 느낌을 전제로 하기 때문에 수치심은 타인의 시선에 의한 평가받음과 그로 인한 공포나 두려움과 관련된다. 수치스러운 행위를 하고, 그에 따른 타인의 시선에 대해 갖는 공포나 두려움과 관련되기 때문에 수치심은 행위 뒤에 발생하는 "비난받음과 치욕에 대한 두려움"(바뤼흐 스피노자, 강영계 옮김, 2018:230)이라 할 수 있다.

법의 관점에서 수치심은 자신의 행위에 대한 판단의 마지막 준거점으로서의 양심에 기반을 둔 반성능력, 도덕적 감정이라 할 수 있다(하병학, 2019:218). 수치심을 양심에 기반을 둔 반성능력으로 보는 관점은 동양철학, 특히 맹자의 수오지심(羞惡之心)에서 연유한다. 맹자는 수오지심을 부끄러움에 관한 것으로 인간 본성의 주요한 요소로 본다.

수치심에 관한 서양 관점의 출발에는 아리스토텔레스의 논의가 있다. 아리스토텔레스는 『니코마코스 윤리학』에서 수치(aidos)를 품성상태라기보다는 감정에 더 가까운 것으로 본다. 그는 수치가 "나쁜 평판에 대한 일종의 두려움으로 규정되며, 끔찍한 것들에 관한 두려움과 비슷한 것을 산출해 낸다. 부끄러움을 느끼는 사람들은 얼굴이 붉어지고, 죽음을 두려워하는 사람은 창백해지기 때문이다."(아리스토텔레스, 김재홍 외 옮김, 2011:1128)라고 말한다. 나쁜 행위로 인해 일어나기 때문에 훌륭한 사람이 가질 감정이 아닌 부끄러움과는 달리, 수치심은 특정한 조건 아래에서는 의미 있는 것이 될 수 있다. 누군가 부끄러운 일을 하고 그것에 대해 수치스럽게 생각하는 것은 사회 정의에 기여하는 바가 크기 때문이다.

수치심에 관한 아리스토텔레스의 관점은 수치심이 나쁜 감정이기 때문에 이성에 의해 통제되어야 할 대상이 된다는 점, 수치심이 나쁜 평판에 관련되기 때문에 덕이 될 수 없다는 점, 다른 사람의 시선이나 사회적 평판에 의존한다는 점 등이다(하병학, 2019:221). 그러나 다른 사람의 시선이나 사회적 평판에 의해 수치심을 느끼는 것은 위악적인 태도로 수치심을 느끼지 않는 파렴치함보다는 낫다고 할 수 있다.

수치심이 파렴치함보다는 낫다고 하는 관점은 주체와 타자의 관계를 전제로 한다. 타자라는 청중이 주체의 부끄러움에 대해 판단하는 시선이 수치심을 느끼는 주체의 태도나 관점을 바꾸게 하기 때문이다. 이 점은 아리스토텔레스의 『수사학』에서 확인된다. 아리스토텔레스는 『수사학』에서 수치심을 "불명예를 안겨줄 성 싶은 과거, 현재 또는 미래의 비행과 관련된 일종의 고통 또는 불안으로 정의"하였고, 파렴치를 "똑같은 비행과 관련된 일종의 경멸 또는 무관심이라고 정의"하고 있다(아리스토텔레스, 천병희 옮김, 2017). 이런 아리스토텔레스의 관점은 수치심이 자기 자신이나 청중으로서 타자들의 명예를 실추시킬 비행과 관련되며, 악덕에 기인하는 그런 행위는 청중에게 용납될 수 없음을 전제한다.

이처럼 아리스토텔레스는 수치심을 고통, 불안 등 부정적인 감정과 관련되며, 구체적인 사회문화와 직결되는 불명예와 관련된다고 본다. 이런 그의 관점은 수치심이 타자의 시선과 밀접한 연관이 있고, 그것은 과거, 현재만이 아니라 미래의 행위에도 해당됨을 강조한다. 과거, 현재만이 아니라 미래의 행위에도 해당되는 것으로서 수치심은 좋은 행위와 좋지 못한 행위를 구별하는 인식적 능력과 연관된다. 이런 것으로서 수치심은 단순히 도덕적 감정만이 아닌 주류 집단과 비주류 집단 간의 차별에서도 느낄 수 있다. 예를 들어, 적절한 교육을 받지 못해 주류 집단이 되지 못한 사람이 교육 경험에 의한 차별을 받을 때 느끼는 감정도 수치심과 관련된다. 교육 경험을 충분하게 가짐으로써 주류 집단이 된 사람들이 그렇지 않은 사람들을 차별하면서 주류 집단이 아닌 사람들의 행위를 비정상으로 간주할 때 수치심이 발생한다. 이런 경우에는 수치심이 사회적 약자를 통제하고 위협하는 요인이 될 수도 있으며, 주류 집단의 관점에서 수치스러운 행위를 막는 예방적 기능을 하기도 한다.

한편 스피노자는 "연민과 마찬가지로 수치 역시 덕은 아닐지라도, 마치 고통이 신체의 손상 부분이 아직 부패하지 않은 증거인 경우에 선이라고 일컬어지는 것처럼, 그것은 수치를 느끼는 인간에게 고귀하게 살고자 하는 욕망이 있다는 증거로 볼 수 있을 때에만 선이다."(B. 스피노자, 강영계 옮김, 2018:300)라고 말한다. 스피노자의 이런 언급은 수치심을 느끼는 것이 몰염치보다는 낫고, 수치심이 고귀하게 살고자 하는 욕망과 밀접히 연관됨을 강조한 것이다. 또한 수치심이 더 이상 수치스러운 행위를 하지 않는 계기가 될 때 의미 있음을 강조한 것이다.

한편 사르트르는 타자의 시선이 수치심에서 중요한 요소라는 아리스토텔레스의 관점에서 출발해서, 수치심의 구조를 "나는, 나에 대해, 부끄러움을 느낀다."는 구조로 설명한다(하병학, 2019:226). 이 구조는 주체와 객체, 타인의 시선 대상이 되는 '나'라는 차원의 결합을 필요로 하며, 이것 가운데 하나라도 부재하면 수치심은 소멸된다. 사르트르는 "타자를 주관으로 인정하고, 그에 의해 '나'가 대상화됨을 인정하면 수치심이 발생되지만, 타자를 부정하거나 타자를 수동화하면서 나의 자유를 외치면 자부심, 오만, 허영에 빠짐"(하병학, 2019:226-227)을 강조한다. 이런 사르트르의 관점은 수치심이 타자에 의해 규정되며, '나'가 타자의 대상성에서 빠져나올 수 없음을 강조한 것으로, '나'와 타자의 체험방식과 밀접한 관련을 갖는다.

한편 수치심에 관한 동양철학의 관점은 맹자의 수오지심에 대한 강조에서 확인할 수 있다. 맹자는 『맹자』의 「진심장구 상」에서 "사람은 부끄러워하는 마음이 없어서는 안 된다. 부끄러워하는 마음이 없는 것을 부끄러워하면, 부끄러울 일이 없게 될 것이다."(하병학, 2019:228에서 재인용)라고 하면서, 수치심이 인간됨을 위한 필수적인 요소임을 강조했다. 아울러 맹자는 수치스러운 행위보다 더 수치스러운 것은 수치스러운 행위에 대해 수치를 느끼지 못하는 자체임을 강조하고 있다. 이런 맹자의 강조는 수치심이 인간됨의 근본으로서 인간다움의 필요 요건임을 밝힌 것이다. 따라서 수치심에 관한 맹자의 관점은 오늘날 우리 사회에 만연한 위악성으로 인해 수치스러움을 모르는 파렴치함이나 뻔뻔함에 대해 큰 경종을 울린다고 할 수 있다.

인간됨의 본성, 필요 요건으로서 수치심은 인간됨의 시초이기도 하다. 수치스러운 행위를 하고도 수치심을 느끼지 못한다고 하더라도 인간으로서의 존재성 자체가 부정되지는 않지만, 수치스러운 행위를 하고도 수치심을 느끼지 못하는 것은 인간다움의 근본을 망각하는 것이다. 따라서 인간다움을 유지하기 위해서는 수치스러운 행위에 대해 수치심을 느껴야 하며, 그것은 인간다움을 실현하는 것이기도 하다. 인간다움의 실현으로서의 수치심의 자각은 수치심을 느끼지 못하는 사회와 인간에게 많은 시사점을 제공한다. 수치심을 느끼지 못하는 사회와 인간의 개선, 즉 수치심을 느끼지 못하는 사회와 인간이 수치심을 느끼는 상태로의 변화를 도모하기 위해서는 수치스러운 행위에 대해 청중인 사회 구성원의 자각과 성찰이 필요하다. 이런 자각과 성찰은 수치스러운 행위가 야기하는 문제점을 인식하고 수치스러운 행위를 하지 않으려는 태도를 증진한다. 그런 태도의 증진에 의해 사회와 개인은 인간다움을 실현하는 존재로 성장할 수 있는데, 그러한 성장에는 적절한 교육이 동반되어야 한다.

그러나 그러한 인위적인 교육 혹은 처벌을 통한 교화가 지나치게 강화될 때는 주류 집단의 관점에서 정립된 정의나 법의 제약을 받음으로써 부당한 행위 통제가 이루어질 수 있다. 그렇게 되면 수치심의 자각은 일정한 법적 테두리라는 문제로 변질되며, 그 과정에서 개인이 자율성이 아닌 타율성에 의해 수치심을 자각하는 상황이 발생할 수 있다. 이런 상황의 발생은 "자율성을 토대로 한 인간 사회의 도덕적 성장 가능성과 한 개인의 인격적 성장 가능성"(하병학, 2019:237)을 침해한다. 이러한 침해는 수치심의 문제를 타자의 시선 혹은 법적 테두리에 한정하게 될 것이며, 그로 인해 개인의 수치심 자각은 개인의 문제가 아닌 사회의 문제로 변질될 수 있다. 이런 상황의 문제점에 대해 마사 너스바움은 많은 경고를 하고 있다.

마사 너스바움에 따르면, 수치심은 우리의 일상적 삶의 도처에서 찾을 수 있는 것으로, "자신의 약점이 노출되었을 때 생기는 고통스러운 감정"(마사 너스바움, 조계원 옮김, 2018:318)으로 어김없이 얼굴에 흔적을 남긴다. 고통스러운 감정으로 얼굴에 흔적을 남기는 수치심은 우리가 자신의 벌거벗음을 인식하게 만든다. 타자의 시선에 비춰진 수치스러운 자신을 인지하는 감정인 수치심은 '타자 앞에서의 자기에 관한 수치'(장 폴 사르트르, 1995;김진애, 2015:149에서 재인용)이다. 타자의 시선에 압도되고 포착된 대상인 자신에 관한 수치심은 다른 사람이 알지 못하기를 바라는 약점과 그 약점으로 인한 수없이 다양한 낙인을 경험하게 만든다. 약점과 관련된 다양한 낙인의 경험들은 얼굴이 붉어지게 만들며, 그 과정에서 우리는 자기 자신에 대한 수치심을 갖는다.

"수치심은 특정 사회가 지닌 규범적 정향에 상관없이 그 밑바탕에 존재하며, 인간이 지닌 인간성, 즉 자신이 유한한 존재임과 동시에 과도한 욕심과 기대가 두드러지는 존재라는 인식 안에 존재하는 일정한 긴장을 해소하는 매우 일시적인 방법이다."(마사 너스바움, 조계원 옮김, 2018:319) 우리들 가운데 어떤 사람은 다른 사람들보다 더 많은 수치심을 느끼기도 한다. 모든 사회는 수치심을 통해 특정한 집단과 개인을 선택하고, 그들을 '비정상'으로 구별하며, 비정상으로 낙인찍힌 사람들은 자신의 실체에 대해 부끄러워하게 만든다. 이 때문에 신체적 장애나 정신적 장애를 안고 있는 사람들이 다른 사람들과 구별되는 비정상으로 낙인 찍혀 수치심을 갖게 만든다. 이러한 낙인에 의한 수치심은 정상인과 다르다는 사회적 학습에 의해 강화되며, 사회는 그들에 대한 배척과 비난을 드러낸다. 그러나 이러한 낙인에 의한 수치심의 강화는 사회적 관습의 유해성을 드러낸다. 그런 유해성을 해소하기 위해서는 법에 의해 모든 존재가 그 존엄성을 인정받으며 삶을 영위할 수 있고, 수치심을 사회적으로 부과해서는 안 된다는 것이 강조되어야 한다.

한편 오늘날의 사회에서는 많은 사람들이 수치심을 상실한 채 점차 위악적인 존재가 되어 가고 있다. 이런 상황에서는 수치심이 사회적인 역할을 하지 못하고 있는데, 그 이유는 우리가 수치심을 상실했기 때문이다. 수치심을 통해 유지되어 오던 사회적 공공선이 무너지고 있다. 이 관점은 수치심에 대해 보수적인 태도로 접근하는 것이다. 그런데 수치심에 대해 생각할 때 고려할 점은 어떤 형태의 수치심이 우리의 삶에 위험한 것인지, 반대로 어떤 형태의 수치심이 희망이나 염원과 관련될 수 있는지를 파악하고 이해하는 것이다. 실제로 어떤 형태의 수치심은 긍정적인 윤리적 가치를 지닐 수 있기 때문이다.

2) 수치와 자아 성찰

감정으로서 수치심은 일상에서 우리의 자존감, 인성 및 태도 등과 많은 연관이 있기 때문에, 수치심의 자각 양상은 일상에서의 다양한 문제 및 인간다움의 도모 문제와 분리될 수 없다. 그런데 수치심의 자각은 양가적인 측면, 즉 심적 안정을 저해하는 고통과 두려움을 유발하면서도 인간다움을 고양하는데 필요한 감정이라는 점에서 특수한 면을 갖는다. 수치심의 자각은 부정적인 감정으로서 "자신과 관련된 부정적인 경험이나 정보를 당혹스러움이나 불승인 혹은 처벌에 대한 두려움으로 다른 사람에게 드러내려 하지 않고 개방하는 데 어려움을 겪는 경우"(이지연, 2008:354)와 관련될 수 있다. 이 경우에 수치심은 주체에게 고통과 두려움을 유발한다. 그러나 수치심은 주체가 고통과 두려움 속에 자아성찰을 하여 자신의 수치스러운 행위를 수치스럽게 여기도록 하기도 한다. 이 때문에 우리는 일상에서 수치심을 느끼지 않아도 되는 상태를 지향하면서, 수치심을 느끼지 않는 타자나 사회의 수치스러운 행위에 대해 분노하기도 한다. 이런 분노는 인간다움을 지향하고자 하는 우리의 태도에서 기인하며, 근본적으로 수치심의 자각이 인간다움의 형성에 도움이 된다는 전제를 기반으로 한다.

그런데 앞의 논의에서 살펴보았듯이, 서양의 관점에서 수치심은 극복되어야 할 부정적인 감정으로 고통이나 두려움을 야기하는 것으로 여겨진다. 이 때문에 수치심은 인간성에 해악을 미치는 감정이 된다. 이 점은 아리스토텔레스나 마사 너스바움의 관점에서 확인할 수 있었다. 반면에 맹자의 관점에서 알 수 있듯이, 동양의 관점에서 수치심은 인간됨의 근본 요인으로서 모든 인간이 본질적으로 갖추어야 할 덕목이다. 맹자의 관점에서 수치심은 타자의 시선에 의해 외부에서 주어지는 것이 아니라, 인간이 양심 혹은 본성에 따라 인간다움을 지키기 위해 스스로 지켜야 하는 것이다. 그러나 수치심에 관한 동양과 서양의 관점은 인간의 불완전성에 대한 이해와 자아 성찰을 통한 인간다움의 지향이라는 관점에서 보면 근본적으로 다른 것은 아니라고 할 수 있다. 이를 논의하기 위해 수치심에 관한 마사 너스바움과 맹자의 관점을 다시 살펴보자.

마사 너스바움에 따르면, 수치심은 어떤 이상적인 상태에 도달하지 못한다는 생각에 반응하는 고통스러운 감정으로, 자아의 특정한 행위보다는 전체 자아와 관련된다(마사 너스바움, 조계원 옮김, 2018:338). 수치심을 느끼는 사람은 그가 바라던 완벽함에의 도달이나 완전한 성취를 하지 못함으로써 자존감에 상처를 입는다. 그는 "자신이 어떤 면에서 가치가 있다거나 심지어 완벽하길 원해야 자신의 가치 없음이나 불완전성을 보여주는 증거를 감추거나 회피하려"(마사 너스바움, 조계원 옮김, 2018:333) 한다. 이것은 수치심이 어떤 의미에서 자존감을 요구한다는 점과 관련된다. 이런 특성은 수치심이 완전함에 대한 기대 및 나르시시즘적 욕구에 출발했기 때문이다. 완전함에 대한 기대나 나르시시즘적 욕구가 충족되지 않았을 때, 우리는 자존감에 상처를 입으면서 법적 처벌이나 타인의 시선에 의한 왜곡된 평가에 대해 두려움을 갖는다. 그

점에 대해 마사 너스바움은 비판적인 입장을 취한다.

마사 너스바움에 따르면, 수치심 처벌은 인간에게 모욕을 주면서 존엄성이나 자존감을 훼손시킨다. 그것은 수치심 처벌이 낙인과 대중적 여론몰이에 의한 모욕과 존재성 자체를 부정당하는 상황을 주기 때문이다. 더군다나 수치심 처벌이 법적 판단의 대상이 될 때, 그것은 주류 집단이 아닌 특정 집단을 낙인찍거나 절멸시키려는 제노사이드(geno-cide)의 방편으로 동원될 수 있다. 그렇게 되면 수치심 처벌은 범죄의 억제가 아닌 특정 집단에 대한 모욕이나 인민재판, 멸절의 의도로 악용되어, 그들의 공격성을 강화하는데 기여할 수 있다. 수치심 처벌에 의한 사회 전체의 통제시스템이 확대되고 강화되는 것을 방지하기 위해서는 수치심 처벌이 공동체에서 장려되는 것을 막아야 한다. 수치심 처벌이 인간다움이나 인간성을 훼손할 수 있다는 점을 인식하고, 그것을 막기 위해서는 수치심의 문제를 처벌이 아닌 자율적 판단과 인간됨의 도모라는 관점에서 접근해야 한다.

이러한 접근은 완전무결함의 추구나 나르시시즘에 대한 욕구가 개인의 문제에서 출발했음을 상기하면서, 개인의 수치심 자각을 타인의 시선과 분리해야 한다. 수치심과 자각이 타인의 시선과 분리되지 않으면, 수치심의 문제는 타인의 평가에 대한 두려움의 문제로 변질될 수 있다. 그리고 극단적으로는 타인의 평가에 의한 낙인과 인민재판식의 판단에 의한 처벌의 문제가 발생할 수 있다. 또한 주류 집단과 비주류 집단 간의 위계와 서열화를 정식화하여 소위 '정상'이라는 기준에 의한 '정상'과 '비정상'에 의한 사회적 갈등을 야기할 수 있다. 그렇기 때문에 이런 문제점을 해결하기 위해서는 수치심의 자각 문제를 "올바른 자기비판과 성찰의 계기"(신은화, 2018:322)로 보면서, 개인과 사회의 변화와 발전을 추동하는 감정으로서 수치심을 인식해야 한다. 올바른 자기비판과 성찰의 계기를 제공하는 힘으로써 수치심은 사회가 지향하는 가치와 규범에 맞게 개인이 행동하도록 할 것이며, 그런 행동을 하지 못한 것에 대해 개인이 스스로 고통을 느끼면서 더 나은 가치를 지향하고 도달하도록 자극할 수 있다. 이런 것으로서의 수치심은 생산적인 역할을 하면서, 도덕적 규범에 대한 지향과 인간의 불완전성에 대한 인정을 통해 나르시시즘적 사고에서 벗어나도록 한다. 이처럼 생산적인 것으로서 수치심은 행위자 자신에게서 기원하면서, 인간다움이라는 도덕적 규범을 지향하는 불완전한 존재로서의 인간에 대한 사랑을 기반으로 한다. 완전함을 추구하는 인간이 불완전함을 수치스럽게 여기는 것이 아니라, 즉 자신이 좀 더 완전할 수 있을 것이라는 기대를 전제로 하는 것이 아니라 자신을 '있는 그대로' 받아들이는 것을 전제로 한다. 이 때문에 생산적인 것으로서 수치심은 존재의 불완전성 혹은 나르시시즘적 교만함에 대한 인정을 기반으로 해서 긍정적이고 생산적인 역할을 할 수 있다. 물론 그런 역할은 수치심이 타자의 시선이나 특정 집단에 의해 강요되거나 주입되는 것이 아니라, "보편적이고 도덕적인 가치를 지향하면서"(신은화, 2018:329) 주체의 자율적인 판단에 의해 자각되어야 한다. 물론 그러한 자각은 자아 성찰을 근간으로 하며, 그러한 자아 성찰은 완성이 아닌 '과정'으로서 지속되어야 할 것이다. '과정'으로서 지속되는 자아 성찰을 근간으로 하는 수치심의 자각은 자율적인 것으로, 타자의 시선에 의한 처벌과는 거리가 먼 것이다.

그런데 문제는 조르지오 아감벤이 언급한, 개인이 예외상태 혹은 벌거벗은 상태에 놓이게 만들었던 역사적 참상에서 가해자들이 수치심을 느끼지 못하거나, 일상에서 다수라는 이름으로 자행되는 소수에 대한 무자비한, 그러면서도 실체는 찾을 수 없는 폭력을 행한 자들이 보이는 파렴치함이다. 그런 상황에서는 피해자들이 오히려 수치심을 느끼기도 한다. 비루하게 살아남았다는 자기 비하, 현실의 힘에 굴복했다는 굴종 등을 맛보면서 피해자들이 오히려 수치심을 느끼는 것이다. 피해자들은 "자기와 동일하게 헐벗은 타자를 보면서 죄책감과 수치심을 느낀다."(김진애, 2015:155) 어떻게든 살아남은 것이 미화되고, 그 과정에서 겪었던 자기 비하나 비루함 등과 같은 감정적 격동들은 간단히 무시된다. 더 이상 죽은 것도 아니고 살아 있는 것도 아닌 단순히 살아남게 된 상황에서, 피해자들은 삶에 대한 비전이나 애착을 모두 상실한다. 피해자들은 생물학적 삶밖에 남아 있지 않음에도 살아남은 것이 미화되는 데서 오는 수치심을 갖는다. 그 수치심은 전 존재의 벌거벗음을 더욱 노골화할 뿐이다. "삶이나 죽음의 생산이 아니라 쉽게 변형시킬 수 있고 잠재적으로 무한한 생존이 생산"되는 무도한 폭력의 상황에서, 감정적으로 겪는 수치심은 살아남음에서 발생하는 수많은 감정적 격동들이 무시당하고, 전 존재의 벌거벗음이 더욱 노골화될 때 극대화될 수밖에 없다. 그 과정에서 피해자들은 자기 자신으로부터도 감추고 싶은 것, 즉 헐벗은 타자의 얼굴을 보고 그 연약함을 보호하지 못했다는 수치심을 키워갈 뿐이다. 그리고 그러한 수치심은 점차 죄책감으로 전이된다.

도덕적 규범과 사회적 규칙의 준수의 위반과 관련된 자의식적 감정이 수치심과 죄책감이다. 수치심과 죄책감은 자의식이 형성되고 타인의 반응을 신경 쓰는 생후 2세경부터 발달된다(John G. Allen, 권정혜 외 5인 공역, 2019:122). 수치심은 공적인 면에서 자신의 결함에 대해 갖는 감정으로 규칙을 어기거나 자신이나 타인의 이상을 충족시키지 못했음을 타인이 알고 있음을 깨닫는 것과 관련된다. 반면에 죄책감은 타인에게 위해와 상처를 주는 특정한 행동에서 비롯된다. 수치심이 핵심적인 자기(core self)가 나쁜 것이라면, 죄책감은 특정 행동이 나쁜 것이다(John G. Allen, 권정혜 외 5인 공역, 2019:120). 수치심이 자기 삶의 전체 혹은 전체적 행동이 광범위하게 나쁘다는 감정과 관련된다면, 죄책감은 좀 더 특정한 혹은 부분적인 행동이 나쁘다는 감정과 관련된다. 수치심은 죄책감보다 개인에게 훨씬 더 파괴적인 혹은 자학적인 경향성을 보인다.

수치심과 죄책감은 상황에 따라 견딜만한 적응성을 보이기도 한다. 견딜만한 수치심과 죄책감은 건설적인 자기 감시와 통제 속에 자신에 대한 냉정한 평가로 자기 발전을 촉진하기도 한다. 그러나 트라우마 경험에 의해 촉발되는 극도의 고통을 주는 죄책감과 수치심은 씻을 수 없는 상처를 주기 때문에 자기 건설의 이로움보다는 자기 파괴나 회피의 해로움을 준다. 트라우마 경험에 의해 촉발되는 수치심과 죄책감은 몸에 각인되어 결코 잊혀 지지 않는 사건으로 예고 없는 고통을 지속적으로 주기 때문이다.

자아존중감이 손상되면 수치심은 당황스러움, 굴욕감, 창피함에 이르기까지 다양한 감정적 격동을 유발하는데, 자신이 무능하고, 결함이 있고, 취약하고 나약하며, 무력하고 사랑받을 만하지 않다는 느낌 등에 의해 생겨난다(John G. Allen, 권정혜 외 5인 공역, 2019:123). 이런 요인들에 의해 생겨나는 수치심은 결핍과 취약성을 핵심 요인으로 하며, 애착관계의 중요성과 그 한계 때문에 통제의 결핍이나 불완전성을 참을 수 없는 데서 수치심은 생겨난다. 수치심이 극에 달하면 존재의 완전성이 훼손되기도 한다.

많은 경우에 수치심은 트라우마 경험에 의해 생겨난다. 트라우마 사건 경험은 무력감을 유발하며, 그러한 무력감은 수치심의 핵심 요인이 된다. 트라우마 경험에 의해 무력감을 느낄 때 자아 존중감이 손상되며, 자아 존중감의 손상은 존재의 완전성을 훼손하는 원인이 된다. 수치심이 강화되면 트라우마를 경험한 청소년은 수치심을 잊기 위해 도피 경로를 선택하기도 한다. 그들이 선택하는 도피 경로는 주눅듦, 회피, 자기 공격, 타자 공격 등인데, 이러한 도피 경로는 수치심에 의한 공격성이라는 악순환에 함정을 유발할 수도 있다. 이런 도피 경로에 의해 수치심을 느끼는 개인은 자의 내부에 불편함, 당혹감 등을 느끼면서 다른 사람들과의 소통에 장애를 느낀다.

또한 수치심을 느끼는 개인은 "부정적인 자기 평가로 인해 자신감의 부족이나 존재에 대한 부적절감, 다양한 심리적 불편감, 그리고 타인에 대한 부정적 평가에 대한 두려움을 야기시켜 자기 개방"(이지연, 2008:354)을 두려워하며, 내적 방어기제를 형성한다.

수치심에 의한 공격성에서 벗어나는 길은 자신의 의존성, 취약성과 화해하고 더 강한 자아 존중감을 발달시키는 것이다(John G. Allen, 권정혜 외 5인 공역, 2019:124). 자만이 아닌 자아 존중감을 증진시켜 수치심에서 벗어나기 위해서는 무력감과 결함이 아닌 건강한 노력과 성공, 성취감을 느껴야 한다.

죄책감은 타인에게 해를 가한 것, 즉 누군가에게 고통이나 상실, 괴로움을 준 것에 대한 책임감에서 비롯된다(John G. Allen, 권정혜 외 5인 공역, 2019:125). 죄책감은 도덕적으로 잘못된 행동에 대한 책임감에서 비롯된 것으로 특정 행동에 대한 현실적인 책임감과 관련된다. 죄책감은 스스로가 가치관에 반하는 행동을 하거나 고통을 주는 행동을 하는 것에서 비롯하며, 상대방의 행복에 대한 민감한 애착관계와 친밀한 관계에서 비롯한다. 사랑하는 사람에게 상처를 주거나 애착관계에서 비롯한 신뢰성을 해쳤을 때 생겨나는 죄책감은 자기에 대한 책임의식과 연관된다. 그런데 트라우마를 경험한 사람이 갖는 죄책감은 자기희생적이고 자기처벌적인 행동을 유발한다는 특면에서 매우 피괴적이다(John G. Allen, 권정혜 외 5인 공역, 2019:126). 이런 자기 파괴적인 죄책감에서 벗어나도록 하기 위해서는 자아 존중감을 해치는 정도의 책임감이 아닌, 자기용서(self-forgiveness)의 가능성을 키워야 한다. 자신에 대한 혐오감에서 벗어나 스스로에 대해 연민하는 태도를 가질 필요가 있다. 보통의 사람들도 일상에서 어느 정도의 죄책감을 갖는데, 트라우마를 경험한 사람들은 타인에 대한 죄책감을 과도하게 갖는 경우가 많다. 과도한 죄책감 때문에 트라우마를 경험한 사람들은 자기 학대나 경멸의 태도를 갖는 경우가 많다. 그들이 그런 상황에서 벗어나도록 하기 위해서는 자기 연민의 태도로 자아 존중감을 회복하는 훈련을 할 필요가 있다.

3) 수치심에 의한 위악성 해체와 성장

객관적인 자기 인식능력과 관련된 감정인 수치심은 당혹스러움, 죄책감 등과 관련되며, 자기 초점화되어 나타난다. 타인의 시선에 노출된 자기 경험인 수치심은 방어적으로 작용하며, 그 작용 과정에서 타인을 회피하려는 의도성을 드러낸다. 소설의 인물이 수치심으로 인해 타자인 부모를 회피하려는 수치심의 감정을 드러내는 양상은 윤흥길의 〈기억 속의 들꽃〉(1970년)에서 확인할 수 있다.

윤흥길의 〈기억 속의 들꽃〉(1970년)은 한국전쟁을 배경으로 하여 전쟁으로 버려진 아이인 명선이 감당해야 했던 혹독한 현실을 소년인 화자의 눈을 통해 수치심에 의한 위악성 해체와 성장의 과정을 담담하게 보여주고 있다. 이 소설에서 소년인 화자는 명선이 내놓는 금반지를 둘러싸고 탐욕을 보이는 부모에 대한 환멸감을 드러내며, 그런 환멸감을 통해 소년은 자신에 대한 수치심을 가지면서 점차 성장의 길로 나아간다. 주인공이 부모에 대해 갖는 환멸감은 부모로부터 매개된 수치심을 갖는 계기가 된다. 이 소설의 줄거리는 다음과 같다.

 한국전쟁이 터졌을 때 만경강 근처 소년의 마을에는 피란민들이 많이 몰려왔다. 평소 피란민들을 부러워하던 소년은 아버지를 졸라 즐거운 마음으로 피란을 떠나지만, 인민군을 만나 겁에 질려 한나절 만에 집으로 돌아온다. 피란 길에서 돌아온 이튿날 소년은 전쟁고아가 된 명선을 집으로 데려온다. 어머니는 명선을 처음에는 박대하다가 명선이 내민 금반지를 보고 태도가 돌변한다. 이때부터 명선은 소년의 집에서 살게 되었지만, 명선은 자신을 계속 구박하는 소년의 부모에게 또 금반지를 내놓는다. 이때부터 소년의 부모는 명선에게 금반지 있는 곳을 추궁하였고, 이 일로 명선은 집을 나갔다. 그러나 명선은 자신의 금반지를 노리는 동네 어른들로부터 겁탈을 당할 위기에 처하자 벌거벗은 채 숲 속의 나무 위에서 발견된다. 이 사건으로 명선은 여자아이임이 밝혀졌고, 소년의 부모는 명선의 목에 달린 편지를 통해 명선이 부잣집의 무남독녀임을 알게 된다. 이 후부터 소년의 부모는 명선을 철저히 감싼다. 그 후 소년은 명선과 함께 부서진 만경강 다리의 철근 위에서 놀다가 전투기의 폭음을 듣는다. 전투기 폭음에 놀란 명선은 한 송이 들꽃처럼 다리에서 떨어져 죽는다. 명선이 죽은 후 소년은 혼자서 끊어진 다리 위의 철근을 건너가 다리 끝에 달려 있는 헝겊 주머니를 발견한다. 소년은 주머니에서 명선의 금반지들을 발견하고 놀라서 강물에 떨어뜨린다.

 화자인 소년은 피난민들이 자신의 마을에 왔다가 어디론가 떠나는 것을 보며 자신도 피란민처럼 어디로 떠나고 싶어 하는 순수함을 간직하고 있었다. 그러나 소년과 달리 "어른들은 피난민을 별로 달가워하지 않았다. 난생 처음 들어보는 별의별 이상한 사투리를 쓰는 그들이 사랑방이나 헛간이나 혹은 마을 정자에서 묵다 떠나고 나면 으레 집안에서 없어지는 물건이 생긴다는 것"(윤흥길, 〈기억 속의 들꽃〉, 2005:286)을 이유로 들었다. 그런 상황에서 "굶주린 어린애를 앞세워 식량을 애원하는" 피난민들 때문에 "뒤주 속에 쌀바가지를 넣었다 꺼내는" 소년의 어머니는 날로 인심이 얄팍해져 갔다.

 그러나 우리 어린애들은 전혀 달랐다. 어른들 마음과는 아무 상관없이 누나와 나는 피난민들을 마냥 부러워하고 있었다. 세상의 저쪽 끝에서 와서 다른 저쪽 끝까지 가려는 사람들 같았다. 무거운 짐을 들고 불편한 몸을 이끌며 길을 떠나는 그들의 모습이 오히려 우리들 눈에는 새의 깃털만큼이나 가벼워 보였다. 그들처럼 마음 내키는 대로 세상을 여기저기 떠돌아다니지 않고 우리는 왜 마을에 붙박혀 살아야 하는지 도무지 이해할 수가 없었다. 그래서 우리도 피난을 떠나자고 아버지한테 조르기로 작정했다.(윤흥길, 〈기억 속의 들

꽃〉, 2005:286)

자신의 마을에 피란 오는 사람들을 보면서 소년은 자신도 그들처럼 피난을 가고 싶어 한다. 소년의 이런 심정은 그가 피란민의 고통과 죽음의 공포를 전혀 모르는 순진한 상태에 있기 때문이다. 소년에게 피난을 떠나는 사람들의 모습은 새의 깃털처럼 가벼워 보였고, 소년은 마음 내키는 대로 세상을 여기저기 떠돌아다니고 싶어서 아버지를 졸라 피난을 갔다. 그러나 피란길에서 인민군에 겁을 먹은 그들의 가족은 한나절 만에 다시 집으로 돌아왔다. 집으로 돌아온 뒤에 소년은 어느 날 "한 떼거리의 피란민들이 머물다 떠난 자리에 처치하기 곤란한 짐짝처럼 되똑하니 남겨"저 굶주림에 시달리는 소녀 명선이를 만나 그를 집으로 데리고 온다. 그러자 소년의 어머니는 명선이를 박대하며 집에서 쫓아내고자 한다. 명선이는 전쟁 폭격으로 부모를 일시에 잃고 홀로 남은 피난민 고아였다.

"아아니, 요 작것이!"
어머니가 소맷부리를 걷으며 단숨에 내달아 나왔다. 참외서리나 하고 다닌 피난민 아이한테 어머니가 이제 곧 본때 있게 손찌검을 하려나 보다고 나는 지레짐작을 하였다. 그런데 웬걸, 어머니는 녀석 대신 내 귀를 잡아끌고는 뒤란으로 향하는 것이었다.
"요 원수야, 지 발로 들어와도 냉큼 쫓아내야 헐 놈을 어쩌자고, 어쩌자고......"
어머니는 내 머리통에 대고 거듭 군밤을 쥐어박았다. 도대체 어떻게 된 영문인지 전혀 깜깜 이라서 울음보를 터뜨릴 수도 없는 노릇이었다.
"니가 상각(상객)으로 뫼셔왔으니께 니가 멕여살리거라!"
어머니는 다시 군밤을 먹이려다가 뒤란까지 따라온 서울 아이를 발견하고는 갑자기 손을 거두었다.
"아침상 퍼얼서다 치웠다. 따른 집에서 가 봐라."(윤흥길,〈기억 속의 들꽃〉, 2005:288)

소년의 어머니는 집에 들어온 명선을 구박하면서 밥이 없다고 말했다. 어머니의 이런 얄팍한 인심은 소년에게 적지 않은 충격을 주었다. 그렇지만 어머니는 명선이 금반지를 내놓자 금방 태도가 돌변하면서 명선에게 밥을 준다.

"아줌마한테 요걸 보여줄려구요."(중략)
그걸 보더니 어머니의 눈에 환하게 불이 켜졌다.

12. 수치의 태도와 자아 성찰, 성장

"아아니, 너 그거 금가락지 아니냐!"

말이 채 끝나기도 전에 금반지는 어느새 어머니의 손에 건너가 있었다. 솔개가 병아리를 채듯이 서울 아이의 손에서 금반지를 낚아채어 어머니는 한참을 칩떠보고 내립떠보는가 하면 혓바닥으로 침을 묻혀 무명 저고리 앞섶에 싹싹 문질러 보다가 나중에는 이빨로 깨물어 보기까지 했다. 마침내 어머니의 얼굴에 만족스런 미소가 떠올랐다.

"아가, 너 요런 것 어디서 났냐?"

옷고름의 실밥을 뜯어 그 속에 얼른 금반지를 넣고 웅숭깊은 저 밑바닥까지 확실히 닿도록 두어 번 흔들고 나서 어머니는 서울 아이한테 물었다. 놀랍게도 어머니의 목소리는 서울아이의 그것보다 훨씬 더 간드러지게 들렸다.

"땅바닥에서 줏었어요. 숙부네가 떠난 담에 그 자리에 가 봤더니 글쎄 요게 떨어져 있잖아요."

녀석이 이젠 아주 의기양양한 태도로 당당하게 대답했다. 그 말을 어머니는 별로 귀담아 듣는 기색이 아니었다. 어머니는 연신 벙글벙글 웃어 가며 녀석의 잔등을 요란스레 토닥거리고 쓰다듬어 주는 것이었다.

"아가, 요담 번에 또 요런 것 생기거들랑 다른 누구 말고 꼬옥 이 아줌마한테 가져와야 된다. 알았냐?"

"네 그렇게 하겠어요.""

"어서어서 방안으로 들어가자. 어린것이 천리 타관서 부모 잃고 식구 놓치고 얼매나 배고프고 속이 짜겄냐."(윤흥길, 〈기억 속의 들꽃〉, 2005:289)

소년의 어머니는 난리 중에 부모를 잃고 굶주린 명선에게 밥을 주지 않다가 명선이 금반지를 내놓자 태도가 돌변하여 벙글벙글 웃으면서 명선에게 밥을 주고, 명선을 위로한다. 이런 어머니의 모습은 전쟁 중에 굶주린 아이를 인간적으로 대하는 것이 아니라, 돈을 위한 도구로 여기는 태도를 드러낸다. 그렇기 때문에 소년은 어머니의 위악적인 태도와 탐욕에 실망을 하면서, 그런 어머니를 수치심의 대상으로 여긴다.

아버지 앞에서 어머니는 그동안 먹여주고 재워준 값과 금반지 한 개의 값어치를 면밀히 따지기 시작했다.

"천지신명을 두고 허는 말이지만 가한티 죄로 가지 않을 만침 헌다고 혔구만요."

"허기사 난리 때 금가락지 한 동쭝은 똥가락지여. 금 먹고 금똥 싼다면 혹 몰라도…… 쌀톨이 금쪽보다 귀헌 세상인디……."

"그러니 저녀르 작것을 어쩌지요?"

"밥을 굶겨 봐. 지가 배고프고 허기지면 더 있으라도 지발로 나가겄지."
"워너니 갸가 나가겄소. 물빤드기마냥 빤들거림시나 무신 수를 써서라도 절대 안 굶을 아요."

어머니의 판단이 전적으로 옳았다. 끼니때만 되면 눈알을 딱 부릅뜨고 부엌 사정을 낱낱이 감시하다가 염치 불구하고 밥상머리를 안 떠나는 명선이를 두고 우리는 차마 밥덩이를 목구멍으로 넘길 수가 없었다.

갈수록 밥 얻어먹는 설움이 심해지자 하루는 또 명선이가 금반지 하나를 슬그머니 내밀어 왔다.(윤흥길, 〈기억 속의 들꽃〉, 2005:291)

소년의 부모는 명선에게 금반지를 더 뜯어내기 위해 명선에게 심한 구박을 하고, 밥을 주지 않으려고 했다. 소년의 부모는 명선이 밥값을 제대로 하지 못하자 명선과 금반지의 값을 비교하는 속물적 모습을 보이면서, 탐욕을 노골적으로 드러낸다. 명선은 쫓겨날 처지에 놓여 밥 얻어먹는 설움이 심해지자 또 금반지 하나를 내밀었다. 소년의 아버지는 명선이 내민 또 다른 금반지를 보고 숨겨둔 금반지를 차지하기 위해 그녀를 협박하고 회유하고, 몸수색을 하는 등 온갖 교활한 방법을 다 동원한다. 소년은 전쟁고아인 명선을 보살핌의 대상으로 보지 않고, 이익을 취할 수 있는 도구로 보는 아버지의 탐욕에 대해 강한 거부감을 갖고 자신을 부끄럽게 생각하게 된다.

삶을 극단으로 몰고 가는 전쟁통에 살아남기 위한 본능과 이기심만 남은 어른들에게 명선이 더 많은 금반지를 가졌다는 소문이 돌자, 동네 사람들은 죄의식 없이 명선을 겁탈하려 들었다. 그런 어른들을 보면서 소년은 생존의 본능 앞에 이기심과 탐욕만을 내 보이는 어른들의 속악함과 속물성에 정서적 충격을 받는다(서은경, 2006:90). 이 때문에 소년은 자신의 부모를 비롯한 어른들의 속물성에 점차 환멸감을 가지면서, 그들에 대한 혐오와 자신에 대한 수치의 감정을 갖는다.

"요, 요것이, 개패같이 달린 요것이 뭣이다야!"

명선이의 하얀 가슴께를 들여다보며 어머니가 소리를 질렀다. 곁에 있던 아버지가 얼른 그것을 가리려는 명선이의 손을 뿌리치고 뚝 잡아챘다. 줄에 매달린 이름표 같은 것이었다. 아직도 한줌이 빛살이 옹색하게 남아 있는 서쪽 하늘에 대고 거기에 적혀진 글씨를 읽은 다음 아버지는 마치 무슨 보물섬의 지도나 되듯 소중스레 바지춤에 찔러 넣었다. 그리고 마을 사람들을 향해 돌아서면서 눈을 딱 부릅떠 엄포를 놓는 것이었다.

"나허고 원수 척질 생각 아니면 앞으로 야한 티 터럭손 하나 건딜지 마시오!"

언젠가 가뭄 흉년 때 이웃 논의 임자하고 물꼬싸움을 벌이면서 시퍼렇게 삽날을 들이대던 그 때의 그 표정보다 훨씬 더 포악해 보였다. 우리 논에서 떨어지는 빗물이나 마찬가지로 아버지는 우리 집안에 우연히 굴러 들어온 명선이의 소유권을 마을 사람들 앞에서 우격다짐으로 가리고 있었다.
"우리가 친자식 이상으로 애끼고 길르는 아요. 만에 일이라도 야한 티 해꼬지 헐라거든 앙화가 무섭다는 걸 멩심허시오!"
덩달아 어머니도 위협을 잊지 않았다. 명선이 입은 손해는 바로 우리 집안의 손해나 마찬가지라는 주장이었다. 물론 어머니는 명선이 때문에 생기는 이익이 곧바로 우리 이익이란 말을 입밖에 비치지도 않았다.(윤흥길, 〈기억 속의 들꽃〉, 2005:293)

명선을 눈엣가시처럼 여기던 소년의 부모는 명선이 어딘가에 금반지를 더 숨겨 두고 있을 것이고, 서울의 어딘가에 상당한 재산이 있는 부잣집의 외동딸이라는 것을 안 다음부터는 명선을 감싸고돈다. 소년의 부모가 명선을 감싸는 것은 그들의 이익을 챙기기 위한 위악성에 비롯한다. 소년의 아버지는 명선이 서울의 부잣집 딸이라는 것을 알고, 명선이 금반지를 여러 개 가지고 있다는 것을 안 다음부터 소년에게 명선을 감시하라고 말한다. 그런 아버지에 대해 소년은 갈수록 환멸감을 증대시키면서, 아버지를 '악의 세계'에 속한 사람으로 인식한다. 소년의 이런 인식은 그가 아직은 어른들의 비정한 세계에 입문하지 않았음을 드러내면서, '악의 발견'을 넘어 그 세계에 동참하지 않은 상태와 관련된다. 그가 그 세계에 동참하지 않는 것은, 그 세계에 동참하는 것을 수치스러운 행위로 인식했기 때문이다.

날이 가고 달이 갔다. 어느덧 초가을로 접어드는 날씨였다. 남쪽에서 쳐 올라오는 국방군에 밀려 인민군이 북쪽으로 쫓겨 가기 시작한다는 소문이 돌았다. 생각보다 전쟁이 일찍 끝나 남쪽으로 피난 갔던 숙부가 어느 날 불쑥 마을에 다시 나타날 경우를 생각하면서 어머니는 딱할 정도로 조바심을 치기 시작했다. 내가 벌써 귀띔을 해 주어서 어른들은 명선이 숙부로부터 버림받는 게 아니라 스스로 도망쳤다는 사실을 이미 알고 있었다. 전쟁이 끝나기 전에 어떻게든 명선이의 입을 열게 하려고 아버지는 수단 방법을 안 가릴 자세였다.(윤흥길, 〈기억 속의 들꽃〉, 2005:295)

소년의 아버지는 명선의 입을 열어 그녀의 재산을 빼앗을 궁리에 수단과 방법을 가리지 않는다. 소년의 아버지는 이제 명선이 피해 도망쳤던 그의 숙부와 같은 존재가 되어 자신의 탐욕을 위해 명선을 이용하고자 한다. 그렇기 때문에 소년에게 자신의 아버지는 악의 근원으로 인식된다. 그러기에 소년은 아버지의 말, 즉 명선을 감시하고 명선이 갖고 있던 금반지를 잘 뺏으라는 부탁을 거절한다.

그날도 나는 명선과 함께 부서진 다리에 가서 놀고 있었다. 예의 그 위험천만한 곡예 장난을 명선이는 한창 즐기는 중이었다. 콘크리트 부위를 벗어나 그 애가 앙상한 철근을 타고 거미처럼 지옥의 가장귀를 향해 조마조마하게 건너갈 때였다. 이때 우리들 머리 위의 하늘을 두 쪽으로 가르는 굉장한 폭음이 귀뺨을 갈기는 기세로 갑자기 울렸다. 푸른 하늘 바탕을 질러 하얗게 호주기 편대가 떠가고 있었다. 비행기의 폭음에 가려 나는 철근 사이에서 울리는 비명을 거의 듣지 못하였다. 다른 것은 도무지 무서워할 줄 모르면서도 유독 비행기만은 병적으로 겁을 내는 서울 아이한테 얼핏 생각이 미쳐 눈길을 하늘에서 허리가 동강이 난 다리로 끌어냈을 때 내가 본 것은 강심을 겨냥하고 빠른 속도로 멀어져가는 한 송이 쥐바라숭꽃이었다.(윤흥길, 〈기억 속의 들꽃〉, 2005:295)

어느 날 끊어진 다리 위에서 소년과 놀다가 명선은 굉장한 폭음을 내며 날아가는 전투기 소리에 놀라 강으로 떨어져 죽는다. 명선이 강으로 떨어져 죽은 것은 그녀가 함께 오던 피란길에서 전투기의 폭격으로 부모의 죽음을 목격한 트라우마 때문이었다. 명선은 무엇이나 무서워할 줄 모르지만, 부모의 죽음을 가져온 전투기의 폭음을 무서워했기 때문이다. 명선은 부모의 죽음을 목격한 정신적 트라우마 인해 무의식적으로 강물에 떨어져 죽은 것이다. 명선이 들꽃이 되어 사라진 후 어느 날 소년은 끊어진 다리의 가장 자리에서 명선이 간직했던 금반지들이 들어있는 헝겊주머니를 발견한다. 소년은 명선이 들꽃이었음을 회상하면서 명선이 간직했던 금반지들이 들어 있던 헝겊주머니를 놀라서 강물에 떨어뜨린다. 이 행동은 소년이 부모의 태도에 실망하면서 자신에 대한 수치심을 갖게 되었으며, 그 과정에서 자학적인 자기 공격성을 드러낸 결과에서 기인한다. 비록 자기 자신이 직접적으로 수치스러운 행동을 의도하지는 않았지만, 부모로부터 매개된 수치스러운 행동에 동조했던 자신의 행동에 대한 부정적 평가를 두려워한 결과이다.

지옥의 가장귀를 타고 앉아 잠시 숨을 고른 다음 바로 되돌아 나오려는데 이때 이상한 물건이 얼핏 시야에 들어왔다. 낚시바늘 모양으로 꼬부라진 철근의 끝자락에다 끝으로 칭칭 동여맨 자그만 헝겊 주머니였다. 명선이가 들꽃을 꺾던 때보다 더 위태로운 동작으로 나는 주머니를 어렵게 손에 넣었다. 가슴

12. 수치의 태도와 자아 성찰, 성장

을 잡죄는 긴장 때문에 주머니를 열어 보는 내 손이 무섭게 경풍하고 있었다. 그리고 그 주머니 속에서 말갛게 빛을 발하는 동그라미 몇 개를 보는 순간 나는 손에 든 물건을 송두리째 강물에 떨어뜨리고 말았다.(윤흥길, 〈기억 속의 들꽃〉, 2005:296)

소년에게 중요한 것은 금반지가 아니라, 끊어진 교각 위에서 한 송이 들꽃을 꺾어 머리에 꽂던 명선에 대한 기억이다. 이 기억을 통해 소년은 강인한 생명력에도 불구하고 가냘픈 들꽃처럼 강물에 떨어져 죽은 명선에 대한 슬픔을 드러낸다. 그러기에 소년은 명선의 금반지만을 탐냈던 아버지에 대한 환멸감과 그것의 원인이 된 명선의 금반지를 자신이 가졌다는 것에 놀라 그것을 강물에 떨어뜨렸다. 이런 소년의 행동은 아버지의 위악성과 탐욕에 강한 거부의 반응이며, 자신이 아버지처럼 탐욕을 부릴 수는 없다는 수치심에 대한 인식의 결과라 할 수 있다.

에듀컨텐츠·휴피아
CH Educontents·Huepia

13. 환상을 통한 현실 변혁과 존재의 심연

1) 존재의 심연에 다리 놓기로서 환상

"사람과 사람 사이에 심연이 존재한다."

　우리는 본질적으로 다른 사람과의 '관계' 속에서 살아갈 수밖에 없다. 다른 사람들은 잉여자가 아닌 상관자로 우리 삶에 맞닿아 있기 때문이다. 그러기에 우리는 다른 사람들과의 관계 속에서 자신의 시선이 미치지 못하는 것을 새롭게 인식하기도 하고, 다른 사람의 인식을 통해 세계를 보다 넓게 경험하게 된다. 그러나 다른 사람과의 관계에는 항상 심연이 존재한다. 그러기에 우리는 다른 사람과의 사이에 놓여 있는 심연을 건너고자 하지만, 그 심연을 쉽게 건널 수는 없다.
　우리는 타자와의 사이에 놓여 있는 심연으로 인해 삶의 고독과 슬픔을 경험한다. 그러기에 우리는 삶의 고독과 슬픔에서 벗어나기 위해 타자를 '나'와 같은 존재로 여길 필요가 있다. 타자를 '나'와 같은 존재로 여겨, 타자와의 상관성 속에서 자신을 새롭게 설정하여 삶의 길을 개시(開示)할 수 있기 때문이다. 인간 존재가 나아가야 할 이러한 방향에 대해 마틴 부버나 임마누엘 레비나스, 미하일 바흐친 등은 타자에 대한 배려와 헌신이 인간 삶의 지향이 되어야 함을 언급했다. 타자에 대한 배려와 헌신을 통해 우리 자신을 더 잘 이해하고 새로운 성찰로 나아갈 수 있기 때문이다. 그러기에 우리는 자기중심적으로 타자를 '내' 안에 귀속시키는 태도가 아닌, 타자에게로 '향하는 나'를 지향해야 한다. 타자에 대한 지향을 통해 우리는 상호간의 심연을 연결할 수 있는 날개를 마련할 수 있을 것이다.

우리는 대부분 소수자로서 '메마른 삶'을 살아가고 있다. 특히 미셸 푸코의 언급처럼, 보이지 않는 미시권력에 의해 차별과 억압을 당하고, 일상에서 돈에 종속되어 정체성을 상실하고 있다. 돈에 종속되어 정체성을 상실하면서 살아가는 삶은 우리를 나사의 위시에 놓으며, 조르조 아감벤이 언급한 것처럼 우리가 '호모 사케르' 즉, '벌거벗은 생명'이 되게 한다.

'벌거벗은 생명'과 같은 존재로서 우리가 정체성을 지키고, 현실에서 타자와 새로운 관계를 맺기 위해서는 우리의 삶이 타자의 시선과 존재를 인정해야 한다. 타자의 시선과 존재를 인정하는 가운데 타자를 '보는 자'가 아닌 타자와 '함께 보는 자'의 위치에 서야 한다. 그러나 우리는 대부분 타자를 '보는 자'이거나 타자에게 '보여지는 자'이다. 특히 '보여지는 자'가 될 때 우리는 '보는 자'들의 시선에 예속되어, 끊임없는 혼돈과 정체성의 상실을 경험한다. 이러한 경험으로 우리는 좌절 가운데 삶의 희망을 버리며, 타자와의 심연에 다리 놓기를 포기한다.

우리의 삶에 절실히 요청되는 것은 정체성을 지키고 타자와의 심연에 다리를 놓기 위해 희망을 간직하는 것이다. 그러나 현실은 우리가 정체성 자체를 기억하지 못하거나 타자와의 심연에 다리를 놓을 수 있는 날개를 주지 않는다. 그러기에 우리는 날개를 가질 수는 없지만, 그것에 대한 환상을 통해 심연에 다리 놓기를 포기하지 않아야 한다. 환상을 통해 우리는 타자와의 심연을 건너고, 현실 너머에 있는 비가시적인 세계를 꿈꾸고 현실을 견딜 수 있는 힘을 얻을 수 있기 때문이다.

2000년대 이후 한국의 많은 소설들은 환상의 서사를 통해 인간 사이에 존재하는 심연에 다리를 놓거나 벌거벗은 존재로서의 삶에 희망을 주거나, 부정당한 삶의 뿌리를 찾고 받아들이는 삶의 양상들을 보여준다. 이를 통해 일상에 압도되어 실존을 상실한 삶의 정체성을 새롭게 모색하고, 부박한 존재들의 삶에 희망의 날개를 달아주고자 한다.

환상의 서사는 현실의 질서가 의존하고 있는 토대를 제시하면서도, 무질서, 불법적인 것, 법과 지배적 가치체계 바깥에 놓여 있는 것들을 짧은 순간 열어 보인다. 또한 현실의 말해지지 않은 부분, 보이지 않는 것, 즉 지금까지 침묵을 강요당하고 가려져 왔으며 은폐되고 부재하는 것으로 취급되어 온 것들을 추적한다. 다시 말해 이미 존재하거나 실제로 보일 수 있도록 허용된 적이 없는 것, 들어보지 못한 것, 보이지 않는 것, 상상적인 것에 대한 열망을 드러낸다. 이를 통해 환상의 서사는 일상과 이상(理想) 사이의 구멍을 메우려는 일종의 전략으로서, 현실을 견디기 위한 또 다른 소통 방식이 된다. 아울러 소외된 자들에게 아직 존재하지 않는 것들을 보여줌으로써, 그들의 구멍을 메우려는 타자 지향성을 드러낸다.

환상의 서사를 통해 소외된 작중인물들이 아직 찾지 못한 것을 보여줌으로써 그들의 구멍, 즉 정체성을 메우려는 타자 지향성은 김연수의 〈파도가 바다의 일이라면〉과 김애란의 〈달려라 아비〉에서도 읽을 수 있다.

2) 환상에 의한 뿌리 찾기로 외로움 견디기

김연수의 〈파도가 바다의 일이라면〉에는 2012년을 중심으로 하는 현재의 정희재 이야기와 1988년을 중심으로 하는 과거의 진남에 살았던 정지은의 이야기, 그리고 그들을 둘러싼 많은 인물들의 이야기들이 '바람의 말(풍문)'을 통해 전달되고 있다. 소설에서 많은 인물들은 저마다 자신만의 이야기를 간직하고 있으며, 그것들은 이야기 박물관인 '바람의 아카이브'를 통해 점들에서 선으로 연결되고 있다.

운동화 갑피를 만드는 부산 공장에서 하루 12시간씩 미싱을 돌리며 미국 유학을 간 아들의 등에 날개를 달아주기 위해 노력하다가 업체의 부당해고에 투쟁하다 병들어 죽은 서 교수의 늙은 어머니, 그런 어머니와 관련된 서 교수의 기억, 진남공업조선소의 작업 환경 개선을 요구하며 타워크레인에 올랐다가 끝내 투신자살한 정지은의 아버지, '최선을 다해야 한다'는 생각으로 타워크레인에 있는 아버지를 향해 'HOPE' 모스 부호를 보냈던 정지은의 기억, 죽은 양모 앤을 기억하는 카밀라 포트만, 진남여고 교정의 동백꽃 아래에서 자신을 안고 찍은 엄마가 있는 사진 한 장에 얽힌 기억의 흔적을 찾아 진남으로 온 카밀라 포트만, 열일곱 나이에 자신을 낳은 뒤 차가운 바다에 뛰어들어 자살한 정지은의 외로움을 찾아 받아들이는 정희재(카밀라 포트만), 어머니의 삶을 파멸로 몰고 간 아버지를 죽이고 싶었던 정희재의 기억, 정지은을 임신시키고 가버린 최성식, 정희재를 미국으로 강제 입양시킨 최성식의 아내 신혜숙, 열일곱의 정지은에게 씻을 수 없는 상처를 주었던 김미옥 등의 이야기들이 불협화음을 이루며 전개되고 있다.

'바람의 말'이 전하는 수많은 불협화음의 이야기들을 전달하기 위해 작가는 1인칭 시점과 3인칭 시점을 오가며, 편지와 사진, 라디오 사진, 다큐멘터리 영상 화면 등을 통해 다양한 인물들의 삶을 점이 아닌 선으로 연결하여 다층적으로 보여준다. 특히 죽은 정지은이 자신의 딸 희재를 '너'라고 칭하면서, 삶의 정체성을 찾아가는 딸에 대한 사랑을 드러내는 서술방식에 의해 환상의 서사를 구현한다. 이러한 환상의 서사를 통해 정지은은 당시로서는 말할 수 없지만, 사람과 사람 사이의 심연을 건너기 위해서는 날개가 있어야 하며, 자신에게는 그 날개가 희재임을 말한다.

그랬는데, 지은이가 그때 제게 말했어요, 너는 다른 사람의 마음을 다 알 수 있을 것이라고 생각하니? 사람과 사람 사이를 건너갈 수 있니? 너한테는 날개가 있니? 그렇게요. 저는 말문이 턱 막혔어요. 그런 제게 지은이가 나한테는 날개가 있어, 바로 이 아이야, 라고 말하며 자기 배를 만졌어요(278면).

작가는 사람과 사람 사이에 존재하는 심연을 건너 타인에게 가 닿을 수 있는 날개가 있다면, 그것은 어떠한 관계이어야 하는가에 대한 답을 찾아가는 과정을 보여준다. 카밀라 포트만이 정희재가 되어 가는 과정은 이러한 관계에 대한 답을 찾고, 사람 사이에 존재하는 심연을 건너 타인에게 가 닿는 과정이다. 아울러 자신의 엄마가 겪었던 외로움을 받아들이며, 점들의 이야기를 선들의 이야기로 만들어가는 과정이다. 그러나 카밀라 포트만은 이 모든 것을 스스로 해야만 하는, 즉 스스로 정체성을 만들어가야 하는 '벌거벗은 상태'에 처해 있다.

"카밀라는 카밀라이니까 카밀라인거지."(17면)

카밀라는 자신의 정체성, 즉 뿌리를 스스로 찾기 위해 생모를 찾아 나선다. 그러나 그 뿌리를 찾는 과정은 지금까지는 보이지 않았던 점들을 스스로 발견해내고, 그 과정에서 그의 인생이 달라지는 것이었다.

그렇게 이전에 보이지 않던 점들이 발견될 때마다 그 점들을 잇는 새로운 선들이 그어졌고, 네 인생은 그때마다 달라질 수밖에 없었다. 그리고 선이 달라질 때마다 너라는 존재도 바뀌었다(203면).

카밀라는 정체성을 찾는 과정에서 그 이전까지 몰랐던 수많은 바람의 말들

13. 환상을 통한 현실 변혁과 존재의 심연

을 접하면서 점차 정희재로 바뀌어간다. 카밀라가 정희재가 되어 가는 과정은 과거의 점들이 보이지 않았기 때문에 그의 인생을 바꾸는 것이었다. 카밀라가 생모를 찾기로 한 결정적인 계기는 진남여고 교정 동백꽃 앞에서 자신을 안고 있는 생모가 있는 사진 한 장이다. 이 사진은 숨어 있는 점들의 이야기를 카밀라에게 말한다. 그러기에 카밀라는 사진이라는 구체적인 사물과 기억이 연결되어 있음을 깨닫고, 이야기에는 흔적이 있음을 알게 된다. 이러한 과정에서 카밀라는 입양아로서 구성된 삶을 살아가는 존재에서, 정희재가 되어 구성하는 삶을 살아가게 된다.

카밀라가 정희재로서 구성된 삶을 살아가기 위해서는 자신과 엄마 사이에 놓여 있던 심연, 최성식, 신혜숙 등과의 사이에 놓여 있는 심연을 건너야 한다. 이를 통해 정희재는 바람의 말(풍문)들, 즉 흔적으로만 남아 있는 정지은의 삶의 진실을 이해하고 엄마와의 심연에 다리를 놓는 선의 이야기를 만들고 정체성을 찾아야 했다.

이 소설에서 신혜숙이나 최성식은 정지은을 타자로 인정하지 않은 채 자신의 입장에서 '자신들은 최선을 다해 살아왔고, 정지은에 관한 진실을 이야기한다'고 생각하고 있다. 25년 전의 끔찍한 일 이후 각자의 삶에서 최선을 다 했다고 생각하기에 그들은 정지은이나 정희재 사이에 놓여 있는 심연을 건너기보다는, 정지은이나 정희재를 불편한 존재로만 여긴다. 이런 감정 때문에 신혜숙이나 최성식은 정희재와 소통하지 못하고, 그들 사이의 심연을 건너지 못한다.

"우리와 그 아이 사이에는 심연이 있고, 고통과 슬픔은 온전하게 그 심연을 건너오지 못했다. 심연을 건너와 우리에게 닿는 건 불편함 뿐이었다. 우리는 그런 불편한 감정이 없어지기를 바랐다."(286면)

그 과정에서 정희재는 진남의 이야기 박물관인 '바람의 말 아카이브'를 통해 엄마 정지은의 진실을 접하게 된다. 이를 통해 카밀라는 진정하게 정희재가 되며, 어둡고 고통스러운 시간 속에서 고독했던 엄마 정지은에게 맞닿는다. 물론 그것은 존재의 심연을 건널 수 있는 날개 달린 '희망'을 통해서이다.

열아홉 살 그 모습 그대로, 눈을 감고 있었어요.(중략) 그렇게 오래도록 엄마는 눈을 감고 있었어요. 지금까지 늘 왜 나는 이 세상에서 환영받지 못했을까 궁금했는데, 그 뒤로는 그녀가 더 궁금해졌어요. 왜 그녀는 외롭게 죽어야만 했을까(228면).

정희재는 바다에 뛰어들어 죽었던 그 나이 그대로의 엄마를 환상을 통해 만난다. 이 만남을 통해 정희재는 엄마의 외로움을 이해하며, 그 과정에서 희망의 날개를 발견하여 그들 사이의 심연을 건넌다. 물론 엄마 정지은도 언젠가는 딸이 날개가 되어 그들 사이의 심연을 건너 자신의 외로움을 이해해 줄 것이라 생각했다. 그러기에 엄마 정지은은 이렇게 말한다.

"파도가 바다의 일이라면, 너를 생각하는 건 나의 일이었다. 너와 헤어진 뒤로 나는 단 하루도 너를 잊은 적이 없었다."(228면)

딸을 하루도 잊은 적 없이 언젠가는 딸이 날개가 되어 자신의 외로움을 이해해 줄 날을 기다렸던 엄마 정지은의 소망은 이루어진다. 카밀라가 정희재가 되어 엄마와의 심연을 희망으로 건너왔기 때문이다.

결국 이 소설에서 작가가 하고 싶었던 말은 사람 사이의 관계라고 할 수 있다. 사람 사이에 존재하는 심연을 건너기 위해서는 희망과 사랑을 가져야 하며, 타인을 타자로 인정하고 그들과 소통하는 것을 말한다. 카밀라는 정희재가 됨으로써 엄마 정지은의 외로움을 이해하고 자신의 뿌리를 찾는다. 뿌리를 찾지 못하고 먼지처럼 흩어진 고통과 슬픔의 기억들에 빠질 수도 있었지만, 희망과 사랑을 통해 엄마 정지은과의 심연을 건넌다. 이를 통해 고통을 감내하고 바람의 말이 전하는 점들의 이야기를 선의 이야기로 만들어 '진실'과 만나게 되고, 삶의 정체성을 확인하게 된다. 어둡고 고통스러운 사건 속에 외면당한 엄마 정지은의 과거에 담긴 파편을 주워 담아 바람의 말(풍문)이 전하는 점들의 이야기를 선들의 이야기로 구성하면서 카밀라가 정희재가 되는 것은, 아무도 기억하지 못하고 사라진 엄마의 비밀스러운 사랑에서 비롯된다. 그러기에 엄마와 딸의 심연은 그 사랑에 의해 좁혀지고 서로 맞닿는다.

3) 환상으로 아버지 찾기와 유대감 형성하기

김애란의 〈달려라 아비〉에는 부재하는 아버지에 대한 이해와 유대의 모습이 환상적으로 제시되고 있다. 이 소설에서 '나'와 아버지의 유대를 가능하게 하는 것은 환상적으로 제시된 아버지의 '달리기'이다. 달리고 있는 아버지는 복잡한 삶의 현실 저편에 있으며, 달리고 있는 순간 아버지는 청년으로서 현실 외부의 환상의 공간에 위치한다.

'나'가 환상 속에서 달리고 있는 아버지의 모습을 그린 것은 엄마가 '나'를

13. 환상을 통한 현실 변혁과 존재의 심연

임신했을 때 우리를 버리고 가버린 아버지에 대한 상처와 원망을 극복하기 위해서였다. 많은 성장소설들은 부재하는 아버지에 대한 원망 속에, 위악적인 현실에 편입하기까지 주인공이 겪었던 성장의 과정을 보여준다. 이 과정에서 주인공은 고아의식을 갖고서 아버지의 삶과 세계에서 독립하는 모습을 보인다. 그러나 김애란의 〈달려라 아비〉는 이러한 일반적인 성장소설의 패턴에서 벗어나 있다. 이 소설에서 '나'는 가족을 버리고 떠나버린 아버지에 대한 원망 대신에 환상의 공간에서 달리고 있는 아버지를 형상화하여, 환상의 공간에서 아버지와의 유대를 형성한다. 이를 통해 부재하는 아버지를 수용하여 가족 서사를 재구성하고자 한다.

아버지는 항상 달리기를 하고 있는 청년의 모습으로 '나'가 창조한 환상의 공간에 위치해 있다. 이러한 아버지의 모습은 한 번도 대면하지 못한 낯선 것이지만, 친근하게 말을 걸어보고 싶은 것이기도 하다. 또한 자신을 버리고 간 아버지로 인한 상처에 대한 방어기제를 보여준다. 아버지를 환상의 공간에서 달리게 만들지 않고 원망을 한다면, 그 원망은 곧 '나'에게 이어져 '나'의 상처를 들추어 낼 것이기 때문이다. 그러기에 '나'가 창조한 환상의 공간에서 계속 달리기를 하고 있는 아버지는 '나'가 우울한 현실에서 벗어날 힘을 준다.

'나'가 창조한 환상의 공간에서 아버지를 계속 달리게 함으로써 '나'는 아버지에 대한 증오를 간접적으로 푼다. 그런데 아버지에 대한 '나'의 증오는 결국 아버지의 부재로 인해 힘든 세월을 살아왔던 '나' 자신에 대한 상처이자 서러움일 뿐이다. 이는 일종의 방어 기제(defense mechanism)를 드러낸다. '나'를 버리고 간 나쁜 아버지에 대한 원망은 결국 상처받은 '나'의 지난 세월을 부각하기 때문이다. 다시 말하면 부재하는 아버지에 대한 증오는 아버지를 파괴하기도 하지만, 궁극적으로는 '나'를 파괴하기 때문이다.

아버지는 내가 아버지를 상상했던 십수년 내내, 쉬지 않고 달리는 동안 늘 눈이 아프고 부셨을 것이다. 그래서 나는 오늘밤 아버지의 얼굴에 썬글라스를 씌워드리기로 결심했다. 나는 먼저 아버지의 얼굴을 떠올렸다. 아버지는 기대감에 부푼, 그러나 애써 내색하지 않으려는 듯 작게 웃고 있다. 아버지가 가만히 눈을 감는다. 마치 입맞춤을 기다리는 소년 같다. 그리하여 이제 나의 커다란 두 손이, 아버지의 얼굴에 썬글라스를 씌운다. 그것은 아버지에게 썩 잘 어울린다. 그리고 이젠, 아마 더 잘 뛰실 수 있을 것이다(28-29면).

기대감에 부풀어 '작게' 웃으면서 눈을 감는 '소년' 같은 아버지는 '나'가 성장을 통해 아버지에 대한 유대감을 형성한 모습이다. '나'가 아버지에게 선글라스를 씌워주는 것은 부재하는 아버지를 원망하는 대신 아버지를 그리움의 대상으로 여겼기 때문이다. 또한 '나'가 부재하는 아버지로 인한 상처를 긍정적으로 풀어냈기 때문이다. 그러기에 선글라스를 끼고 끊임없이 달리기를 하고 있는 아버지는 우울한 일상에서 벗어나고자 하는 '나'의 소망과의 유대를 통해 환상적인 존재가 된다. 이러한 환상적 유대를 통해 '나'는 아버지의 부재를 부드러운 현존으로 전환시켜 정체성을 재구성한다.

'나'와 아버지의 이러한 유대감 형성은 그 이전의 성장소설들에서 보여주었던 아버지의 부재로 인한 고아의식과는 매우 다른 것이다. 부재하는 아버지를 환상적인 공간에 위치시켜 끊임없이 달리게 함으로써 '나'는 아버지를 원망하거나 위악적인 현실에서 편입하지 않고, 그러한 현실에서 벗어날 수 있는 힘을 얻고 있기 때문이다. '나'는 환상을 통해 가상의 아버지를 만들고, 부재하는 아버지와의 환상적 유대를 통해 새로운 가족 관계를 형상화하여 정체성을 찾는다. 이는 부재하는 아버지로 인해 '나'가 받았던 상처에 대한 방어기제에서 비롯된 것으로, 아버지를 '작은 웃음의 소년'으로 포용하여 환상적 공간에서 가족의 재구성과 정체성 형성을 시도한 것이라 할 수 있다.

4) 아버지와의 환상적 유대를 통해 환멸적 삶 견디기

박민규의 〈그렇습니까? 기린입니다〉는 어려운 가정 형편 때문에 고등학교 시절 내내 아르바이트를 해야 했던 '나'가 현실로부터 상처받은 과정과 그 과정에서 이루어지는 아버지와의 개인적인 교섭을 환상성을 통해 보여주고 있다. 이러한 교섭이 이루어지기까지 '나'는 아르바이트와 산수로 점철된 고등학생 시절에서의 성장을 경험한다.

이 소설에서 '나'는 원래 '좀 노는 편'이었다. 그런데 어느 날 아버지의 회사에 가서 아버지께 도시락을 건네주며 아버지의 빈약한 '산수', 즉 모든 것이 돈의 계산에 의해 결정되는 현실의 삶에서 빈약한 아버지의 모습을 목격한 후 조용한 아이가 되어버렸다. 이는 아버지의 빈약한 '산수'에 연민을 느꼈기 때문인데, 아버지에 대한 연민으로 인해 그 후부터 '나'에게도 '산수'가 생겨났다. 그 후 청소 일을 하던 어머니가 병으로 쓰러진 뒤 '나'의 산수는 계산기의 꺼진 액정처럼 더욱 우울해졌지만, '나'는 담임교사와 코치 형의 도움으로 빈약한 산수를 반복해 간다.

그런 이유로, 나는 푸시맨이 되었다.(중략) 코치 형의 코치가 쉬지 않고 이어진 것도 까닭은 까닭이었지만 – 다른 무엇보다 이유는 삼천원이었다. 요는 짧고 굵게 번다, 이거군요. 그런가? 뭐… 그런 식으로 생각할 수도 있을까 모르겠군. 코치 형이 어리둥절한 표정을 지었지만, 확실히 그런 식이라고, 나는 생각했다. 그것이 나의 산수(算數)다. 웃건 말건, 세상엔 그런 산수를 하며 살아야 하는 사람이 있다, 있게 마련이다(71면).

위의 예문은 고등학생인 '나'가 산수를 위해 푸시맨이 되어 아르바이트를 하는 상황을 제시하고 있다. 이는 '나'가 유년기적 삶에서 벗어나 산수가 필요한 현실의 삶을 응시하고 있음을 보여준다. 이러한 현실에서 '나'의 아버지는 무력하다.

잘 다녀온 아버지는, 그러나 그날 밤 이런저런 사정들을 나에게 털어놓았다. 요는, 산수에 관한 것이었다. 점점 회사가 힘들어진다. 지금 다른 곳을 알아보고 있다. 미안한데, 당분간은 함께 좀 고생을 하자. 나는 하나도 힘들지 않다고, 얘기했다. 미안해하던 아버지를 다음날 또 마주쳤는데- 미안한 마음에 제대로 밀지 못했다. 아버지, 잘 다녀오세요(86면).

'나'의 아버지는 산수의 삶에서 무력한 모습을 보인다. 이러한 아버지의 모습을 보면서, '나'는 한때는 능력이 있었을 아버지의 무력함과 희망을 상실한 채 현실의 삶에 매몰된 자신과의 교섭을 도모한다. 그러다가 아버지가 사라진 사건을 계기로 하여 '나'는 우울한 성장의 단계에서 벗어나 점차 아버지의 삶을 이해하게 된다.

정말로 사라진 것이었다. 어떤 조짐도 보이지 않았고, 어떤 짐작도 할 수 없었다. 처음엔 사고가 아닌가 백방으로 뛰어다녔지만, 사고의 흔적은 어디에도 없었다. 행적에 대해 말해줄 수 있습니까? 아버지를 마지막으로 본 것은 나였으므로, 당연히 나는 그에 대해 할 말이 있었다. 그날 아침 전철역에서 만났습니다. 전철역에서요? 네, 아버지는 출근을 하는 길이었고, 저는 그곳에서 아르바이트를 하고 있었습니다. 종종 만나는 편인데, 늘 그랬듯 그날도 역시 아버지를 밀어드렸습니다(89-90면).

'나'의 아버지는 현실에서의 산수를 견디지 못해 사라졌다. 이런 아버지의 모습은 무력한 존재로서, 아버지가 '나'의 성장에 도움이 되지 못함을 보여준다. 또한 '나'가 우울한 성장의 과정에 놓이게 한다. 그렇지만 '나'는 그런 아버지를 원망하지 않는다. 이를 통해 '나'는 유년기적 삶에서 벗어나 산수가 필요한 현실의 삶을 응시하며 아버지와의 유대를 소망하기 때문이다. 이 점이

이 소설이 다른 성장소설들과 다른 점이다.
 일반적으로 많은 성장소설들에서 주인공은 '아비 없는 자식'으로서 일종의 고아의식을 갖는 가운데, 위악적인 어른들의 세계에 편입하거나 그 나름의 방식으로 삶을 개척해 간다. 그러기에 그러한 성장소설들에게 아버지의 존재는 주인공의 성장에 전혀 기여를 하지 못한다.

 기린이 아닌가. 그것은 정말 한 마리의 기린이었다. 기린은 단정한 차림새의 양복을 입고, 플랫폼의 이곳저곳을 천천히 거닐고 있었다. (중략) 이상하게도 그 순간, 나는 기린이 아버지란 생각을 했다. 이유는 알 수 없지만, 그런 확신이 들었다(92면).

 실종된 아버지는 '나'가 푸시맨으로 아르바이트를 하고 있는 지하철역에 다시 나타났지만, 첫눈에 알아 볼 수 없는 낯선 기린의 모습으로 다시 나타났다. 그러나 '나'는 기린이 아버지임을 직감한다.

 기린은 이쪽을 쳐다보지도 않는데, 나는 혼자 울고 있었다. 이상하게도 자꾸만 눈물이 나오는 것이었다. 아버지… 곧장 나는 가슴 속의 말을 꺼냈고, 기린의 무릎 위에 내 손을 올려놓았다. 떨리는 손바닥을 통해, 손으로 밀어본 사람만이 기억하는 양복의 질감이 그대로 느껴져 왔다. 구름의 그림자가 빠르게 지나갔다. 기린은 여전히 아무 반응이 없었다. 아버지, 아버지 맞죠?(92-93면)

 기린이 된 아버지는 '나'가 말하는 산수의 세계에 무관심하다. 그리고 아버지의 모습이 기린의 환상으로 나타난 것은 무력한 산수의 삶에서 지쳐버린 아버지에 대한 나의 연민을 증폭시킨다. 그러기에 산수의 세계에 무관심한 아버지의 눈빛은 현실과 환상의 경계에 있는 '나'의 조바심을 떨쳐낸다. '나'의 조바심은 기린이 된 아버지가 산수가 있는 일상의 세계로 되돌아오기를 바라는 데서 연유한 것이지만, 그것에 무관심한 기린의 잿빛 눈동자는 아버지의 근원적인 부재를 나타내기 때문이다(나병철, 2011:408). 그러나 '나'는 근원적으로 산수가 있는 현실에서 부재하는 아버지, 가정을 버리고 떠나버린 아버지, 즉 기린이 되어버린 아버지를 타자의 위치에 놓고 공감하고 연민하기에 눈물을 흘린다. 눈물을 흘림으로써 '나'는 산수의 삶에서 무력했던 아버지를 타자적 관계에 놓고 연민하고 아버지와의 교섭을 한다. 그리고 이러한 교섭에 의해 아버지와의 유대감을 갖는다.

13. 환상을 통한 현실 변혁과 존재의 심연

아버지, 그럼 한마디만 해주세요, 네? 아버지 맞죠? 그것만 얘기해줘요.

무관심한, 그러나 잿빛의 눈동자가 이윽고 물끄러미 나를 바라보았다. 기린은 자신의 앞발을 내 손 위에 포개더니, 천천히, 이렇게 얘기했다.

그렇습니까? 기린입니다(93면).

위의 예문은 산수의 세계를 말하는 '나'에게 기린이 된 아버지가 '그렇습니까? 기린입니다'라는 대답을 함으로써, 산수가 있는 현실의 세계에서 예전의 아버지는 더 이상 존재하지 않음을 보여준다. 그러기에 앞발을 '나'의 손 위에 포개는 기린의 행위는 산수의 세계가 아닌, 환상의 세계에서만 예전의 아버지와 '나'의 유대가 가능함을 보여준다. 이러한 환상적 공간에서의 유대를 통해 '나'는 타자로서 아버지의 삶에 대한 이해를 하게 된다. 그리고 산수만이 있는 현실의 삶에서 탈주하고자 한다. 이러한 탈주의 욕망은 아버지와 마찬가지로 '나'도 산수만 있는 현실의 삶에서 상처를 받았기 때문이다. 공통의 상처를 갖고 있는 아버지와의 환상적인 유대를 통해 산수만이 있는 현실의 삶이 아닌 상처를 공유하고 유대를 통한 삶의 진실함을 욕망하고자 한다.

5) 삶의 고독을 견디는 힘으로서의 환상

우리는 늘 일상의 힘에 압도당한 '벌거벗은 존재'로서 현실에 구속당한 채, 현실 너머의 보이지 않는, 지금은 말할 수 없는 세계를 꿈꾼다. 그러나 막상 현실 너머의 세계를 접할 때 우리는 망설이면서 현실의 늪에서 헤어 나오지 못한 채 고독과 외로움에 젖는다. 이러한 우리의 삶에 힘을 주는 것은 현실 너머의 비가시적 세계를 경이로움으로 받아들이고, 경이로움 속에 현실 너머의 세계로 한 발자국 나아가는 것이다. 이런 내디딤을 가능하게 하는 것은 환상이며, 환상의 서사는 우리가 희망의 날개를 달고 보이지 않았던 점들을 연결하여 선들의 이야기를 만들 수 있게 한다.

김연수의 〈파도가 바다의 일이라면〉은 열아홉 살 나이에 미혼모로 살다가 자살한 정지은의 희망, 즉 정희재의 뿌리 찾기를 환상의 서사를 통해 보여준다. 정희재는 타인들과의 심연 가운데, 자신의 지독한 고통과 슬픔 속에 먼 후일의 사랑을 꿈꾸었던 엄마 정지은의 삶의 흔적들을 선들의 이야기로 만든다. 이를 통해 정희재는 사람과의 관계에서 중요한 것은 심연을 건널 수 있는 날개이며, 그 날개는 희망과 사랑에 의해 얻어질 수 있다는 엄마의 말을 이해한다. 또한 그 사랑에 의해 엄마 정지은이 열아홉 살에는 보이지 않았던, 말할 수 없었던 희망의 날개 때문에 지독한 외로움을 이겨낼 수 있었음을 환상적으로 말한다.

김애란의 〈달려라 아비〉는 엄마와 자신을 버리고 떠나버린 아버지를 환상의 공간에서 계속 달리게 함으로써, 아버지에 대한 증오가 아닌 사랑을, 그리고 아버지와의 유대를 통한 정체성 확인을 하는 딸의 서사를 그리고 있다. '나'는 아버지를 증오의 대상이 아닌 유대의 대상으로 삼으면서, 아버지의 처음이자 마지막인 역동적인 행위 즉, 달리기를 환상적으로 형상화한다. 이를 위해 '나'는 아버지가 편히 달릴 수 있도록 아버지의 얼굴에 선글라스를 씌워주면서 아버지의 존재를 인정하고, 아비 없는 자식이 아님을 확인한다. 이러한 '나'의 확인은 환상의 서사를 통한 외로움 달래기와 정체성의 형성의 보습이라 할 수 있다.

14. 서사 읽기와 쓰기를 통한 서사 치료의 과정과 방법

1) 우울과 치유적 삶의 필요성

인간의 삶 자체는 서사이고, 살아간다는 것은 욕망에 의해 서사를 이해하고 만드는 행위라 할 수 있다. 그런데 서사적 존재로서 개인이 서사를 이해하고 만드는 과정에는 문화적 규범이나 타자의 욕망과의 부딪힘이 수반되며, 그 과정에서 각 개인의 욕망은 좌절되기도 한다. 그러한 욕망의 좌절을 경험하면서 개인은 심리적 장애나 상처를 안게 된다. 이러한 심리적 장애나 상처는 적절한 치료를 필요로 하지만, 적절한 치료가 이루어지지 못했을 때 문제적 행동이 생겨나기도 한다.

오늘날 우리 사회는 각 개인이 후천적인 노력에 의해 자신의 상황을 극복하고 사회적 성취를 이루기 힘든 환경에 처해 있다. 이 때문에 많은 청년들은 구직을 아예 포기하거나 일용직이나 아르바이트 생활을 하면서 살아가고 있다. 그리고 노년층도 부모나 자식들의 뒷바라지로 인해 정년이 없는 생활전선에서 고군분투하고 있다. 이러한 사회에서 많은 사람들은 우울감 때문에 타자에 대한 배려보다는 무관심과 분노의 삶을 살아가고 있다.

타자에 대한 무관심과 분노 속에 개인들은 정신적 피로와 돈에 대한 강박적 집착을 보이면서 욕망의 좌절로 인한 정신적 상처를 표출하고 있다. 이는 정신과 치료나 상담을 받는 사람들이 점차 늘어나고, 그것이 국가적 이슈로 부각되는 데서 확인할 수 있다. 이러한 사회적 현실을 해소하기 위해 국가나 학계에서는 인문학적 소양과 힐링(healing) 혹은 '슬로우 라이프(slow life)'를 강조하면서, 각 개인의 행복에 초점을 둔 많은 논의들을 쏟아내고 있다. 학계에서도 욕망의 좌절로 인한 정신적 상처를 안고 있는 사람들에 대한 '치료'를 위한 방법들을 제시하고 있다[31].

서사적 존재로서 개인이 욕망의 추구와 그것의 좌절을 통해 안게 되는 심리적 상처의 치료는 그가 본래적 자아를 찾고 정체성을 새롭게 모색하는 토대가 된다. 더군다나 소설을 교육하는 상황에서는 서사적 존재로서 학생들이 욕망의 추구와 그것의 좌절을 통해 안게 되는 정신적 상처를 자기 혹은 타자의 서사를 통해 이해함으로써, 그러한 상처를 치료하여 서사적 정체성을 발달시킬 수 있게 하는 것이 핵심적인 교육내용으로 부각하고 있다. 이는 학생들이 서사적 존재로서 자기 혹은 타자의 서사를 통해 삶의 서사가 만들어지는 총체적인 삶의 환경을 인식하면서, 더 나은 존재로 성장할 수 있게 하는 것과 밀접한 관련이 있기 때문이다.

그렇다면 중요한 것은 욕망의 추구과정에서 타자나 사회와 불화함으로써 개인들이 안게 되는 정신적 상처들을 치료할 수 있는 구체적인 과정과 방법의 마련이다. 이를 위해 이 글은 일상의 모방 욕망에 의한 폭력의 서사를 활용한 서사 치료의 과정을 밝히고, 그것이 갖는 서사적 의의를 밝히고자 한다. 이 글에서 핵심 논의 사항은 모방 욕망, 모방 욕망에 의한 폭력 서사, 폭력의 서사를 활용한 서사 치료의 과정, 폭력 서사를 활용한 서사 치료의 서사적 의의 등이다. 이를 위해 작품 서사로 제시된 폭력의 서사에 대한 학생의 글에 나타난 서사적 치료의 양상을 살펴볼 것이다[32]. 이러한 것들이 핵심 논의 사항이 되는 이유는 다음과 같다.

첫째, 모방 욕망은 인간의 행위의 동력이자 문명의 근원으로서 '모방하는

---

31) 치료는 병을 고치거나 상처를 아물게 하기 위한 단순한 외과적 조치를 취하는 것을 말하고 치유는 병의 근본 원인을 제거해 그 병이 없던 상태로 되돌리는 것을 말한다(전흥남, 2014:308). 따라서 내담자의 정신적 상처를 유발하는 근본 원인을 찾아 그것이 다시는 발생하지 않도록 하는 것은 치유에 해당한다. 이런 점에서 볼 때, 작품 서사를 이해하고 해석하면서 자기 서사를 생산하여 정신적 상처를 어루만지는 것은 치유라기보다는 치료에 해당한다고 할 수 있다. 서사 치료의 과정이나 후에도 내담자의 정신적 상처는 수시로 재발할 수 있기 때문이다.
32) 이러한 연구 방법은 구체적 사례를 문화기술적으로 분석하는 것에 해당한다.

인간'을 가능하게 한다. 그리고 이러한 모방 욕망에 의해 주체와 타자 간의 갈등이 생겨나며, 이러한 갈등이 극에 달했을 때 폭력성이 생겨난다. 이러한 폭력성은 오늘날 문제 되고 있는 우울이나 불안의 근원적인 기제로 작용하면서, 타자에 대한 르상티망에 의한 여러 문제를 야기하기 때문이다.

둘째, 모방 욕망에 의한 폭력의 서사는 내적 매개에 의한 모방 욕망의 주체와 매개자가 짝패가 되어 서로에 대한 원한 증오를 가짐으로써 상호 폭력성이 심화되는 양상, 차이의 상실에 의한 상호폭력의 연쇄 등을 드러낸다. 오늘날의 사회가 상호간의 배제와 극심한 경쟁을 통한 정신적 폭력성이 난무하고, 그러한 폭력성의 많은 것들이 상호적임을 고려한다면, 모방 욕망에 의한 폭력의 서사를 살펴보는 것은 나쁜 상호성에 의한 르상티망이 만연해 있는 '지금-여기'의 삶을 성찰하는 계기를 제공할 것이기 때문이다.

셋째, 상호간의 폭력에 의한 정신적 황폐감이 만연한 오늘날의 사회를 치료하기 위해서는 치료를 위한 과정들이 구체적으로 제시될 필요가 있다. 따라서 폭력의 서사를 활용한 서사 치료의 과정을 제시하는 것은 독자가 작품 서사의 수용을 통해 정신적 상처를 드러내어 평온한 상태에 도달하고, 새로운 자기 서사 생산을 통해 정서적 치료를 수행할 수 있다는 점에서 의의를 갖는다. 폭력의 서사에 대한 수용과 자기 서사 생산을 통해 독자가 정서적 위안을 얻고 정신적 상처를 치료하면서 서사적 정체성의 발달을 도모하는 것은 상호간의 폭력성이 난무한 오늘날의 사회를 근본적으로 치료하는 것이라 할 수 있기 때문이다.

넷째, 모방 욕망에 의한 폭력의 서사를 활용한 서사 치료는 서사교육의 지평을 확장하면서 정신적 상처를 안고 있는 학생들의 삶에 조금이나마 희망을 줄 수 있기 때문이다. 아울러 학교 폭력에 시달리거나 그러한 것을 간접 경험한 학생들이 타자에 대한 이해를 확장하여 자기 삶을 성찰함으로써 상호적인 폭력성을 배제하는 윤리적인 실천을 수행할 수 있게 할 것이기 때문이다.

2) 서사 치료의 개념과 폭력 서사의 서사 치료적 의의

서사 치료는 정상적인 심리상태를 지니지 못한 사람을 서사 읽기를 통해 자기 서사를 드러내게 함으로써 정상적인 심리 상태로 돌려놓고자 하는 일종의 심리치료이다(전흥남, 2014:306 참조). 따라서 서사 치료는 타자화된 자기 서사 혹은 타자의 서사를 읽고 이해하는 과정에서 비정상적인 심리 상태를 정상적인 상태로 되돌리기 위해 자기 서사를 만들 수 있는 사람을 대상으로 한다. 이런 사람을 대상으로 하는 서사 치료는 그의 무의식이나 억압되고 상처받은 감정에 접근해서 그가 안고 있는 무의식이나 심리적 상처를 드러내고, 그 상처를 의미화하여 치료할 수 있게 한다는 점에서 정신분석적 치료와 유사한 면을 갖는다. 그렇지만 서사치료가 정신분석적 치료와 다른 점은 심각한 정신적 질환을 앓고 있는 사람을 대상으로 할 수는 없다는 점이다. 서사 치료의 대상자는 기본적으로 서사를 읽고 이해하면서 자기 서사를 만들어 자기 성찰을 수행할 수 있어야 하기 때문이다.

서사 치료는 내담자가 정신적 상처를 치료하여 자아 성장을 도모하면서 정체성을 새롭게 발달시켜 현실과 소통하면서 삶의 평안을 기하도록 하는 것을 목표로 힌다. 시사 치료에서 치료의 매개가 되는 '작품 서사'는 서사화된 타자 혹은 타자화된 자기 서사로 내담자가 현실의 삶을 체계적으로 이해하고 소통할 수 있게 하며, 그 과정에서 내담자가 정신적 상처가 있었던 '자기 서사'를 분석하여 치료의 길로 나아갈 수 있는 계기를 제공한다.

내담자가 작품 서사를 읽으면서 정신적 상처가 있었던 자기 서사를 생산하면 서사 치료가 시작된다. 그리고 자기 서사의 생산을 통해 정신적 상처의 상태가 개선되면서 원래의 자기 서사에 변화가 일어나면 치료가 마무리된다. 그 과정에서 중요한 것은 내담자가 생산한 자기 서사를 치료자와 내담자가 상호 분석하여 구체화하는 것이다. 이러한 자기 서사의 구체화를 통해 내담자의 정신적 상처의 원인과 현상, 해결 방안이 분명해질 수 있기 때문이다.

서사 치료를 위해 제공되는 작품 서사는 내담자가 겪었던 일들을 회상하고, 작중인물과의 동일시를 통해 내담자가 자신의 상처를 기억에 의해 서사화할 수 있는 계기를 제공할 수 있다. 이런 점에서 볼 때, 오늘날과 같이 모방 욕망의 추구와 그것의 좌절, 그리고 매개자에 대한 증오와 원한의 감정에 의해 폭력성이 쉽게 드러나는 사회에서 폭력성이 드러난 작품 서사는 내담자가 작중인물과의 동일시를 통해 자기 서사를 생산하여 정신적 상처를 치료할 수 있는 매개로 작용할 수 있다. 내담자는 폭력성이 구현된 작품 서사에 대한 공감적 투사를 통해 모방 욕망에 의해 이루어졌던 자신의 폭력 서사 혹은 상처받은 서사를 생산하고, 그 과정에서 자신의 서사를 변형시키면서 정신적 상처를 치료하는 경험을 할 수 있기 때문이다.

내담자가 폭력의 서사를 매개로 하여 상처받은 자신의 서사를 생산하면서 정신적 상처를 치료하는 경험은 소설교육에서 강조하는 삶의 총체적 이해를 통한 인간다움의 도모와 밀접한 관련이 있다. 타자의 폭력 서사를 매개로 한 서사 치료는 교육적 의도 속에서 행해지는 소설교육의 의의, 즉 인간다움의 도모와 윤리적 주체 형성의 토대가 되기 때문이다. 이런 점에서 볼 때, 폭력의 서사를 활용한 서사 치료는 소설교육과 관련하여 많은 의의를 가질 수 있다.

3) 모방 욕망에 의한 폭력의 서사를 활용한 서사 치료 과정

(1) 모방 욕망에 의한 폭력 서사의 형상화 양상

르네 지라르에 따르면, 인간에게 모방은 행위의 동력이자 문명의 근간이 된다. 그러기에 인간은 '모방하는 인간((homo mimeticus)'으로서 언제나 타인과 같아지거나 그 이상이 되려는 욕망을 갖는다. 모방하는 존재로서 인간이 갖는 욕망은 생리적인 것을 해결하려는 욕구와 구별되는 것으로 '나'의 외부에 있는 어떤 존재(매개자)로부터 촉발된다. 따라서 욕망은 매개자로부터 던져진 타율적인 것으로 타인의 감정에 의해 고양된다(이찬수, 2016:213). 따라서 모방 욕망은 인간의 자율적 욕구가 아닌 매개자를 통한 사회적 상호작용에 의해 형성되는 것이기에 갈등을 필연적으로 동반한다.

모방 욕망에 의해 주체와 타자 간의 갈등을 통한 폭력성은 한국현대소설에서도 쉽게 확인할 수 있다. 그러면 한국현대소설을 통해 내적 매개에 의해 모방 욕망의 주체와 매개자가 짝패로서 서로에 대한 원한과 증오를 통해 폭력성을 어떻게 보여주는지를 살펴보자.

① 르상티망과 나쁜 상호성에 의한 폭력

모방 욕망의 주체와 욕망의 매개자의 거리가 가까운 내적 욕망의 경우 그들은 짝패가 되어 서로에게 갈등을 자아내면서 증오나 원한, 질투의 감정을 갖는다. 짝패는 서로가 서로를 자신의 소중한 것을 빼앗으려 하거나 욕망의 실현을 방해하는 존재로 여긴다. 그 과정에서 짝패 간의 나쁜 상호성에 의한 심각한 갈등과 그것을 넘어선 폭력이 발생한다. 타자의 욕망 대상을 욕망하는 주체는 자발적인 것이 아니라 매개된 것이기에 주체와 매개자는 상호간의 갈등의 심화에 의해 폭력적인 상황에 처한다. 짝패의 갈등은 언제 터질지 모르는 폭력, 즉 잠재적인 폭력 혹은 폭력의 잠재태가 된다(김진식, 2016:390). 이와 같은 짝패의 갈등에 의한 폭력성의 잠재태는 인간의 삶에서 본질적인 것으로 상호 폭력의 원천이 될 수 있다. 짝패의 갈등에 의한 일차적인 폭력은 그에 대한 복수의 폭력을 불러오고, 이 과정의 반복에 의해 상호 폭력이 발생할 것이기 때문이다. 아울러 욕망의 내적 매개에 따른 갈등의 심화에 의한 폭력은 대칭적이며 상호적인 것이 되기 때문이다(이미혜, 2004:9).

　욕망의 내적 매개에 의해 모방 주체와 매개자가 거울처럼 '짝패'의 형태로 서로에게 상처를 입히는 과정에는 서로 원수가 되어 필연적으로 '르상티망(ressentiment)'[33]이 축적된다. 르상티망의 축적은 경쟁적 상대에 대한 상호 폭력적 성향을 보이며, 이에 따라 모방 주체는 스스로를 파괴하는 질병을 앓게 된다[34]. 이러한 질병을 앓는 모방 주체로서 인간의 삶은 모방적 경쟁관계에 의해 갈등과 폭력의 상황에 놓이게 된다. 모방 욕망은 타인의 지위를 차지하려는 것이기 때문에 인간 사회의 갈등과 폭력의 원인이 된다. 모방 욕망에 의해 인간사회는 경쟁적 상황이 촉발되고, 그 과정에서 상호 폭력이 빈번해진다. 경쟁적 상황에서 승리가 주는 강렬함 때문에 모방 경쟁은 가속화되고, 그 과정에서 모방 주체는 매개자와 자신을 차별화하고자 한다. 그러나 모방 주체가 매개자와 자신을 차별화하고자 하면 할수록 그들은 짝패로 비슷한 존재가 된다. 그러기에 '나쁜 상호성'[35]이 폭력적 열기를 상승시키고, 모방주체와 매개자들은 서로가 서로를 '걸림돌(스캔들)'로 여긴다(이찬수, 2016:219). 모방 주체와 매개자는 짝패로서 경쟁적 갈등 상황에서 벗어나고자 하지만, 서로가 서로에게 매력적인 장애물이 되어 더 큰 갈등과 그것의 심화로서 폭력적 상황에 놓인다. 이와 같은 부정적 모방에 의해 상극적 폭력과 같은 극단이 발생한다.

　이러한 양상을 이문열의 〈필론의 돼지〉를 통해 살펴보자[36]. 이 작품은 군용열차 안에서 일어나는 사건을 통해 불합리한 폭력의 자행과 그에 대항하지 못하는 나약한 지성인의 비애와 절망을 통해(김정진, 2006:234), 힘의 대결을

---

[33] 르상티망은 강자를 향한 약자의 원한, 울분, 증오, 비난의 감정이다(이찬수, 2016:218). 지라르에 따르면, 르상티망은 극복할 수 없는 이상적 모델에 대한 질투심에서 비롯되며, 넘어설 수 없는 모델을 비난하고 깎아내리면서 극복하려는 경향을 보인다. 그러나 모방 주체는 경쟁적 짝패인 매개자를 극복하지 못함으로써 그에 대한 르상티망이 점차 증폭되며, 이것은 상극적 폭력으로 이어진다. 그러기에 르상티망은 짝패로서 모방의 매개자를 하였으나 그 우월성을 갖지 못한 데서 연유하는 폭력적 성향을 보이는 형이상학적 질병이라 할 수 있다.
[34] 지라르는 르상티망이 전형적인 현대인의 감정이자 질병이라고 진단한 바 있다(정일권, 2013:255).
[35] 르네 지라르에 따르면, '나쁜 상호성'은 사람들을 서로 대립시키면서도 행동을 획일화함으로써 '같은 것'이 성행하게 한다.(르네 지라르, 김진식 옮김, 2015(2판 5쇄:27)
[36] 이 글에서 폭력의 서사를 드러내고 있는 작품으로 제시되는 것들은 김유정의 〈소나비〉, 이문열의 〈나자레를 아십니까〉, 〈필론의 돼지〉, 박민규의 〈펑퐁〉 등이다. 이들 작품들은 1930년대, 1970년대, 1980년대, 2000년대에 각각 발표되었는데, 연구자가 이들 작품들을 논의 대상으로 삼은 것은 이들 작품에는 모방 욕망에 의한 모방의 중개성과 그로 인한 르상티망이 잘 드러나 있다는 점, 각 시대별 폭력 서사의 양상을 살필 수 있다는 점 등이다.

놓고 벌어지는 집단의 모방 욕망과 그로 인한 상호간의 르상티망과 폭력성을 잘 드러내고 있다. 이 소설에서 주인공은 대학을 나온 지식인으로 제대를 위해 군용열차를 탔다가, 열차 안에서 검은 각반들이 현금을 징수하자 분노를 느끼지만 그에 저항하지 못하고 현금을 낸다. 그런데 그런 그의 행동에 대해 같은 제대원인 홍동덕이 배운 사람도 어쩔 수 없다고 모욕을 주자 심한 모멸감을 받는다. 그러다가 상황이 반전되어 제대병들의 집단적 저항에 의해 검은 각반들이 집단적 폭력을 당하자 대의명분을 생각하고 그 상황을 외면한다.

이러한 소설적 상황은 검은 각반들과 제대병들이 돈을 매개로 한 상호간의 르상티망에 의한 모방적 갈등의 격화에 따른 폭력과 복수를 하는 것을 보여준다. 물론 검은 각반들이 처음에 제대병들에게 돈을 건 것은 제대병들이 자신들보다 더 많은 돈을 갖고 있다고 생각했기 때문이다. 그들의 이런 생각은 군 제대 후 생활고에 시달리던 그들이 제대병들에 대한 열등감과 그로 인한 모방 욕망을 갖고 있었기 때문이다. 그러나 검은 각반들이 제대병들에 대한 모방 욕망으로 그들에 대한 폭력을 행했을 때, 제대병들은 검은 각반들에 대한 르상티망에 의해 그들에 대한 대항 폭력을 행사한다. 이런 상호 폭력은 결국 집단의 모방 욕망과 그로 인한 르상티망에 의한 폭력성 때문에 일어난 것이다. 이러한 상호폭력의 상황에서 주인공은 아무런 행위를 하지 못한 채, 검은 각반들과 제대병 사이에서 벌어지는 대의를 상실한 맹목적 폭력이 실상은 서로를 짝패처럼 생각하는 데서 연유함을 인식한다.

② 순화 폭력과 희생양 메커니즘

내적 매개자에 의한 모방 욕망의 부정성에 의해 상호폭력이 극에 달할 때, 즉 모방 주체들이 경쟁적 모방의 추구 과정에서 스캔들이 집단의 문제가 된다고 여길 때, 그것을 해소하기 위한 방식으로 동원하는 것은 '희생양 만들기'이다. 지라르에 따르면, 희생양 만들기는 '희생양 징후'에 의한 촉발되는 사회 내부에 실재하는 폭력의 분출구로서, 폭력을 폭력으로 '속이는' 역할을 한다[37]. 희생양 만들기는 사회내부의 폭력을 복수의 염려가 전혀 없는 힘없는 희생양에 집중시켜 '모방 폭력'을 '희생 폭력'으로 승화시키는 기제이다(이미혜, 2004:12). 모방 주체와 매개자 간의 끝없는 상호 폭력은 희생양 만들기

---

[37] 르네 지라르에 따르면, 희생양 징후는 "그 체제 안에서 보자면 자기 체제가 갖고 있는 차이와 다를 수 있는 가능성, 달리 말해서 그 결과로 자신의 체제가 모든 것과 다르지 않게 됨으로써 자신이 체제로서 존재할 수 없을지도 모를 그런 가능성이다." 따라서 "희생 범주에 속한 사람들은 무차별화의 범죄를 당하기 쉬운 부류들이다."(르네 지라르, 김진식 옮김, 2015(5쇄):39)

통해 집단의 성스러운 폭력으로 전환된다. 따라서 희생 폭력은 공동체의 위기를 초래하는 상호 폭력을 제거하기 위한 집단적 결의로서 사회 질서를 다질 수 있는 근간이 된다.

희생양은 주변인 혹은 경계인이었기 때문에 복수할 힘을 갖지 못했다. 희생양들은 보복할 수 없을 만큼 무력한 거주지나 가족이 없는 사람, 절름발이, 불구자, 병자, 전쟁포로, 노예 등이었는데, 그들은 조르조 아감벤이 말한 '호모 사케르(Homo Sacer)'에 해당한다[38]. 희생양은 폭력을 당하더라도 복수할 가능성이 없거나 보복할 능력이 없는 자들이었다. 이러한 존재로서 희생양은 나쁜 상호성에 의한 집단적 폭력을 회피하기 위해 사회적 문제들의 원인들을 뒤집어쓴다. 그러기에 그들은 십난 선체를 눌러싼 폭력과 위기의 책임을 뒤집어쓴 채 희생당한다. 그 과정에서 희생양을 만든 주류의 사람들은 폭력에서 거의 무의식적으로 자신을 제외시키며 폭력을 조성한다(이찬수, 2016:228). 폭력의 책임을 지지 않은 채 주류의 사람들은 지속적으로 폭력을 강화하면서 희생양 시스템을 지속시킨다. 이러한 희생양 시스템은 일인에 대한 만인의 폭력을 전제로 하는데, 지라르는 이러한 폭력을 '순수한 폭력' 혹은 '순화적 폭력(violence purificatrice)'이라 한 바 있다(르네 지라르, 김진식·박무호 옮김, 2010(2판 10쇄):63).

복수할 힘이 없는 희생양에게 폭력을 행사하고 집단의 안녕을 유지하고자 한 것은 이문열의 〈나자레를 아십니까〉를 통해 확인할 수 있다. 이 소설은 기차 안에서 화자인 '나'가 김 선생과 우연히 마주 앉게 된 어떤 사내와의 대화를 통해 진행된다(김정진, 2006:231). 소설의 핵심 서사는 나자레 출신인 김 선생과 마주 앉게 된 어떤 사내에 관한 것이다. 그 사내는 고아원 나자레 출신으로 아버지였던 원장, 작은 아버지였던 원감, 그리고 그와 사랑에 빠진 여자와의 관계를 기억하고 있지만, 그 기억을 일부러 기억하지 않으려 한다. 고아원 나자레에서 자신과 사랑에 빠졌던 여자를 희생양으로 삼아 자신의 안위를 보전했던 경험 때문이다.

나자레에서 아이들의 작은 영웅이었던 형(현재의 그 사내)은 누나와 공공연한 연애를 했다. 그러나 누나가 반신불수가 되자 앞날이 창창했던 형은 그녀를 버리고, 멀리 떨어진 독방에서 울며 지내던 누나는 결국 나무에 목 매 자살을 한다. 그런데 그 과정에서 원장 아버지는 형과 이미 반신불수가 된 누나와의 결혼을 반대했고, 자신의 동생인 작은 아버지가 그녀를 겁탈하여 그녀가 임신을 하자 작은 아버지와 누나를 결혼시켰다. 그렇지만 누나는 치욕감 때문에 결국 자살을 하게 된다.

---

[38] 호모 사케르는 사람들이 범죄자로 판정한 자로, 그를 죽이더라도 살인죄로 처벌받지 않는다(조르조 아감벤, 박진우 옮김, 2008:156).

이 소설에는 누나를 희생양으로 삼은 것에 대한 형의 회한이 구체화되고 있다. 형은 누나의 자살에 대한 죄책감 때문에 월남전에 자원입대를 했고, 그것도 모자라 늘 자살을 기도하는 정신적 방황에 빠진다. 형의 이런 상황은 누나를 희생양으로 삼은 것이 자신의 폭력성 때문이었으며, 그 폭력성이 자신의 삶을 파탄시킨 원인이었음을 인식하는 데서 연유한다.

(2) 서사 치료를 위한 폭력의 서사 활용의 의의

기술문명의 편리함과 정치적 자유를 누리는 대가로 우리는 숭고한 대상을 상실하고 존경심과 경외감을 잃은 시대를 맞게 되었다(권택영, 2007:151). 숭고가 사라진 사회에서 우리는 자신의 결핍을 충족시켜 줄 것이라고 믿는 숭고의 대상을 갖고자 함으로써 불안과 우울을 극복하고자 한다. 그러나 불안과 우울증의 해소는 일시적일 뿐이다. 현실의 위악적인 상황이 현실이 요구하는 바람직한 형상으로 바꾸는 승화에 도달하지 못하게 하기 때문이다.

이러한 사회에서 우리는 언제나 불안과 우울증에 시달리면서 자기 서사의 자학성으로 힘들어한다. 자기 서사의 자학성이란 남들은 괜찮다고 생각하는데 자기 스스로 자기 삶의 서사가 형편없으며[39], 이 때문에 자신은 늘 불행하다고 생각하는 저기 서사의 생산을 기반으로 한다. 우리는 무한 경쟁 속에서 따뜻한 위로를 받지 못한 채, 즐거움은 없고 감시와 질시와 증오에 시달린다(권택영, 2007:154). 이러한 사회에서 인간 간에는 증오와 폭력이 증가하며, 숭고를 향한 승화의 삶은 허상이 되어 간다. 메를로퐁티가 언급한 것처럼, 이것은 인간이 세상 '앞'에 서 있는 것이 아니라 세상에 '둘러싸여' 있어서, 타자와의 경쟁과 모방 욕망, 그로 인한 우울증과 폭력을 필연적으로 안고 있는 데서 연유한다.

우리가 삶의 부정성, 즉 모방 욕망과 그로 인한 우울증, 폭력성에서 벗어나기 위해서는 삶의 숭고함 혹은 자아의 본성을 되찾게 하는 승화의 과정이 필요하다. 그리고 그러한 승화의 과정을 위해서는 자기 서사를 새롭게 하는 노력이 필요하며, 이를 위해서는 먼저 타자의 서사에 대한 공감적 투사가 필요하다. 소설에 나타난 타자의 서사, 특히 모방 욕망에 의한 폭력의 서사에 대한 공감적 투사를 통해 우리는 우울과 불안의 시대에도 자기 서사의 실체와 그 의의를 확인하면서, 타자와의 새로운 관계 설정을 통한 서사적 정체성의 발달을 도모할 수 있기 때문이다. 이러한 것은 타자의 서사를 활용한 서사 치료를 통해 이루어질 수 있다. 특히 신체적이거나 정신적 폭력을 당한 사람의

---

39) 이는 많은 사람들이 "이번 생은 망했다."고 생각하는 데서 확인할 수 있다.

경우에는 폭력성이 구현된 서사에 공감적 투사를 하는 과정에서 불안과 우울에서 벗어나 자기다움을 다시 모색할 수 있는 기반을 마련할 수 있기 때문이다.

4) 모방 욕망에 의한 폭력의 서사를 활용한 서사 치료 과정

모방 욕망에 의한 폭력의 서사를 활용한 서사 치료는 개인적 치료와 집단적 치료로 나누어 생각할 수 있는데, 이 글에서는 모방 욕망에 의한 폭력성이 주로 개인에게 나타난다는 점에 주목하여 개인적 치료 과정에 초점을 둔다. 개인적 치료 과정은 독자로서 내담자가 서사 치료의 매개가 되는 '작품 서사를 수용하여 정신적 상처가 있었던 자신의 서사를 표현하고, 그 과정에서 평온한 상태에 도달해서 새로운 자기 서사를 생산하는 것'에 주안점을 둘 필요가 있다. 내담자의 입장에서는 처음부터 자기 서사를 표현하는 것이 부담스러우므로, 자기 서사의 표현을 위한 매개로서 작품 서사가 제공될 필요가 있다. 그리고 내담자가 작품 서사에 이해와 해석을 통해 정신적 상처를 받았던 자기 서사를 자연스럽게 표현하면서, 점차 정서적 위안에 도달하여 새로운 자기 서사를 만듦으로써 치료에 도달하도록 하는 것이 바람직하다.

서사 치료가 거쳐야 할 이러한 과정에 초점을 두어 전흥남(2014)은 '개인 문학치료의 테트라 시스템'을 '도입단계(수용)', '전개단계(공감)', '정화단계(참여)', '해소단계(표현)'으로 나눈 바 있는데(전흥남, 2014:323), 그의 이런 과정 분류는 이 글에서 논의하고 있는 모방 욕망에 의한 폭력 서사를 활용한 서사 치료의 과정을 마련하는데 많은 시사점을 주고 있다. 다만, 서사 치료를 통해 내담자의 정신적 상처가 해소되어 평정심 상태에 지속적으로 머물 것이라고 보는 점은 재고를 필요로 한다. 내담자가 서사 치료를 통해 정신적 상처를 어느 정도 해소하고 평정심 상태에 도달한다고 하더라도 그것이 항구적으로 유지되는 것은 아니기 때문이다.

한편 조성호·이희경(2008)은 내담자의 치료에 초점을 둔 공감의 과정을 '수용', '접촉', '되돌림'으로 나누고, 공감의 과정에서 중요한 것은 주체의 마음과 대상의 마음이 어떤 관계에 있는가라는 점을 강조했다(조성호·이희경, 2008:191). 공감 과정에서 중요한 것은 공감이 이루어질 수 있는 맥락 내에서 주체가 대상에 대한 공감적 자세를 갖는 것이다. 조성호·이희경(2008)의 관점을 이 글의 논의와 관련지어 참조할 때, 내담자가 작품 서사를 이해하고 해석

14. 서사 읽기와 쓰기를 통한 서사 치료의 과정과 방법

하는 것은 공감의 대상에 대한 '수용'이라 할 수 있다. 이 '수용'은 작품 서사에 형상화된 인물의 폭력 체험이 내담자의 마음속으로 받아들여지는 것이다. 이때 작중인물의 폭력 체험은 내담자의 내면적인 경험 세계와 연관되며, 내담자가 작중인물의 내면적인 경험 세계를 받아들인다 함은 그에 대한 공감적 자세를 전제로 한다.

내담자의 마음에 수용된 작중인물의 폭력 체험은 내담자의 마음에서 정신적 표상으로 형상화되면서 구체적인 의미를 갖게 되는데, 이 과정이 공감의 '접촉' 과정이다(조성호·이희경, 2008:193). 공감의 접촉 과정에서 내담자는 작중인물의 폭력 체험과 그로 인한 상처를 자신의 마음에 재연하면서, 마치 자신이 그 사람이 되어 폭력 체험과 그로 인한 상처를 받은 것과 같은 상상적 동일시를 한다[40]. 이러한 상상적 동일시를 통해 내담자는 작중인물의 폭력 체험과 그 상처를 생생하게 받아들이면서, 그것을 자신의 것과 조응시킬 수 있는 기반을 마련할 수 있다.

공감의 '되돌림' 과정은 상상적 동일시를 통해 작중인물의 폭력 체험과 그 상처를 자신의 것에 조응시켜 자신의 폭력 체험과 상처를 떠올린 내담자가 자신의 상황을 객관화시켜 서사로 표현하는 것과 관련된다. 자신의 폭력 체험과 상처를 객관화시켜 서사로 표현함으로써 내담자는 자신의 상황을 작품 서사와 관련지어 평가할 수 있다. 이러한 평가에 의해 내담자는 비록 일시적이기는 하지만 자신의 폭력 체험과 그로 인한 상처에서 벗어나 평정심을 유지할 수 있는 기반을 마련할 수 있다.

이런 점을 고려하여 이 글에서는 모방 욕망에 의한 폭력의 서사를 활용한 서사 치료의 과정을 '치료 도입: 작품 서사에 대한 이해와 해석', '치료 전개: 작품 서사에 대한 공감 및 정신적 상처 환기', '치료 고조: 정신적 상처를 자기 서사로 표현하기', '치료 마무리: 과거의 정신적 상처에 대한 평가 및 평정심이 유지되는 자기 서사 표현하기' 등으로 나누어 살펴보고자 한다. 이러한 과정들은 내담자의 폭력 체험과 그 상처의 치유에서 내담자의 감정 변화 양상에 초점을 두고 있다. 작품 서사를 매개로 한 서사 치료 과정에서 내담자는 자신의 폭력 체험에 기반을 두어 작품 서사 의미를 수용하면서 자신의 폭력 체험과 상처를 환기하는 감정적 격화를 경험한다. 나아가 감정의 격화 과정에서 내담자는 자신의 감정 격화의 원인과 해소 방안에 대한 도모 속에 감정적 격화 양상을 서사로 표현하여 자신의 부정적 감정 반응을 수정하고자 한다. 자신의 부정적 감정 반응을 수정하면서, 내담자는 부정적 감정을 대치하는 새

---

40) 이러한 상상적 동일시 과정에서 내담자가 갖고 있던 폭력에 대한 인식과 스키마 등과 같은 요인이 많은 영향을 줄 수 있다. 그러나 이 글에서는 그러한 요인들에 초점을 두지 않고, 작품 서사에 대한 수용과 그로 인한 공감의 양상에 초점을 두고자 한다.

로운 감정을 생성하기 위한 토대를 마련할 수 있다. 나아가 새로운 감정 생성을 통해 내담자는 새로운 감정 생성이 가치 있다는 판단을 하게 된다. 이러한 판단에 이르면 내담자는 비록 영구적이지는 않지만 평정심에 도달할 수 있다.

(1) 치료 도입: 작품 서사에 대한 이해와 해석-수용

내담자가 작품 서사에 대한 이해와 해석을 통해 서사 치료의 과정으로 나아가기 위해서는 우선 작품 서사에 대한 의식적인 수용이 필요하다. 작품 서사는 내담자의 정신적 상처와 비슷한 상처를 당한 인물이 제시될 필요가 있는데, 그 인물의 상처에 대한 수용을 함으로써 내담자는 서사 치료의 길로 들어설 수 있기 때문이다. 이는 작품 서사에 대한 이해와 해석을 통해 내담자가 자기 이해를 수행할 수 있는 기반이 될 것이다. 그러면 이에 대한 논의를 박민규의 《핑퐁》에 나타난 학교 폭력의 사례를 통해 살펴보자.

박민규의 《핑퐁》에는 학교의 짱인 치수가 패거리를 만들어 힘이 없는 아이들에게 폭력을 행사하고 여학생에게 원조 교제를 시키는 상황이 제시된다. 이러한 상황은 치수가 조직 폭력배에 대한 모방 욕망에 의해 학교 폭력과 성폭력을 행하고 있음을 드러내면서, 치수 패거리와 '나'로 대변되는 힘없는 자들 간의 갈등이 인간 삶에서 본질적인 것임을 드러낸다. 그러다가 치수가 지명 수배되자 그의 패거리였던 '종모'가 치수를 대신하여 '나'에게 폭력을 행하는데, 이 상황은 치수에 대한 종모의 모방 욕망에 의한 폭력성을 드러낸다. 따라서 이 소설은 일상의 모방 욕망에 의해 학교 폭력이 순환적으로 반복되는 양상을 잘 보여준다.

이 소설에서 '나'는 학교 폭력이 단순히 한 사람의 문제가 아닌, 폭력적인 집단의 분위기가 지속적으로 유지되는 데서 비롯됨을 인식한다. 그러기에 '나'는 집단적인 힘을 대표하는 또 다른 존재, 즉 종모와 같은 존재에 의해 여전히 폭력을 당하면서 악이 힘이라는 결론을 내린다. 내담자는 '나'의 이런 결론을 이해하면서 결국 세상의 많은 것들이 너무 참혹함을 인식하면서, 인간 삶에 존재하는 힘의 우열 혹은 우월한 자와 열등한 자의 관계가 어디에서 연유하는지, 그리고 그것이 각자의 삶에 어떤 압박감을 주는지를 성찰할 수 있다. 이러한 성찰을 통해 내담자는 일상에 존재하는 모방 욕망에 의한 폭력성이 도처에 존재하며, 그러한 폭력성이 개인의 삶에 주는 상처들을 해석할 수 있는 기반을 마련하게 된다.

(2) 치료 전개: 작품 서사에 대한 공감 및 정신적 상처 환기

정서적 불안과 우울이 도처에 만연한 오늘날의 사회에서 타자에 대한 공감은 더불어 사는 삶을 위한 가장 중요한 요소가 되고 있다. 공감은 수평적 위치에 있는 대등한 인간으로서 불행한 처지에 놓인 사람을 마음으로 이해하고 그를 위해 어떤 행위를 하고자 하는 것이다(김성진, 2013:335). 공감을 드러낼 수 있는 상황은 타자가 정신적으로 상처받았거나 불안과 소외의 상태에, 정체성의 혼란을 겪고 있을 때 등이다. 따라서 공감은 타자에 비해 우월한 위치에서 은혜를 베푸는 동정과는 다르다. 인간과 인간, 마음과 마음을 연결하는 것으로서 공감은 타자에 대한 이해와 그를 위한 행위, 그리고 그러한 이해와 행위를 통한 자기 이해의 확장을 전제로 한다. 타인에 대한 공감, 특히 고통 받는 사람들에 대한 공감은 이타적 행동을 촉발시키는 특성을 갖기 때문이다(조성호·이희경, 2008:170) 공감을 위해서는 타자의 정서나 체험을 의식적으로 이해하려는 태도, 타자와의 일정한 거리를 갖되 타자를 위한 행동을 실천하려는 태도, 타자를 자아의 거울로 여기면서 존중하는 존재론적 태도 등이 필요하다. 공감에는 필연적으로 자신과 타자 사이의 일정한 거리가 필요하며, 그 거리에 의해 주체는 타자의 체험을 자신의 것으로 여기는 동일시 혹은 동화의 상태에서 벗어날 수 있다.

그러면 내담자가 작품 서사에 대한 공감 및 정신적 상처 환기를 통해 서사치료를 전개해 가는 양상을 다음의 예문을 통해 살펴보자.

박민규의 《핑퐁》에는 폭력 집단인 치수 패거리가 몇몇 여자 아이들에게 원조교제를 시키고, 자신들의 말을 듣지 않으면 강간이나 폭력을 일삼는 잔인함을 보여준다. 그러다가 학교의 짱인 치수는 자신의 전화를 받고도 몸이 아프다며 원조교제를 나가지 않은 마리의 자취방을 찾아가, 머리카락을 뽑아버리고 프라이팬으로 사정없이 머리를 내리치는 잔인함을 드러낸다. 그런데 마리나 '나'는 왜 반항하지 않았을까. 나였어도 반항하기 힘들었을 것 같다. 치수가 마리에게 한 잔인한 행동은 대학생이 되었지만 중학교 때 내 친구가 당한 학교 폭력을 다시 떠오르게 했다. 내 친구는 담배 셔틀을 하지 않는다는 이유로 학교가 끝난 후 운동장 구석에서 집단적으로 맞았다. 그리고 그 친구를 옹호하다가 나도 엄청 맞았다. 그렇지만 이 일을 선생님이나 부모님께 말하지 못했다. 그랬다가는 얼마나 더 맞을지 알 수 없었기 때문이었다. 그 후로도 몇 번 더 맞다가 졸업을 한 후 그 애들과 떨어진 후에는 더 이상 맞지 않았다. 그 일은 지금도 치 떨리는 경험으로 가끔 나를 힘들게 한다[41].

위의 예문에서 내담자는 제공되는 작품 서사에 등장하는 '마리'나 '나'에 대해 공감적 태도를 보이고 있다. 그들이 경험한 폭력 체험과 그들의 태도 등에 상상적 동일시나 거리두기를 통한 공감의 과정에 의해 내담자는 자신의 폭력 체험을 객관화할 수 있는 기반을 마련하고 있다. 아울러 상상적 동일시를 통해 내담자는 그들의 폭력 체험을 자신의 경험으로 바라보면서(조성호·이희경, 2008:173), 작품 서사에 대한 이해와 해석을 통해 과거에 자신과 친구가 당했던 학교 폭력의 상처를 환기하고 있다. 그리고 그러한 환기를 통해 그 때의 상처가 얼마나 크고 깊은 것이었는지를 말하고 있다. 이러한 환기는 결국 모방 욕망에 의한 학교 폭력의 문제가 지금도 여전히 그의 삶을 존재론적으로 규성하는 계기가 되고 있음을 보여준다. 그리고 작품 서사에 등장하는 인물의 폭력 체험을 자신의 실제 폭력 체험과 연계하면서, 그 인물을 존재론적 관점에서 이해하고 자신의 체험을 성찰하고 있다. 이러한 성찰은 내담자가 작중인물의 폭력 체험에 대한 바라봄을 자신의 문제로 되돌리는 과정과 연관된다. 작중인물의 폭력 체험을 자신의 문제로 되돌림으로서 내담자는 자신의 폭력 체험을 객관화하여 바라볼 수 있는 토대를 마련하고 있기 때문이다.

(3) 치료 고조 : 정신적 상처를 자기 서사로 표현하기

내담자가 공감을 통해 작품 서사를 이해하여 모방적 욕망에 의한 폭력성에 의해 상처받았던 자신의 '과거 서사'를 회상하면서, 그러한 상처들의 원인과 해소 방안을 성찰하는 것은 일종의 '인지적 깨달음'(전흥남, 2014:319)의 과정이다. 이러한 인지적 깨달음은 작품 서사에 대한 동일시(identification)의 효과에 의해 강화되며, 작품 서사의 인물을 자신과 연계하는 과정을 수반한다. 나아가 작품 서사 속 인물의 삶과 자신의 삶이 어떻게 비슷하고 다른지에 대한 성찰을 통해 과거의 서사를 이야기할 수 있는 기반을 마련할 수 있다.

인지적 깨달음을 통해 내담자가 작중인물의 폭력 체험을 자신의 것으로 되돌리는 것을 촉진하기 위해 치료자는 공감적 투사(empathetic projection)를 적극적으로 할 필요가 있다. 공감적 투사를 통해 내담자는 자신의 상황을 객관적으로 바라볼 수 있다. 공감적 투사의 과정을 통해 내담자가 자신의 폭력 체험

---

41) 제시된 사례 글은 광주광역시의 G교육대학교의 2018학년도 1학기 '대학 작문' 강의에서 수행된 '서사 치료를 위한 자기 서사 쓰기' 활동을 통해 얻은 H 학생의 글임을 밝힌다. 이 강의에서는 '서사 치료를 위한 자기 서사 쓰기'의 과정이 구체적으로 제시되었고, 구체적인 작품 서사가 제공되었다. H 학생의 글은 작품 서사로 박민규의 《핑퐁》을 수용하고 그에 대한 이해를 바탕으로 한 자기 서사의 생산이었다. 이하에 제시되는 예문은 모두 H학생의 글이다.

을 객관적으로 바라보는 것은 정신적 상처의 원인과 해소 방안에 대한 비판적 성찰을 할 수 있게 한다. 다음의 예문을 살펴보자.

이 소설에서 자살한 마리의 상황은 그때 당시 죽고 싶을 만큼 힘들었던 친구와 나의 상황을 생생하게 떠오르게 한다. 힘이 없어서 맞고, 그것을 말할 수도 없었던 내 자신이 너무나도 싫었었기 때문이다. 지금 와서 생각하면, 그 사건은 나의 진로 결정에도 많은 영향을 준 것 같다. 내가 교대에 진학하게 된 이유도 이 사건과 상당한 관련이 있다. 내가 당한 학교 폭력을 당시에는 힘이 없어서 대들거나 고발하지 못했지만, 앞으로 내가 가르칠 아이들만큼은 절대 당하게 하고 싶지 않다.

위의 예문에서 내담자는 자신이 경험했던 과거의 학교 폭력과 그로 인한 정신적 상처를 자기 서사로 표현하면서 '마리'의 상처와 죽음에 대한 공감적 투사를 하고 있다. 이러한 공감적 투사를 통해 내담자는 교대생이 된 현재의 상황을 객관적으로 성찰하고 있다. 이러한 성찰을 통해 내담자는 어느 정도의 평정심을 유지할 수 있는 기반을 마련한다.

(4) 치료 마무리 : 과거의 정신적 상처에 대한 평가 및 평정심이 유지되는 자기 서사 표현하기

이 단계는 내담자가 상처받았던 자신의 과거 서사를 이야기하면서, 그러한 상처에 대한 위로받음을 통해 평온한 상태에 이른 현재의 서사를 생산하는 것과 관련된다. 이 단계에서 내담자는 마음의 평온을 확보하면서 삶의 새로운 좌표를 설정하고, 그것을 이야기하는 상태에 도달한다. 내담자가 이러한 상태에 도달할 수 있는 것은 작품 서사에 대한 공감과 동일시를 통해 과거의 자기 서사를 성찰하여 그것을 구조화하여 이야기하는 과정을 거쳐서, 현재의 삶을 성찰하고 미래의 삶을 기획하고 예측하는 서사를 구조화할 수 있게 되었기 때문이다.

이 단계에서 내담자는 자신의 과거 서사에 대한 성찰을 통해 미래에 대한 새로운 목표를 설정하고 그것을 서사로 구조화함으로써 현재 도달한 평온의 상태를 지속할 수 있는 기반을 마련할 수 있다. 따라서 내담자는 과거 서사에 대한 회상과 이야기하기의 차원을 넘어서서 현재와 미래를 기획하고 '확신', '희망'의 관점에서 삶의 서사를 새롭게 생산하는 노력을 지속할 수 있다. 다음의 예문을 살펴보자.

교대생이 된 지금도 중학교 때 당했던 학교 폭력이 잊혀 지지 않는다. 그 상처는 힘의 차이에 따른 이유 없는 폭력의 잔인함 때문에 생긴 것이다. 그렇지만 이제는 그 상처를 잊으려고 한다. 이제는 그 때의 일을 편하게 말할 수 있고, 장차 내가 가르칠 아이들에게도 그 상처가 얼마나 깊었는지를 말할 자신이 있기 때문이다. 나는 나중에 내가 가르칠 아이들에게 학교 폭력만은 절대적으로 없어져야 한다는 것을 강조하고 싶다. 학교 폭력이 없어져야만 나처럼 상처받는 사람이 더 이상 없을 것이기 때문이다.

위의 예문에서 내담자는 약자에 대한 혐오감을 조성하고, 폭력적 힘을 가진 강자에게 굴종하게 하는 학교 폭력의 상처가 얼마가 깊은지를 표현하고 있다. 아울러 작품 서사에 대한 공감과 동일시를 통해 교대생이 된 현재의 삶을 성찰하고 미래의 삶을 기획하고 예측하는 서사를 생산하고 있다. 이러한 서사의 생산을 통해 내담자는 '희망'의 관점에서 새로운 삶의 서사 생산으로 나아가고 있다.

서사는 인간 삶의 다층적이고 복잡한 상황들을 이야기 형식으로 구성하여, 독자가 타자를 이해하고 인간 삶의 다층성을 해석할 수 있는 계기를 제공한다. 나아가 타자의 삶을 거울로 삼아 자기 삶의 내력을 이해하고 성찰할 수 있는 계기를 제공한다. 이러한 계기를 통해 독자는 자기 서사를 탐색하면서 정체성을 새롭게 형성할 수 있다. 이때의 정체성은 리쾨르가 언급한 타자와의 교섭을 통한 공유적 자아로서의 정체성이며, 이러한 정체성의 형성을 통해 과거가 아닌 현재를 반성적으로 성찰하여 미래의 잘삶을 기획할 수 있다. 바로 이 점이 서사가 갖는 교육적 의의이다. 서사가 갖는 이러한 교육적 의의는 노드럽 프라이의 언급에서도 확인할 수 있다. 노드럽 프라이는 문학을 배운다는 것이 불가능하고, 문학에 대한 직접적인 경험을 통해 만족감을 느끼면서 발전해 가는 것이 중요함을 언급했다(N. 프라이, 임철규 역, 1987(6판):46).

타자의 서사 혹은 타자화된 자신의 서사를 이해하고 해석하는 것은 실제 삶에서 일어날 수 있는 혹은 일어나고 있는 다양한 현실을 이해하고 해석하여, 경험들의 연관성을 통한 현재적 의미망을 확장할 수 있게 한다. 따라서 서사의 이해와 해석은 기본적으로 독자가 "자신을 발견하고 삶의 의미를 발견하는 일과 연결되어 있다"(손민영, 2017:271). 더군다나 교육적 의도 속에 수행되는 서사읽기를 통해 서사를 이해하고 해석하는 것은 독자가 자신을 발견하고 삶의 의미를 찾아 정서적 치료를 할 수 있게 한다. 특히 부정적 정서 혹은 정신적 상처를 경험한 독자가 그러한 상태에서 벗어나 자기를 성찰하여 객관화함으로써, 실체가 불분명한 문제적 자기 서사(손민영, 2017:276)의 발견과 평정심의 도달을 통한 정서적 치료를 할 수 있게 한다.

14. 서사 읽기와 쓰기를 통한 서사 치료의 과정과 방법

물론 이러한 평정심 도달과 치료는 일견 자기중심적 수준에 머무를 수도 있다. 그러나 지속적으로 작품 서사 혹은 타자의 서사를 이해하고 해석하는 과정의 축적을 통해 독자는 자기 성찰과 객관화, 평정심 도달과 타자성의 이해, 그리고 정체성의 발달이라는 확장된 지평에 도달할 수 있다. 이러한 도달은 서사교육에서 궁극적으로 강조하는 삶의 총체적 이해를 통한 인간다움을 모색하는 윤리적 주체 형성과 밀접한 관련을 맺는다. 그렇기 때문에 타자의 서사 특히 모방적 욕망에 의한 폭력의 서사를 이해하고 해석하면서, 공감적 투사를 통한 타자의 수용과 자기 객관화, 성장의 계기 마련을 통한 정체성의 발달 등을 수행하는 것은 인간다움을 위한 윤리적 실천이라고 할 수 있다.

작품 서사가 인간의 삶을 총체적으로 형상화하여 독자에게 공감적 정서를 불러일으켜 서사 치료의 과정으로서 작품을 탐색할 수 있는 계기를 제공한다는 점을 고려할 때, 폭력의 서사를 활용한 서사교육에서도 서사 치료가 갖는 의의는 크다. 서사교육이 궁극적으로 학습자의 자아 성장과 정체성 발달의 도모를 기획한다면, 이는 폭력 서사에 대한 공감적 환기를 통한 자아 성찰과 정체성 발달을 지향하는 서사 치료와 맥을 같이 하기 때문이다. 폭력 서사에 대한 이해를 실제 자기 삶에 적용하여, 현재와 미래의 삶에 대한 새로운 서사를 생산하여 자기 치료가 이루어지게 하는 서사 치료는 우울과 불안을 치료하고자 하는 교육적 의도를 전제하기 때문이다. 따라서 서사 치료가 작품 서사에 대한 이해를 바탕으로 자기 삶에 대한 이해와 자신의 서사를 새롭게 생산하는 것을 지향한다는 점을 고려하면, 모방 욕망에 의한 폭력의 서사에 대한 이해를 바탕으로 타자, 자기, 세계에 대한 확장된 인식을 통한 자아 성장에 초점을 두는 서사교육은 서사 치료가 갖는 교육적 의의를 적극적으로 고려할 필요가 있다.

서사 치료는 불편한 정서나 상처받은 정서를 가진 내담자의 정서를 작품 서사 혹은 치료자의 서사를 매개로 하여 평온한 상태로 바꾸는 것을 전제로 한다. 따라서 모방 욕망에 의한 폭력의 서사를 활용한 서사 치료는 내담자의 정서가 불편한 상태에서 평온한 상태로 전이될 수 있도록 하는 나름의 과정을 거쳐야 한다. 물론 그 과정에는 내담자와 치료자의 많은 대화, 즉 서로 간의 관점 차이를 인정하면서 내담자의 목소리가 좀 더 타당하고 평온한 상태에 도달하도록 하는 것이 필요하다.

이런 점을 고려한다면, 향후에는 서사교육과 서사 치료를 통합하는 관점에서 그것의 교육적 의의와 활용 방안에 대한 논의가 활성화될 필요가 있다. 이 점과 관련하여 한호정·이상우(2013)는 '문학치료의 교육적 적용에 관한 논의'를 통해 서사교육과 문학치료가 통합될 수 있는 방안을 제시했다. 그들의 논의는 문학치료의 과정을 5단계로 나누고, 그 과정에서 문학교육으로서 서사 치료가 수행될 수 있는 방법을 제시했다는 점에서 나름 의의를 갖는다. 그러나 서사 치료와 서사교육이 어떤 점에서 통합될 수 있는지를 구체화하지 못한 점, 내담자의 정서적 불편과 직접적인 관련성을 갖는 점이 무엇인지를 밝히지 않은 점 등은 한계라고 할 수 있다.

이런 점에서 볼 때, 내담자의 정서적 불편 혹은 상처가 모방적 욕망과 관련된 폭력성이며, 그러한 폭력성으로 상처받는 내담자를 치료할 수 있는 과정을 구체화한 이 글은 많은 의의를 가질 것이다. 아울러 서사교육과 서사 치료를 통합할 수 있는 과정들을 구체적으로 밝힌 점은 통합적 관점에서 두 분야가 갖는 의의를 극대화한 것이라 할 수 있다. 다시 말하면, 학교 현장의 서사교육을 통해 서사 치료를 수행하는 과정과 방법들을 마련하는 것은 서사교육의 지평을 확장하면서 갈수록 정서적 황폐화를 깊게 경험하는 학생들의 삶에 조금이나마 희망을 줄 수 있을 것이다.

15. 은유적 서사 읽기와 쓰기를 통한 치유의 방법

1) 우울의 삶에서 은유적 서사 읽기가 갖는 의의

　2020년대를 살아가는 오늘날 우리들의 삶은 코로나 19라는 세계사적 재난과 그로 인한 질병과 우울에 처해 있다. 이런 상황에서 많은 사람들은 델타 변이나 람다 변이와 같은 코로나 19의 다양한 변이들로 인한 질병의 창궐에 극도의 두려움을 느끼고 있고, 자영업자나 소상공인 등은 극심한 경제난을 겪고 있다. 그들은 삶의 토대가 완전히 무너지는 상황에서 우울을 넘어 절망의 상황에 놓여 있다. 그럼에도 불구하고 이제 우리의 삶은 코로나 19 발생 이전으로는 다시 돌아갈 수 없으며, '위드 코로나(with-covid 19)'를 숙명으로 받아들여야 하는 지경에 이르렀다. 이런 상황에서 사람들은 일상생활에 많은 제약을 받는 가운데, 우울함과 절망을 경험하고 있다. 그리고 그런 우울함의 많은 것들은 코로나 19가 발생하기 이전에는 상상도 하지 못했던 것이기도 하다.
　세계사적 재난과 경제난, 일상생활에서의 많은 제약들, 비대면에 의한 소통의 불가능성 등을 경험하면서 우리는 삶의 정체성 확립에 상당한 어려움을 겪고 있다. 혼자만의 시간과 소통하지 못하는, 소통할 수 없는 상황에서 타자를 통한 자기인식의 부재, 타자에 대한 배려를 통한 연대의 사회 구성 등이 불가능함에 따라 우리는 각자의 이기적 욕망의 사슬에 더욱 묶여 있다. 이런 상황에서는 각자의 욕망을 충족하기 위해 '나'와 '너'를 분리하고, '너'의 다름을 인정하지 않는다. 그렇기 때문에 우리는 타자들을 배려하기보다는 타자를 극복이나 혐오의 대상으로 여긴다. 극도의 경쟁사회에서 우리는 각자 타자를 넘어서서 자신의 욕망을 충족해야 하고, 그러한 욕망의 충족을 통해 삶의 의미를 지탱해간다. 그러한 삶의 의미 지탱은 실상은 허상이다. 삶의 욕망 자체가 타자에 의해 매개된 것이며, 그처럼 매개된 욕망의 충족은 끝이 없는 신기루처럼 우리를 유혹할 뿐이기 때문이다. 그 유혹에 굴복한 채, 우리는 타도나 넘어야 할 대산으로 다자를 인식하며, 그런 인식에 의해 타자에 대한 배척과 혐오의 발언을 서슴없이 행하는 파렴치함을 행한다. 파렴치한 행위를 하고서도 수치스러운 줄을 모르고, 언제나 자신은 정의의 편에 있음을 강조한다.

　이러한 내로남불의 심리적 상태는 사실 우리 안에 있는 불완전성과 허약함을 감추기 위한 의도에서 기인한다. 자신의 불완전성과 허약함을 인정하지 않고, 그것이 성취되지 않은 데서 오는 트라우마를 타자에 대한 공격성을 전회하여 극심한 경쟁과 배려의 부족을 강화한다. 그러한 강화에 의해 우리는 타자의 연약함이나 실패를 위악적인 태도로 즐기며, 자신은 그러한 연약함과 실패를 드러내지 않았음에 만족한다. 그러나 우리는 애초에 연약함과 불완전성과 거리가 먼 신적인 전지전능함의 존재가 아니다. 우리는 누구나 인간적인 연약함과 불완전성을 갖고 있다. 다만 그것을 극복하기 위해 노력할 뿐이다.

　그러나 타자가 지닌 연약함과 불완전성이 우리의 시선에 의해 인식되듯이, 우리가 지닌 인간적인 연약함과 불완전성은 타자의 눈을 통해 드러나게 마련이다. 그렇기 때문에 우리는 타자의 시선을 통한 자기인식, 즉 인간적인 연약함이나 불완전성을 감추면서 삶에서 받는 상처와 트라우마를 숨길 것이 아니라 타자성을 통한 자기인식을 통해 타자와의 공존, 상생을 도모해야 한다. 타자와의 공존과 상생은 타자를 배려하고 인정하는 데서 생겨난다. 또한 타자의 시선을 통한 자기 성찰과 객관화, 타자에 대한 환대를 통해 생겨난다. 타자와의 공존과 상생을 통해서만 우리는 인간적인 연약함과 불완전성을 말할 수 있고, 위로받으면서 그 다음 단계의 삶의 길을 마련할 수 있다.

　타자와의 공존과 상생을 통해 재난이나 질병의 상황에서 겪는 우울을 치유하기 위해서는 타자의 시선, 타자의 서사를 이해하는 것이 필요하다. 타자의 시선을 담고 있는 타자의 서사를 통해 우리는 자기 성찰과 객관화를 위한 질료로서의 삶을 이해하고 새롭게 모색할 수 있는 가능성을 마련할 수 있기 때문이다.

15. 은유적 서사 읽기와 쓰기를 통한 치유의 방법

 서사는 인간 삶이 형성·유지·발전되어 온 과정을 통해 인간 삶의 모형들을 반영하면서(최혜실, 2011:23) 변화해왔다. 인간의 삶은 태어나서 성장하고 결혼하여 자식을 낳고, 늙어 죽어가는 보편적인 과정 속에, 경쟁을 통한 부와 명예의 획득에 대한 지향이다. 이러한 보편적인 삶의 과정에서 인간들은 오랜 세월 동안 기억하기 쉬운 매뉴얼에 따라 서사를 만들고 전승해 왔다. 그러한 서사의 구성과 전승 과정을 통해 인간들은 세상을 이해하고 나름대로 해결하는 방법을 마련하고 전승하였으며, 이를 통해 세상사에 관한 나름의 의미나 지혜를 형성해 왔다. 따라서 서사는 인간이 세상사를 이해하고 해결하기 위한 중요한 방편으로 작용하면서, 미래의 삶을 준비하고 실현할 수 있는 가능성을 얻게 하였다. 서사는 최초의 균형을 유지하는 진술이 사건을 매개로 불균형한 상태가 되었다가 다시 균형점으로 돌아오는 원형적인 궤도를 제공하기 때문이다(David Herman(ed), 2003:3.;최혜실, 2011:29에서 재인용).

 인간이 서사를 통해 삶에 대한 균형과 세상에 대한 의미를 얻을 수 있기 위해서는 발생한 사건들을 배열하고 구조화하여 개념화할 수 있는 서사능력이 요구된다. 서사능력은 시공성(chronotope)을 통해 사건들을 선택하고 배열하고 그 발생과 인과관계 개념화할 수 있는 언어적 상상력 혹은 언어적 사고와 밀접한 관련이 있다. 그런데 이러한 서사능력은 언어적 상황과 언어 사용자의 능력에 따라 다양한 매체를 통해 발현됨으로써 무수한 형식의 서사/이야기를 만들어낸다.

 서사능력을 통해 만들어지는 많은 서사들 가운데 은유의 특성을 보이는 서사를 은유의 서사라고 할 수 있는데, 은유의 서사는 은유를 통해 세상을 이해하는 독특한 방식을 제공한다. 단지 수사학적인 표현 기법이 아니라 개념을 만들어내는 체계로서 은유는 세계에 대한 사고와 개념을 가능하게 하는 인식의 방법이다(이정모, 2009:438). 따라서 은유는 우리가 살아가면서 생각하고 행동하는 관점으로 작용하면서, 경험을 구조화하고 규정하는 인지적 메커니즘이 된다(최혜실, 2001:63). 이러한 인지적 메커니즘으로서 은유는 그 특유의 구조를 통해 인간의 경험과 그것의 서사화를 삶의 실제 현상들에 대한 추론을 가능하게 한다.

 인간의 경험의 구조화를 통해 삶의 현상들에 대한 추론을 가능하게 하는 은유, 그리고 은유의 특성을 갖는 은유의 서사는 이야기를 통해 세상을 이해하는 방식을 제공한다. 은유(metaphor)는 '무언가를 옮겨 바꾸다(to carry something across)' 혹은 '전달하다(transfer)'라는 어원적 의미를 가지며, '하나의 이미지나 개념을 다른 하나로 전달하는 것'이라는 의미를 갖는다(George W. Burns 편저, 김춘경·배선윤 공역, 2011:29). 이러한 의미를 갖는 은유의 사전적 의미는 '두 사물 간의 유사성(similarity)이나 닮음 또는 상사(相似,

resemblance)에 근거한 비유'인데, 이러한 것으로서 은유는 유사성이나 상사에 근거하여 한 사물에게 그것이 아닌 다른 것의 이름을 부여한다.

은유는 유사성이나 상사에 의해 한 사물에게 그것이 아닌 다른 것의 이름을 부여함으로써 효율적인 의사소통이 가능하게 하는 언어 형식이 된다. 언어 형식으로서 은유는 이전과는 다른 방식으로 의사소통이 가능하게 함으로써 창조적이고 도전적인 힘을 갖는다(George W. Burns 편저, 김춘경·배선윤 공역, 2011:30). 이러한 힘을 통해 은유는 의사소통에서 새로운 아이디어와 가능성을 창출하면서, 의사소통 참여자 모두에게 능동성을 요구한다. 다시 말하면, 은유는 의사소통을 색다르게 하면서 심호적인 의사소통이 가능하게 한다.

의사소통을 가능하게 하는 것으로서 은유는 나름의 사고 과정을 거치는데, 이 과정에서 작용하는 것이 은유적 사고이다. 은유적 사고는 문학 작품이 생산되거나 생산된 문학 작품을 수용하는 과정에서 작용한다. 독자가 문학 텍스트를 읽는 것은 텍스트의 세계를 인식하고, 그것을 자신의 삶의 문제와 조응시켜 나름의 의미를 구성하는 것이다. 독자가 이와 같은 의미를 구성하기 위해서는 텍스트의 세계와 자기의 실제 세계 간의 유사성을 발견하여, 심리적 거리를 좁혀 동질성을 확보하는 은유적 사고가 필요하다(원자경, 2012:38). 텍스트의 세계와 독자의 세계는 원래 이질적인 것이지만, 독자가 두 세계 간의 유사성을 찾아 조응관계 속에서 통합시키는 것은 은유적 사고를 통해서이기 때문이다.

은유의 서사는 기억하는 이야기 혹은 읽은 이야기와 현실 속의 이야기를 섞어서 이해할 수 있는 개념적 혼성 공간을 만들어준다. 개념적 혼성 공간에서 우리는 기억하는 이야기 또는 읽은 이야기와 현실 속의 이야기들을 상상력을 통해 섞어서 새로운 이야기를 만들고, 그 과정에서 세상에 대한 새로운 인식과 상상을 할 수 있다. 그러므로 은유적 서사를 이해하는 것은 누군가의 서사를 자신의 서사로 만드는 것이라 할 수 있다. 은유적 서사 이해하기는 자신의 문학경험과 문학능력, 실제 경험 등을 토대로 해서 새로운 경험을 은유적 구조로 번역하면서 실제 삶에 대한 추론을 통한 새로운 가능성 만들기이기 때문이다. 이런 점에서 볼 때, 은유적 서사 이해하기는 개인이 정체성을 새롭게 만들 수 있는 기반이 된다고 할 수 있다.

2) 은유적 작품 서사 읽기를 통한 자기 서사의 촉진

인간은 이야기 속에서 태어나고 살아가면서 끊임없이 이야기를 만드는 서

15. 은유적 서사 읽기와 쓰기를 통한 치유의 방법

사적 존재이다. 서사적 존재로서 인간은 자신의 사회적·역사적 맥락 속에서 특별한 사건을 기억하는데(최혜실, 2011:134), 그러한 기억이 부정적인 사건에 관한 것일 때 정서적 안정상태의 균열을 경험한다. 정서적 균열의 경험은 인간에게 우울과 트라우마를 안기며, 그러한 우울과 트라우마는 부정적인 사건에 대한 기억을 객관화하여 인식할 수 있는 과정을 통해 치유될 수 있다. 좌절, 분노, 원한, 애통함 등과 같은 정서를 주는 부정적인 사건들에 대한 객관적인 인식은 그러한 사건들을 다시 이야기하기(re-storying)하는 서사화에 의해 가능하다. 사건 순서, 시간적 흐름, 당시의 정서 등을 다시 이야기하는 것은 그것들을 객관화하여 해석하면서 특정한 의미 부여를 하는 행위이기 때문이다. 아울러 현재의 삶과 관련지어 자신이 선호하는 방식으로 이야기를 구성함으로써, 이야기를 듣고 만드는 서사적 존재로서의 정체성을 형성하는 과정이기 때문이다.

우리는 타자의 시선을 통해 자신의 정체성을 확인하고 새롭게 만들어 갈 수 있는 가능성을 얻는다. 우리의 정체성은 그 내부에 이미 존재하고 있는 충만한 것이 아니라, 타자의 시선을 통해 그 결핍과 모순을 통해 실체가 드러난다. 우리의 정체성은 그 자체로 최종적이거나 고정될 수 없고, 타자의 시선에 의해 그 실체가 드러나는 불안정한 것이다. 따라서 정체성은 다양한 형태를 보이는 정체성의 구성체들이 삶의 영역에서 이루어지는 일상적인 '작업 과정 중에 있는 정체성'으로 표현된다(최혜실, 2011:109). 정체성은 타자와의 관계맺음을 통해 '작업 과정 중'에 있기 때문에, 다양한 삶의 과정들에서 타자와의 상호소통적 행위를 통해 구체적으로 형성되어 간다. 그리고 타자와의 상호소통적 행위는 언어적 의사소통의 한 방식인 은유적 서사를 통해 효과적으로 이루어질 수 있다. 은유적 서사는 경험들을 은유적 구조화하여, 그것을 이해하는 존재가 개념적 공간에서 이야기된 것과 실제 삶의 이야기를 혼성하여 새로운 혼성된 이야기를 만드는 과정에서 타자와의 상호소통을 효과적으로 수행할 수 있는 토대를 제공하기 때문이다.

이런 점에서 볼 때, 은유적 서사는 정신적 안정 상태에서 벗어나 심리치료가 필요한 내담자에게 의미 있는 치료의 매개가 될 수 있다. 내담자는 은유적 서사 이해하기를 통해 이해한 이야기와 자신의 이야기를 개념적 공간에서 혼성하여 삶의 현상에 대한 새로운 시각을 마련할 수 있기 때문이다. 특히 내담자는 그가 이해한 이야기를 풀어가는 화자와 소통하고 공감하는 과정에서 타자의 세계를 파악하면서, 자신이 놓여 있는 현실의 문제를 파악할 수 있는 가능성을 얻는다. 은유적 서사는 인간의 경험의 구조화를 통해 삶의 현상들에 대한 추론을 가능하게 하는 은유의 특성을 갖고 있는데, 내담자는 화자와의 소통을 통해 은유의 특성을 이해하면서 자기에 대한 이해와 삶의 정체성 형성에 대한 토대를 얻을 수 있기 때문이다.

작품 서사 읽기 활동에서 수행되는 은유적 사고는 텍스트의 세계와 실제 세계 간에 형성되는 개념적 혼성 공간에서 두 세계의 유사성을 찾아 통합시키는 것이다. 서사 읽기는 텍스트에 내재된 세계나 이미지를 매개로 해서 독자와 작가 간에 유사한 정서적 자질들이 교감하여 새로운 정서와 의미를 창조하는 은유적 사고 과정이기 때문이다(원자경, 2012:58).

은유가 이야기되었을 때, 그 은유적 이야기는 '언어로 만들어진 세상과 언어로 표현이 안 되는 세상의 경험 간의 교량'(George W. Burns 편저, 김춘경·배선윤 공역, 2011:32)을 만들어, 이야기 참여자가 자신의 경험에 따라 작동하는 것과 그렇지 않을 것을 발견할 수 있게 한다. 나아가 이러한 발견의 과정에서 상상력과 비유석 사고를 통해 세상에 대한 경험의 폭을 확장하면서 은유적 이야기가 아닌 실제 삶의 현상을 객관적으로 성찰할 수 있게 한다. 또한 자아 성찰의 기반을 마련할 수 있게 한다. 이런 점에서 볼 때, 은유적 작품 서사는 정서적 평안상태가 깨져서 심리적 치료가 필요한 사람들에게 의미 있게 활용될 수 있을 것이다. 은유적 작품 서사는 심리적 치료가 필요한 내담자가 이야기를 통해 자기 이해의 필요성을 인식하면서, 치료의 과정으로 나아갈 수 있는 가능성과 힘을 제공하기 때문이다.

심리적 치료는 정서적 평안상태가 깨진 내담자가 다시 삶의 새로운 가능성을 창조하고 그 가능성을 실현할 수 있는 힘을 얻게 된 상태이다. 이 상태에 도달하기 위해 내담자는 자기 삶을 객관화하여 볼 수 있는 힘을 길러야 하는데, 그러한 힘을 기르기 위해 도움이 되는 수단으로서 은유적 서사는 많은 의의를 갖는다. 제공되는 타자의 은유적 서사는 내담자가 현재의 정서적 불안상태나 일련의 상황에서 잠시 벗어나 색다른 경험의 장으로 이동하여 삶의 새로운 가능성을 다시 한번 생각할 수 있는 수단이 되기 때문이다. 내담자는 자신에게 제공되는 타자의 은유적 서사를 통해 새로운 삶의 경험을 하고 그 가능성을 추구하는 선택의 상황에 놓인다. 이러한 선택의 상황에서 새로운 삶의 가능성을 추구하고자 할 때, 내담자는 상상력을 통해 새로운 가능성을 찾으면서 그것을 실현할 수 있는 전략들을 개발할 수 있다(George W. Burns 편저, 김춘경·배선윤 공역, 2011:35). 그러기에 정서적 불안상태에 있는 내담자의 치료를 위해 필요한 것은 그를 직접적으로 치료하는 것이 아니라, 그가 새로운 삶의 가능성을 발견하고 그것을 실현하기 위해 나름의 전략을 마련하게 하는 것이라 할 수 있다.

그러면 은유적 작품 서사 읽기를 통해 내담자가 자기 서사를 촉진할 수 있는 과정을 다음의 [자료 1]과 [자료 2]를 통해 살펴보자.

[자료 1]과 [자료 2]는 공지영의 소설 『우리들의 행복한 시간』에서 발췌한

15. 은유적 서사 읽기와 쓰기를 통한 치유의 방법

것인데, 이 소설의 핵심 인물은 문유정과 강윤수이다. 유정은 모니카 고모의 제안으로 사형수 윤수를 만나게 된다. 유정과 윤수는 모두 극도로 심한 트라우마를 겪은 인물들인데, 그러한 트라우마 때문에 그들은 쉽게 마음을 열지 못한다. 그렇지만 유정은 윤수를 만난 후 자신이 트라우마 때문에 포기하고자 했던 삶이 누군가에게는 간절함을 깨달으면서, 타락한 삶을 살고 있는 자신을 성찰한다. 한편 윤수는 그가 죽인 가정부의 어머니를 만나 극도의 죄책감에 시달리면서, 트라우마가 더욱 극심해지면서 마음의 문을 닫는다. 그 후 유정은 윤수의 편지를 받고 닫힌 마음의 문이 열리는 혼란을 경험한다. 그 경험을 통해 유정은 윤수를 다시 만나러 가서, 윤수를 다시 만난 자리에서 자신이 중학생 때 사촌오빠에게 강간을 당했음을 담담하게 말한다. 자신의 상처와 고통을 윤수에게 말하면서 유정은 윤수를 이해하고자 노력한다. 이를 위해 유정은 매주 목요일마다 윤수를 만나면서, 윤수가 저지른 사실들이 아닌, 윤수의 진짜 이야기, 즉 삶의 고통과 트라우마를 듣는다. 윤수의 소통과 트라우마를 이해하면서 유정은 사형수인 윤수의 사형 집행을 막고자 하지만, 그 노력은 성취되지 않는다. 그럼에도 불구하고 두 사람은 점차 서로를 진심으로 이해하고 기댈 수 있는 존재가 된다. 윤수의 사형 집행이 결정된 순간 그들의 만남은 끝이 났고, 유정은 자신을 달래면서 점차 어릴 적의 트라우마를 극복할 수 있게 된다.

[자료 1]
블루노트 02

나의 고향은…… 고향이 어디냐고 당신은 내게 물으셨습니다. 고향이 제게 있었던가요? 만일 태어난 곳을 고향이라고 한다면 경기도 양평이라고 대답하면서 나는 다음 질문을 기다렸습니다. 그러나 당신은 더 아무것도 묻지 않으셨습니다. 가난한 마을이었습니다. 나는 대답했습니다. 작은 동산을 하나 넘으면 저수지가 있고 우리 집은 늘 추웠어요, 라고 더는 말씀드리지 못했습니다. 괜찮아요, 말하고 싶지 않으면 말하지 않아도 돼요…… 당신은 말했습니다. 말하고 싶지 않은 것이 아니라, 말할 수가 없었습니다. 기억을 떠올리면 검은 핏덩어리가 입 안 가득 고이는 것 같았습니다. 동생 은수와 나는 그 저수지 가에서 햇볕을 쬐며 놀았습니다. 동생 은수가 옆집에 가서 밥을 얻어먹다가 밥알을 흘린다고 옆집 아주머니에게 매를 맞은 이후, 우리 두 형제와 놀아주는 아이는 하나도 없었습니다. 제가 지게 작대기를 들고 가서, 그 부모가 일 나간 사이 옆집에 사는 아이들을 코피가 나도록 두들겨 팼기 때문입니다. 그래서 우리는 늘 둘뿐이었습니다. 가끔씩 마음씨 좋은 사람들이 찬밥덩이를 가

◆ 삶과 서사와 치유 ◆

져다주면 술에 취해 잠든 아버지가 깨어나지 않도록 남의 집 헛간에 가서 얼어붙은 찬밥덩이를 베어먹었습니다. 저수지에는 햇살이 가득했고 운이 좋으면 서울에서 내려오는 낚시꾼들에게 라면을 얻어먹기도 했습니다. 더 운이 좋은 날에는 오리쯤 떨어진 가게에 가서 담배를 사다주고 동전을 몇 푼 얻기도 했습니다.

　실은 우리 두 형제가 집 나간 어머니를 기다리고 있었다는 것은 아주 많은 시간이 지난 후에 알았습니다. 아버지에게 맞아서 얼굴이 퉁퉁 붓고 온몸에 푸른 멍투성이었던 어머니의 기억뿐이었지만 그 어머니가 멍투성이로라도 돌아와주기를, 그래서 저 불기 없는 방에서 술에 취해 잠들었다가 깨어 일어나면 다시 매를 드는 아버지를 죽여버리고 우리를 구원해주기를 기다렸다는 것도 아주 오랜 시간이 지난 후에야 알았습니다. 내 인생의 첫 기억은 그런 살의로 시작됩니다. 하지만 어느 먼 곳엔가 어머니가 있었으니 기다림이, 그것이 차마 무엇에 대한 기다림인지도 모르지만, 아주 없는 것은 아니었습니다. 제 나이 아마 일곱 살 때의 일이었을 것입니다(공지영, 2005:12-13).

블루노트 12

　은수와 나는 다시 영등포로 갔습니다. 깜상은 아직 아이들을 데리고 있었습니다. 우리는 다시 전철역과 시장통으로 가서 앵벌이를 했습니다. 나는 그 슈퍼 앞을 지날 때마다 그 앞에 서서 우리를 고발한 그 주인을 노려보고 서 있었습니다. 언젠가는 저놈을 죽이고 나도 죽으리라, 생각했습니다. 힘을 길러서, 언젠가 저놈이 내게 그놈에게 그렇게 했듯 내 앞에서 두 손을 모아 빌게 하고 그리고 그때 나도 그가 내게 했듯이 차가운 눈길로 그놈을 한번 혼을 내야겠다고 말입니다. 그때 내게 살아야 하는 하나의 이유가 있다면 그것은 복수였습니다.

　그러던 어느 날 은수가 아팠습니다. 열이 많이 나고 먹지 못했습니다. 그렇게 좋아하는 컵라면을 사다주어도 먹지 못했습니다. 하는 수 없이 은수를 간호하기 위해 우리는 며칠 일을 나가지 못하고 공을 쳤습니다. 열이 좀 내린 날, 은수가 눈을 뜨더니 나를 불렀습니다. 형아, 저 노래 부르는 사람, 얼굴이 이쁠 거야, 그렇지? 나는 그때서야 그 좁은 방에 켜놓은 TV를 보았습니다. 은수가 아파서 혹시 다른 아이들에게 감기를 옮길까봐 우리는 깜상이 쓰는 방에 있었던 것입니다. 프로야구 개막식을 하는데 미니스커트에 야구 모자를 쓴 여자가 나와서 애국가를 부르고 있었습니다. 나는 그냥, 응이라고 대답했습니다. 우리 엄마처럼? 은수가 물었습니다. 나는 그냥 귀찮은 생각에 응, 이라고 대답해버렸습니다. 그런데 은수가 울기 시작했습니다. 그 애가 왜 우는지 나

15. 은유적 서사 읽기와 쓰기를 통한 치유의 방법

는 알고 있었습니다. 우는 그애에게 나는 욕을 퍼부었습니다. 그 아픈 아이를 발로 차고 때렸습니다. 은수는 더 큰 소리로 울면서 안 울게, 안 울게 형, 했습니다.

그렇게 그 아이를 때리다가 나는 혼자 밖으로 나와버렸습니다. 뒷골목에서 한때 만난 적이 있는 아이들과 어울려 술을 마시고 깜상과 은수에게 돌아가지 않았습니다. 다 때려부수고 싶었습니다. 길거리에서 손을 잡고 가는 엄마와 아이, 나란히 걸어가는 연인들, 교복을 입고 걸어가는 학생들, 누구라도 때려눕히지 않으면 안 될 것만 같았습니다. 행복한 얼굴을 하고 있는 그 누구라도 다 두들겨 패고 싶은 기분이었던 겁니다. 그리고 나는 여자와 함께 걸어가는 남자에게 시비를 겁니다. 왜 기분 나쁘게 쳐다봐, 하는 말로 시작된 싸움…… 나는 다시 경찰서로 끌려갔고, 며칠을 거기서 있다가 나왔습니다. 화가 난 깜상이 나를 보더니 은수를 데리고 여기서 나가라고 말했습니다. 씨팔, 나가라면 못 나가느냐고, 은수를 찾았습니다. 은수는 내가 없는 사이 피골이 상접해 있어서 얼굴이 거의 반으로 졸아들고 있었습니다. 가슴이 철렁 내려앉았습니다. 깜상은 내게 화가 난 듯이 굴었지만 실은 은수에게 뭔가를 예감하고 있었고 그래서 그만 우리를 내쫓으려고 한 것이었습니다. 나는 은수를 들쳐업었습니다. 봄날이었습니다. 꽃향기가 그 시궁창 같은 동네까지 공평하게 퍼지고 있는 밤이었습니다. 날이 많이 풀려서 신문지 몇 장만 있으면 지하도에서 자도 얼어 죽지는 않을 것 같았습니다. 은수는 마치 어릴 때 우리가 방에서 이불을 펴고 나란히 누웠던 그때처럼 내 손을 잡고, 형아, 형아가 다시 돌아와서 참 좋아, 했습니다. 그리고는 다시 말했지요. 애국가 불러줘, 그러면 좀 덜 춥거든…… 그냥 자, 하고 내가 말했습니다. 은수가 응, 하고 대답했습니다. 잠이 오지 않아서 뒤척이다가 은수가 추울까봐 그 애를 꼭 안았습니다. 그런데 새벽녘 깨어보니까 은수가 죽어 있었습니다.(공지영, 2005:176-178).

[자료 1]에는 사형수인 윤수가 어릴 적에 겪었던 아버지의 폭력과 가난, 굶주림, 어머니의 가출, 어머니에 대한 그리움, 그리고 동생 은수의 죽음 등이 제시되어 있다. 윤수가 성인이 되어 수많은 범죄를 저지르고 사형수가 된 배경에는 이런 폭력과 굶주림, 어머니의 가출 등이 복합적인 기능을 했으며, 그 과정에서 윤수는 엄청난 상처와 트라우마 때문에 자포자기의 삶을 살았음을 알 수 있다.

[자료 2]

긴장하고 있던 윤수가 꼴통이라는 말을 듣다가 바람 빠진 풍선처럼 웃었다.

이주임도 고개를 숙이고 킥킥대며 웃었다. 웃음 때문인지 갑자기 방 안 분위기가 노란 봄빛으로 가득 차는 거 같았다. 말을 하고 나니까 좀 우습긴 했다. 두 사람은 재미있다는 표정이었다.

"……세 번이나 자살을 기도한 적이 있었어요. 그 마지막은 지난겨울이었고, 그래서 정신과 치료를 받으니 여길 오겠다고 모니카 고모님하고 약속을 한 거예요. 하는 수 없이 왔다는 이야기죠. 그렇다고 제가 미쳤다는 뜻은 아니에요. 나는 나 자신이 싫었고 죽고 싶었어요. 왜냐하면 나는 열다섯 살 때……."

왜 내가 그 이야기를 그 앞에서 꺼냈는지 나는 아직도 알 수 없다. 그러나 그때 나는 적어도 동요하지 않고 있었고 담담했다. 적어도 그의 태도에서 그의 온 존재가 내 말에 귀를 기울이고 있다는 것을 나는 알 수 있었던 것이다. 오늘이 처음이자 마지막이 될 수 있는 날이어서 내가 그를 마지막으로 만나는 사람이 될지도 모르기 때문이었다. 내 생애에서 나의 말에 온 존재를 모아 귀 기울여주었던 사람을 내가 가진 적이 있었을까.

"사촌오빠에게……."

잠시 목이 메어왔다. 나는 잠시 감정을 억누르느라고 입을 다물었다. 가슴이 갈라지는 듯 통증이 느껴졌다. 나는 잠시 입을 다물고 그 통증을 견뎠다.

"강, 간을 당한 적이 있었어요. 큰집에 심부름을 갔다가였죠. 그때 그 사촌오빠는 이미 부인이 있었고 아이까지 둔 가장이었죠."

내 입으로 그 사건을 이야기하는 것은 처음이었다. 강간이라는 객관적인 용어를 쓴 것도 처음이었다. 그런데 나는, 내가 누군가에게 이야기해야 한다면 살아서 보는 마지막 봄을 맞고 있을 그에게 이야기하고 싶었다. 모르겠다. 내가 그에게 느꼈던 동질감은 무수히 많았다. 실은 처음부터 그랬다. 그리고 그중 가장 중요했던 것은 우리가 인행의 어떤 시기부터 내내 죽음의 열차를, 쫓겨서 그랬든, 자발적으로 그랬든, 타고 싶어했다는 것이었다. 그리고 그 죽음의 열차라는 것을 타고 싶다고 생각하고 나면, 세상의 가치들이 모여 헤쳐 모여, 했다. 중요하다고 생각했던 것이 중요해지지 않고, 중요하지 않다고 생각했던 것이 중요해졌다. 죽고 싶다는 생각 때문에 왜곡된 것도 많았지만 제대로 보이는 것 또한 많았다. 죽음은 이 세상의 가치 중에서 최고의 영예를 누리고 있는 모든 소유와 모순되기 때문이다. 돈, 돈, 돈 하면서 돌아버린 이 세상에서 그것을 비웃을 수 있는 어쩌면 가장 유일한 수단이었기 때문이고, 누구나 한 번은 겪어야 하는 일이었기 때문이다. 나는 그가 나를 이해할 수 있다고 믿었다.

방 안이 텅 빈 것처럼 아무 소리도 들리지 않았다. 이주임과 윤수는 숨소리 하나 내지 않고 내 말을 듣고 있었다. 나중에 생각한 것이었지만 판사가 선고를 내리는 순간에도 그는 아마 그처럼 긴장해서 귀를 기울이지는 않았을 거

15. 은유적 서사 읽기와 쓰기를 통한 치유의 방법

란 생각이 들었다. 강간, 이라는 말을 듣고 그가 어떤 반응을 보일 거라고 미리 생각해 두었던 것은 아니었다. 그가 열일곱 살 소녀를 강간살해한 사람이라는 것은 말을 다 하고 나서 다시 떠올랐었다. 그런데 뜻밖에도 그는 나를 가만히 바라보았는데 거기에는 무수한 연민과 동정의 빛, 그리고 어쩔 수 없이 과거를 회상할 때 오는 쓰라린 후회의 빛 같은 것이 버무려져 있었다. 그의 눈에 지독한 회한 같은 것이 어린다고 느꼈다. 내 상처를 꺼내는 것이 그의 상처를 건드리는 것이 된 셈이었다. 하지만 나는 더 밀고 나가기로 했다.

"그 후로 나는 남자와 정상적인 관계를 맺을 수 없었어요. 사랑하지 않는 사람하고는 되는데 사랑하는 사람하고는 그럴 수 없었어요…… 그래서 사랑하는 사람을, 사랑하기 때문에 떠나보내야 했어요…… 다들 그렇게 나를 떠나갔어요."

마지막 말을 할 때 눈이 몹시 아파왔다. 이렇게 간결하게 나를 설명해보긴 처음이었다. 내가 왜 이런 말까지 하나 싶었다. 수치심이 귓가로 휘익 몰려왔다. 나는 내가 소위 쿨한 사람이라고 생각하고 있었다. 조금도 개의치 않는 듯한 이별들을 했었다. 그래야만 한다고 생각했던 것이다. 그런데 나는 내가 그 사실들에 계속해서 상처입고 있었다는 것을 그제야 깨달았다. 그게 진짜였구나, 싶어졌다. 나는 그가 내 진심을, 내가 느끼는 수치심까지 해면처럼 빨아들이고 있다는 것을 느낄 수 있었다. 왜냐하면 나는 내 진심이 거부당하는 것에 익숙한 사람이었고, 그래서 그것에 대해 예민한 사람이었기 때문이다. 내가 마지막 말을 마쳤을 때 그의 눈빛이 출렁, 했다. 출렁, 하는 그의 눈빛을 보자 내 가슴도 따라 출렁했다. 먼 계곡 양 가장자리에 서 있는 두 사람을 이어주는 어떤 밧줄 같은 것이 우리 사이에 놓여지는 것 같았다. 그것을 잡은 이쪽에서 파르르 떨면 저쪽에서 잡은 손도 파르르 떠는 것 같은 기분…… 이제야 회상하건대 나는 그를 좀 위로해주고 싶었던 것 같다. 당신만 힘든 게 아니라구요. 그러니 그렇게 이미 죽어버린 것 같은 얼굴을 하고 있지 마세요…… 같은…… 그게 진짜였을 것이다.

"나는 당신에 대해 쓴 기사를 모두 보았어요."

나는 될 수 있는 대로, 감정을 싣지 않으려고 천천히 말했다.

"저기 잠깐만."

이주임이 나를 제지했다. 윤수의 얼굴이 몹시 일그러졌다.

"저기 이곳에서 사건이나, 거기에 관련된 상황을 말씀하시면…… 안 됩니다."

이주임이 미안하다는 얼굴로 나를 바라보며 말했다. 잠시 침묵이 계속되었다. 나는 말을 멈추었다. 그럼 무슨 이야기를 하나요? 라고 나는 묻고 싶었다. 그 '사건'이라는 것이 결국 그와 내가 만난 가장 치명적인 계기이고, 실은 그

'사건'을 빼고 나면 그가 종교위원들을 만날 이유도 사라지는데, 구치소의 규율이라는 것이 그렇다는 것이다. 나는 지당한 이야기, 뜬구름 잡는 이야기, 예수님이 그래서 오셨고, 너는 귀중하고 이런 이야기 같은 것은 조금도 하고 싶지 않았다. 말하자면 나는 예수님이 그래서 어떻게 '내게' 오셨고 '네게' 오셨는지, 나는 누구고 너는 누구인지, '너'는 어떻게 귀중한 사람일 수 있는지 이런 이야기를 하고 싶었던 것이다. 내 말의 진의를 아직은 다 소화하지 못하겠다는 듯 고개를 떨군 윤수의 머리 뒤로 렘브란트의 그림, 〈돌아온 탕자〉가 걸려 있었다. 저 탕자는 저 금 속에 들어간 이래로 어제도 오늘도 돌아와 저렇게 무릎을 꿇고 있었다. 나는 무릎 꿇은 탕자의 신발을 바라보았다. 신발은 다 해어지고 맨발이 드러나 있었다. 저 아버지는 어제도 오늘도 돌아온 아들을 저렇게 어루만지고 있었다. 렘브란트가 그린 것은 돌아온 그 순간이었다. 렘브란트는 그 이후 아버지가 그를 용서하고 나서 베푸는 잔치는 그리지 않았다. 그 아버지가 그를 어루만지고는 있지만, 그리고 저 탕자는 돌아왔지만, 백년이 넘도록 꿇려진 저 무릎을 펴지 못하고 있었다. 돌아온 탕자는 끝끝내 일어서 제 발로 그 집 안을 걸어다니지 못하고 마는 것이다. 이 방에서 돌아온 탕자처럼 저렇게 무릎을 꿇은 아들들은 이제 사형장에서 그렇게 무릎이 꿇린 채로 목에 밧줄을 감게 될 것이다.

"이주임님! 그냥 내 이야기를 하려는 거예요. 제가 검사도 아니고 기자도 아니고, 비난하려는 의도는 아니에요……."

이주임이 잠시 생각하다가 말없이 고개를 끄덕였다. 나는 다시 윤수를 바라보았다. 윤수의 눈은 초등학교 일학년 교실의 아이들처럼 긴장감과 호기심에 차 있었다. 몹시 긴장해 있었고 실은, 두려워 보였다. 이 세상에서 한 번도 보지 못했던 종족을 보는 것처럼 약간 멍청해 있는 것도 같았.

"솔직히 말하면 나는 당신을 몰라요. 기사가 당신을 다 말해준다고 생각해본 적은 없어요. 신문 기사에는 사실은 있는데 당신을 만들어낸 사실은 없어요. 사실을 만들어낸 게 진짜 사실인데 사람들은 거기에는 관심이 없어요. 사실은 행위 전에 이미 행위의 의미가 생겨난 것인데, 내가 어떤 사람을 죽이려고 칼로 찔렀는데 하필이면 그의 목을 감고 있던 밧줄을 잘라서 그가 살아나온 경우와 내가 어떤 사람의 목을 감고 있는 밧줄을 자르려고 했는데 그 사람의 목을 찔러버리는 거…… 이건 너무나도 다른데, 앞의 사람은 상장을 받고 뒤의 사람은 처형을 당하겠죠. 세상은 행위만을 판단하니까요. 생각은 아무에게도 보여줄 수도 없고 들여다볼 수도 없는 거니까, 죄와 벌이라는 게 과연 그렇게나 타당한 것일까. 행위는 사실일 뿐, 진실은 늘 그 행위 이전에 들어 있는 거라는 거, 그래서 우리가 혹여 귀를 기울여야 하는 것은 사실이 아니라 진실이라는 거…… 당신 때문에 나는 이런 생각을 하게 되었다는 거지

15. 은유적 서사 읽기와 쓰기를 통한 치유의 방법

요. 생각해 보았는데 누가 지금 나에 대해 기사를 쓴다면 나는 당신보다 형편 없을 수도 있어요. 문유정이라는 여자는 세 번이나 자살을 기도했었다. 정신 과 치료를 받았는데도 또 자살을 기도했다. 이유는 아무도 모른다. 끝, 인 거 예요…….”

검은 뿔테 안경 속 그의 눈으로 반짝, 하는 빛 같은 것이 지나갔다. 그를 만나지 않았더라면, 모니카 고모가 없었더라면, 나도 그를 그 기사로 기억했 을 것이다. 나쁜 놈, 끝, 이라고 말이다. 하지만 끝은 없었다. 죽음도 끝이 아 닐지도 모른다는 생각을 그즈음 나는 하고 있었다. 릴케 식으로 말하면 죽은 후에도 어떤 자는 가끔 성장하는 것이다.(공지영, 2005:200-205).

[자료 2]에는 문유정이 중학생 때 사촌 오빠에게 당한 강간 때문에 극도의 상처와 트라우마를 겪으면서 자포자기의 심정으로 여러 번 자살을 시도했음 이 드러나 있다. 유정은 자신의 의사와 상관없이, 불가항력적으로 발생한 강 간당함으로 인해 그 후의 삶을 지독한 상처와 트라우마로 점철되는 인생 경 험을 하였다. 이 때문에 유정은 사랑하는 사람들과 정상적인 관계를 형성할 수 없을 지경에 이르렀고, 그러한 과정들에서 무수한 상처를 받았다. 그러한 상처들 속에서 자포자기의 삶을 살던 유정은 자신처럼 무수한 상처가 있지만, 자신의 말과 상황을 온전하게 이해하고자 하는 윤수를 통해 점차 마음의 안 정을 되찾는다. 아울러 마음의 안정 속에 자신의 트라우마를 객관화하여 서사 화함으로써 트라우마 치유의 가능성을 마련한다.

이러한 의의를 갖고 있는 [자료 1]과 [자료 2]는 사건 경험으로 인한 상처와 트라우마를 경험한 사람들이 자료들에 제시된 인물들의 상처와 트라우마를 은유적으로 이해할 수 있는 계기를 제공한다. 아울러 타자의 상처와 트라우마 에 대한 은유적 이해를 통해 자기 자신의 상처와 트라우마를 떠올리고 그것 을 객관화시켜 서사화할 수 있는 가능성을 제공한다. 이러한 가능성을 제공 받음으로써, 우리는 [자료 1]과 [자료 2]를 활용한 자기 치유적 글쓰기를 수행 하면서 트라우마를 치유할 수 있는 기반을 마련할 수 있을 것이다. 다음의 활 동들은 [자료 1]과 [자료 2]의 은유적 작품 서사를 활용하여, 타자의 상처와 트라우마를 이해하고, 그것을 통해 자기 자신의 상처와 트라우마를 객관화시 켜 서사화할 수 있는 가능성을 마련하기 위한 것들이다.

위의 [자료 1]과 [자료 2]를 읽고 활동을 해봅시다.
1) [자료 1]을 통해 확인할 수 있는 인물의 상처는 무엇인가?
2) [자료 2]를 통해 확인할 수 있는 인물의 상처는 무엇인가?

3) [자료 1]과 [자료 2]에 제시된 것과 유사한 혹은 다른 자신의 상처를 떠올려 보고, 그것을 6줄 정도로 적어봅시다.

2. 1의 3)에서 확인한 본인의 상처 원인과 그것을 겪었을 당시의 심정을 1페이지 정도로 적어봅시다.

3. 2의 활동을 통해 확인된 본인의 상처 원인과 당시의 심정을 현재의 관점에서 평가해 보고, 그러한 평가를 통해 얻을 수 있는 점을 적어봅시다.
1) 현재의 관점에서의 평가를 2문단 정노로 쓰시오.
2) 평가를 통해 얻을 수 있는 점을 2문단 정도로 쓰시오.

4. 앞으로 이와 유사한 상처를 경험한다면 어떻게 대처할 것인지를 1문단 정도로 쓰시오.

5. 자기 치유적 글쓰기를 통해 깨달은 점을 1문단 정도 적어 봅시다.

3) 은유적 작품 서사 활동을 통한 자기 치유의 과정과 방법

은유적 서사를 통해 내담자를 직접 치료하는 것이 치료의 가능성을 열어주는 개입에서 중요한 것은 의사소통의 방식이다. 그런데 의사소통의 방식은 은유적 서사라는 방법 자체에 그 실마리가 담겨 있다. 은유적 서사를 활용하는 것은 직접적으로 메시지를 전달하는 것이 아니라, 간접적으로 메시지를 전달하여 내담자가 경험하고 느낄 수 있도록 하는 데 초점이 있기 때문이다. 그러기에 중요한 것은 은유적 이야기를 통해 내담자가 지속적으로 유도된 상상을 하고, 그러한 상상을 통해 은유된 이야기의 실체를 파악하고 자기 삶의 문제를 성찰하고 해결책을 마련할 수 있게 하는 것이다. 내담자가 은유된 이야기를 통해 자기 삶의 문제를 성찰하고 해결책을 마련하기 위해서는 효과적인 전략이 필요한데, 이러한 전략은 치료적 개입의 몇 가지 과정들을 통해 구체적으로 제시될 수 있다.

은유적 작품 서사를 활용하는 것은 직접적인 치료가 아닌 치료적 개입을 하는 것이기 때문에, 서사 치료 과정에서 중요한 것은 은유적 작품 서사의 내용이다. 은유적 작품 서사의 내용은 내담자가 쉽게 공감하여 자기 삶을 객관

15. 은유적 서사 읽기와 쓰기를 통한 치유의 방법

화할 수 있는 것이어야 한다. 은유적 서사를 생산하는 과정은 의사소통에서 은유를 활용하는 방식과 관련된다. 그런데 은유를 활용하는 방식과 관련된 것은 은유를 어떻게 보느냐 하는 관점과 밀접한 관련이 있으므로, 다음은 은유의 형태나 은유에 대한 관점을 간단히 살펴보자.

서사 치료와 관련하여 의사소통의 한 형식으로서 은유는 그 기능이나 목적에 따라 정의되는데, 이 경우에 은유는 자원 은유, 내장 은유, 정동, 태도, 행위 은유 등으로 나뉜다(Lankton & Lankton, 1983, 1986, 1989.;George W. Burns 편저, 김춘경·배선윤 공역, 2011:39에서 재인용). 자원 은유는 서사 치료를 위해 쓸모 있는 자원으로서 은유를 찾아와 내담자의 정서적 문제 해결에 활용되는 경우에 해당한다. 자원 은유는 내담자의 정서적 불안상태에 맞게 선택되어 내담자의 정서 치료에 맞도록 활용된다. 내장 은유는 은유적 서사처럼 그 서사 안에 내담자의 정서 치료와 직접 연관이 있는 이야기가 있고, 그 이야기가 내담자의 정서 치료에 직접 도움이 된다. 그리고 정동, 태도, 행위 은유는 특정 영역 내에서 내담자의 변화를 꾀할 수 있는 기제를 제공한다.

은유를 그 기능이나 목적에 따라 정의하는 것은 은유의 세 가지 기본 양식인 은유적 서사와 뻔한 은유, 은유적 서사의 구성을 구분할 수 있게 한다 (Corydon Hammond, 1990:George W. Burns 편저, 김춘경·배선윤 공역, 2011:39에서 재인용). '은유적 작품 서사'는 치료자가 내담자에게 제공하는 것으로 치료자 개인의 경험담이나 과거의 사례 혹은 작품으로 전하는 이야기이다. '뻔한 은유(truism metaphor)'는 너무나 당연한 일반적인 이야기나 주제로 내담자가 결코 부정할 수 없는 것이다. '은유적 서사 구성'은 치료자가 내담자의 현재 상황과 바람직한 미래의 삶과 관련하여 새롭게 만든 상상의 이야기 혹은 내담자가 자신의 현재 상황을 객관화하여 바람직한 미래의 삶을 설계하기 위한 새롭게 만든 이야기이다. '은유적 서사의 구성'은 내담자에 대한 치료가 어느 정도 진행되었음을 드러낸다. 특히 내담자가 자기 현재 상황을 객관화하여 미래의 삶과 관련지어 구성한 은유적 서사는 삶에 관한 새로운 가능성과 해결책을 담고 있기 마련이다. 따라서 내담자의 은유적 서사의 구성은 서사 치료에서 핵심적인 단계라고 할 수 있다.

은유적 작품 서사는 그 자체가 내담자를 치료해 주는 것이 아니라, 내담자가 자기 삶을 객관화하여 볼 수 있는 하나의 수단 혹은 방법이므로 치료의 상황에서 메시지를 효과적으로 전달한다. 치료의 상황에서 은유적 서사는 내담자가 자신의 정서적 불안상태를 정확히 이해하면서, 그러한 불안상태를 자기 서사로 만드는 데 전략적인 개입을 한다. 아울러 그러한 전략적 개입을 통해 내담자가 자기 서사를 실증 기반의 관점에서 객관화하여 문제점을 파악하고, 정서적 불안상태에서 벗어날 수 있는 결말 혹은 새로운 삶의 가능성을 설계할 수 있게 한다.

　서사 치료의 대상이 되는 내담자들은 부정적인 사건에 대한 경험을 통해 우울증에 빠져 암흑 같은 터널에서 고통 받고 있다. 이러한 내담자들을 위해 치료자는 그들의 이야기를 경청하고 공감하면서 내담자들이 고통의 터널에서 빠져 나와 미래 지향적인 삶을 구축할 수 있도록 구체적이고 치료적인 목표에 도달할 수 있도록 해야 한다. 이를 위해 치료자는 내담자의 정서적 경험과 트라우마가 표상될 수 있도록, 내담자의 정서적 경험과 관련된 은유적 작품 서사를 활용할 필요가 있다. 물론 그 이전에 내담자의 정시적 경험과 트라우마의 상태를 정확히 파악하고, 내담자가 어떤 치료적 목표를 갖고 있는지를 알아야 한다.

　대부분의 내담사는 극심한 고통과 좌절, 절망에서 희망, 정서적 안정 등으로 전이하는 치료적 목표로 설정하고 있으므로, 치료자가 내담자의 우울한 이야기에 압도되어서는 안 된다. 아울러 내담자의 치료적 결말에 실제적인 도움이 될 만한 신념을 갖고서(Corydon Hammond, 1990:George W. Burns 편저, 김춘경·배선윤 공역, 2011:55), 내담자가 그의 불행한 경험을 자기 서사로 은유화하는 과정에서 구조화가 중요함을 강조한다. 그러한 강조를 통해 치료적 결말에 이르는 과정을 세분화하여 구체적인 치료적 목표를 설정하여, 최종적으로 그러한 치료적 목표에 도달할 수 있도록 내담자의 은유적 자기 서사 구성을 지속적으로 촉진해야 한다.

　그런데 서사 치료 과정에서 많은 내담자들은 부정적으로 표현된 결말, 즉 무력감, 무능력, 회피 등과 같은 양상을 보이므로, 치료자는 내담자가 부정적이거나 회피적인 목표가 아니라 긍정적이고 도전적인 목표에 접근할 수 있도록 할 필요가 있다. 이를 위해 중요한 것은 치료적 목표를 구체적으로 설정하여 그 목표의 실현가능성을 높이는 것이다. 치료적 목표의 실현가능성이 높아지면, 내담자는 점차 적극적인 태도로 긍정적인 목표를 설정하고자 할 것이기 때문이다.

　그러면 구체적으로 우울증을 보이는 내담자를 치료하는 과정에 대해 살펴보자. 그 과정은 내담자의 문제 상황 파악, 치료 목표 설정, 내담자의 상황에 맞는 은유적 작품 서사 제공, 내담자의 은유적 자기 서사 구성, 자기 서사 변형을 통한 치료 목표 도달 등이다. 먼저 내담자의 문제 상황 파악하기를 살펴보자. 내담자의 문제 상황은 우울, 좌절, 분노, 슬픔, 무력감 등인데, 치료자는 내담자의 문제 상황을 내담자가 은유적으로 표상할 수 있도록 도와야 한다. 내담자는 보통 자신의 문제 상황을 직접 언급하기보다는 "가슴에 돌덩이가 있어요."처럼 은유적으로 자신의 부정적 경험과 정서 상황을 간헐적으로 언급한다. 따라서 치료자는 내담자가 무심히 언급하는 은유적 표상이 가슴 깊은 곳

15. 은유적 서사 읽기와 쓰기를 통한 치유의 방법

의 트라우마와 정서를 드러내어, 일상에 가려져 숨어 있는 의미를 드러낼 수 있도록 자극해야 한다(Corydon Hammond, 1990:George W. Burns 편저, 김춘경·배선윤 공역, 2011:76).

또한 치료자는 문제 발생보다는 발생한 문제나 사건을 어떻게 인식하고 대처하는가가 중요함을 내담자에게 언급하면서, 내담자가 앞으로도 그러한 문제나 사건에 대처를 잘 할 수 있다는 것을 강조한다. 이 과정에서 내담자가 정서적 편안함을 느낄 수 있도록 확장-구축 모델(borden-build model)을 제시한다. 이 모델은 사람들이 강하고 긍정적인 정서적 반응의 영역에 잘 접근할 때 대처도 잘한다는 전제 속에(Corydon Hammond, 1990:George W. Burns 편저, 김춘경·배선윤 공역, 2011:59), 내담자가 이미 알고 있는 긍정적 경험을 구축하여 문제 상황에 대한 긍정적 반응의 영역을 확장하는 것이다.

다음은 치료 목표 설정 과정에 대해 살펴보자. 내담자가 서사 치료를 하는 목적은 희망, 정서적 안정, 기쁨, 문제 해결 등이므로, 서사 치료의 결말적 목표는 이러한 것들이 된다. 내담자가 긍정적 경험을 하도록 도와주고, 내담자의 관심이 긍정적 정서를 경험하도록 하는 것이 서사 치료의 결말적 목표인 것이다. 이러한 치료의 결말적 목표는 가급적 구체적이어야 하며, 내담자의 문제 상황과 바람직한 결말의 상상적인 관계가 포함된 긍정적인 경험을 창조할 수 있어야 한다(Corydon Hammond, 1990:George W. Burns 편저, 김춘경·배선윤 공역, 2011:61).

다음은 은유적 작품 서사 제공하기에 대해 살펴보자. 우울증을 앓고 있는 내담자에게 제공되는 은유적 작품 서사는 자기 삶에 대해 무기력하고 불행하다고 느끼면서 자기 학대를 계속하는 인물에 관한 이야기가 좋다. 이 이야기에 대한 이해를 통해 내담자는 자기 학대를 멈추고 자기 삶을 둘러싼 다른 사람과의 관계를 수용하는 것의 의미를 성찰할 수 있다. 이러한 성찰은 은유적 작품 서사를 통해 자기에게 연관된 의미를 탐색하는 과정으로, 그러한 탐색과정을 통해 자기 문제 및 해결책을 알 수 있을 것이다.

다음은 내담자의 은유적 자기 서사 구성에 대해 살펴보자. 내담자의 은유적 자기 서사는 그의 억눌린 혹은 상처받은 정서적 경험과 징조를 무의식적인 은유적 심상(image)을 통해 전달한다. 예를 들어, 내담자가 "무엇인가를 깨부수고 싶을 정도의 암흑에 빠져 있다."라고 말할 때, 그는 암흑이라는 심상을 통해 분노와 좌절의 경험을 무의식적인 은유로 전달하고 있다. 이처럼 은유적 심상을 통해 좌절이나 분노에 대한 내담자의 무의식은 이야기꾼이 되어 그의 정서적 경험과 징조에 관한 정보를 제공하면서 자기 서사를 구성해 간다.

이 과정에서 치료자는 내담자의 자기 서사에 나타나는 은유적 표상(imagery)이 구조화되어 계속적으로 자기 서사 '말하기/쓰기'를 촉진하면서, 점차 그 역사적 원인을 인지하도록 한다. 그런 다음 내담자의 자기 서사 '말하기/쓰기'를 통해 정서적 경험이나 징조에 관한 해결책을 은유적으로 탐색할 수 있게 한다. 다시 말하면, 현재 삶의 문제에 관한 해결책을 은유적 서사로 구성하여 삶의 새로운 가능성을 마련할 수 있게 해야 한다. 그런 다음에 치료자는 내담자가 새로운 삶의 가능성과 방향성, 현재 문제에 대한 해결책 등의 원천으로 바뀐 은유를 사용하도록 하여(Corydon Hammond, 1990:George W. Burns 편저, 김춘경·배선윤 공역, 2011:78), 내담자가 원래의 정서적 경험이나 징조로 되돌아가 그것을 새롭고 다른 방법으로 이해하여 미래의 삶에 대한 안정성을 얻도록 한다.

내담자는 은유적 자기 서사 구성을 통해 자신의 문제 상황을 객관적으로 인지할 수 있는 기회를 얻는다. 서사 치료 과정에서 내담자가 구성하는 은유적 자기 서사를 탐색하고 변형하는 것은 다음의 세 단계를 통해 이루어질 수 있다(Corydon Hammond, 1990:George W. Burns 편저, 김춘경·배선윤 공역, 2011:78-79).

⟨표⟩ 내담자가 만든 은유 탐색 및 변형

첫 번째 단계: 일반적인 것에서 개인적인 것으로 옮겨 가기(문제에서 사람 찾기)
1. 이것이 어떤 식으로 당신에게 문제가 됩니까?
2. (a) 이 중 어떤 부분이 당신에게 가장 힘이 듭니까?
   (b) 가장 큰 문제는 무엇입니까?
   (c) 이 모든 것 중에서 당신을 가장 곤란하게 하는 것은 무엇입니까?

두 번째 단계: 사실에서 감정으로 옮겨가기(사실 뒤에 숨은 감정 찾기) 기분이 어때요? 혹은 어떻게 느껴지나요? 또는 그것이 당신에게 어떤 기분이 들게 한가요? 이런 당신의 경험에는 어떤 게 있나요? 그게 당신에게 어떻게 느껴집니까?
세 번째 단계: 내담자 은유 탐색 및 변형 과정 1: 은유 알아채기(특히 질문에 대한 내담자의 응답 속에서) 과정 2: 은유적 심상에 집중하기   당신이 (은유를) 말할 때 마음속에 어떤 심상/그림이 떠오르나요? 혹은 당신 마음의 눈에 어떤 심상/그림이 보이나요? 혹은 (그 은유가) 무엇처럼 보이나요?

과정 3: 감각적 심상으로 은유 탐색하기
　1. 준비 [예를 들어, 그 밖에 뭐가 보이죠? 혹은 (은유적 심상과 연관된) 장면이나 장면 중 하나를 말해주세요.]
　2. 활동/상호작용 [예를 들어, (은유적 심상에서) 그 밖에 또 뭐가 나오나요? 혹은 (은유적 심상에서) 다른 사람들이 어떤 말을 하고 어떤 생각을 하고 어떤 행동을 하나요?]
　3. 시간 [예를 들어, 무엇이 여기까지 오게 했나요? 혹은 (은유 속에서 그런 상황이) 일어나기 (직전까지) 어떤 일들이 일어나고 있었나요?]

과정 4: 은유적 심상 관련 감정 탐색하기
　(은유적 심상) 되는 것과 비슷한 것이 무엇입니까? 혹은 (은유적 심상에서) 당신의 경험은 무엇입니까? 혹은 당신이 (은유적 심상으로) 어떤 기분이 되나요?

과정 5: 은유적 심상 바꾸기
　어떤 식으로든 심상을 바꿀 수 있다면, 어떻게 바꿀 거 같아요?

과정 6: 연관성 만들기(즉, 은유)와 통찰(in-sight)
　당신이 살펴보았던 원래 심상과 원래의 상황 사이에서 당신은 어떤 연관성을 보나요?

과정 7: 치유적 은유-바뀐 심상 현재 상황에 적용하기
　당신의 현재 상황에 변화된 심상을 어떤 방식으로 적용할 수 있을까요?

※주의: 여러분이 내담자에게 이 개입을 사용할 때 여러분이 보는 앞에서 내담자가 위의 단계를 밟아야 한다.

　위에 제시된 단계에서 첫 번째 단계는 치료자가 내담자의 문제에 대한 개인적인 설명을 유도하는 질문을 하는 것으로, '1'의 질문은 내담자가 상황에 대해 일반적인 방식으로 이야기하거나 내담자의 관심이 자신을 벗어나 타인을 향하도록 할 때 유용하다. 또한 내담자가 자신의 문제 상황에 대한 개인적인 반응과 감정에 집중할 수 있게 한다. '2'에 제시된 세 가지 질문들은 내담자가 자신에게 가장 힘든 문제에 집중하도록 하는 데 유용하다.
　두 번째 단계에서 이루어지는 질문들은 내담자가 사실적인 설명에서 자신이 처한 문제 상황에 대한 감정과 주관적인 감정을 드러낼 수 있게 한다. 이러한 질문들에 대한 답을 하는 과정에서 내담자는 주관적인 경험이나 감정을

쉽게 표현할 수 있기 때문이다.

세 번째 단계의 '과정 1'에서 치료자는 내담자의 은유 사용에 초점을 맞춰, 내담자의 은유를 이해할 수 있어야 한다. 그리고 '과정 2~4'에서 치료자는 내담자가 실제 상황에서 은유적 심상으로 옮겨갈 수 있도록 도와주면서, 내담자의 이야기가 현실의 문제 상황에서 은유적 심상으로 옮겨가도록 서술보다는 묘사를 통한 인지적 과정이 일어나도록 한다. 즉, 문제 상황을 사실적으로 말하기보다는 은유적 심상과 연관된 새로운 표상을 창조할 수 있도록 한다(Corydon Hammond, 1990:George W. Burns 편저, 김춘경·배선윤 공역, 2011:83-84).

'과정 5'에서는 내담자가 창조적 상상을 통해 은유적 심상과 이야기를 바꿀 수 있도록 열린 결말의 형태로 질문을 한다. 이 과정에서 치료자는 내담자에게 자신의 투사나 표상이 스며들지 않도록 한다. 치료자의 투사나 표상이 스며들면 내담자의 내적 표상의 흐름이 전복될 수 있기 때문이다.

'과정 6'에서는 내담자가 은유적 심상과 현재의 문제 상황 사이의 은유적 연관성을 만들어 새로운 은유적 자기 서사를 구성하도록 한다. 이 단계에서 내담자는 자신이 창조한 심상과 현재의 문제 상황 사이의 은유적 연관성을 만들어서 은유적 자기 서사를 구성하고 변형함으로써 치료의 과정에 접어들게 된다.

'과정 7'에서 내담자는 자신이 변형한 은유적 자기 서사를 새로운 삶의 의미나 목표의 실현, 실제 상황의 문제 해결을 위한 방편으로 삼아 정서적 안정 상태를 도모할 수 있다.

서사 치료 과정에서 내담자가 구성하는 은유적 서사는 다음과 같은 특성을 갖는다(최혜실, 2011:138).

첫째, 내담자가 구성하는 은유적 서사는 내담자와 치료자의 상호 구성을 통해 이루어지므로, 내담자의 은유적 서사에는 내담자의 목소리와 치료자의 목소리가 섞인다. 특히 은유적 작품 서사를 매개로 할 때에는 작중인물이나 화자의 목소리와 문제해결 과정이 참조된다. 이때 중요한 것은 서로 다른 목소리들이 내담자의 상황에 맞게끔 초점을 유지하는 것이다.

둘째, 서사 치료 과정에서 내담자가 구성하는 은유적 서사는 치료 상황이나 목적에 적합해야 한다. 내담자는 은유적 서사를 구성하는 과정을 통해 자신의 트라우마와 그것의 원인을 인지함으로써, 치료를 야기하는 역사적 원인을 파악할 수 있다. 아울러 그러한 파악을 통해 문제 상황을 극복할 수 있는 방법을 마련할 수 있다.

15. 은유적 서사 읽기와 쓰기를 통한 치유의 방법

셋째, 내담자가 구성하는 은유적 서사는 과거 사건에 관한 사실적인 내용과 타인의 입장이나 관점을 자신의 것으로 적용하는 반사적인 내용이 있다. 특히 반사적인 내용은 은유적 서사의 구성을 통한 치료 과정에서 핵심적으로 의도된 것이다.

위에서 논의한 것처럼, 서사 치료 과정에서 내담자는 은유적 서사를 구성하는 과정에서 자신의 문제 상황을 인지하고 정서를 표현하여 삶을 바람직한 방향으로 변화시킬 수 있는 방편을 마련할 수 있다. 은유적 서사를 구성하는 과정에서 내담자는 자신의 경험을 재해석하면서, 제공된 은유적 작품 서사 읽기 경험을 통해 작중인물의 문제해결 과정을 참조한다. 이 과정에서 내담자는 서사적 존재로서의 정체성을 안정적으로 만들어갈 수 있다.

다음은 은유적 자기 서사 변형을 통한 치료 목표 도달의 과정에 대해 살펴보자. 이 과정에서 내담자는 은유적 자기 서사에 나타난 심상과 관련된 문제 상황에 대한 해결책을 탐색하여, 그것을 현재의 상황에 적용함으로써 결말적 치료 목표에 도달한다. 그 과정에서 내담자는 자기 삶의 본래적 의미에 대한 성찰을 통해 삶에서 바꿀 수 있는 것과 바꿀 수 없는 것을 구분하고, 할 수 있는 선택을 구축하며, 특정 상황에 대한 적절한 대처 방법을 마련하고 적용하며, 자신의 선택과 행위에 대해 긍정적으로 평가하게 된다. 아울러 변한 것은 발생한 문제에 대해 느끼고 생각하고 대처하는 방법임을 인식하면서 행복과 희망의 감정을 더욱 키울 수 있는 경험과 사고를 하는 방법을 선택하게 된다. 그리고 그 이전에 자신이 어찌할 수 없는 것에 대한 수용과 그 틀 안에서의 변화를 선택할 수 있다는 사실의 중요성을 인식하게 된다. 내담자가 이러한 치료 목표에 도달하게 되는 것은 일종의 '임파워먼트(empowerment)'[42]라고 할 수 있다.

은유적 자기 서사 구성과 그것의 변형을 통해 내담자의 서사 치료가 이루어졌을 때, 그 다음에 고려되어야 하는 것은 내담자의 정서적 삶과 타자와의 관계이다. 서사 치료 이후에는 내담자는 차후 치료를 통해 자신이 당면한 정서적 위기에 대처할 수 있는 능력의 향상, 타인과 관련하여 생각하는 능력의 신장, 대인관계 향상, 내적 갈등의 감소 등을 지속적으로 도모해야 하기 때문이다.

그런데 이러한 것들은 일정 기간의 서사 치료를 통해 '완결된' 형태로 이루어지지 않고 지속적인 치료와 관심, 노력 등을 통해 '과정적인' 형태로 이루어진다. 따라서 과정적인 형태로 내담자의 정서적 경험과 징조 등이 은유적 심

---

[42] 상담분야에서 'empowerment'는 '자기가 뭔가를 할 수 있다는 생각이나 스스로에게 부여하는 힘'이라는 의미로 쓰인다(Corydon Hammond, 1990:George W. Burns 편저, 김춘경·배선윤 공역, 2011:52).

상이나 자기 서사를 통해 치료적 결말인 희망, 정서적 위기 대처능력 향상, 대인관계능력의 향상, 내적 갈등 감소 능력의 향상 등으로 이어지기 위해서는 그와 관련된 다양한 활동들이 후행적으로 지속될 필요가 있다. 그러한 후행적 활동으로 의미 있는 것이 글쓰기 활동일 것이다.

【 참고문헌 】

B. 스피노자, 강영계 옮김(2018), 『에티카』(개정판 9쇄), 서광사.
David Herman.ed.(2003), *Narrative Theory and the Cognitive Sciences*, CSLI Publication.
David L. Coulter(1994), "Dialogism and Teacher", Simon Fraser University Dissertation.
G.레이코프 & M.존슨, 노양진·나익주 옮김(1995), 『삶으로서의 은유』, 서광사.
George W. Burns, 김춘경·배선윤 공역(2011), 『이야기로 치유하기 – 치료적 은유 활용 사례집』, 학지사.
J.P. 사르트르, 정소영 옮김(2010), 『존재와 무』, 동서문화사.
John Briere, Catherine Scott, 김종희 옮김(2014), 『트라우마 치료의 원칙』, 시그마프레스.
John G. Allen, 권정혜·김정범·조용래·최혜경·최윤경·권호인 공역(2019), 『트라우마의 치유』, 학지사.
N. 프라이, 임철규 역(1987), 『비평의 해부』(6판), 한길사.
Pat Ogden·Kekini Minton·Clare Pain, 김명권·주혜명·신차선·유나래·이승화 공역(2020), 『트라우마와 몸』, 학지사.
강영안(2013), 「포스트휴머니즘에 관한 철학적 성찰」, 『지식의 지평』 15, 150-171.
강진호(2008), 「변경의 삶과 자기 정당화의 논리 –이문열의 『변경』론-」, 『현대문학의 연구』 35권, 7-38.
고미숙(2001), 「대화와 도덕교육」, 『교육철학』 26권, 21-46.
고봉준(2004), 「서사, 기억과 망각의 갈림길 : 박민규·김영하·성석제의 소설을 중심으로」, 『오늘의 문예비평』(2004.03), 77-94.
고현범(2016), 「누스바움의 혐오 회의론」, 『철학탐구』 43, 131-160.
공선옥(1993), 『오지리에 두고 온 서른 살』, 삼신각.
공지영(2005), 『우리들의 행복한 시간』, 푸른숲.
권미선(2007), 「『거짓말 Mentira』: 기억과 서사의 관계」, 『이베로아메리카』 9권 2호, 123-147.
권택영(1997), 『영화와 소설 속의 욕망 이론』, 민음사.
권택영(2007), 「한국문화에 나타난 우울증과 폭력: 최근 서사를 중심으로」, 『OUGHTOPIA』 22권, 149-168.

김남일, 「공선옥이라는 여자, 그리고 그이의 '무서운' 소설」, 공선옥, 1993:305
김려령(2011), 『우아한 거짓말』, 창비.
김미영(2014), 「이문열의『젊은날의 초상』에 나타난 교양주체와 낭만성」, 『한국문예비평연구』 45권, 7-38.
김선욱(2008), 「아렌트의 내러티브와 의사소통적 합리성」, 『철학』 94, 29-53.
김성진(2013), 「학교 폭력에 대한 청소년 소설의 서사화 양상」, 『문학치료연구』 제26집, 333-354.
김애란(2005), 『달려라 아비』, 창비.
김연수(2015), 『파도기 바다의 일이라면』, 문학동네.
김정진(2006), 「폭력성 고발의 서사」, 『문예비평연구』, 229-245.
김종곤(2013), 「"사적 트라우마" 개념의 재구성」, 『시대와 철학』 24권 4호, 37-64.
김진식(2016), 「르네 지라르 모방이론과 새로운 심리학」, 『불어불문학연구』 107권, 33-59.
김진애(2015), 「조르지오 아감벤(Giorgio Agamben)의 수치심-특수한 시대권력에 따른 분석과 일상생활에서의 고찰 가능성」, 『철학연구』 제51집, 143-172.
김현진(2003), 「기억의 허구성과 "서사적 진실"」, 『독일언어문학』 22권, 321-346.
김호연(2021), 『불편한 편의점』, 나무옆의자.
김홍겸, 박창수, 정시훈, 고호경(2018), 「미래교육에서의 인간 교사와 인공지능 교사의 상호보완적 관계에 대한 소고」, 『교육문화연구』 24권 6, 189-207.
나병철(2011), 「청소년 환상소설의 통과제의 형식과 문학교육」, 『청람어문교육』 44권.
르네 지라르, 김진식·박무호 옮김(2010), 『폭력과 성스러움』(2판 10쇄), 민음사.
르네 지라르, 김치수·송의경 역(2001), 『낭만적 거짓과 소설적 진실』, 한길사.
마사 너스바움, 조계원 옮김(2015), 『혐오와 수치심』, 민음사.
마사 너스바움, 조형준 역(2015), 『감정의 격동:2.연민』, 새물결.
마사 누스바움, 강동혁 옮김(2016), 『혐오에서 인류애로』, 뿌리와 이파리.
마사 누스바움, 박용준 옮김(2013), 『시적 정의: 문학적 상상력과 공적인 삶』, 궁리.
마사 누스바움, 조형준 옮김(2015), 『감정의 격동 1: 인정과 욕망』, 새물결.
박민규(2005), 「그렇습니까? 기린입니다」, 『카스테라』, 문학동네.
박민규(2006), 『핑퐁』, 창비.
박선화(2013), 「기억과 애도의 글쓰기: 도리스 레싱의 「나의 아버지」와 『알프레드와 에밀리』」, 한국근대영미소설학회(2013), 『상처와 치유의 서사』, 신아사.

박인기(2020), 「문화융합시대의 학습 생태와 융합 교육」, 『국어교육연구』 72.
박정호(2011), 「고통의 의미 -레비나스를 중심으로-」, 『시대와 철학』 22권, 131-159.
박찬, 김병석, 전수연, 전은경, 홍수빈(2020), 『우리 아이 AI : 4차산업혁명시대 인공지능 융합교육법』, 다빈치books.
방진하(2014), 「맥킨타이어 '서사적 자아'(narrative self) 개념의 교육적 의미 탐색」, 『교육철학연구』 제36권 제2호(The Korean Journal og Philosophy of Education), 71-99.
백지은(2017), 「공허와 함께 안에서 밀고 가기」, 정이현(2017), 《상냥한 폭력의 시대》, 문학과지성사.
서동욱(2000), 『차이와 타자』, 문학과지성사.
서영표(2020), 「현대사회의 공포와 불안, 그리고 혐오 :'난민'이 문제가 되는 사회」, 『탐라문화』 65권, 137-174.
선주원(2012), 「작중인물의 욕망 이해에 초점을 둔 소설교육 내용 연구」, 『문학교육학』 38권, 303-330
선주원(2014), 『한국 현대소설교육론』, 국학자료원.
소영현(2016), 「감정연구의 도전 : 흐르는 성찰성과 은폐된 미래」, 『한국근대문학연구』 17(2), 381-410.
손민영(2017), 「자기발견을 통한 성장의 글쓰기」, 『韓國言語文學』 第100輯, 267-289.
손희정(2015), 「혐오의 시대 - 2015년, 혐오는 어떻게 문제적 정동이 되었는가」, 『여/성이론』 32호, 12-42.
송명희(2012), 「문학의 치유적 기능에 대한 고찰(1)」, 『한어문교육』 27집.
스튜어트 월턴, 이희재 옮김(2010), 『인간다움의 조건』, 사이언스 북스.
스티븐 핑커, 김명남 역(2014), 『우리 본성의 선한 천사: 인간은 폭력성과 어떻게 싸워 왔는가?』, 사이언스북스.
신동열(2010), 「성소수자의 성인식·성태도·성행동에 관한 연구」, 『에니어그램연구』 제7권 2호, 111-141.
신은화(2018), 「수치심과 인간다움의 이해 - 누스바움과 맹자의 수치심 개념을 중심으로」, 『동서철학연구』 88권, 317-335.
아니카 르메르, 이미선 역, 『자크 라캉』, 문예출판사, 1994,
아리스토텔레스, 김재홍·강상진·이창우 옮김(2011), 『니코마코스 윤리학』, 길.
아리스토텔레스, 천병희 옮김(2017), 『수사학/시학』, 도서출판 숲.
알라이다 야스만, 변학수·채연숙 옮김(2018), 『기억의 공간: 문화적 기억의 형식과 변천』(개정판 5쇄), 그린비.

알래스데어 매킨타이어, 이진우 역(2021), 『덕의 상실』, 문예출판사.
양진영(2020), 「5·18 소설의 정치미학 연구 - 랑시에르의 문학의 정치에 바탕해」, 『한국문학이론과 비평』 88권, 41-67.
엄찬호(2010), 「인문학의 치유적 의미에 대하여」, 『인문과학연구』 25집, 강원대 인문과학연구소, 431-435.
엄태동 편저(2001), 『존 듀이의 경험과 교육』, 원미사.
여홍상 편(1997), 『바흐친과 문화이론』, 문학과지성사)
오성(2008), 「감정에 대한 인지주의 이론의 경계 짓기 -Nussbaum과 de Sousa의 논의를 중심으로-」, 『철학사상』 27권, 서울대학교 철학사상연구소, 297-315.
우카 마리, 김병구 옮김(2004), 『기억·서사』, 소명출판.
오탁번, 「아버지와 치악산」, 이남호(2000), 『오늘의 한국소설』, 민음사.
오태호(2018), 「김유정 소설에 나타난 '연민의 서사' 연구 : 마사 누스바움의 '감정론'을 중심으로」, 『국어국문학』 184호, 187-216.
원자경(2012), 「문학적 사고의 은유 원리를 활용한 창의력 교육 연구」, 고려대학교 대학원 박사학위논문.
원진숙(2019), 「미래 사회 대비 국어 문식성 교육의 역할과 과제」, 『새국어교육』 118.
유홍주(2015), 「오월 소설의 트라우마 유형과 문학적 치유 방안 연구」, 『현대문학이론연구』 60권, 361-387.
유희봉(2013), 『순례를 떠나는 낙타』, 등대지기.
유희봉(2013), 『하얀 까마귀』, 다시올.
윤흥길(2005), 『기억 속의 들꽃』, 한빛문고.
은희경(2016), 『중국식 룰렛』, ㈜창비.
이경화(2006), 『나』, 바람의 아이들.
이덕화(2008), 「〈저기 소리없이 한 점 꽃잎이 지고〉와 영화 〈꽃잎〉의 비교연구」, 『현대문학의 연구』 35권, 209-232.
이명호(2015), 「이오카스테의 유언: 정의의 요청과 사랑의 질서」, 『여성문학연구』 35권, 7-39.
이문열(1993), 「필론의 돼지」, 『중단편전집』, 열린책들.
이미혜(2004), 「19세기 프랑스의 문학 독자」, 『프랑스어문교육』 18권, 577-608.
이상/김유정(1995), 『한국소설문학대계 18: 날개/동백꽃 외』, 동아출판사.
이영의(2016), 「인공지능과 딥러닝 시대의 창의성」, 『지식의 지평』 21권 0호, 1-17.
이옥수(2012), 『키싱 마이 라이프』, 비룡소.

【 참고문헌 】

이윤기(2000), 『이윤기의 그리스 로마 신화 1: 신화를 이해하는 12가지 열쇠』, 웅진지식하우스.
이응준(2015), 「북쪽 침상에 눕다」, 『현대문학』(2015년 11월호), 현대문학사.
이정모(2009), 『인지과학』, 성균관대학교출판부.
이지연(2008), 「내면화된 수치심과 방어유형, 정서표현의 관계」, 『상담학연구』 9(2), 353-373.
이찬수(2016), 「모방 욕망, 소수자 재생산과 그 극복의 동력 르네 지라르의 폭력 이론을 중심으로」, 『통일과 평화』 8권 2호, 212-249.
임마누엘 레비나스, 김연숙 옮김(2010), 『존재와 다르게 보가: 본질의 저편』, 인간사랑.
임태희(2007), 『나는 누구의 아바타일까』, 사계절.
임태희(2007), 『쥐를 잡자』, 푸른도서관.
임홍배(1993), 「이달의 책 : 『 오지리에 두고온 서른살 』」, 『월간 사회평론 길』 93권 9호, 196-197.
자크 라캉, 민승기·이미선·권택영 옮김(1998), 『욕망이론』, 문예출판사.
자크 라캉, 자크-알랭 밀레 편, 맹정현 옮김(2016), 『자크 라캉 세미나 01』, 새물결.
장(윤)필화(1999), 『여성, 몸, 성』, 서울:도서출판 또 하나의 문화.
장소진(2001), 「1김유정의 소설 「소낙비」와 「안해」 연구」, 『한국문학이론과 비평』 11권, 165-188.
장영란(2010), 「기억과 상기의 신화와 철학」, 『현상학과 현대철학』 45, 139-170.
장욱(2004), 「토마스 아퀴나스의 폭력에 대한 이해」, 한국가톨릭철학회, 『가톨릭철학』 제6호, 221-267.
전신재 편(1987), 『원본김유정전집』, 한림대학교출판부.
전진성(2007), 「트라우마, 내러티브, 정체성 -20세기 전쟁 기념의 문화사적 연구를 위한 방법론의 모색-」, 『역사학보』 193권, 217-243.
전흥남(2014), 「성석제의 소설에 나타난 웃음의 기제와 문학치료학」, 『비평문학』 54, 303-328.
정수영(2015), 「공감과 연민, 그리고 정동(affect) : 저널리즘 분석과 비평의 외연 확장을 위한 시론」, 『커뮤니케이션 이론』 11(4), 38-76.
정운채(2009), 「문학치료의 서사이론과 통일인문학」, 『소통, 치유, 통합의 인문학』, 선인.
정이현(2017), 『상냥한 폭력의 시대』, 문학과지성사.
정일권(2013), 「르네 지라르의 사상과 개혁주의 문화관과 변증학」, 『개혁논총』 28권, 119-152.

정진석(2016), 「서사적 정체성의 문학교육적 접근에 대한 비판적 고찰」, 『청람어문교육』 59권, 7-33.
조르조 아감벤, 박진우 옮김(2008), 『호모 사케르』, 새물결.
조성호·이희경(2008), 「공감과 마음이해 : 종합적 접근」, 『인간연구』 15, 169-202.
주디스 허먼, 최현정 옮김(2020), 『트라우마 : 가정 폭력에서 정치적 테러까지』, 열린책들.
지그문트 프로이트, 윤희기·박찬부 옮김(2018), 『정신분석학의 근본 개념』(신판 22쇄), 열린책들.
진은영(2010), 「기억과 망각의 아고니즘 -기억의 정치학을 위한 철학적 예비고찰-」, 『시대와 철학 21권 1호』, 157-189.
천춘화(2018), 「김유정 소설의 폭력의 기억과 서사적 재현」, 『인문논총』 제75권 제1호, 271-296.
최영자(2019), 「광주민중항쟁 소설에 나타난 윤리적 주체로서의 문제의식과 대안 모색 연구 -임철우 『봄날』과 최윤의 『저기 소리없이 한 점 꽃잎이 지고』를 중심으로-」, 『인문사회 21』 10권 2호, 545-558.
최윤, 「저기 소리 없이 한 점 꽃잎이 지고」, 최윤·하일지(1996), 『회색 눈사람, 경마장의 오리나무 외:한국소설문학대계 89』(초판 2쇄), 동아출판사.
최인자(2009), 「타자 지향의 서사 윤리와 소설교육」, 『독서연구』 22권, 279-310.
최진영(2010), 『당신 옆을 스쳐간 그 소녀의 이름은』, 한겨레출판사.
최진영(2015), 「원형」, 『현대문학』(2015년 11월호), 현대문학사.
최혜실(2011), 『스토리텔링, 그 매혹의 과학』, 한울아카데미.
폴 리쾨르, 김동윤 옮김(1997), 「서술적 정체성」, 석경징 외 옮김, 『현대 서술 이론의 흐름』, 솔.
폴 리쾨르, 김웅권 옮김(2006), 『타자로서 자기 자신』, 동문선.
폴 리쾨르, 김윤성·조현범 옮김(1996), 『해석이론』, 서광사.
폴 리쾨르, 김한식 옮김(2004), 『시간과 이야기 3』, 문학과지성사.
폴 리쾨르, 김한식·이경래 옮김(1999), 『시간과 이야기 1』, 문학과지성사.
프리드리히 니체, 이진우 옮김(2005), 『비극의 탄생: 반시대적 고찰』(니체전집 2), 책세상.
하병학(2019), 「인간 이해와 수치심-아리스토텔레스와 김상정을 중심으로」, 『인문과학』 제117집, 215-242.
한호정·이상우(2013), 「문학치료의 교육적 적용에 관한 논의」, 『비평문학』 제47호, 295-332.

【 참고문헌 】

홍사현(2015), 「망각으로부터의 기억의 발생 -니체의 기억 개념 연구-」, 『철학논집』 42권, 325-363.

홍혜원(2011), 「폭력의 구조와 소설적 진실 : 김유정 소설을 중심으로」, 『현대소설연구』 47호, 391-417.

황정아(2016), 「소설의 스토아주의가 삶을 존중하는 방식」, 은희경(2016), 『중국식 룰렛』, ㈜창비.

에듀컨텐츠·휴피아
CH Educontents·Huepia